项目资助

2012年度国家社会科学基金项目（12BXW026）
西北大学"双一流"建设项目资助
西北大学新闻传播学院"凝视与探索新闻学丛书"经费资助
2017年度河北省社会科学重要学术著作出版资助项目
河北省社会科学发展研究课题（201707050301）
2017年度河北经贸大学学术著作出版资助项目

广播组织
权利保护及管理机制比较研究

赵双阁 相靖 艾岚 / 著

中国社会科学出版社

图书在版编目（CIP）数据

广播组织权利保护及管理机制比较研究 / 赵双阁, 相靖, 艾岚著. —北京: 中国社会科学出版社, 2020.10

ISBN 978-7-5203-6090-6

Ⅰ.①广… Ⅱ.①赵…②相…③艾… Ⅲ.①广播—知识产权保护—研究—中国②广播工作—行政管理—研究—中国 Ⅳ.①D923.414②G229.23

中国版本图书馆 CIP 数据核字(2020)第 037076 号

出 版 人	赵剑英
责任编辑	赵　丽
责任校对	夏慧萍
责任印制	王　超

出　　版	中国社会科学出版社
社　　址	北京鼓楼西大街甲 158 号
邮　　编	100720
网　　址	http://www.csspw.cn
发 行 部	010-84083685
门 市 部	010-84029450
经　　销	新华书店及其他书店
印　　刷	北京明恒达印务有限公司
装　　订	廊坊市广阳区广增装订厂
版　　次	2020 年 10 月第 1 版
印　　次	2020 年 10 月第 1 次印刷
开　　本	710×1000　1/16
印　　张	24.25
字　　数	350 千字
定　　价	139.00 元

凡购买中国社会科学出版社图书, 如有质量问题请与本社营销中心联系调换
电话：010-84083683
版权所有　侵权必究

序　　言

赵双阁教授领衔的这部专著《广播组织权利保护及管理机制比较研究》，是他在 2017 年出版的《三网融合背景下中国广播组织权制度的反思与重构》的姐妹作。比较这两部书名关键词的增减组合，可以发现作者三年来治学足迹的延伸：不再有"中国"一词表明作者把视野扩展到整个世界，"保护及管理机制"一语则表明对于广播组织权的考察从静态的内容描述进升至动态的维护机制。

纵览全书，可以得出这样几点印象：

首先，本书系统揭示了随着数字技术和互联网传播兴起，媒体融合发展，广播网和通信网通过互联网双向进入，广播组织权利面临着全面挑战。面对日益猖獗的盗播现象，广播和广播组织的界定、广播组织权利的主体和客体、广播组织权利的范围、乃至广播组织的管理体制，都需要重新界定和调整。

书中一方面回溯了《罗马公约》《布鲁塞尔公约》和《与贸易有关的知识产权协议》（TRIPs）等国际公约中有关广播组织权规定的内容及其历史局限，另一方面详细梳理了 20 世纪末以来世界知识产权组织（WIPO）及其下属的"版权和有关权（邻接权）常设委员会"（SCCR）为应对互联网的挑战作出一系列协商和探讨，特别是 2006 年 SCCR 第 14 届会议形成《保护广播组织基础提案草案》以来有关文件和一些国家提案的情况，直至 2014 年第 27 届会议（以至最近于 2019 年 10 月举行的第 39 届会议——前言作者），在将广播定义为从无线广播延伸到有线广播和卫星广播、确认广播组织权的客体是载有节目的信号而不包括节目、将广播组织权利视为一个开放的权利系统并纳入发行权等一些新权利方面基本上达成共识。但在广播组织权向互联网"扩张"问题上却举步维艰。可以被一些国家接受的是将传统的广播组织（即电台电视台）的互联网传输纳入广播组织权保护范围，而对于将广播组织"扩张"到包括互联网上设立的网播组织（cablecasting organization），主流意见一直是持排斥态度，以致至今有关草案尚未形成协议。

本书也对英美法系和大陆法系以及不同国家的广播组织权制度进行了综述和比较，在广播组织权"扩张"的问题上，各国的做法不一。可注意的是书中列举有些国家明确将"向公众传播权"（right of communication to the public）列为广播组织权利的一个权项。这正是《世界知识产权组织版权公约》（WCT）第8条有关互联网特有的交互性传播的规定，书中在介绍英国版权法时指出按照英美法系传统对作者和传播者一体予以版权保护，广播组织属于版权人的一类，明确规定享有向公众传播权，作者指出这正是回应网络新技术的应用，将交互性传播的利益保护纳入广播组织权利的范围。

其次，本书对广播组织权"扩张"所遭遇的困难进行了深层次分析。作者明确主张广播组织权利应该"扩张"，互联网上兴起的网播组织应该视为广播组织，与传统的广播组织享有同等的广播组织权利，但要实现这一点，从技术到利益分配上都存在难点。

书中在对与广播相关的概念体系进行详细分析的基础上，指出传统的无线、有线和卫星广播都是点对面的以及单向的、线性的非交互性传播，而网络传播则是点对点的，并且有非交互性和交互性的区别，交互性传播在形态上与传统广播的定义相距甚远。由此在利益分配方面也带来一系列新问题：传统广播无论是无线广播还是卫星广播，其覆盖总有一定范围，而网络传播在理论上可以到达地球的每个角落，并且交互性的网播可以由用户在自己选定的时间和地点接收节目，不像传统广播稍纵即逝，这样新兴的网播组织与传统的广播组织的利益冲突是显而易见的。而不同形态的网播组织，例如直接播送视听节目的组织（ICP）和仅仅提供平台而由用户播送视听节目的组织（ISP）也存在利益冲突。至于我国由于广播和电信两大行业的不同利益诉求，"三网融合"提出20余年来进展缓慢，更是众所周知的事实。

书中进而指出，网播的兴起和介入，也引起版权人的警惕，认为广播组织和网播组织既不创作也不拥有节目所以不应该享受经济权利的意见，始终有一定影响，这也导致许多版权收费组织认为网播组织一旦介入广播组织就会打破版权保护的常态，削减版权人的利益。而在用户方面，鉴于广播组织权制度事实上造成使用作品需要获得版权人和广播组织的两个许可，有可能限制不受版权保护和进入共有领域作品的使用以及合理使用，所以也对广播组织权扩张持有不同程度的保留。不过书中同时指出，网播组织与传统的广播组织在成本收益上存在相反趋势，传统广播的受众不受限制，受众越多成本收益越高，而网播恰好相反，成本与用户数量成正比例增长，用户越多就必须支付更多的服务器和带宽费用，从这个角度说，网播组织的利益应该予以更多的关注。

可以说，诸如此类的利益分析方法贯穿于全书。如书中在介绍和比较各国技术保护措施时，既肯定在数字传播条件下确立技术保护措施规范的合理性，同时也指出它与表达自由、合理使用、权利穷竭等都存在着冲突，需要加以合理平衡。我们知道，利益平衡是版权制度创始以来一以贯之的基本原则，即为了促进文学、艺术和科学的繁荣，必须对作者、传播者和使用者的利益以及社会公共利益实行合理的平衡。广播组织权制度只有在利益平衡原则的指导下才能逐步完善。

再次，本书对媒体融合背景下各国广播组织管理制度变革进行比较研究的基础上，对我国广播组织权利保护和管理机制的改革提出了设想。书中指出，随着广播和电信双向进入互联网，各国对这些产业的监管也必然逐步走向融合，实现从以产业划分为基础的纵向监管体制向以功能划分的横向竞争体系转变。

本书设立专章叙述了我国"三网融合"管理的进程，同时介绍了美国、英国、欧盟、日本以及其他一些国家融合监管政策和制度。作者指出现今多数发达国家已实现了对广播、电信和互联网三个产业的融合监管，可以分为完全融合监管体制和相对融合监管体制。前者是成立一个专门机构进行统一监管，后者是不成立统一的专门机构，而是在法律和体制框架内对不同行业进行调控。

借鉴他国经验，作者具体分析了我国现行《著作权法》和《广播电视管理条例》《电信条例》等行政法规的缺陷，提出要顺应通信与传播科技汇流的趋势，健全对广播组织的权利和管理体制的立法。书中尖锐指出我国现行著作权法制度的缺陷：有关"广播权"的规定没有包括有线广播组织直接播放节目的版权；有关"信息网络传播权"的规定由于没有包括非交互传播而难以控制网络直播；有关电台电视台播放的邻接权的规定没有延伸到信息网络传播权而造成制裁网络盗播无法可依。书中还对我国现行广播和电信双轨制造成的缺失进行分析并提出了系统的改进建议。

虽然版权主体主要是自然人，但是作品的传播离不开媒体，对作品的使用和交易必定要涉及产业和市场，涉及行政监管制度，作者的思路从知识产权法部门进入行政法部门，从私法进入公法，确有必要，而成为本书的一个特色。

版权起源于现代媒体。最初的媒体是书报，接着有照片、唱片，尔后是广播电视，如今互联网成为席卷世界的新媒体。传播载体从纸张、胶片、磁带到电波、到数字。传播符号从静态的文字图画，到动态的声音，到声形并茂、可视可听的图像，并且可以融为一体。传播方式则从单向、线性传播发展到交互性传播，受众变为用户，既可以在选定的时间和地点获取作品，也可以利用软件在平台上自行发布视听内容，传播主动权从媒体转移到用户。这就是媒体融合的传播形态。200多年以来传播形态的每一步发展，都对版权保护提出新问题，要求在原有版权规则的基础上发展新的规则。从这个意义上说，广播组织权利虽然只是整个版权体系中的一项邻接权，却可以说是集中了当下融合媒体的崭新传播形态中版权保护诸多问题的一个聚焦点。作者近年来对这个议题锲而不舍，孜孜以求，确有深意存焉。

此文写作之日，第十三届全国人大常委会第十七次会议对《著作权法（修正案草案）》审议后，又一次向社会公布征求意见。在这份草案中，广播权的定义得到了完善。作为邻接权的"广播电台电视台播放"增加了一项"许可他人通过信息网络向公众传播"，可以注意到这个提法并未限于交互性传播，应该包含了网络的非交互性传播，而这项邻接权的客体则明文规定为"载有节目的信号"。虽然草案未能提及网播组织，这是由我国特有的电台电视台制度所决定的；但广电总局和信息产业部 2007 年《互联网视听节目服务管理规定》对"从事广播电台、电视台形态服务"有专条规定，广电总局 2017 年《互联网视听节目服务业务分类目录（试行）》中第一类就是"广播电台电视台形态的互联网视听节目服务"，其下包括 5 种服务，从事此类服务的网播组织是否可以适用这项邻接权保护，有待解释明确，或者在草案修改时增入补充条文。总之，这是一个不小的进步。取得这个进步，自然与包括本书作者在内的诸多学者多年研究、论证、建议、呼吁密不可分。相信在我们的共同努力下，我国的广播组织权利制度和广播组织管理机制一定会不断走向完善！

魏永征

中国政法大学特聘教授

2020 年 4 月 30 日于上海

目　录

前　言 …………………………………………………………（1）

第一章　广播组织与三网融合概述 ………………………（1）
　第一节　广播 ………………………………………………（1）
　第二节　广播组织 …………………………………………（24）
　第三节　广播信号 …………………………………………（29）
　第四节　三网融合 …………………………………………（35）

第二章　三网融合对广播组织权利保护与管理的挑战 …（47）
　第一节　三网融合下广播技术与商业模式的变迁 ………（47）
　第二节　广播信号盗播问题 ………………………………（54）
　第三节　广播组织权利主体扩张及其后果 ………………（69）
　第四节　广播组织权利客体需重新界定 …………………（83）
　第五节　广播组织权利范围需要重新确定 ………………（95）
　第六节　广播组织权利技术保护方式需要重新确定 ……（102）
　第七节　广播组织管理机制亟待调整 ……………………（112）

第三章　国际公约对广播组织权利保护的比较 …………（122）
　第一节　现行保护广播组织权利的国际法律框架 ………（122）
　第二节　《罗马公约》框架下的广播组织权利保护 ………（125）
　第三节　《布鲁塞尔卫星公约》框架下的广播组织
　　　　　权利保护 …………………………………………（128）

第四节　TRIPs 协议框架下的广播组织权利保护 …………（130）
　　第五节　WIPO 广播组织条约草案框架下的广播组织
　　　　　　权利保护 ………………………………………………（132）

第四章　世界主要国家对广播组织权利保护的比较 …………（156）
　　第一节　英美法系与大陆法系对广播组织权利的
　　　　　　不同保护 ………………………………………………（157）
　　第二节　德国对广播组织权利的保护 ……………………（161）
　　第三节　法国对广播组织权利的保护 ……………………（167）
　　第四节　日本对广播组织权利的保护 ……………………（169）
　　第五节　英国对广播组织的版权保护 ……………………（178）
　　第六节　美国对广播组织的版权保护 ……………………（185）

第五章　世界主要国家对广播组织权利限制与例外
　　　　　　规范的比较 ……………………………………………（192）
　　第一节　广播组织权利的合理使用制度 …………………（192）
　　第二节　广播组织权利的保护期制度 ……………………（204）
　　第三节　广播组织权利的三步检验法 ……………………（214）

第六章　三网融合背景下世界主要国家对技术保护措施
　　　　　　规范的比较 ……………………………………………（229）
　　第一节　技术保护措施内涵 ………………………………（230）
　　第二节　技术保护措施的必要性及其法律保护 …………（232）
　　第三节　国际条约对技术保护措施的规定 ………………（236）
　　第四节　世界主要国家的法律对技术保护措施的规定 ……（250）

第七章　三网融合背景下世界主要国家对广播组织
　　　　　　管理的比较 ……………………………………………（270）
　　第一节　中国对广播组织的融合管理 ……………………（270）
　　第二节　美国对广播组织的融合管理 ……………………（282）
　　第三节　英国对广播组织的融合管理 ……………………（293）

第四节　欧盟对广播组织的融合管理 …………………………（298）
　　第五节　日本对广播组织的融合管理 …………………………（301）
　　第六节　其他国家对广播组织的融合管理 ……………………（306）
　　第七节　国外广播组织融合监管的经验与启示 ………………（312）

**第八章　三网融合背景下中国广播组织权利保护与管理机制
　　　　　改革的若干思考** ………………………………………（318）
　　第一节　广播组织的法制发展状况及其完善 …………………（318）
　　第二节　广播组织融合监管的设想 ……………………………（335）
　　第三节　广播组织权利立法及监管应遵循的基本原则 ………（341）

结　语 ……………………………………………………………（366）

前　言

一　本书研究的背景

大众传播领域的每次技术发展，通常都会引发一系列的法律问题。无线电广播、有线传播以及卫星传播就是这方面的显著例子，它们给各国的立法界、司法界、监管部门以及学术界都带来了许多棘手的难题。[1] 随着互联网传播技术的发展，以及在此基础上不同网络（主要是广电网、电信网和互联网）功能之间的日益接近和联通——我们称之为三网融合——大众传播领域的版图再一次发生巨变，而这一次的改变是颠覆性的，它从根本上改变了传统广播的传播方式和受众消费广播内容的模式，继而动摇了传统广播市场的利益格局，并带来广播内容监管的新难题。

三网融合又称为网络融合（network convergence），指电信、广播和互联网这三大网络在技术发展和需求的驱动下，最终能够通过一个网络来提供电话、电视和通信服务。实现三网融合以后，用户可以获得更广泛的服务，而服务提供商也可以尝试新的商业模式，给用户提供创新服务，并且开拓新的市场。例如，用户可以通过电视来看节目、打电话和上网；电脑也可以用来打电话、看电视和上网；而手机除了作为通信工具以外，还可以上网、看电视。也就是说，三网融合之后，这三个原本互相独立、垂直管理的网络开始在业务上互相进入，形成

---

[1] Frank S. Rowley, *Problems in the Law of Radio Communication*, *University of Cincinnati Law Review*, Vol. 1, No. 1, Jan（1927）.

你中有我，我中有你的格局。

三网融合对广播组织的影响是深远且深刻的，传播技术的融合不仅从根本上动摇了传统广播组织概念体系的基础，及其新法律权利的确定，还涉及监管机构和监管政策方面的调整。无论是法律上的更新还是管理机制和相关政策的调整，首先需要对新传播技术如何改变广播节目的商业模式，从而破坏既有广播组织权利保护的结构有所认识，由此我们才能推导出广播组织权利为什么需要更新以及应该如何更新。我们计划以传播技术发展的历史和广播组织权利随技术发展而演变的事实构建一个坐标系，尽可能清楚地梳理出技术和法律及监管之间的互动关系，为构建新的广播组织法律及管理机制做一些探索和铺垫工作。

广播组织权利作为著作邻接权的一个重要组成部分，随着技术对著作权的挑战应运而生，同时它也为著作权法进一步迎接未来技术挑战提供了法律弹性运用的空间。广播组织权利的动态发展一直与科技在这一领域的运用相生相伴，科技导向论者与科技决定论者认为科技的发展对广播领域利益关系的发展有着决定性的作用。我们也认为科技的发展与运用确实能够产生新的利益关系，当新产生的利益关系所覆盖的人群数达到一定程度时就需要用法律去规范它。数字技术和互联网传输技术的发展，正日渐改变着广播这个概念的内涵与外延，特别是三网融合技术的实现，广电网和电信网的业务开始通过互联网实现双向进入，交互式视频点播业务的出现也给传统广播组织带来了前所未有的法律和政策方面的挑战，回应时代发展的要求，对三网融合背景下广播组织权利保护和管理问题进行研究，成为一项十分紧迫的任务。

论及广播组织权利的保护，从国际层面来说，与保护广播组织有关的国际公约或条约主要有三个：1961年的《保护表演者、录音制品制作者和广播组织国际公约》（罗马公约）、1974年的《关于播送由人造卫星传播载有节目的信号的公约》（卫星公约），以及与贸易有关的《知识产权协定》（TRIPs协定）。《卫星公约》仅涉及卫星传播的方式，并且签约国较少，因此对世界范围内保护广播组织权利一直没有起到实质性作用。《罗马公约》目前有92个缔约国[①]，是国际上保护包括广播组织在内的邻接权最主要的公约。该公约给广播组织规定了最基本的权利，作为指导各缔约国制定国内立法的最低保护标准。《罗马公约》对协调各缔约国对邻接权的保护起到了十分重要的作用。但是就广播组织来说，由于签订《罗马公约》时，各国的广播技术以无线电模拟信号传播为主，因此该公约没有涉及有线传播，更不会涵盖以数字网络技术为特征的新传播方式。数字信号出现以后，信号盗播的风险大大增加，各国广播组织均感到《罗马公约》对于保护新技术条件下广播组织权利已经不够，更新罗马公约的呼声高涨起来。

三网融合是一个世界性的趋势，世界上各个国家和地区都在积极探索三网融合的推进及其对传统广播组织的影响，并试图在新传播技术条件下构建一个新的媒体法律和监管框架。特别是世界知识产权组织（WIPO），作为一个致力于促进和保护知识产权的国际性组织，更是早在20世纪末就开始关注互联网的发展给著作权人和作为传播作品的邻接权人——广播组织的保护问题。WIPO在成功签署了1996年互联网版权条约（WCT）和邻接权条约（WPPT）之后，开始着手讨论并起草一个关于广播组织权利保护的条约。因为WPPT作为一个邻接权条约，其受保护的主体并不包括同为邻接权主体的广播组织，所以有必要专门起草并通过一个单独的关于广播组织权利保护的条约，但是由于各国的利益难以达成一致，该条约至今没有获得通过。WIPO广播组织条约谈判的工作进行了十几年，迄今仍未形成一个有效的法律文件，只有一个比较成型的广播组织条约草案（SCCR/15/2），足见广播组织权利保护的问题十分复杂；尤其是在条约谈判的过程中，新传播技术仍在发展，不断颠覆着人们对传统意义上广播和广播组织权

---

① http://www.wipo.int/treaties/en/ShowResults.jsp?&treaty_id=17，检索时间：2016年1月27日。

利的认识。三网融合的出现，特别是广电网络和电信网络实现技术上融合之后，新的传播模式和商业模式不断涌现，更加剧了广播组织权利保护问题的复杂性。这也很可能是广播组织条约迟迟不能获得通过的原因。

虽然新的保护广播组织条约并未获得通过，但是 WIPO 在该条约谈判的过程中广泛研究了自广播组织诞生至今，广播/传输①技术的发展及其对广播组织权利的影响，并且 WIPO 对广播组织条约的工作汇集了世界各个国家和地区与广播组织权利相关的权利人、立法者、社会公益组织所提交的建议和论证，比较全面地反映了利益相关者对广播组织权更新的观点和意见。

从国内层面来说，世界各国广播组织发展的经历、科技运用程度以及对广播组织进行法律保护的方式有很大的不同，对 WIPO 各成员国关于版权和邻接权的国内立法审查表明，几乎所有的法律都含有保护广播组织的规定，但是在授予保护的方式上却有着显著的不同。有些国家授予广播组织以特定的邻接权，如中国、韩国、菲律宾、墨西哥等国；有些国家没有授予广播组织邻接权，而是把广播节目类比为作品而给予著作权的保护，如澳大利亚、新西兰、英国、新加坡等国；有的国家，尤其是美国，对广播组织没有明确规定版权保护条款，而是通过对受保护"作品"这个一般性的概念进行解释而对广播组织的广播节目加以保护。

此外，对广播组织权利客体的法律规定一直不明确。这个客体究竟是指广播组织发射的节目内容，还是仅指其发射的信号，对此《罗马公约》没有给出明确的规定。《卫星公约》倒是明确把"卫星传播的载有节目的信号"作为保护的客体，但是正如前面所指出的，该公

---

① 广播的定义与其传输方式和技术特征紧密结合，特质以无限电磁波为媒介向公众进行点到点的信息传输。这种技术特定的定义方式在新传输技术条件下遇到很多问题，比如网播的出现实现了以互联网为媒介，通过数字信号向公众进行点到点的信息传输，那么网播与广播是一种什么关系就成为广播组织权利争议的焦点之一。因此本书引入传输这一技术中立的概念，不特别强调信息传输所需的特定媒介和方式，只强调信息的流动。传输的概念更适合描述三网融合之下的信息传递。

约在现实中发挥的作用不大，是给广播组织条约谈判中提供了支持和依据。很多国家的立法对广播组织权利客体的认识也存在着不同。古巴、约旦、立陶宛等国家法律保护的是广播组织发射的节目内容而不是其发射的信号；英国、新西兰、牙买加等国的法律保护的是广播组织发射的信号，而不是其发射的内容。这些不同可能会在法律上和现实中带来影响，广播组织权利客体的不统一会造成权利内容的不同。例如，当广播组织权利客体被确定为广播内容时，那么就有理由赋予广播组织以类似著作权的权利。但是，当广播组织权利客体被确定为纯粹物理性的广播信号时，广播组织权利内容就狭窄得多。目前国际上对广播组织权利客体的界定仍不统一，在世界范围内协调对广播组织权利的保护非常不利。三网融合以后，对于广播节目这个概念的界定更加困难，因为融合之后很多内容将以VOD视频点播的方式通过多种媒介向公众提供；节目的质量和品种存在爆发式增长的空间，对节目的编辑责任是否还应继续作为界定节目的重要因素呢？实现交互式节目传输后，受众可以自行选择定制化内容服务，在这种情况下如何理解公众这个概念？这些新出现的因素正在通过富有争议的司法判例和学者的观点影响着人们对新式广播的认识。本书将在正文部分对这些因素和其他一些重要因素加以分析。

　　三网融合由技术引起，但是它所产生的广泛而深刻的影响却不单单是技术能够解决的。曾经，每个网络所代表的产业自成体系，有各自的监管机构和政策法律框架，网络融合之后，不同网络原来独立经营的业务范围开始互相交叉，必然会带来法律调整和监管上的变化。为了适应网络融合所提出的新要求，促进技术的进一步融合与发展，鼓励节目内容的多样化，以提高国家软实力的水平，我们总结出三网融合背景下广播组织权利立法和监管应遵循的几项原则，包括：技术中立原则、网络中立原则、利益平衡原则、普遍服务原则，以及公平竞争和市场本位原则。

　　在本书中，广播组织被置于一个包括法律、市场和意识形态控制的广泛的社会框架中，广播组织权利只是以其为主体的价值链中的一个环节。在涉及广播组织方方面面的问题中，本书将着重研究两个方面的问题：一是广播组织相关法律权利的保护和对其权利的合理限制；二是广播组织同时作为市场主体和意识形态传播者所应接受的监管及政策选择。

法律要尊重并顺应社会发展的需要。当技术的发展对更新国际、国内法律，特别是对广播组织的权利保护与监管要求提上日程的时候，法律就应当及时地做出回应。而与法律有着密切关系的管理机制与政策选择也应随之做出调整与改变，以便与法律互相配合，共同实现对社会的调控与治理目的。

二 本书研究的意义

尼葛洛庞帝在其《数字化生存》一书中提出，这个世界正朝向一个数字时代迈进。广播电视业已经摩拳擦掌地进行数字化节目传送，无线电台和无线电视台也进行了一连串的 e 化动作，网络广播已经以惊人的速度进入世界各国人们的生活。广播特性的改变势必对传统广播业者产生影响。

2015 年 9 月 5 日，国务院办公厅印发三网融合推广方案，给中国一直以来不温不火的三网融合计划带来了新气象。2001 年 3 月，国务院通过了"十五"计划纲要，并在其中提出了三网融合的概念，即"促进电视、电信、互联网三网融合"。2006 年的"十一五"规划纲要中再次提出"积极推进三网融合"。2008 年 1 月国务院办公厅又发布《关于鼓励数字电视产业发展若干政策的通知》，提出"推进三网融合，形成较为完整的数字电视产业链，实现数字电视……相关产业协调发展"。2008 年 5 月，电信运营商重组方案出台，形成中国移动、中国电信、中国联通三家新运营商为主体的电信全业务竞争局面。但是至此，中国三网融合并没有获得实质性的开展，依然停留在模糊的概念阶段。2009 年 5 月国务院发布《关于深化经济体制改革工作的意见》，指出"实现广电和电信企业的双向进入，推动三网融合取得实质性进展"，这是第一次真正涉及三网融合的具体文字性表述。2009

年7月，广电总局作为广播组织的上级主管单位第一次公开发声，提出"推进三网融合，促进国家信息化发展"。同年8月广电总局再次发布《关于加强以电视机为接收终端的互联网视听节目服务管理有关问题的通知》，涉及三网融合的具体施行，但是该通知被认为对中国IPTV的发展非常不利，而IPTV则是三网融合的纽带。这说明中国负责推进三网融合的有关部门或者出于缺乏经验，或者出于部门利益的考虑，并没有深刻认识到三网融合背景下，"融合"这两个字的意义及其可能对全社会带来的整体影响。2010年1月，温家宝总理在国务院常务会议上提出，要加快推进广播、电信和互联网三网融合，同时制定了实施三网融合的时间表和相关试点方案。但是确定试点名单并不顺利，需要政府的强势干预才能得以推进。经过5年的试点及经验总结，才出台了2015年的三网融合推广方案。

三网融合适应了当代传播技术发展的潮流，对于传播主体，即广播组织、传播的受众和国家产业结构的调整，进而提高整体国民经济发展水平都将有重要的作用。然而，中国三网融合的进展并不顺利，对三网融合内涵的理解、推进过程中具体矛盾和问题的解决，特别是新利益格局的形成和确定给人们带来了诸多困扰。这并非中国独有的现象，世界其他国家在推进三网融合的过程中也面临着各种矛盾和问题。广电网与电信网和互联网融合而产生的问题是三网融合所带来复杂问题的一部分。在这种历史背景下，本书把三网融合对广播组织的影响作为研究对象正契合了当代中国的实际情况。

近年来，随着中国科技整体的迅速发展，中国的广播事业也正在经历着巨大的变化。三网融合政策的推出和实施更是把中国广播组织权利与广播组织管理问题推到了风口浪尖。对于世界知识产权组织关于广播组织条约的谈判，中国政府始终非常关注，并派代表团积极参与条约的谈判工作，其目的也是希望及时掌握国际社会对广播组织权利立法的动向，以便及时调整中国立法中的有关规定。目前，中国仍不是《罗马公约》的缔约国，但是已经批准了世界知识产权组织通过的两个互联网条约（WCT 和 WPPT）。① 由于两个互联网条约没有涉及广播组织权利的规定，因此在世界范围内如何协调对广播组织权利的保护仍是一个亟待解决的问题。考虑到广播和广播组织在经济和社会意义上的双重属性和价值，特别是中国的广播组织不仅是一类市场主体，代表着巨大的经济利益，更是中国意识形态的闸门和出口，因此中国更应该关注融合背景下广播组织的权利保护和管理问题。中国应该借着参与广播组织条约谈判的机会，把握好自己在这个问题上的话语权，积极努力地维护自己的权益。这就需要我们全面透彻地了解世界范围内以及中国的广播组织及其权利保护所面临的各种问题，前瞻性地拿出自己的意见，为中国广播组织立法能够顺利地纳入国际广播组织法律保护体系内，并相应地为国内立法和有关政策调整奠定基础。希望本书的写作能够在理论和实践上对于探讨中国对广播组织权利的立法和广播组织管理提供有益的借鉴。

另外，本书以比较视角研究广播组织权利的保护。随着全球化的发展，世界各国逐渐认识到国际条约使各成员国在广播组织保护标准上实现协调一致的重要性。中国的社会主义市场经济体制在逐步走向完善，我们要和国际接轨，就要在广播组织的立法方面认真对待有关广播组织的国际条约及其变迁的动向。中国虽然不是《罗马公约》的成员国，但是中国加入了 WTO，而 WIPO 作为联合国下属的一个知识产权专门机构，和独立于联合国之外的 WTO 签署了相互合作的协议，确立了两者相互合作、相互支持的关系。因此，中国和美国一样，都积极参与 WIPO 正在起草和争论中的保护广播组织条约的谈判和研究。在这个世界性与民族性共存的时代，我们应采取"洋为中用"的原则，充分认识中国的广播组织立法的利弊，使中国广播组织立法和世界接轨，从而更好地处理与广播组织相关的各利益主体之间的关系。

---

① 即《世界知识产权组织版权条约》（WCT）和《世界知识产权组织表演和录音制品条约》（WPPT）。

第一章

广播组织与三网融合概述

第一节 广播

一 广播的概念

广播这个词是在20世纪初随着无线传播技术的发明并应用于大众传媒事业而出现的。从本义上讲，广播是指通过无线电波或导线传送声音、图像的具有多种功能的现代化传播工具，其根本特点在于点到多点（point to multipoint）的线性传播方式。从诞生起，广播技术一直经历着快速发展，广播这个概念的内涵也在不断地拓宽并延展，后来出现的有线传播和卫星广播因其在应用领域和目的上与广播的相似性也被笼统地纳入广播的范围。此外，广播的内容还从单纯地传播声音发展到传播图像以及声音和图像，后者通常称为电视广播，简称电视。进入21世纪，数字技术和互联网传播技术（网播）日益成熟，同时也极大地丰富了广播技术。但是，鉴于网络传播点到点的交互式传播的方式与广播最初的传播特点完全不同，迄今为止，关于网播是否也是广播的问题仍然没有定论。不管广播还是电视，它们所传播的都是包括文学和艺术作品在内的各类知识和信息。广播这个概念之所以进入法律调整的范围也正是因为它对作品的传播使其与著作权之间产生了必然的联系。另外，由于广播在教化群众和塑造社会观念方面所发挥的巨大影响，它也理所当然地受到政府有关部门的监督与管理。

本书讨论的广播组织权利保护是指法律保护。而传统上广播组织权利立法采用的是技术特定（technology-specific）的立法方式，为了研究传播技术是如何影响广播组织权利的法律保护，下文分别从技术和法律的角度对广播这个概念进行深入的剖析。

（一）传播技术视阈下广播的含义

广播是无线电技术发展的成果。各类辞典中对"广播"这个概念的释义通常都是从技术的角度给出的。笔者简要梳理了一下中外权威词典对广播这个概念的定义与解析：

辞海对广播的定义："通过无线电波或导线传送声音、图像节目的大众传播媒介。通过无线电波传送节目的称无线广播；通过导线传送节目的称有线广播。仅传送声音的称为声音广播，简称广播；传送声音、图像的称为电视广播，简称电视。"[①]

现代汉语词典对广播释义为："广播电台、电视台发射无线电波、播送节目"；"有线电视播送节目也叫广播"；指"广播电台或有线电视播送的节目。"[②]

新华词典对广播的解释是："1. 广播电台、电视台通过无线电波或导线播送节目。通过无线电波传送的，叫作无线广播；通过导线传送的，叫作有线广播。2. 广播电台或有线电播送的节目。"[③]

历时44年才完成、享誉世界的牛津英语词典（*The Oxford English Dictionary*）在它的补遗卷（在其1989年的第二版中移入正文）中注明，broadcast一词使用最早的词类为形容词，在词后注明的构词法是 broad adv.（副词）+ cast pa. pple（过去分词），其词义是：（1）种子等的：广泛播撒在各处地表而不是撒入垄沟或成行播种的；（2）播种的：用上述方法实行的。[④]

综上所述，广播是一种传播知识的技术，它既可以当动词使用也

[①]《辞海》，上海辞书出版社2002年版，第585页。
[②]《现代汉语词典》，商务印书馆1996年版，第471页。
[③]《新华词典》，商务印书馆2013年版，第358页。
[④] 参见 http://www.zhangpj.com/mingjia_ ly/news_ view.asp? id =822。

可以当名词使用。做动词的时候，它表示通过无线电或者导线把各种知识以信号的方式从发射台广泛地向周围一定领域的公众播送，供其接收的行为。做名词的时候，它指广播行为的对象，即广播电视节目。①

根据迄今为止人们对广播的界定，笔者试对广播的内涵和外延总结如下：广播的内涵是指"以有线和无线手段传送节目内容"，其外延是"以有线和无线手段所进行的一切传播，包括无线广播、有线广播、网络广播以及技术上可能出现的所有以无线或有线手段进行传播的方式"。根据这种理解，单纯从技术上说，近年来出现的网络广播（webcasting）应该归入广播的范围。

(二) 法律视阈下广播的含义

传播知识是广播最为本质的特征，而各种文学艺术作品作为社会知识的一部分，其本质上也具有广为扩散的需求。因此，广播作为对作品进行传播的方式之一而进入著作权法的调整范围。

第一次世界大战以后，人们开始普遍采用广播作为对作品进行商业性使用的手段。当时，私人企业和政府组织都争相设立广播电台向听众播放新闻、音乐等节目。1930年，许多发达国家都有了广播，而且全国性的电台网络也建立起来了。与此同时，另一种广播形式——电视也发展起来，采用电视技术，图像和声音可以一起被传送。到20世纪50年代，电视基本上已在发达国家普及了。② 广播电视技术的发展及其对作品传播的功能使作品权利人、广播组织和接收广播节目的公众之间形成不同的利益关系。人们感到必须对广播行为进行立法，以明确界定广播组织的权利与义务。

我们知道，法律的作用在于对人们的行为及社会关系和社会生活施加影响，其中一点就是通过确立一定的权利义务结构来建立、维护和实现有利于统治阶级的社会关系、社会秩序和社会进程。

---

① 对"广播电视节目"这个表述有不同的理解，具体将在下文"广播信号"中加以分析。
② Sam Ricketson, *The Berne Convention for the Protection of Literary and Artistic Works*: 1886 - 1986, London Queen Mary College, Center for Commercial Law Studies, pp. 434 - 435.

根据马克思"没有无义务的权利，也没有无权利的义务"的理论，权利和义务之间是一种辩证的关系。权利和义务互为存在的前提，当权利作为一种"行动、享受或占有的资格"时，权利意味着"可以"，相应地，义务就意味着"不可以"；权利是法律保护和限制下的自由，权利人是否能做出一定的行为及该行为的尺度由法律加以规定并由国家强制力予以保证，而义务应依据权利主体的要求作为或者不作为；权利的正当性、合法性和可强制执行性使其可以享有法律所承认和保障的利益，而义务则是负担或不利。

广播的概念被纳入法律的权利义务体系结构之后，就与其作为纯粹技术的概念产生了区别。广播作为一种技术，属于科学领域。但是以霍克海默和哈贝马斯等为代表的法兰克福学派认为科学也是一种意识形态，[①] 但它是一种特殊的社会意识形态，与以统治阶级强制力为保障的法律不同；科学作为意识形态，其本身没有阶级性。技术同时又是一种社会现象，属于生产力的范畴，不属于上层建筑，这一点与法律不同。但科学技术无论是否是意识形态以及处于何种范畴，都与法有着密切的联系，二者互相影响。法与国家是基于同一原因而产生的，是统治阶级用来调整社会关系、维护阶级利益和社会秩序的手段。曾经，法律很少过问和干涉科技活动，但是随着近代工业革命的兴起，广泛而复杂的科技活动开始深刻地影响并改变着人类生活，并带来一系列利益冲突，使得国家对这个领域的干预和法律调整成为必要。法律因其严格的规范性、程序正当性、国家强制性等特点，成为国家干预和管理科技活动的重要手段。随着科技水平的高度发展及其对社会生活产生影响的广度和深度与日俱增，科技活动当然地被纳入法律治理的轨道。对于这个现象来说，知识产权的立法就是一个最好的例子。

广播技术在社会上的普遍应用也同样广泛而深刻地影响并改变着人类生活，同时带来一系列利益冲突。广播频道是一种稀缺资源，根

---

① 法兰克福学派认为，科学之所以是意识形态，是因为科学表面上以揭示社会真实性为己任，但科学也是掩饰社会真实性的有效方式，而任何人类行为方式，只要有可能掩盖社会真实本性，就可以认为是意识形态。

据法经济学家的观点，如果任何有价值的资源为人们所有，所有权意味着排除他人使用资源（排他性，exclusivity）和使用所有权本身的绝对权，并且所有权是可以自由转让的，或者像法学家说的是可以让渡的，那么，资源价值就能最大化。① 由谁来使用广播频道资源，如何使用这种资源就必然引发不同利益集团之间的冲突。比如说，经营广播频道的人，提供广播节目的人、广播节目内容的版权和其他权利人、收看广播节目的人以及广大公众之间就会产生错综复杂的利益关系。正如上文所述，科学技术和法律之间是一种密切联系、互相影响的关系，因此广播技术纳入法律的调整领域其实也是一种必然的结果。

（三）广播概念内涵的扩展

广播这个词作为一个法律概念，其内涵一直处于不断扩大的过程中。前文已经述及，广播最基本的意思是广泛地传播知识，使人们能够接收。仅从字面意义上看，只要是采用某种手段广泛地向公众传播知识就可以认为是最宽泛意义上的广播。

在《罗马公约》中，广播的定义被表述为"为公众接收而通过无线手段传送声音或声音兼图像"。这个定义阐明了三点内容：第一，广播可以是单纯的声音广播，也可以是声音兼图像的电视。第二，由于使用了"无线手段"这个限制性词语，因此，只有通过赫兹波或其他无线手段才构成广播，也就是说有线传送（声音的转播、有线电视等）就被排除在这个概念的范围之外，不被认为是广播。需要明确的是，虽然《罗马公约》不涉及有线传送，但是很多公约成员国国内法中已经针对有线传送给予了某些程度的保护，这也是后来在拟定广播组织条约的历次谈判中，各国与会代表对于把有线广播组织纳入广播组织条约主体范围并无特别异议的原因，只是为了与《罗马公约》衔接的需要，才在广播组织条约草案中另行对有线广播和有线广播组织这两个概念做出专门的定义。第三，"为公众接收"这个说法表明，

---

① ［美］A. 波斯纳：《法律的经济分析》（上），蒋兆康译，中国大百科全书出版社2003年版，第42页。

向单一的个人或某一特定人群（船只、飞机、一队出租车）的传送不构成公约所称的播放。① 当然，在融合背景下，交互式传输日益普及的今天，对于"为公众接收"这个短语的理解出现了很大的分歧和争议。②

对广播的这个定义是根据当时的技术现实，为了方便法律规范的需要而刻意增加了限制条件，即通过无线电方式传播声音或声音兼图像才是广播。这是典型的技术特定的立法方式。但是，随着传播技术的发展，除无线电传播方式之外，又发展出有线传播、卫星传播、网络传播等传播方式；广播组织传送节目所使用的信号也从模拟信号发展到数字信号。因此最初广播这个概念的内涵在不断地扩展。上文提到，很多国家已经在国内法律中把有线传播作为广播的一种方式加以保护。中国《广播电视管理条例》第8条第2款明确规定："本条例所称广播电台、电视台是指采编、制作并通过有线或者无线的方式播放广播电视节目的机构"。此外《世界知识产权组织表演和录音制品条约》在广播的定义中也明确把"通过卫星进行的播送"纳入定义表述中。由此可以看出，广播的内涵在事实上已经扩大了。目前，广播的概念包括无线广播、有线广播和卫星广播，人们对此基本上达成了共识。法律所面对的难题是，通过互联网进行的单向和交互式传播该如何定性，如何保护。中国解决该问题的方法是在《著作权法》第十条关于著作权内容的规定中增加了一项"信息网络传播权"，意图把通过互联网以交互式技术传播作品而产生的利益作为作者的著作财产权之一，交由作者控制。信息网络传播权的规定在一定程度上解决了互联网传播给作者利益造成的损失，但是该项权利规定仍然存在瑕疵，主要表现在人们根据广播的概念对"向公众提供"的理解（一般理解为点到多点的传播方式）和互联网传播所涉及的点对点的传播方式之间的矛盾，这给中外司法实践都带来了很大的困惑。社会亟待法律对

---

① 《罗马公约和录音制品公约指南》，刘波林译，中国人民大学出版社2002年版，第18—19页。另外，此处"播放"在英文中使用的是broadcast这个单词，指的就是广播。

② 参见下文中关于Aereo案的分析。

此做出统一的确认。

二 与广播相关的概念体系

（一）播送

播送在英文中使用的也是 broadcast 这个单词，其中文释义为"播送""播放"，二者含义相同。《现代汉语词典》（第 5 版）专门列有"播送"这个词条，它是一个动词，指的就是"通过无线电或有线电向外传送"。播送作为一种行为，与广播作为技术概念的动词含义相同。播送是一个纯粹的技术概念，它是广播组织使其广播节目能够为公众所接收的手段。在英文中，广播和播送使用的是同一个单词（broadcast），但是在中文表达中，广播和播送还是有所区别。广播作为一个法律概念可以根据需要被冠以种种限制，比如在模拟技术条件下的广播被规定为无线播送；其播送的内容是声音，或声音兼图像；并且广播必须以公众接收为目的，等等。随着技术的进步和利益关系调整的需要，作为法律概念的广播的内涵也在不断扩大，现在广播不仅指无线播送也指有线播送；其播送的内容不仅包括声音，或声音兼图像，还可以是声音和图像的电子表现物。而播送则自始至终是一个开放的技术概念，它就是指把广播节目传送出去的行为。此外，根据法律的规定，广播仅涉及原广播组织的播送行为，它可以是原广播组织播送自己制作的节目，也可以播送他人提供的广播节目。广播组织对广播节目的播送可以是对节目的现场直播，即广播电视节目的后期合成与播出同时进行；也可以是延时播送，即把节目录制下来在以后选定的时间播出。无论是直播还是延时播放，都是指由原广播组织进行的首播行为。从这个角度讲，广播与下文中的转播有着根本区别。广播与转播涉及两种利益主体的不同利益。但是播送则不然，它与转播或其他任何传播广播节目的方式都没有什么冲突，它只是任何一种广播组织把其广播节目传送出去的行为。笔者在翻阅有关中文资料时发现，广播和播送这两个概念经常不加区分地进行使用，这样容易造成法律意义上的混淆。因此笔者在此着意加以澄清，希望能减轻研究者对这两个词语理解上的负担。

(二) 转播

"转播"(re-broadcast),系指一个广播组织同时播送另一个广播组织的广播电视节目。① 在该定义中"同时播送"表明两个广播电视节目必须同时播放。这就排除了延时的重播,即滞后转播。因为滞后转播需借助于原始广播电视节目的录制品进行。《罗马公约》规定,如果某缔约国适用第15条中可选择的例外来准许制作暂时的录制品,出自这些录制品的广播电视节目并不因此丧失与它们将被纳入的广播电视节目"同时播放"的性质。

由于该定义没有对转播的方式做出规定,因此可以认为转播即通过有线或无线,以及有线与无线合并的方式进行的各种形式的传播。通过计算机网络进行的传播也是转播的一种方式。转播须由原播送组织以外的另一个组织进行。

《罗马公约》中对转播的这个定义只涵盖了同时转播的情形,即仅限于一个广播组织的广播节目被另一个广播组织同时广播的行为,例如中央电视台的新闻联播节目也被北京电视台同时广播。《伯尔尼公约》对转播的定义与之相似。公约第11条之二第1款第(ii)项规定了作者对其广播作品的权利,使用的是同时转播的概念(原表述为"通过有线传播或转播的方式向公众传播")。从该定义可以推导出以下结论,即不在同时进行的播送只能利用原始播放节目的录制品才能进行,而此等播放已经构成新的播送行为。按照笔者的观点,之所以把同时转播与滞后转播进行区分,也就是说,之所以把基于录制品的滞后转播看作新的播放,其根本原因在于利益的驱使。因为如果把基于录制品的滞后转播作为新的播放,则该播放行为就与播放内容的权利人直接相关而与原广播组织没有关系了。这实质上是保证了播放内容权利人对其享有著作权或邻接权的播放内容的控制力。

从现行广播组织对广播节目进行转播的实际行为来看,同时转播

---

① 《罗马公约》第3条(g)项。

和滞后转播这两种形式的转播使用的都很频繁。同时转播指一个广播组织的广播节目同时被另一个广播组织广播；在这种情况下，转播组织直接把原广播组织发送的信号发送出去，不涉及对广播节目的录制和编辑。滞后转播则是指转播组织把原广播组织发送的广播节目录制下来，在以后选定的时间播出。因此转播组织从事滞后转播行为需要涉及对广播节目的录制行为。随着数字电视的普及，频道资源和传输容量大大增加，各电视台之间互相转播电视节目的需求也大大增加。滞后转播成为一种非常重要的形式。

从近年WIPO对广播组织条约谈判来看，一些代表团在提案中仍建议对同时转播与基于录制品的（滞后）播送之间加以区分。另外一些代表团则建议，转播亦应涵盖基于录制品的（滞后）播送。几乎所有代表团均建议在基于录制品的滞后播送方面，应该对广播组织给予保护。① 作为广播组织条约谈判的阶段性成果，两个基础提案草案（SCCR/14/2和SCCR/15/2）分别在第9条和第13条规定了关于录制后播送问题的条款。②

依照笔者的观点，对《罗马公约》中转播的定义应该予以更新，把定义中"同时"变为"同时或滞后"，"转播"的定义改为"一个广播组织同时或滞后播放另一个广播组织的广播电视节目"。之所以做出这样的变化，是因为笔者认为，现今广播组织滞后转播其他广播组织的节目已经是非常普遍的现象，并且两个广播组织之间就转播问题进行接洽远比转播组织重新与所转播节目内容的权利人进行接洽要简单得多。至于广播内容权利人与转播所涉及的利益问题，不妨通过其与原广播组织之间的合同来解决，即把对其享有权利的广播节目的转播权通过许可的方式授予原广播组织行使。

（三）有线广播

虽然有线广播已经是非常普遍的现象，但国际公约和条约中迄今

---

① 参见SCCR/14/2，2.08。
② 广播组织享有授权在其广播节目被录制后以任何方式播送此种广播节目供公众接收的专有权。

均没有对"有线广播"做出明确的定义。该定义是在 WIPO 广播组织条约基础提案草案中做出的。所谓"有线广播"系指以有线方式进行的播放行为，使公众能接收声音，或图像，或图像和声音，或图像和声音表现物；以有线方式播送经过加密的信号，只要有线广播组织或经其同意向公众提供解码的手段，即为"有线广播"。该定义特别指出"有线广播"不得被理解为包括通过计算机网络进行的播送。[1]

与《罗马公约》不同，广播组织条约的两个基础提案草案（SCCR/14/2 和 SCCR/15/2）明确把有线广播和卫星广播纳入定义条款之中，从而拓宽了对广播传播方式的界定。传统上对广播的理解仅仅限于以无线方式，以及无线电波或赫兹波的方式进行的传播，并不包括有线传播。之所以把广播和有线广播分开来定义，是为了与著作权和邻接权条约的传统保持一致，这样在解释现有条约的时候就不会出现任何不确定性或相互干扰性。另外，该广播的定义还把《罗马公约》第 3 条 f 项中"声音，或图像和声音"的说法改为"声音，或图像，或图像和声音"。有线广播的定义，除了细节上做出了必要的修改以外，沿用了前述"广播"的定义，诚如有些代表团提出的，如果能够对广播采用一种更宽泛的定义，即广播"不仅包括无线播送，而且还包括有线播送，其中包括通过电缆或卫星的播送"，广播的定义倒是更加精炼一些。笔者认为对广播的概念采取宽泛的定义似乎更为可取。[2]

（四）卫星广播

《辞海》对广播卫星的定义如下："又名'直接广播卫星'。应用卫星的一种。能将地面电视或声音广播节目进行中继并直接广播给用户。卫星在对地静止轨道上，离地甚远，故卫星天线波束可覆盖地面上很大面积，用户可不受地理环境限制，即使边远地区、小岛或山区都能良好地接收到……"

---

[1] 参见 SCCR/15/2, article 5 (b) "cablecasting"。
[2] 参见 SCCR/15/2, 5.02 – 5.04。

《罗马公约》中对广播的定义，至少从字面上来看没有对其中所提及的"无线手段"做出特别的限定。虽然罗马会议当时的观点倾向于把无线手段限于利用赫兹波进行的播送，但是对这种观点并没有做出具有法律意义的解释。因此今天完全可以把《罗马公约》中所提及的无线手段理解为包括卫星广播。此外《伯尔尼公约》中对向公众传播所使用的无线手段也没有加以区分，因此可以认为广播的概念涵盖卫星传送。德利娅·利普希克在《著作权和邻接权》一书中所作的结论"卫星将节目传播给公众是一种广播"[1] 已经成为一种通识。

(五) 录制

《罗马公约》中提到广播组织可以享有录制权，但是并没有对录制这个概念给出定义。由于录制对表演者和录音制品制作者传播其表演和录音制品至关重要，因此在国际上《世界知识产权组织表演和录音制品条约》（WPPT）首先对录制做出定义。所谓"录制"（fixation）系指对声音或声音表现物的体现，从中通过某种装置可感觉、复制或传播该声音。在该定义中，录制既可以指一种行为，也可以指行为的结果，即所获得的对象。如果录制被理解为一种行为，则指体现声音或其表现物的过程，并且限于对声音或其表现物的第一次录制。然而，当录制指行为结果时，"……声音的体现"指任何包含声音的物品，比如"录音制品"。对于表演者和录音制品制作者来说，录制是对其表演和制品进一步利用的基础，例如在录制品的基础上发行、向公众传播、广播等。[2] 对于广播组织来说，录制则是其播放、转播以及对广播节目进行其他后续使用的基础。

广播组织在对广播节目传播的过程中不可避免会涉及录制行为，因此《广播组织条约基础提案草案》在定义条款中也专门对录制这个概念做出界定。即"录制"系指对声音，或图像，或图像和声音，或

---

[1] [西班牙] 德利娅·利普希克：《著作权与邻接权》，联合国译，中国对外翻译出版公司2000年版，第146页。

[2] [德] 约格·莱因伯特、西尔克·冯·莱温斯基：《WIPO因特网条约评注》，万勇、相靖译，中国人民大学出版社2008年版，第332页。

图像和声音表现物的体现，从而可通过某种装置使之被感觉、复制或传播。该定义沿用了 WPPT 中"录制"的定义①，考虑到广播组织所播放节目的特殊性质，在"声音"之后增加了"或图像和声音，或图像和声音表现物"这一短语。"体现"一词涉及无论使用任何手段或介质将信号所载的节目材料纳入或录制下来的结果。此外还要指出的是，同 WPPT 的相应定义一样，关于录制的定义并没有从质上或量上限定将内容录制下来所需"体现"的期限。在"体现"所必需的永久性或稳定性方面，没有规定任何条件。② 这也就是说录制包括网络上以数字方式将内容固定下来的行为。录制这个词所对应的英文单词是 fixation，有固定的意思。因此有时录制也用固定这个词来表达。广播组织播放节目内容，首先要把节目录制（固定）下来，转换成可发射的信号，然后再播放、转播或做其他使用。

（六）广播节目

根据现代汉语词典，"广播"可以做动词，指"广播电台、电视台发射无线电波，播送节目。有线电播送节目也叫广播"；也可以做名词，指"广播电台或有线电播送的节目"。③ "节目"是名词，指"文艺演出或广播电台、电视台播送的项目"。④ "信号"是名词，其含义是指："1. 用来传递信息或命令的光、电波、声音、动作等。2. 电路中用来控制其他部分的电流、电压或无线电发射机发射出的电波"。从对上述概念的词典释义可以看出，节目通常指的是广播电台、电视台发送或者说传播的内容。

《罗马公约》和其他国际公约都没有就广播节目做出定义。但是，从《罗马公约》第 13 条的规定："广播组织应当有权授权或禁止转播……录制……复制……和向公众传播他们的广播节目"⑤ 这种表述

---

① WPPT 第 2 条 c 项中"录制"的定义为"系指对声音或声音表现物的体现，从中通过某种装置可感觉、复制或传播该声音"。
② 参见 SCCR/14/2，2.09。
③ 《现代汉语词典》（第 5 版），商务印书馆 2006 年版，第 510 页。
④ 同上。
⑤ 该条具体内容参见《罗马公约》第 13 条的规定。

来看，广播节目应该是指广播组织所播放的内容，即广播信号所载负的声音、图像或声音和图像。但是在广播组织条约谈判的过程中，由于确定广播组织权利的内容首先需要明确广播组织权利客体，而在讨论广播组织权利客体的过程中，一部分代表团要求把广播组织权利客体确定为作为纯粹物理信号的广播信号，而把这种广播信号所载负的广播内容剥离出来，不作为广播组织权利客体，因此就有必要对广播信号和广播信号所载负的内容分别做出定义。于是就有了2007年4月《WIPO广播组织条约》非文件中对这种广播信号和广播内容（program）的定义。[①] 无论条约是否能够获得通过，对有关定义的探讨总归是有益的。只是笔者认为这两个定义所选定的表述值得商榷。

非文件中对广播信号的表述是"广播节目"，使用了broadcast这个单词，具体系指以无线方式播送的通过电子手段生成并载有组合的、按预定时间播送的节目内容让公众接收的信号。同时，在第2款中指出"通过卫星播送的此种信号亦为广播节目；加密的此种信号，只要广播组织或经其同意向公众提供解密的手段，亦为广播节目"。

此外对广播信号所载负的内容使用了"节目内容"这个表述，具体系指由图像、声音或图像和声音组成的实况或录制的材料。[②]

在此，究竟需不需要把广播组织所使用的物理信号和其通过信号传送的内容分离得如此清楚暂且不论，即便真有这个必要，按照笔者的观点，在中国的法律表述中，最好还是按照中国传统上的理解把"broadcast"这个词译作"广播信号"，而把"program"这个词译作"广播节目"。这种表述也符合《卫星公约》中的用法。[③] 笔者在下文论述中将分别使用"广播信号"和"广播节目"表示广播组织用来传送节目的信号和信号所载负的内容。这一点与非文件中译本的用法不同。

---

① 参见 Non-Paper on the WIPO Treaty on the Protection of Broadcasting Organization, (http://www.wipo.int/edocs/mdocs/copyright/en/sccr_ s2/sccr_ s2_ paper1.pdf)。
② 参见 SCCR_ S2_ www_ 77592, article 2 (a) and (b)。
③ 参见下文对广播信号的定义。

对"广播信号"和"广播节目"分别进行定义的目的非常明确，就是要把受保护的客体明确界定为纯粹的物理信号，即"广播信号"。如此，就从概念上把广播组织所传输的内容分离为信号（广播信号）和内容（广播节目），这样广播组织仅对广播信号享有权利，而广播节目的权利则仍归各内容权利人所有。

这样，虽然在理论上成功地把广播信号和广播内容进行了分离，但是从笔者所搜集到的资料来看，没有发现关于"广播信号"保护说在实践中可操作性的说明与评述。事实上，如何在实践中把广播信号和广播内容进行分离，而只给予广播组织对信号的控制权同时又能有效地保护广播组织权利，笔者也始终疑惑。

（七）同步广播/同时联播

同步广播/同时联播（simulcast）指同时在一种以上的媒介上播放相同的广播节目内容，或者在同一种媒介上同时播放不同的广播节目内容。例如，一个电视节目的声音也同时在无线电台上播放。这个术语也用于广播节目在互联网上的串流。广播组织通常通过模拟和数字系统同步播送其广播节目，即广播组织在以无线电波播送节目的同时，将节目的数字信号（通常是数字化后的广播信号）上传至互联网进行同步传送。广播的网络同步播放是广播组织的广播在网络空间中的再现，实现了传统意义上的广播同新媒体相结合，既赋予新媒体可靠的信息来源，又赋予传统广播以新的载体形式。美国之音、美国有线电视新闻网、英国广播公司、澳大利亚广播公司及中国中央电视台和北京电视台等很多国内外传统广播组织都已开展此类业务。

（八）串流/流媒体

串流，又被称为流媒体（streaming）是一种通过网络传输音视频资料的技术，常用于媒体间的资料传输。使用串流技术传输影音资料不需要大量的储存空间，音视频资料提供者把一连串的影音资料压缩后，经过网络分段传送给用户，使其不需要等待资料全部下载完成就可以边下载边收听或收看所接收的音像资料，大幅节省使用者的等待时间。现在非常流行的手机看电视就是影音串流服务之一。串流技术可以用于实时转播和按需点播等服务模式,并可适应用户的各种需求,例如,为顾客群传播特定的小众节目(niche programs),或者把内容、安排和服务建立在对以前用户访问时所收集的信息上。即通过大数据分析的方法为听众/观众量身定做他们喜欢的节目。一般说来,普通媒体文件都要将整个文件下载到本地才能播放,而流媒体文件可以做到边看边播。

目前,流媒体技术广泛应用于视频点播、网络电台和网络视频等方面。通常情况下,在第 4 代 P2P 流媒体技术和信息流过程中,有两种内容传输方式被用到:IP 单播和 IP 多播。如果内容传输发生在服务提供者与单个用户之间,它就是 IP 单播,即为一个人的单个信息流;如果另一个人希望获得同样的内容,这个服务提供者就应该发送给那个人一个特殊的信息流。然而,在 IP 多播情况下,这个过程就完全不同。这个单独的信息流可以被所有人使用。这个信息流过程可以被划分为两种类型,一种是直播流,另一种是点播流。直播流意味着内容文件像地面电视广播一样被发表。在直播情况下,这些信息流(这些小数据包是在特定软件帮助下利用压缩和编码技术制作而成)被传输至流媒体服务器。流媒体服务器控制着数据包括网络的传递。这些数据包的传递依靠宽带的有效性,如果宽带率非常高,数据包传递将在高速位发生。为了接受这些数据包,将发生几秒钟缓冲。解码和减压后,用户系统在媒介播放器的帮助下播放这些数据流。在直播数据流中,所有的内容都是通过多播传输的,即使客户们在同一时间收到同样的内容。这就意味着一个单独数据流被传输给所有终端用户,将直播数据流等同地面广播是可能的。[①]

(九) 交互式广播

广播中的交互式服务:指具有互动性的广播或电视服务,数字和模拟网络都可以展开交互式服务。交互性通常指在观众和广播组织之

---

① See M. Sakthivel, Webcasters' protection under copyright- A comparative study(http://papers.ssrn.com/sol3/papers.cfm? abstract_ id = 1933412. 2014 年 12 月 15 日访问)。

间有一个反向信道。换句话说，广播节目向公众播出后，观众可以通过反向信道向电视台发出个别请求，比如说，可以通过电话或者网络连接。观众通过反向信道进行的操作就不再是广播，而是点到点的传输。简而言之，交互电视就是具备额外内容和增强功能以供观众选择的电视，比如多频道播放、节目增强功能（画中画或者观看角度的选择）、数据广播（交互式家庭购物、银行业务处理、教育、游戏等）、电子节目指南（EPGs，帮助观众详细了解节目的相关信息）、个人电视（Personal TV，在观看直播节目时，观众可以暂停或即时回放、预设自动录像，或跳过广告）。交互式传输的发展经历了本地交互（local interactivity，电视机本身提供多种选择，观看角度、不同的片花等，其实就是对定时广播节目做出一些变化然后提供给观众）、准视频点播（循环播放）、"围墙花园"（walled garden，通过数字有线机顶盒在电视屏幕上展示一些网页，观众可以通过遥控器选择观看，这些网页的内容是专门设计用电视机来浏览的，并不与外部的互联网连接）以及交互式视频点播（电台、电视台将其节目以点播的方式传播给观众中的特定成员，使该成员可以按照自己选定的地点和时间从头到尾接收该特定节目）。尽管该特定节目系由广播组织提供，但是节目的传输目的不是为了公众接收，而只是为特定观众接收。通过广播组织提供的视频点播服务，观众可以自己选择想要看的节目，然后指示该节目通过有线或卫星传输的方式发送给自己，或者直接观看，或者存储在电视机硬盘里以供方便时观看。存储后，观众可以在观看节目时对该节目进行暂停、快进、快退、慢放等操作，就像观看录影带时一样。观众还可以选择看或不看广告。还有一种视频点播是通过网络把内容实时传送到机顶盒。

（十）网播

网播是网络广播的简称，包括广播网络化和网络化广播两个从属概念。就本书而言，网播指后者。目前国内外法学界对于网播仍没有权威定义。简单地说，网播是以互联网为载体的一种新型内容传输服务，可以向观众提供个性化的服务。WIPO 广播组织条约谈判过程中的文件之一,"关于保护网播问题的备选和非强制性解决方案的工作文件"(SCCR/12/5)将网播定义为"在计算机网络上,以有线或无线手段向公众播送声音,或图像,或声音和图像,或声音和图像的表现物,使公众可以几乎同时得到上述内容。只要网播组织自己或经其同意向公众提供解码手段,则上述播放被视为网播。"[1] 国内有学者认为,从狭义的角度看,网络广播仅指通过流媒体技术的应用在互联网上进行的广播。网播者在互联网站点设立广播服务器,通过播送软件将节目内容广播出去,观众使用接收软件,访问网播节目站点,收听、收看、阅读广播信息。[2] 由于网播系以数字方式向公众实时传输声音作品和视听作品,我们也可以把网播理解为以计算机网络为传输通道,通过多媒体计算机获取储存在网站上的音频和视频信号的过程,简单地说,就是电台、电视台的信号在互联网上传播的方式。[3] 目前,网络广播的两种主要形式是网络直播和网络点播。网络直播即在节目播出时通过网络进行收看的方式,它需要观众根据节目时间表的安排来收看节目。网络点播即在任意的时间里根据观众个人的需要有选择地收看存储在网站上的广播电视节目。

网播的传输手段可以是有线的也可以是无线的。人们一般通过线路而接入互联网,例如电话线,后来利用电缆调制解调器也可以通过电缆而进入互联网。随着技术的发展,系统运营商还可以通过卫星、手机和微波分配系统为人们提供无线上网的方式。

网播的主要特点是可以提供实时流媒体传输和点播服务。对互联网的接入主要依靠电信网络(有线通信),但是通过无线的方式接入互联网也是可以的。在以流媒体的方式传输音视频时,用户在接收内容的过程中不会保留复件。流媒体主要使用的是拉技术,指的是内容按照用户的需求传输。互联网服务可以通过不同接收设备获得,电视

---

[1] WIPO doc SCCR/12/5.
[2] 柳芳:《网络广播的发展现状分析》,《新闻前哨》2007 年第 3 期。
[3] 白贵、陈曦、孙瑛:《国内电视台触网现状扫描》,《河北成人教育学院学报》2004 年第 3 期。

机、电脑、手机、平板电脑都可以成为接收终端。实现三网合一以后，一块屏幕就可以接收来自广播组织或网播组织的节目。节目内容从一个或多个服务器发送出来，而服务器则可以使节目内容通过互联网为用户获得。接收的用户主动向第一个服务器发出节目请求，之后会有一个单独的流媒体信号从来源发送到请求用户的地址。为了缩短信号来源与接收用户之间的距离，在传输过程中会用到多个服务器。这个传输的过程可以由发送方管理，也可以由网络基础设施通过一种叫作多播/组播①的方法管理。在这个过程中，互联网路由器接收单独的数据流，并把它们分别地提供给一个以上的接收用户。信号从最初来源发出后首先到达各个中继服务器或路由器，并且是经个别请求后才发出。一旦用户发出信号请求，传输过程即以一对一的传输渠道发送给特定的IP地址，但是会经由一个中继站，而不是从来源直接到接收地址。当用户终止要求时，提供者（中继站）就会停止传输。从这点来讲，网播是一个"点到点"的过程。即便同一个节目传给不同的接收用户，该节目也是以点到点双向通信的方式传输的，并且是由用户发起的。换句话说，每个用户都有一个特定的虚拟连接，通过该虚拟连接，一组组平行的数据流以点到点的方式发送到特定的个别订户。不同于广播，网播者在面对更多用户的情况下享受不到成本上的优惠，因为一般而言，对于网播来说，传输成本与用户数量是呈比例增长的。如果网站经营得很成功，则网播者需要购买更多服务器和带宽。在相同情况下，网播者主要依赖于广告，而广告收益则是基于点击数，或者说对服务的使用。一个服务器的服务容量是有限的，有的服务器可以同时提供10 000个数据流，即直播传输或者点播服务：一个数据流针对一个用户。如果同时传输的数据流太多，就会造成网络拥堵，如果点播需求超过了网络的传输容量，用户根本就无法连接到节目。多播有可能缓解这个问题，但是传输方式仍然是点到点传输。在三网融合实现数据、声音和图像这三种业务使用一个网络、一个平台进行服

---

① 指点到多点，或者多点到多点的传输方式。

务之后，广电网和互联网的音视频节目可以实现充分整合，这样不仅可以提供丰富的播客内容，拓宽播客节目的内容渠道，还有可能从根本上解决纷争已久的版权问题。

(十一) 播客技术

播客是数字广播技术的一种，该技术能把任何文件"拉"过来，包括软件更新、照片和视频。Podcasting 这个词源于 iPod，兼具 broadcasting 和 webcasting 之意。人们可以通过播客技术制作音频甚至视频节目，把自己的思想在互联网上广为传播。从这个意义上说，播客就是一个以互联网为载体的个人电台和电视台。播客技术是传统广播的全新升级。它继承了传统广播的优势，同时弥补了传统广播的天然劣势。播客广播与传统广播相比有如下优势：1. 播客门槛较低，传播主体可充分展示自己的个性；2. 播客的可移动接收性使其具备更好的互动性和便捷性；3. 播客具有更大的自主性和随意性，更适合具有共同兴趣和爱好的小众。

(十二) 单播与组播/多播

单播和组播/多播是网络传输的两种模式。

单播是主机之间一对一的模式，是在一个单个的发送者和一个接收者之间通过网络进行的通信，网络中的交换机和路由器对数据只进行转发不进行复制。单播的优点是可以针对每位客户的不同请求发送不同的数据，实现个性化服务；缺点是易受带宽的限制。

组播/多播是主机之间一对一组的通讯模式，指一个发送者和多个接收者之间的通信，加入同一个组的主机可以接收到该组内的所有数据，网络中的交换机和路由器只向有需求者复制并转发其所需数据。组播的优点是可以节省服务器的负载，同时提供非常丰富的服务；缺点是没有纠错机制，发生丢包错包后难以弥补。

新的互联网协议版本既支持单播也支持组播/多播。作为三网融合的切入点，IPTV 既可以用单播的传输模式也可以用组播的传输模式，但是比较而言，后者可以容纳更多的用户。2007 年，中国网通哈尔滨分公司自主创新开发的 IP 组播复制技术推广应用后，哈尔滨网通

IPTV 平台的用户很快由 10 万增加到 15 万。①

三　广播与网播概念辨析

三网融合之后，广电网、电信网和互联网的功能与业务进一步融合，特别是广电和电信的业务双向进入，以交互式传播方式提供的内容服务会大量增加，网播的时代将真正到来，并且冲破现有广播组织权利保护和监管的框架。实际上，就目前而言，网播已经冲击到传统广播组织的利益。以传统广播组织为核心的权利体系和法律框架不足以调整其与新兴网播组织的利益，而在以网播为手段的各种新兴娱乐方式和商业模式日渐成为主流传播及娱乐方式的情况下，对广播和网播的概念进行辨析，以寻找对现行广播组织权利法律框架进行更新与改革的依据势在必行。

从广播和网播的技术特点来看，有观点认为，网播和广播的传播技术不同，不能归于一类。传统广播是"点对多"的技术过程，在广播的情况下，人们只需要打开接收器就可以获得广播节目，但是，在网播的情况下，人们要先接入服务器并激活设施才能把信息传回来。网播则是一种"点到点"的技术过程，即便相同的节目被传送到众多受众，它也是在用户的请求之下，经由点到点的双向通信网络传输的。换句话说，每个用户都有一个单独的、事实上的连接，通过该连接，传播内容平行地以点到点串流的方式到达每一个单独的订购者。在广播的情况下，从广播电台发射出来的信号是直接并且实时的，因此人们只需要打开接收设备就可以接收广播节目。而对于网播来说，人们必须先接入一个服务器，并启动该设备来把信息传输回来，被其设备所接收。流媒体服务可以适应消费者的偏好，例如，可以为某些客户群发行小众节目，或者基于消费者以前访问时收集的数据而特别设计界面内容、安排和展示方式。最后，

---

① "哈尔滨 IPTV 由单播变组播，用户猛增至 15 万"，（http://www.c114.net/news/89/a234334.html）。

流媒体的主要特点之一是实行交互式传输。传输服务器总是积极地与接收设备接触，核实传输是否成功，交换状态报告。广播不会有这种情形，其传播是单向的。

  从传播的效果来看，除非适用特别的技术限制，在全球任何一个拥有互联网入口的地方都能获得网播的内容。从地理覆盖范围来说，这是网播与广播一个主要的不同，不管广播是通过卫星、电缆或在空中传播，其可到达的范围本身都有一定的限制，在互联网上对节目提供的数量没有任何限制。互联网有足够的带宽、协议和域名，这些因素一直在不断地增加以满足不断增长的需求。只需要一个相对简短的通知就可以得到容量，并且该容量可灵活地适应需求的水平。从而，流媒体的发起人在进入市场时就不会面对初期时遇到的各种障碍。网播行为的发起只需要少量的投资，尽管同步听众或观众的容量是有限的。传统广播只能在规定的发射功率和频率内进行传播，其覆盖范围是有限的；传统广播节目的受众只能按照节目表预先确定的顺序收听收看广播节目；这些节目在播出后转瞬即逝，这些特点使得受众接收广播节目具有被动性。网络广播因为是通过互联网进行播出，正好弥补了传统广播的不足。网络广播不受传统广播在传播范围方面的技术限制，其面对全球用户，所有互联网用户都是潜在的受众。与传统广播用户单向度以及被动地接收广播节目不同，网络广播的用户收听、收看广播节目的行为发生了根本性转变，即由单向度、线性、被动式的接收方式转变为双向、交互式以及主动的接收。网播的交互式特点使得节目的受众不仅仅是被动的接受者，还可以通过自己的主动操作成为节目信息的制作者和传播者；网播的受众可以自主地选择何时收听节目以及收听何种节目内容。此外，他们还可以对网播的节目内容进行保存以重复收听、收看。与传统广播用户相比，网络广播用户不受节目播出时间和播出顺序的限制，可以反复点播自己喜欢的节目，具有广泛的选择范围和选择余地。与传统广播相比，网络广播的制作和播出技术相对容易，节目制作的成本也低，不需要太多的投入。显而易见，网络广播是对传统广播在功能上的补充，暂时不具备取代传统广播的条件。广播的优势是节目受众广泛，节目的影响力和感染力更强，能够实现多样的社会功能；劣势是节目转瞬即逝、难以保存，收听方式相对比较僵化、不能自主选择节目内容、语言障碍不好解决。①

从成本收益分析的角度看，和广播服务不同，用户越多，网播者的成本收益越低。原则上讲，传播成本与用户的数量呈正比例增长。如果某个网站很成功，网播者就必须为更多服务器和更多带宽支付费用。典型的音频服务器仅能够支持 100 个到 500 个同时听众（simultaneous listeners）。现在，最大的服务器仅可以同时处理 10000 个同时流文件；每个用户一个流文件。② 网络视频传输的容量越来越大，用户早就可以通过互联网观看电影和电视剧。网络因为大量的同时流文件（simultaneous streams）而变得十分拥挤，并且当需求超出了传输的容量时，用户就很难建立连接。这个问题也正在通过多播技术③而得到解决，但是传送到每个单独用户的传输方法仍然是点到点的传输。从理论上讲，在互联网上提供节目的数量是没有限制的。互联网可以提供足够的带宽、协议和域名，这些因素会不停地扩增以满足日益增长的需求。因此，数据流的发起人进入市场时不会有很大的壁垒。网播行为的发起仅需要很少的投资，尽管其同时服务听众或观众的容量是有限的。

从广播生态系统中主体间的关系看，由于新技术主要是互联网传播技术的加入，传统广播主体间的"传—受"关系和整个传播过程都发生了根本改变。通过对这些改变的描述及合理解释，产生了一种新广播理论的基础。在传统广播的传播过程中，传者即广播者，主要是大众传播组织；受众则是广泛的社会群体/个体；"传—受"关系主要是"节目制作者—节目消费者"的关系：广播组织制作广播产品，广

---

① 《中国大百科全书》（精粹本），中国大百科全书出版社 2002 年版，第 491—492 页。
② 这些是 2002 年的数据。
③ Multicasting，又称为多播，或多点广播，是一种点到多点（或多点到多点）的通信方式，即多个接收者同时接收一个源发送的相同信息。

大观众接收并消费这些节目。虽然观众的需求是广播组织制作节目的重要宗旨之一，但是传统广播单向、线性的传播技术方式使得作为传者的广播组织在这个"传—受"的关系中处于绝对主导的地位。在"播客"技术条件下，人们既是节目的传者，同时也可以是节目接受者，或者说受者。节目的传播突破了单向度的播放路径，也就是说，节目制作及广播者和节目消费者的身份不再像以前那样界限分明，而是可以互为节目的传播者和消费者。播客们互相之间既为对方生产节目，也消费对方制作的节目。广播过程从传统的"传—受"关系转变为"循环"关系。播客时代，听众既不用受到"广播节目表"的制约，也不需要时刻联网。他们可以自由订制并自动更新自己喜欢的广播节目，通过随身携带的智能手机或其他数字媒体播放器，如 MP3 等，就可以实现传统广播的全部功能。播客广播的"按需订制、自由选择、不受时间限制"等特点从根本上革新了传统的广播理念。传统广播"一对多"的信息扩散形态正在逐渐被播客多对多的信息扩散形态所取代；这使得播客广播无论从形式上，还是内容上都具有更大的容纳度。[1]

从国际国内对广播和网播的态度来看，有的国家已经基于用户是否需要接入服务器而在国内版权法中把传统广播和网播区分开来。著作权及邻接权常设委员会世界知识产权组织保护广播组织条约基础提案（草案）包括关于保护网播问题的非强制性附录（SCCR/14/2）规定，"广播"及"有线广播"均不得被理解为包括通过计算机网络进行的播送。

如果说广播和网播之间有什么相同点或者联系的话，网络广播实际上是对传统陆地广播、有线广播或卫星广播方式的模仿和扩张。网播大致分为以下几类：类似于地面广播电台的网络广播电台；通过互联网转播自己信号的服务；通过互联网转播其他无线广播电台信号的

---

[1] 栾轶玫：《广播进化：从传统广播到播客广播》，《山东视听》2006 年第 4 期。

服务；仅在互联网上提供原创节目的服务等①。

尽管从不同的角度可以在广播和网播这两个概念之间分析总结出很多不同之处，但是从整体的社会效果而言，特别是随着三网融合的推进，广播的绝大部分功能都可以很好地被网播所取代。因此我们现在面临的问题是，坚持从传播技术不同这个角度出发对广播组织和网播组织施以不同的法律规制和政策监管是否合理？是否会不适当地增加整个社会的管理成本？

第二节　广播组织

一　广播组织的概念

广播组织，顾名思义，就是负责播送广播节目的组织或机构。词典中没有专门就"广播组织"给出解释，只有对"广播电台"和"电视台"的解释。《现代汉语词典》对广播电台的解释是："用无线电波向外播送新闻、报刊文章、科学常识和文艺等节目的机构"；"电视台"是指"摄制并播送电视节目的场所和机构"。《辞海》对广播电台的解释是"编辑、制作和发送广播节目的传播机构"，但是没有"电视台"这个词条。就一般性的理解而言，广播组织就是广播电台和电视台，这可能是因为多年来人们收听收看的信息和节目都是由广播电台和电视台提供而形成的印象。

"广播组织"作为一个法律上的概念却需要进行严格的界定。因为广播组织作为法律上的一种民事权利主体，其内涵直接影响到广播组织权利客体和权利范围的界定。

笔者在研究中发现，有学者对最初在《伯尔尼公约》中规定的作者的广播权和《罗马公约》规定的广播组织权利有所混淆。这种混淆表现在广播组织权利体系中，主要是主体不清晰。当然，这种对广播组织权利主体的认识一方面是由于中国对广播组织的研究者还比较少；

---

① 参见 SCCR/2/6，第 26—27 页。

另一方面，随着传播技术的发展，广播组织主体的内涵也在一直动态地变化着。

关于世界知识产权组织保护广播组织条约的非文件[①]WIPO对广播组织的定义是"提出动议并做出安排播送广播节目让公众接收的法人"。

二 网播组织的概念

网播组织，根据其字面意义，可以理解为从事网播行为的组织或机构。但是迄今为止，尚未见国际国内法律对网播组织做出专门的定义，只是在WIPO对广播组织条约谈判的过程中对这个问题进行了一些讨论。前文已经对网播的概念进行了分析，也对广播和网播这两个概念进行了辨析，通过这些分析和辨析，我们试图对网播组织的概念进行界定，至少对这个概念的内涵有所认识。

1995年，随着数字网络技术的发展，美国的网络开始在其网站上正式提供音频点播节目，网播组织应运而生。由于网播仍是一个新现象，因此各国对网播和网播组织的认识程度也各异。迄今，以收录最新词汇而知名的维基百科全书一直都没有收录网播组织这个词，但是有对网播的简要介绍，认为"网播就是互联网上的广播"，从而我们可以推测，在多数西方人的认识中，网播组织应该就是利用互联网传播广播节目或类似广播节目的组织或机构。但这仅是出于常识的认识，还不足以成为一个严谨的法律概念。

在WIPO广播组织条约谈判的过程中，有些国家反对把网播组织纳入广播组织条约中予以保护，但是尽管如此，他们也承认网播具有潜在的经济和其他方面的重要意义，因此应当根据对网播领域的保护需求和形式进行审查和分析情况，另立程序，在晚些时候编拟关于保护网播组织的条款。[②] 此后通过进一步的研究，各国代表团在世界知

[①] 参见 SCCR/S1/WWW [75352]。
[②] 参见《关于保护网播问题的备选和非强制性解决方案的工作文件》(SCCR/12/5)，第2页。

识产权组织保护广播组织条约基础提案草案——包括关于保护网播问题的非强制性附录里面在对"网播"做出定义时提到了网播组织，但依然未对其做出有法律意义的定义，只是指出了保护网播组织要以其安排节目（即对播送内容进行组合及安排时间）和做出投资为限，这其实是参考了广播组织的定义方式。此外，通过对网播定义的陈述，把对网播的保护范围限制得比较狭窄、也很具体。通过计算机网络播送的内容并不都受保护，只有具备与传统广播可比的主体、内容等要素的网播行为，才属于受保护的范围。

目前，只有世界知识产权组织关于保护网播问题的备选和非强制性解决方案的工作文件（SCCR/12/5）对网播组织做出了完整的定义："系指提出动议并负有责任向公众播送声音，或图像，或图像和声音，或图像和声音表现物，以及对播送内容进行组合及安排时间的法人。"[①] 该定义是一个具有法律意义的定义，对网播组织的主体性质和主体行为进行了限定。网播组织只能是法人，这样就把为数众多的自然人网播者排除在网播组织的范围之外。网播组织主体行为的对象与广播组织一样，即播送声音，或图像，或图像和声音，或图像和声音表现物。这种定义用语借用了 WPPT 中对广播的定义，囊括了所有可以经由现代传播技术传播的内容。当然，网播组织还必须对该网播行为提出动议并负有责任。对这个要求可以理解为：网播组织应该对节目的采编、制作、时间安排和播出等活动负有组织义务，并对节目播出的后果负有责任。该网播组织的定义是在网播定义基础之上做出的，其中（a）项是关于网播的定义，"系指通过计算机网络，以有线和无线的方式，使公众能基本同时得到所播送的经过加密的声音，或图像，或图像和声音，或图像和声音表现物。如果网播组织或经其同意向公众提供了解密的手段，则此种播送被视为网播"。通过网播的定义可以得出一个结论，即网播组织所从事行为的范围仅限于计算机网络。这就把网播组织与传统广播组织，包括无线、有线和卫星广播组织区

---

① SCCR/12/5 第 2 条（b）项，第 17 页。

别开来。但是，传播技术的发展使得传统广播组织也有可能通过计算机网络同步、不加修改地传播自己的节目，根据该文件，这种通过计算机网络的同时广播行为，即便是由广播组织从事，在本质上也是网播行为。[①] 如此看来，广播组织和网播组织存在一定程度的交叠。此外，我们通过之前对广播和网播概念的辨析，认为两者之间最根本的区别在于广播使用的是点到多点的传输方式，而网播使用的是点到点的传输方式，那么此处网播和网播组织定义中出现的"使公众能够基本同时得到……"以及"向公众播送"这种表述就容易使人们产生一定程度的混淆，需要与广播和广播组织定义中的"向公众……"这个表述做出明确的区分，使人们能够明确何种情况是点到点的向公众传输，因为这对司法实践中判定某个行为究竟是广播还是网播至关重要。比如在美国著名的 Aereo 案中，Aereo 公司把本地传统广播组织的电视节目通过互联网以点到点的传输技术串流给其用户观看的行为就引起了美国司法界的广泛争议，案件一路上诉到最高法院，其中争议最大的问题之一就是对于在计算机网络环境下"向公众"播放的不同理解。

迄今为止，网播组织仍不是中国法律框架中的一个法律概念，或者说仍是一个正在发展中的法律概念。按照目前国际上对网播组织通行的理解，中国的网播组织大体有以下三种：①传统的广播媒体入网；②各类商业网站或互联网服务商开设的网站；③社会专业团体或广播爱好者建设的专门性网络电台。这些网络电台既有个人独立创建的小型网络电台，也有投资主体出于商业化目的而尝试建设的网络广播电台，另外各高校广播站创办的校园网络电台也应该纳入网播组织的主体范畴。从严格意义上讲，这类电台作为法律主体的身份性质模糊，其广播内容除少数为原创外，多数为盗版，需要加强引导和管理。[②]

---

① SCCR/12/5，"常设委员会的介绍性说明"，第 2 页第 7 段。
② 关于国内网播的发展状况参见柳芳《网络广播的发展现状分析》，《新闻前哨》2007 年第 3 期。

三 广播组织和网播组织概念辨析的意义

本章在开篇就提到了法律概念的重要性。法律概念不同于日常生活用语中的概念，因为它涉及法律的明确化程度和法律的运作。广播组织和网播组织作为两个法律主体，其内涵和外延的界定在很大程度上影响到它们的法益获得和法律责任的承担。

根据前文对这两个概念的分析，我们可以得出以下基本结论：广播组织首先必须是法人。它的主要职责是向公众提供广播节目，并且广播组织提供广播节目所使用的技术是无线广播、有线广播和卫星广播。广播组织需要对其播放的节目担负责任，包括就节目的制作、播出以及节目播出的后果承担责任。作为邻接权的主体，广播组织一般享有转播权、录制权、复制权和向公众提供权等专有权。网播组织是随着互联网传播技术的发展而出现的一种新型社会组织或者说机构。现在，国际、国内还没有出现广播组织的法定概念，但就目前人们所达成的共识而言，网播组织首先需要是法人。网播组织的主要职能是向观众传播节目，但不同于广播组织，网播组织主要是通过互联网来传播节目。目前国际、国内的法律还没有明确规定网播组织应享有的权利。但是，随着网播行为和提供网播的社会主体越来越多，围绕着网播和网播主体的各类法律纠纷也越来越多，特别是随着三网融合的推进，亟待澄清广播组织和网播组织的概念、权利范围以及责任范围。

提到三网融合，人们首先想到的就是广电和电信业务的双向进入。广电和电信业务融合的切入点就是IPTV。IPTV又称为交互式网络电视，是一种利用宽带网，融合了互联网、多媒体和通信等技术，向家庭用户提供包括数字电视在内的多种交互式服务的崭新技术。[①] 各国对IPTV运营的要求不同。比如说，美国的IPTV经营者多种多样，既有电信公司、电视公司还有网站经营者和IPTV专营公司。中国对

---

① IPTV的定义引自百度百科，(http://baike.baidu.com/link?url=ttSabslztXa67eclcYSkhbJrN7MAz4w9Takv_PKy3RcvHpNtvl77-X5aMRoq3YLuwZmOmrAhHgp1I-fkJXMRC)。

IPTV 的管制比较严格，经营 IPTV 需要拿到国家广电总局的牌照。由于中国长期以来广电和电信分业经营的传统，广电部门和电信部门在开展 IPTV 业务的时候一般是浅层的合作关系，而非深度融合。目前中国 IPTV 的平台架构主要分为内容运营平台和媒体传输平台。广电部门因为掌握着丰富的节目资源，因而主要负责内容平台的运营，包括节目的采集、集成、版权保护等；而电信企业则利用自身在通信方面的优势，负责经营媒体传输平台。当 IPTV 传播节目的行为侵犯了著作权人的权利时，究竟该由谁以及如何承担侵权责任目前是一个盲区。在入选 2014 年广东省知识产权十大审判案例的乐视网诉中国电信案中，合作经营 IPTV 的上海百视通和中国电信涉嫌侵犯了乐视的著作权而被诉至法院。虽然中国电信最终被判定与百视通构成共同侵权，但是该判决是存在争议的。究其原因，在于中国立法中没有对网播组织的界定。如果中国法律中采用了类似 WIPO 广播组织条约（SCCR/12/5）对广播组织的定义，"系指提出动议并负有责任向公众播送声音，或图像，或图像和声音，或图像和声音表现物，以及对播送内容进行组合及安排时间的法人"。那么上述案件的审理结果可能就会非常不同。司法界对 IPTV 的态度在很大程度上影响并制约着 IPTV 的发展。因此，随着中国三网融合的推进，对广播组织和网播组织进行更加深入的研究，进一步厘清这两个概念是很有必要的。

第三节　广播信号

一　广播信号/广播节目的概念

当前，国内外著作权法均没有对广播信号/广播节目做出统一的、具有法律效力的规定。因此本节内容着重阐述人们在著作权法语境下对这（两）个概念的认识，及其在法律框架内的发展历程。

提及广播信号，我们首先想到的是收音机或者电视天线，接着是我们收听的广播节目或电视节目。从经验看，我们会认为广播信号和广播节目是一回事，广播信号就是广播节目。长久以来，这种对信号和节目不加区分的认识并没有受到任何质疑。因为早在通信卫星被用于广播事业之前，广播组织仅以无线传播的方式通过地面站传送广播节目，而受众则是通过收音机、电视机等接收装置接收从地面站传送给他们的广播信号。在这个时期几乎不存在因信号盗播引发的经济问题，作品权利人也乐于看到自己的作品被广泛传播并能带来一些经济收益；广播组织、著作权人和接受广播节目的公众之间的经济法律关系相对稳定。尤其是广播组织与著作权人和其他相关邻接权人的利益之间没有表现出较明显的冲突，因此对广播信号/广播节目的精确界定也就没有成为当时法律关注的重点。随着传播技术的发展，特别是数字信号和互联网传播技术的出现，广播节目的利用方式比起模拟技术时代增加了很多，信号盗播大行其道，成为一个令广播组织深感头疼的问题。他们播出的广播信号经常在未经授权的情况下被截取并传播，并且对盗版信号节目的传播很多是出于营利的目的。这对于投入了大量人力、物力和财力制作了广播节目并且依靠订户和广告作为赢利模式的私营广播组织来说造成了巨大的损失。1996年，世界知识产权组织（WIPO）为了帮助著作权人和部分邻接权人应对互联网技术给他们造成的经济损失，发起并制定了两个互联网条约，即《版权条约》（WCT）和《邻接权条约》（WPPT），但是邻接权条约保护的利益主体却不包括广播组织。因此广播组织从业者也向世界知识产权组织提出要求订立一个保护广播组织的条约以维护他们的权利。作为回应，世界知识产权组织于1997年开始着手起草一份保护广播组织条约，以期使它成为一个指导世界各国协调与统一保护广播组织权利的法律文件。但广播组织条约谈判了近20年仍然没有得到预期的结果。讨论过程中最集中的问题之一就是广播组织应该针对什么享有哪些保护。这就需要把广播信号和以广播信号为载体的广播节目区分开来，因为条约拟赋予广播组织的各项权利有可能妨碍著作权和其他邻接权人，如表演者和录音制品制作者，对其专有权的行使，因此这些权利人强烈要求把广播内容（广播节目）与广播信号剥离，认为广播组织仅对其发射的信号享有权利并实施控制，而对信号所承载的内容没有权利也无权加以控制，后者的权利应该由相应的权利人自己行使。

最先对"信号"和"节目"分别做出定义的法律文件是《卫星公约》："信号"是指任何能传送节目的电子载体（第1条第1款）；"节目"是指为了传播而发射的信号中所包含的一个由图像、声音或者由二者构成的录制的或未录制的整体（第1条第2款）。这也是法律框架内首次对广播信号与广播内容进行区分。WIPO 广播组织条约的非文件也尝试对广播信号做出了定义，但是所使用的表述却是传统上人们理解为信号载负内容的"广播节目"这个词。其对"广播节目"的定义是：以无线方式播送的通过电子手段生成并载有组合的、按预定时间播送的节目内容让公众接收的信号；通过卫星播送的此种信号亦为"广播节目"；加密的此种信号，只要广播组织或经其同意向公众提供解密的手段，亦为"广播节目"。关于世界知识产权组织保护广播组织条约的非文件（2007年4月20日）中对"节目内容"的定义是：由图像、声音或图像和声音组成的实况或录制的材料。在非文件中"有线广播节目"的含义与"广播节目"相同，但系以有线方式播送以让公众接收，不包括卫星播送。SCCR 第14届会议上通过的《世界知识产权组织保护广播组织条约基础提案（草案）》包括关于保护网播问题的非强制性附录在其第2条定义中没有出现广播信号的定义，但是其对广播和有线广播的定义中分别提到了信号。在上述提案（草案）中，不管是广播还是有线广播的定义都未能清楚地界定广播组织得以控制和支配的权利客体，究竟是仅仅包括广播信号，还是也保护广播信号所载负的信息，即"公众能接收到的声音，或图像，或图像和声音，或图像和声音的表现物"。既然权利的客体未定，也就很难划定权利的范围。基础提案草案中通过规定专有权的方式大幅度提高对传统广播组织权利的保护程度，同时为广播组织增加了许多新权利，这就使广播组织权利大幅扩张，相应地，与广播组织有关的权利人，比如著作权人、表演者、录音制品制作者以及广大公众的权利受到侵蚀的威胁。

从法律的角度研究广播信号，是为了确定广播组织作为邻接权主体应享有何种权利客体。研究的结果大致可以分为两个阶段：

第一阶段：对广播信号与广播内容不加区分

起初，在大部分国家的法律中，广播组织权利受保护的对象是播放（如德国法第87条；哥伦比亚法第117条；哥斯达黎加法第86条；意大利法第79条等）或是播放或者播送（西班牙法第116条）。在法国，保护对象是视听传播企业的节目（第L.216—1条，即1985年法第27条）。

这里，"播放"和"播放或播送"被界定为借助无线电波对声音或合成音像的传送。① 而节目是指一系列声音、图像序列或音像序列，这些内容由广播或电缆传播发起者在广播或电缆传播技术所能覆盖的地理范围内向公众提供并分别供广大公众或部分公众收听、收看。② 在《罗马公约》第3条f项中规定：在本公约中，"'广播的播放'是指供公众接收的、通过无线电波对声音或对音像的传播"。

从以上各国内法及《罗马公约》中的规定不难看出，当法律开始试图确定广播组织权利客体时，并没有对该客体做出细致的区分，即该客体仅指用来传送广播内容的电子信号，还是既包括载有节目的电子载波本身，又包括电子载波载有的节目。对于该客体的精确界定非常重要，它直接关系到广播组织和广播内容提供者（比如表演者、录音录像制作者、作品的作者等）对广播节目权利的划分。

第二阶段：广播信号与广播内容的分离

卫星传播产生之前，基本上只有在进行广播的国家领土上才能接收广播。在国家边界或通过短波进行广播所能造成的不利影响非常有限，卫星传播的发展及上述广播和电缆传送的发展使人们能够在包括数个国家的广泛地域同时或间隔数小时传播节目。通过空间卫星传播

---

① ［西班牙］德利娅·利普希克：《著作权与邻接权》，联合国译，中国对外翻译出版公司2000年版，第311页。

② 在电缆播放节目方面对保护作者、表演者、录音制品制作者和广播组织的原则的阐释，《著作权》，OMPI，1984年，50. vi节，141页。载［西班牙］德利娅·利普希克《著作权与邻接权》，联合国译，中国对外翻译出版公司2000年版，第311页。

为人们获得信息和娱乐创造了前所未有的机会，一个同步卫星覆盖的地理范围是地球的三分之一，三个同步卫星可以将整个地球覆盖，它的信号可被全球的公众接收和转播。

二 广播信号与广播节目概念的争议及其影响

现实中，广播信号作为一个法律概念的内涵一直是模糊的，直到WIPO广播组织条约谈判后，为了确定广播组织权利客体，人们不得不深入解析广播组织有权控制的究竟只是电子载波意义上的物理信号，还是也包括以物理信号为载体的广播内容，即广播节目。

从《罗马公约》第13条对广播组织权利的规定推断，广播组织在一定程度上对以物理信号为载体的节目内容有控制权，但是这个观点受到节目内容权利人的挑战。有学者指出，从第3条f项中"广播"定义来看，显然指的是构成对图像和/或声音的无线传输的信号。因此，保护的客体就应该是信号本身而不是它所传输的内容。

关于《世界知识产权组织保护广播组织条约》的非文件（2007年4月20日）中明确指出……（广播组织）受保护的客体……"广播节目"……被明确界定为载有节目内容的信号。它们对广播节目和节目内容作了区分。从中我们不难看出广播信号在广播组织权利发展中的关键性地位。

韦尔纳·伦普霍斯特认为，广播组织邻接权的存在是为了保护广播组织在物化成产品的形式中所付出的努力和所投入的资金，这里所指的产品当然是指他们的工作成果——广播节目。但是按照韦尔纳的观点，所谓"广播节目"，指的是由广播组织播送或由电波传播的，能让公众接收到的含有广播或者电视节目的电子信号。邻接权只保护这些信号，不保护这些信号中载有的广播节目内容。因此，当某个广播组织授权其他组织使用其传播节目的电子信号时，譬如有线公司要求通过电缆传播这些信号，这种授权仅涉及信号本身，并不会延伸到节目内容，即广播组织对节目内容不享有授权的资格。而电子信号的被授权使用者，例如使用电缆传播这些信号的有线公司，仍必须获得对电子信号中所包含的节目做出过贡献的权利人，包括作者、表演者、录音制品制作者等的同意，亦即获得上述相关著作权人或邻接权人的许可。然而，如果某个广播组织不允许其他组织对其用于传播节目的电子信号进行任何使用，则该禁止行为就会在事实上自动延伸到上述信号本应该传播的节目内容。从权利人的角度而言，他们对广播节目内容本身享有完整的权利，可以自由授权他人对节目内容本身以各种方式进行使用，条件是节目内容使用者并非从广播组织所拥有并传播的电子信号中提取这种内容，而是从含有该内容的，且广播组织自己也用来作为素材制作节目的物质载体中，譬如电影或者音乐的光盘等，直接提取这种内容。因此，广播组织对播放的信号享有邻接权，跟录音制品制作者对录音制品（CD光盘）享有邻接权是完全一样的。对录音制品制作者来说，正是他们所付出的努力和所投入的资金物化成产品——他们努力的成果，在这种情况下指的是CD光盘——使得受特殊邻接权保护有了正当的理由。[①]

但是在实际操作中对信号和内容的保护又如何能截然分开呢？事实上，如果采用纯粹的"信号保护说"，条约基础提案草案在很多权利的规定上确有侵犯著作权人的利益之嫌。以录制权为例，条约基础提案草案赋予广播组织"录制其广播节目的专有权"。显然，这种录制专有权已然超出了对广播信号的保护，使广播组织权利延伸到对节目内容的控制上。

信号保护说又称为广播信号中心说，就是主张所保护的广播组织权利客体仅仅是广播组织发射的信号，而不延及信号所载负的内容。持有这种主张的人们普遍认为，广播组织只是对其广播的节目进行编排和安排播放的时间，他们不创作这些内容，因此对广播组织的保护应该仅限于其信号，而不延及信号所载负的内容，后者应该由著作权加以保护。

---

① ［英］韦尔纳·伦普霍斯特：《广播组织的邻接权竟然如此复杂——对P阿凯斯特几个重要结论的回应》，刘板盛译，《版权公报》2006年第3期。

广播组织不创作其所发射的内容,[①] 因此对其所发射的内容仅起到一种中间媒介的作用,而该中间媒介主要就是信号。至于信号所载负的内容则分别由不同类别的权利人所享有,比如著作权人、表演者以及录音制品制作者等权利人。这种划分的优点在于广播组织权利客体所涉及的不同权利人的权利范围明晰,从而在立法上可以带来相应的便利。其缺点是在实践中对于如何把广播信号和广播内容进行剥离分别给予保护存在技术上的难题。目前来看,在世界知识产权组织著作权与邻接权常设委员会对广播组织条约进行讨论的过程中,多数学者在理论上还是支持"广播信号中心说"。

目前,广播信号这个概念在国际上还没有统一且有法律效力的定义,不同的国家在各国内法中一般通过立法解释处理与广播信号有关的法律问题。此外,在邻接权语境中谈及广播信号,必然绕不开对广播节目的理解与界定。

第四节 三网融合

一 三网融合的概念

三网融合源于信息通信技术的发展和产业的融合,基于"0"、"1"符号的数字传输方式实现业务、市场和产业的相互渗透和融合。

20世纪70年代,计算机和信息网络技术迅速发展,电信、媒体和信息技术领域内的业务开始出现交叉与融合的现象,产业融合及有可能带来的新业态成为全世界关注的焦点。

1978年,美国科学家尼古拉斯·尼葛洛庞帝对三网融合的前景做出了最早的表述。他用三个交叠的圆圈向人们展示了计算机产业、出版印刷业和广播电影业这三个产业间边界重合的现象,指出这三个产业交叠的部分将是最有前景、发展最快的领域。

[①] 有些广播组织也自行创作一些节目,这种情况下,广播组织(就是这些节目的作者)享有著作权。

20世纪80年代，电信网、广电网和计算机之间出现融合迹象。20世纪90年代，电信网、广电网和互联网之间开始融合。进入21世纪以来，又出现了电信网、传媒网络和互联网的融合。也就是说，随着光纤时代的开启，铜缆逐渐退出传播市场，其结果是由于传统上技术的不同而产生的带宽差异日渐缩小，电信网与广电网在网络接入带宽方面处于同一起跑线上。技术引领并塑造着产业形态，经过以上若干阶段的发展，融合逐渐成为扩大市场、节约成本的必然选择。[1] 尤其在中国，随着人们对信息化需求的不断提高，分散的信息网络设施越来越不能满足国家信息化建设的需要，特别是通信网、互联网和广播电视网根据特定业务量身定制专门化网络的特点，已经无法满足人们对信息化不断增长的需求，三网融合的理念应运而生。技术不断发展和升级，驱动着人们不断增加对社会信息化的需求。固定网和移动网之间的融合，电信网、广电网和互联网之间的融合，以及下一代网的融合已经成为产业发展的主要方向和趋势。这种趋势在中国当前的政策语境中被称为三网融合。

　　在学术上，三网融合目前尚无严格定义。国外没有该词，较接近的词汇是"数字整合"（digital convergence），中国称为"三网融合"。欧盟执委会在《电信、媒体与信息技术绿皮书》（1997年公布）中对"融合"曾做出以下解释：融合指的是不同的网络平台具有提供同质性服务的能力；或者说消费者的个人通信及其他电子设备，如电话、电视和个人电脑等，功能逐渐整合的过程。依照该定义，"融合"其实是描述不同的传输媒介及用户终端设备逐渐整合的过程。[2] 由此观之，三网融合应该是指在数字技术革命的推动下，电信网、广播电视网、计算机互联网在向宽带通信网、数字电视网、下一代互联网演进过程中，整合成为技术标准统一的信息通信大网络，其中三网互联互

---

[1] 曾剑秋：《网和天下：三网融合理论、实验与信息安全》，北京邮电大学出版社2010年版，第1页。

[2] 黄宗乐：《数位汇流趋势下之竞争法与竞争政策》，载范建得主编《电信法制新纪元》，台湾元照出版公司2003年版，第81页。

通，无缝对接，相关技术和业务范围相互渗透、融合和交叉，使得数字内容或应用可以通过不同的网络和终端加以传输和实现。

三网融合的实质在于三网相互准入、业务范围的相互交叉，即电信网、广播电视网、计算机互联网都可以承载多种信息化业务，并非将三张网合成一张网。可以说，三网融合是为达到避免重复建设之浪费、网络资源共享之目的，塑造适应性广、易维护、费用低的高速宽带的多媒体基础平台。三网融合具体可以描述为以下几点[①]：①技术上的趋同性导致网络层面的互联互通，进而实现地理范围的无缝覆盖；②业务上互相渗透、彼此交叉，应用方面趋向使用统一的 IP 协议；③经营上既互相竞争又互相合作；④在行业管制和政策方面也逐渐趋向统一，竭力构建新型的信息服务监管体系。三网之间有着相同的目标，即向用户提供多样化、个性化以及多媒体化的服务，这是三网融合的诉求。从实现方式上看，三网融合，一种是指相同的服务和内容，既可在广电网又可在电信网上被提供；另一种是广播电视网和电信网的配合，从而实现业务融合。例如，前者负责视频广播，后者负责互动功能。三大网络通过技术改造后，能够提供包括语音、数据和图像等综合多媒体的通信业务。今后，电信和互联网可以经营网络电视和手机电视等业务，分享传统上属于广播电视网的市场。而广播电视网则不仅仅提供广播电视节目，还能够提供语音通信业务并经营互联网服务。三网互为补充，从而实现共同发展。

三网融合的功能非常强大。第一，"三网融合"可以使信息服务由单一业务发展为综合业务，比如电信网络不再仅仅用于提供通话和数据传输业务，还可以用来传播各类视听节目，从而使网络信息内容更加丰富，给消费者提供更多的选择。第二，"三网融合"可以实现多种资源的共享，包括信息内容资源、接入网资源和传送网资源等。第三，在"三网融合"时代，电视机的功能不再只是收视终端，它还

[①] 林徐彬、李金根：《浅谈三网融合与广播电视的发展思路》，《信息通信》2011 年第 3 期。

可以作为宽带终端,给消费者提供更经济、更便捷、更高效的信息服务。第四,"三网融合"可以简化网络管理,降低维护成本,节省重复建设投资。① 第五,"三网融合"可以更好地实现资源的优化配置,满足人民群众不断增长的文化需求,以及国家和社会发展信息化需要。第六,"三网融合"可以打破广电运营商和电信运营商在视频传输领域的长期恶性竞争状态,降低成本,增加消费者福利。此外,三网融合还具有非常重要的战略意义。三网融合肩负着培育战略性新兴产业、优化信息产业结构、塑造新的服务和运营机制的重要任务,有利于快速提高国家信息化水平,推动数字技术的创新和应用,满足公民知情权和享受生活的权利,带动相关产业发展,形成新的经济增长点,提高国际话语权。

二 三网融合对传统广播组织的影响

21 世纪以来,融合特别是技术融合成为世界主要发展趋势之一。三网融合主要是技术融合的结果。所谓技术融合,指的是两种及以上的技术与相关服务的合并和集成。首先是不同技术的融合,其次是不同技术所提供的服务的融合,最后是技术和服务融合后法律和监管的融合。广播电视、互联网以及电信业的结合,即三网融合,就是技术融合的一个例子。

三网融合对传统广播产生了极大的影响,主要表现在以下四个方面:

首先,三网融合对传统广播技术和广播服务方式的影响。实现三网融合后,在同一个网络上既能运载广播服务又能运载电信服务。通过技术融合的方式,数字技术带来了新的传输技术,以及呈现和发布广播电视节目的新形式。与此同时,传输容量得到空前的扩增,极大地提高了节目的声音和图像质量。数字技术还带来新的广播服务方式,

---

① 孙骁:《论三网融合与著作权法律制度的完善》,硕士学位论文,中国政法大学,2010 年。

例如"视频点播服务"和"准视频点播服务"。某些新服务方式要求把广播和交互性结合起来，拓展了传统广播的内涵，例如 IPTV 的出现。

其次，三网融合对传统广播组织法律框架的影响。三网融合使得传统广播组织的业务延伸到互联网领域。传统广播组织的节目也可以通过互联网进行直播或转播，并以交互式点播的形式提供给观众。互联网和其他基于无线应用的数字网络日益成为受版权或邻接权保护内容的新渠道，例如网播或流媒体。这些新型的服务方式是否也应该纳入传统广播的范围仍具有较大的争议性。新传播技术的特点突破了传统法律框架对广播和广播组织的定义及保护范围，需要通过完善现有法律或者制定新的法律来弥补现有法律的不足。从法律的角度看，新传播技术改变了传统广播行业的利益格局，面临着用新的立法重新分配利益的局面。这就需要澄清新传播主体与传统广播组织的关系，明确与传统广播组织有关的法律概念。传统广播组织权利保护范围也需要更新。为了在融合环境下加强对广播节目的保护，广播组织开始引入数字权利管理系统和技术措施，而这些技术措施的使用又带来新的法律问题，比如它们是否不恰当地限制了版权人对其版权作品的使用，以及是否通过对已过保护期作品的控制而侵犯了公众的利益。为了应对三网融合给广播组织权利保护带来的影响，相关法律的完善和修改势在必行。在新一轮的立法或修法过程中，是否放弃以《罗马公约》为代表的技术特定的立法方式而采取技术中立的立法态度，这些都是需要考虑的问题。

再次，三网融合对传统广播组织监管机制的影响。融合之前，广电和电信是两个完全独立的部门，分别自成体系。广电负责提供音视频等节目服务，并且有自己的传输线路。电信主要负责提供语音和数据等服务，也有自己专用的传输线路。由于这两个部门之间的业务完全没有交叉，因此各国一般都通过设立不同的部门分别对这两个行业进行监管。有的国家，如美国，虽然通过统一的监管部门，即联邦通信委员会（FCC）对广电和电信进行监管，但是在 FCC 内部也分别由两个独立的部门负责对广电和电信进行管理和监督。三网融合的实行将从根本上改变这种各自独立监管的体制，否则原本自成体系的监管部门为了各自的既得利益，很有可能对业务的双向进入进行阻挠。比如，广电部门对电信部门从事音视频服务施以许可方面的限制，而电信则通过拒绝互联互通对广电部门提供数据音频服务进行限制。这种情况带来的可能后果包括：基础设施的重复建设及资金浪费、技术融合和新技术开发的延迟、广播服务很难实现多样化发展从而损害消费者利益、公平竞争以及投资风险等问题。为了顺应三网融合的发展，广电部门和电信部门要打破传统分业监管的模式，实现融合监管。这就需要监管部门在进行政策选择的时候考虑如下问题：政策的价值取向是否以消费者的需求为导向，从而清除现行监管政策中阻碍新技术发展的障碍；三网融合的具体政策措施如何才能调整新的利益冲突，避免不必要的投资风险；是否应该软化著作权立法使更多内容可以在线提供，从而满足消费者不断增长的文化需求。为此，广播组织的监管部门应该把促进监管融合作为其改革的方向，并使监管符合消费者个性化需求。在三网融合的环境下，技术融合的速度会更快，意味着与广播有关的新技术更新换代的频率会更高，要求监管者对此抱有更加宽容和开放的心态：①把监管的重点放在服务方面而不是技术上，因为监管政策很难跟着技术持续和快速演进的步伐而频繁地改变；②消除垂直部门特定时期监管上的不对称性，为不同的主体创造一个公平的竞争环境；③刺激市场进入，对早期交互式和个性化内容的提供者，例如IPTV，尽可能放松监管；营造有利于投资的环境；加速广播系统的数字化改造。

总之，传播技术的发展和进步改变了观众的娱乐方式，使观众对电视和媒体内容的消费有了一定的主动权和自主权。观众消费方式的改变引起盈利模式的改变，原来流向传统广播组织的广告费开始转移到利用新传播方式（高速、交互、便捷）传播电视和媒体内容的新传播主体。盈利模式的改变带动了传播方式的整体变化，传统广播组织开始普遍使用新的传播技术，这些变化同时牵动着法律和监管两根神经。

最后，三网融合对广播组织和消费者关系的影响。在高速有线和无线宽带接入网络出现之前，人们对电视和媒体的消费方式一直都是单向度的，按照预定好时间和顺序的节目单收听收看节目。人们享受电视娱乐的空间一般限于客厅里面，沙发面对电视是多数家庭的标准配置。互联网和数字技术的出现极大地改变了人们对电视和媒体的娱乐方式，一个数字化的现代家庭往往有多块屏幕接收电视节目。机顶盒的出现把人们从固定的节目时间中解放出来，并且给了观众很大的自主选择权。借助互联网的双向传输功能，观众拥有了更多专业电视和媒体内容的选择。基于互联网—软件—广告的商业模式创造了一种免费获取的消费理念，因为很多视频内容是由广告商付费的，观众只要在看视频的时候观看广告就行了。从消费者的角度来说，新技术意味着他们对媒体有了一定的控制权。他们可以自己选择想要观看的内容，以及什么时候、在哪里和用什么装置收看。三网融合使用户拥有了更大程度的选择权和决定权，例如对观看节目的时间和节目语言的选择，当然也包括对节目本身的选择。

三　三网融合的最佳切入点——IPTV

IPTV 是一种个性化、交互式的新型媒体服务样态，是基于 Internet 的新兴技术。它利用 ADSL 或者有线电视网络等，通过电信通道接入宽带网，并通过互联网协议（IP 协议）传输电视信号。在 IPTV 技术下，家用电脑或电视机可以作为接收终端，来接收包括电视节目在内的多种数字媒体服务。IPTV 可以实现媒体服务机构和消费者之间的互动。用户可以利用机顶盒，通过宽带网络点播影视节目、收听音乐、查询信息等，还可以进行家庭购物，享受电视教育、远程医疗和股票交易等服务，极大地提高和改善生活质量和工作效率。IPTV 集互联网、多媒体和通信等多种技术于一体，比传统广播电视具有更大的优越性。因为传统广播电视的播出方式是线性和单向的，观众无法与广播组织进行互动，节目也难以实现个性化和即时化。IPTV 则可以提供建立在通信网络上的互动性视频服务，给用户提供多种选择，使用户可以在任何时间和地点点播自己喜爱的节目，以及控制节目的快进或快退等功能。

如上所述，IPTV 的个性化服务是其最大的优势，可以根据用户喜好更加精准地向其提供具有较强针对性的节目内容和广告。IPTV 是否能够获得成功取决于是否具有充足即高质量的宽带，以及是否能够正确处理与本地广播电视市场的竞争关系。从目前的 IPTV 市场状况来看，电信运营商主要是以并购内容提供商，或与其达成战略合作伙伴关系等方式来获取充足的内容来源，例如美国的威瑞森公司可以给其用户提供超过 150 个频道、1000 多个高清点播内容。[①]

之所以说 IPTV 是三网融合的最佳切入点，有如下两点原因：第一，IPTV 为三网融合的业务开展找到了一个重要的突破口。作为三网融合的产物，IPTV 采用基本的互联网 IP 协议，通过在宽带网上传输数字电视信号，向用户提供互联网高速接入服务以及语音服务。如此，IPTV 把传统的电视业务向其他领域进行了延伸，同时又为传统电信业务寻找到新的商业形态。第二，IPTV 为三网融合业务的开展提供了最理想的商业模式。IPTV 的基础网络设施主要是速度快、覆盖广的宽带网，其内容则主要来自具有丰富节目资源的广电网，因此 IPTV 充分体现了三网之间在业务上的优势互补。[②]

四 中国三网融合及 IPTV 的发展状况

中国三网融合的发展可谓一波三折，经历了对三网融合的认识、尝试性发展、设置发展壁垒以及推进发展的复杂过程。早在 1998 年，中国就提出了三网融合的概念，之后连续列入国家"九五""十五""十一五"计划。但是对三网融合的理解和贯彻执行并不顺利。1999 年 9 月 17 日，国办发〔1999〕82 号文件出台，指出"电信部门不得

---

① 史琳：《国外三网融合监管现状及发展趋势》，《通信管理与技术》2010 年第 4 期。
② 韩春玲：《浅析 IPTV 与三网融合》，《长春师范学院学报（自然科学版）》2008 年第 2 期。

从事广电业务，广电部门不得从事通信业务，双方必须坚决贯彻执行"。这种反复以及之后的多次反复表现出中国有关部门对三网融合认识上的不足。

中国于 2010 年开始启动三网融合。同年 1 月，时任总理温家宝主持召开国务院常务会议，指出中国开展三网融合的技术条件，包括网络基础设施和市场空间已经成熟，决定加快推进三网融合的进程，并拟定了三网融合发展的时间表：首先，2010—2012 年，主要开展广电网和电信网业务双向进入的试点工作，逐步形成保障三网融合有序开展的政策规范体系及合理体制。其次，2013—2015 年，总结试点经验并加以推广，在全国范围内实现三网融合，同时把新兴的三网融合产业竞争控制在适度的范围以内，建立适应三网融合的新型监管体系，使之具备决策科学、职责清晰、管理高效、协调顺畅等特点。常务会议还强调，要充分利用三网融合的优势，推动移动多媒体电视、手机电视、数字电视等业务的开展，促进文化、信息产业和其他现代服务业的发展。会议还提出应加快建立与三网融合发展相适应的国家标准体系；制定相关产业政策，支持三网融合基础和关键技术以及关键软硬件的研发和产业化；同时，加强对三网融合相关产品的开发、网络建设、业务推广给予金融、财税等方面的支持。

从技术上讲，实现三网融合以后，广电部门和电信部门之间的传统业务壁垒被打破，电信运营商可以自行制作广播电视节目并传输播出这些节目；广电运营商则可以经营传统上由电信部门经营的宽带上网以及电话服务业务。理论上讲，广电和电信实现双向进入后，市场竞争主体更多了，竞争也会更加充分。但目前的现实情况是，电信企业和广电企业的差距比较大，与电信系统自上而下建网不同，广电系统是地方建网，各自为政。广电企业更多是地方企业，规模赶不上电信企业，并且省内的广电网都无法互联互通，管理上更多是行政行为，而非单纯的企业行为，恐怕在竞争中会处于劣势，需要整合有线电视网络，培育市场主体。为了适应这个要求，2014 年中国广播电视网络有限公司成立，其成立的目的是把全国有线电视网络服务商整合为统一的市场主体，并赋予其运营宽带网络服务的业务资质。2016年5月，工信部正式给中国广播电视网络有限公司颁发了基础电信业务经营许可证；该许可证允许其在全国范围内经营互联网数据传送业务和通信设施服务业务。也就是说，除移动、电信、联通之外，中国广播电视网络有限公司成为中国第四个基础电信业务运营商，形成国内四家三网融合运营主体竞争的局面。

目前，中国实现三网融合从技术层面看基本没问题，政策才是大问题，特别是广电和电信的双向进入，政策成为制约其融合发展的瓶颈。在中国三网融合的过程中，互联网和电信网在电信业重组的过程中就已经完成了融合，三大电信运营商都同时具备运营电信和互联网的资格。因此所谓三网融合实质在于广电网和其他两张网的融合。广电总局是政府职能部门，电信运营商是大企业，互联网是一批更松散的大小不一的企业，三者身份相差甚远，融合确实存在难度。另外，由于广电和电信长期实行分业监管体制，两个部门在长期的发展中已经形成了各自的利益，一方面在融合的过程中双方都不愿意放弃各自的既有利益，另一方面又都想借双向进入的契机掌握三网融合的主导权和控制权。IPTV作为三网融合的切入点，其发展过程最直观地体现了中国广电和电信双向进入所面对的种种现实问题。广电总局有行政执法权，但是电信部门有工信部做后台，这使得部门利益和行政壁垒成为中国三网融合的主要障碍。广电总局以电信部门运营IPTV业务违反国家政策为由，阻止电信部门染指广电业务，导致电信企业发展IPTV业务迟迟无法突破。电信行业的网通率已达70%，为了与电信网竞争，广电还得抓紧建设下一代广电网，这势必会造成重复建设和资金浪费。为了充分利用三网融合的政策优惠，从电信市场分得一杯羹，广电部门开始发展手机电视业务，却受制于电信部门而无法在手机上落户，为此广电只好尝试开发其他显示终端，手机电视则被改成多媒体终端。广电部门掌握着丰富的节目资源，并且有权以发放牌照的方式将电信企业阻挡在视频市场之外。此外，这两个部门为争夺家庭终端——电视，分别形成了有线电视和IPTV这两种互不相容但又具有极强替代性的业务形态。工信部与广电总局在争夺三网融合主导权方面谁也不肯示弱。国家广电总局对有线网络运营商有很大的监管权限，而电信运营商归工信部主管。结果是国家广电总局和工信部都致力于推出各自的行业标准和方案，并且经常出现不同的政策。电信运营商由于政策问题迟迟不能介入 IPTV 的发展，而广电部门则忙于数字电视建设的同时阻止电信运营商进入 IPTV 领域。凡此种种均表明中国三网融合难题的实质就是广电和电信之间市场准入的问题。从中国三网融合试点的情况来看，欠发达地区比发达地区三网融合做得好，比如宁夏回族自治区已率先实现了三网融合。电信部门负责基础网络设施的建设，广电部门则提供 IPTV 电视节目，双方约定七三分账，合作非常融洽。越是经济文化相对发达的地区，三网融合运行得反倒不畅，各方都桎梏于既得利益，不肯让步。解决这种僵局的办法无非两种：一是通过市场竞争分配利益；二是通过行政手段分割利益。市场准入机制或能为未来市场竞争奠定一定的基础，但不会短期奏效。由于历史原因，广电与电信相比，市场地位过于薄弱，体制包袱沉重，即便成了全业务运营商，无论从资金实力、市场经验、还是人员素质方面都无法与其他三大电信运营商相比。

　　实现三网融合对于中国具有重要的意义。首先，广播电视行业和电信企业双向进入可以极大地开拓这两个行业的发展空间；其次，为实现三网融合而进行的兼并重组将推进电信、广播电视和互联网相关设备制造商的技术进步和运营商运营质量的提高；最后，三网融合会在一定程度上消除行业壁垒、引入竞争，进一步推动中国信息产业的发展，并且成为新的经济增长点。

　　但是，如前所述，利益之争使得中国三网融合"雷声大、雨点小"，阻力重重。首先，在行业管理上涉及部门利益重新调整以及重新整合的问题。按目前的行业管理体制，电信部门和广电部门分属两个并行的管理部门——工信部和广电总局，在具体问题的管理方面，可能还涉及更多的管理机构，如文化、出版等部门。从而，三网融合计划的推行必然会涉及各个部门之间的利益分配、管理权的调整和整合等，最终改变多头管理、互相掣肘的问题。其次，三网融合的主体——电信企业和广播组织之间存在着更为直接的利益重新调整、整合问题。三网融合背景下，广电和电信不只是业务双向进入，还是利益和收入的双向进入。电信企业可以收电视费，电视台也可以收电话上网费，此间涉及的利益博弈将极其复杂。据悉，中国三网融合可能采取"不对称进入"，偏向于广电部门。在这种情况下，考虑把消费者利益作为推进三网融合的政策目标也许能防止融合主体最终利益整合、博弈的结果使垄断更强化、消费者选择机会更少或价格更贵。

第 二 章

三网融合对广播组织权利保护与管理的挑战

第一节 三网融合下广播技术与商业模式的变迁

广播技术自诞生以来，一直处于不断的演进过程中。总的来说，是从单向、线性广播发展到交互式传播。也就是从传统的无线广播、有线广播和卫星广播发展到互联网传播。其中，非交互式有线传播和IPTV构成广播技术演变的过渡状态，没人知道广播技术和广播服务的模式最终会发展成什么样。广播技术的发展与变化带来广播市场商业模式的改变，新利益主体的出现对传统广播组织权利保护与管理框架提出了挑战。

一 广播技术的演进

(一) 单向、线性广播

1. 无线广播

20世纪初，无线广播技术诞生。最初的广播是通过赫兹波传播模拟信号实现的，其根本特点是无线广播组织把一束载有图像和/或声音的信号漫射到空中，供广大观众通过收音机或电视机收听收看。无线广播信号发出以后，在电波所覆盖的范围之内，理论上可供无限多的接收设备接收信号。无线信号从发射到接收的方式是从一点到多点的信息传输，据估计，一个发射站发出的广播信号可以供2000名到200

万名观众同时接收，但是广播组织为此付出的技术成本没有什么变化。在无线广播技术下，广播组织增加任何听众或观众的边际成本基本上是零。① 但是，在无线广播时代，鉴于频谱资源的稀缺性，频道的数量十分有限，因此需要由政府部门进行分配。

2. 有线广播

同轴电缆传播技术是20世纪六七十年代开始出现的，因此《罗马公约》没有涉及有线广播的法律问题。最初，有线技术主要用于帮助无线广播的传输，以避免地形或建筑物屏蔽等问题给观众接收无线信号带来的问题。今天，有线传播技术的功能已经远远超出了其辅助作用，它可以给观众提供大量来自地面无线广播、卫星广播和自制的优质节目。

目前，有线运营商主要有两块业务：第一，进行有线转播，即作为承运商把自己的有线网络作为传输第三方节目内容的通道；第二，作为节目提供商，向用户提供自选或自制的节目（有线自制节目）。

鉴于有线业务的出现晚于《罗马公约》的制定，因此现行有效的国际法律框架内没有赋予有线传播组织以权利。各国一般是在国内版权法中将其类比广播组织提供节目供公众接收的行为给予一定的保护，使其享有广播组织权利。考虑到有线传输组织在转播广播节目方面的重要性，有些国家的监管部门要求其承担"必须传输"义务，以确保某些公共节目得到广泛的传播。

从理论上讲，有线传输可以实现双向、交互式传输的功能，但是这种技术直到近年来才开发出来，因此有线传输组织一直是从事单向传输，把节目从有线运营商传送给用户。鉴于有线广播组织对广播组织节目的传播发挥着重要的辅助功能，以及有线广播组织所使用的传输技术及其结果并没有给广播组织和节目作品权利人造成显著的不利后果，各国一般把有线传播组织笼统地归入广播组织并给予其广播组

---

① Protection of Broadcasting Organizations: Technical Background Paper Prepared by the Secretariat, SCCR/7/8, April 4, 2002, p. 3.

织权利保护。现在，通过网络调制解调器就可实现有线传播节目在互联网的上传和下载行为，因此有线组织的传播方式一直在向交互式传播发展，为 IPTV 出现和发展提供技术基础。

3. 卫星广播

卫星广播直到 20 世纪 70 年代才开始出现。从《罗马公约》关于广播定义的字面来看，卫星广播可以落入"无线"传播的范围，因此原则上适用《罗马公约》的规定。卫星广播提供服务的方式分两种：一是提供卫星固定通信业务，主要是在广播组织之间进行点到点的传输。发生在这个传输阶段的广播信号又称为广播前信号，这种信号是广播组织之间传送节目所使用的，不面向广大用户。二是提供卫星直播节目，即以点到多点的方式传输节目，发生在这个传输阶段的信号供广大观众接收。随着接收技术和设备的进步，这两种传输信号及信号所载的内容都可以被用户接收。之所以对卫星传输的两种方式进行区分，是因为第一种传输方式是广播信号盗播频发的领域，盗播者截取广播前信号，在广播节目正式提供给观众接收之前，就把截获的广播前信号发送出去，特别是当这种盗播信号在互联网上传播时，会给广播组织造成很大的经济损失。信号盗播问题正是触动 WIPO 试图缔结广播组织条约的重要原因。

4. 非交互式互联网传播

通过互联网传播节目是数字技术出现后的事情。数字技术对广播的影响非常深远，主要表现在其所带来的"融合"现象。数字技术使人们可以在同一个网络上既传输广播节目又提供电信服务，从而使两种以上的技术及其提供的服务日益融合为一体。最典型的融合就是广播、互联网、电信业在技术和业务上的融合，即"三网融合"。在三网融合的技术背景下，广播除了以前文述及的方式播出之外，还可以在互联网上同步播出。这种互联网同步播出依然是单向度的，播放的主动权在广播组织手里，用户仍然需要按照广播组织确定的节目播出时间和内容来接收广播节目；因此这种传播方式不是交互式传播，只能算作非交互式互联网传播。目前很多电台、电视台都开始在互联网上同步播放自己的广播节目。从技术上说，这种新的传播方式几乎不受地理范围的限制，因此对其所传输的受著作权和/或邻接权保护内容的权利人利益势必会产生影响，各国对其是否属于广播以及应该如何保护已进行长期讨论，观点基本上都是把它作为广播在互联网上的延伸而给予广播权的保护。但是，就中国现行著作权法的规定来说，以非交互式互联网传播的方式享有广播权还需要解决一个矛盾，即合理解释广播权建立在广播技术基础上的"向公众传播"这个表述和互联网点到点传播方式之间的冲突。

（二）交互式传播

数字技术的诞生和三网融合的实现不可避免地改变着传播的基本特性，即单向传播方式，从而使传统广播开始具备交互性的特点。数字信号既可以通过地面广播站传播，也可以通过卫星或有线电缆网络进行传播，供公众直接接收。并且数字信号在其精确度、离散性和互操作性方面优于模拟信号。利用数字技术可以有效地节省频道资源，使广播组织可以提供更多的频道资源和广播节目内容，鉴于数字技术的诸多优势，广播正大规模地改用数字信号传输其节目内容，而数字技术能给广播带来的最大改变是交互式服务。

交互式服务是指包含交互性因素的广播或电视服务。交互式服务既可以在数字网络也可以在模拟网络上传播。所谓"交互式"，通常指观众和广播组织之间有一个反向信道（回路），就是说，广播节目向观众播出之后，观众可以通过反向信道向广播组织提出个别请求，通过电话或者互联网等连接媒介。如果说节目播出的过程是广播，那么观众通过回路个别请求的过程就不是广播，而是点到点的信息传输了。简单地说，交互式电视就是观众可以自行对节目内容进行选择的电视，常见的交互式电视服务包括互动式家庭购物、教育和游戏，电子节目指南等，以及用户可以对观看的电视节目进行快进、回放和跳过广告等操作。

交互式服务应用于广播电视有一个发展的过程，最初的交互式服务是所谓的"准视频点播"节目，即广播组织在某个频道上循环播放一组固定的节目供广大观众收看，而观众仍需等待节目第二次开播时才能观看。由于有线网络与互联网技术和业务的融合，广播组织也可以预先在互联网上选择一些与广播节目相关的内容并将其加入广播频道循环播放，供广大观众接收。在此类情况下，同时收看节目的观众数量不受限制。其实这种"准视频点播"服务从本质上讲仍然是广播。

二 广播市场的发展趋势

传播技术的发展与变迁使全球广播市场都在经历着急遽的扩张和市场结构上的深刻变化。

（一）传统广播市场

传统广播市场指以无线广播组织、有线广播组织和卫星广播组织为主要的市场主体，向观众提供广播节目，接受政府资助、向观众收取订购费，以及通过向广告商销售广告时间从而收取广告费的市场结构。在传统广播市场中，广播组织使用广播节目要直接或者通过著作权集体管理组织向作品权利人支付使用费，各利益主体之间在现行著作权法律框架内形成稳定的利益关系。在传统广播市场上，因为广播组织和观众之间的互动性比较差，一般是广播组织确定播出的内容和时间，并且增加广告商的内容之后，观众按照节目单等候观看节目，这种关系产生的是一种线性的产业价值链，即广播组织（节目商）—广告商—观众。[①] 在这种关系中，广播组织处于非常重要的枢纽地位，因为它们控制着节目来源。

受传播技术所限，传统广播组织播出的节目一般受地域范围的限制。在传统广播市场上，也有信号盗播行为，但是由于模拟信号复制后质量会减损，尤其是在使用模拟信号传输广播节目的情况下，盗播后的信号不存在大范围、快速传播的技术和渠道，因此信号盗播问题

---

① 王钦:《从频道之争到平台之争》（http://www.emarketing.net.cn/magazine/article.jsp?aid=2432）。

没有引起广泛的重视。

（二）三网融合后的广播市场

三网融合后的广播市场结构将发生深刻的变化。三网融合之后，广电和电信业务互相进入，广播节目传播的方式和渠道迅速增加。互联网带宽的扩增和网速的提高解开了传统广播频道资源稀缺的"紧箍咒"，为广播节目的传播提供了一个巨大的平台，促使广播从传统的频道播出方式向平台播出方式发展。此外，互联网的交互性特点使得观众与节目制作商的双向沟通变得简单可行，结果是观众对于想看什么节目以及什么时间看有了很大的选择权。这就从根本上改变了传统广播市场上的线性产业价值链，变成环形价值链。

在环形价值链中，节目商、观众和广告商之间频繁互动，共同决定播放的内容，频道平台的交互性特点使观众可以在自己选定的时间和地点观看自己想看的节目。从而，传统广播组织在节目内容和播放时间上的决定权被大大削弱，新型网播组织应运而生，他们可以根据观众的偏好为他们量身定制节目，为观众的多元化需求提供多元化的节目内容。这种新型的网播组织，因其传播节目采用点到点的传输方式，不符合现行著作权法对广播的定义，因此无法套用现行广播组织的相关法律规则。事实上，网播和网播组织的出现已经向与广播组织权利相关的基本概念，如"广播"和"向公众传播"等提出了挑战。在各国的司法实践中，都有因网播的市场行为而引发的纠纷。而不同的国家、不同的法官对这些问题的看法也不尽相同。因此三网融合之后，如何面对广播市场上的新型价值链对新出现的利益主体催生的新型利益关系进行法律调整是一项非常紧迫的任务。

此外，互联网传输不受地理范围限制的特性使得盗播信号成为便利之事，全球的广播信号盗播问题开始变得严重起来。如何规制信号盗播问题也成为摆在广播组织和法律工作者面前的一项重要任务。实际上这个问题直接促使 WIPO 展开对广播组织条约的谈判工作。

三 三网融合背景下广播市场的竞争格局

三网融合之后，广电和电信的业务实现双向进入，同时数字传输技术的发展使得带宽增加、网速提高、可供传输节目内容的频道资源变得十分丰富。在三网融合的背景下，广播市场的主体和竞争格局大致如下：

有线电视是作为帮助地面广播电视信号因地理等原因不能覆盖之地的观众接收广播信号而出现的，但是它天生具备发展订购模式和进行交互式传输的优势。因此，面对IPTV积极开拓广播市场，为传统广播组织带来巨大竞争压力的情况下，各国有线电视均开始大力发展交互式服务。有线电视具备网络效应，其已经拥有的庞大用户基数将成为其在广播市场上的竞争优势。有线电视的劣势在于它的成本高昂，因此只适合经济发达、人口稠密的地区。

卫星电视，主要用于提供优质节目内容，包括电影大片和体育赛事等。卫星广播本身不具备交互性，其提供交互式服务需要借助宽带与互联网连接。

地面广播是传统意义上的广播，肩负着向社会大众义务提供广播内容的责任。为了顾及社会弱势群体对广播的需求，地面广播数字化以及采纳其他新传播技术的速度相对较慢，但是其进程一直在推进中，地面数字广播的出现对商业性广播组织会形成竞争的压力。

IPTV是电信业向广电领域延伸的典型代表，被认为是三网融合的最佳切入点。作为一种宽带网络业务，它同时涉及多媒体、视频业务范畴，集互联网、多媒体、通信、广播电视及下一代网络等基本技术于一体。可以认为，IPTV是广播市场上最有前景的一支力量。目前，IPTV发展的制约主要来自于政策监管。以中国为例，2005年中国电信与上海文广合作首次推出了IPTV业务，并扩展到沿海发达城市。但是2010年，广电总局发出了第41号文，禁止未经总局批准擅自开展IPTV业务，使中国电信等运营商面临着前期投资落空的经济损失，以及大量客户投诉的法律纠纷。同样的情况也在南美国家出现，为了防止电信公司滥用其市场支配地位,很多南美国家通过立法限制电信公司使用宽带提供线性电视节目,导致 IPTV 平台发展陷入困境。

总之,三网融合之后,由于传播技术的融合,节目内容的传播方式和广播组织的商业模式都发生了根本性的变化。从点到多点的线性广播发展为点到点或者多点到多点的交互式广播。商业模式也从免费、月租、广告支持等模式发展到按次收费模式。IPTV 作为一个新的主体强势进入广播市场,交互式服务几乎成为所有广播主体追逐的目标。不同广播主体提供交互式服务的具体技术过程不尽相同,这对于以技术特定方式立法的国际国内著作权法提出了挑战,有关"广播"和"转播"等具体概念亟待澄清,并且应当以技术中立的态度对法律进行更新。电信和广电业务的交叉打破了原先各自独立的业务领域内的利益关系,在法律调整之外,还需要新的监管政策从宏观上调整新的利益主体,特别是广电和电信部门的关系。在促进三网融合以及广播事业发展的同时,更要顾及广大人民的利益,尤其是弱势群体的需求。

第二节 广播信号盗播问题

一 广播前信号盗播

广播前的信号,也就是指载有广播前节目内容的广播信号。这种信号的目的不是供公众接收,而是供广播组织用于其广播节目。因此,它们不是广播,而是点对点传输,从事发地点(体育、新闻或文化活动发生的地方)传送到一个或更多国内和/或国外广播组织,供其对这些事件进行广播。在一个广播网络内部也发送此种信号,例如从主站发送到其附属的广播站。广播前信号与盗播行为关系密切,盗播者可以在广播前传输阶段,例如广播信号离开卫星后,或者在实际的广播阶段截获这些信号及其内容的完美的数字克隆,并制作出大量的串流、复制品供人们下载或转播。还有的情况是,盗播者在接收信号的广播组织确定的广播时间之前先行传播了广播前的信号及相关内容。例如,有报道说盗播者在美国东海岸提供节目的网络上截获了广播节目的信号并在西海岸播出该节目前放到网上供人们串流。

二 交互式传播技术引起的信号盗播

除了广播前信号盗播的情形之外，因新技术的出现而引起对现行法律规定的模糊认识，导致人们对交互式传播技术条件下信号盗播问题的讨论。比如在云时代，网播组织使用 RS-DVR 的方式向用户以近乎直播的方式提供广播组织的信号是否构成盗播广播组织信号的行为，很多国家已经在司法实践中开始出现这类问题。下面以美国的 Cablevision 案和 Aereo 案为例进行讨论。

（一）Cablevision 案

Cablevision 是一家利用 RS-DVR（Remote Storage DVR System，远程数字录像系统）向用户提供广播节目信号的有线电视系统运营商，也是新型流媒体播放服务商。该公司设计的 RS-DVR 系统包含两个数据缓冲器。首先，包含广播节目的数据流进入某个数据缓冲器，并自动检测用户录制节目的请求。如果某个用户要求录制某个广播节目，则该节目的数据就会从该缓冲器进入另外一个缓冲器，然后进入硬盘，并为发送请求的用户分别制作复件。这样，没有独立 DVR 的用户就可以通过 Cablevision 存储并维护的远程中央硬盘对所请求的电视节目进行录制，并通过家中的电视机接收并回看这些录制的节目。Cablevision 的第一个缓存器中的数据被不断涌入的新数据所取代，也就是说任何时候，第一个缓存器中保存节目的时间都不会超过 0.1 秒，之后就被自动删除并被新节目数据取代。第二个缓存器中存储任何节目的时间不超过 1.2 秒就会自动删除并被取代。著作权人起诉 Cablevision，认为其侵犯了著作权人的复制权和公开表演权。纽约市曼哈顿联邦地区法院的判决支持了原告，认为被告 Cablevision 侵害了原告的公开表演权。Cablevision 上诉，美国第二巡回上诉法院则支持了 Cablevision，认为根据 RS-DVR 系统的工作原理，是否制作特定节目的复制件是由用户的意志决定的，并且该节目也只能回播给该特定用户，因此不构成对著作权人公开表演权的侵害。

这个案件引起了很大的争议。首先，Cablevision 是否侵害了著作权人的公开表演权在判决的过程中和判决以后，在法官和学者中一直存在不同意见。根据美国版权法第 101 条，公开表演指以任何设备或方法向公众传输作品的表演，无论公众中的成员是否能接收到该表演……在相同地点或不同地点接收到该表演。从该条文看，确定一个表演是否构成公开表演的关键是对"向公众"的理解。在美国的司法实践中，对这个概念的理解并不统一。有些法院对公众做广义解释，把向公众中特定成员播放的表演也认定为公开表演，比如宾馆向房客提供视频节目点播构成公开表演。[①] 而本案中的第二巡回上诉法院则认为利用 RS-DVR 系统向用户提供录制好的节目不构成公开表演，因为公众只能是不特定的人，但 Cablevision 缓冲器里存储的节目只向发出节目请求的特定用户提供，其他用户无法获取，此种情形不是公开表演。其次，第二巡回上诉法院只对 Cablevision 案是否直接侵犯了著作权人的公开表演权做出判决，并没有明确远程存储技术是否可用纳入著作权法律框架中的"避风港"而得以普及，这就给该技术在实际应用中可能产生的新纠纷埋下了伏笔。下面即将谈及的 Aereo 案就是对 Cablevision 案件未决问题的延续。

在本案中，Cablevision 已经为其实时转播行为支付了版权许可费，[②] 其后续提供的回看服务（时移服务）理论上讲有可能构成合理使用。但是假如它没有支付许可费，实时转播的行为又该如何定性呢？如果 Cablevision 在没有支付许可费的情况下就实时转播了著作权人的作品，且不论它的行为是否构成对作品公开表演权的侵犯，首先可以认定的是，它的行为构成了对作品播出机构——广播组织信号的盗播。关于这一点，我们在下面的 Aereo 案中还将继续论述。由于 Aereo 案对于网络环境下广播信号盗播现象更具典型意义，因此我们将用更长的

[①] On Command Video Corp. v. Columbia Pictures Industries, 777 F. Supp. 787 (N. D. Cal. 1991).

[②] 王文敏：《云计算时代流媒体播放服务商的版权责任：对"Cablevision 案"和"Aereo 案"的思考》，《电子知识产权》2010 年第 10 期。

篇幅对该文加以探讨。

（二）Aereo 案

Aereo 也是一家流媒体播放服务商，位于纽约。2012 年 Aereo 开始使用流媒体技术通过互联网向用户提供无线广播电视的直播和时移流媒体节目，并向订购该服务的用户收取一定的费用。

2012 年，美国一些广播组织向纽约州南部地区法院起诉 Aereo 公司侵犯了其著作权，并提出临时禁令的动议，要求 Aereo 公司停止通过互联网传播其电视节目，但该动议遭到否决（ABC v. Aereo）。后该案的原告向美国联邦第二巡回上诉法院就该否决裁定提出上诉。2013 年 4 月，第二巡回上诉法院支持了地区法院的裁定，认为 Aereo 对广播电视节目的传输不是著作权法意义上的公开表演（WNET v. Aereo）。该案原告向美国最高法院提出上诉，2014 年 6 月 25 日美国最高法院以 6∶3 的多数意见裁定 Aereo 败诉，认为其公开表演了上诉人受著作权法保护的作品。同年 6 月 28 日，Aereo 宣布破产。

Aereo 案再次把技术创新与传统法律，特别是与著作权法交汇所产生的问题呈现在人们面前。我们知道，法律相对于技术与社会的发展具有一定的滞后性，在科技创新与发展日新月异的今天，该如何调整与平衡技术与法律之间的张力，既要保护技术创新的热情又要维护法律的稳定性和一致性，这个问题依然需要我们认真思考。

首先，我们看一下 Aereo 的技术服务流程

Aereo 的服务系统包括服务器、代码转换器以及成千上万个硬币大小的天线；这些设备都集中在一个仓储中心。

Aereo 的商业模式和技术服务流程如下：第一，用户从 Aereo 网站提供的本地无线电视节目单中选取正在播出的节目；第二，Aereo 的服务器选择一个天线，专门（且只）为该用户接收并播放选中的节目；天线接收广播信号后，代码转换器将其转成可以通过互联网传播的数据；第三，数据并非直接发给用户，而是存放在 Aereo 硬盘中专门为该用户建立的一个文件夹里，即 Aereo 的系统针对用户选中的节目创建了一个该用户的"私人"复件；第四，广播节目被储存几秒钟

后，Aereo 的系统就开始以流媒体技术把储存的节目通过互联网串流给用户（用户也可以在稍后的时间指示 Aereo 的系统把节目串流给他们），使其可以在电脑、平板、手机、互联网电视或其他可以与互联网连接的设备上观看节目。

在庭审答辩中，Aereo 特别强调，其系统串流到每个用户的数据来自该用户的私人复件，且该复件是用分配给该用户的特定天线接收的广播信号制作的。不同用户在 Aereo 系统各自文件夹中的数据之间不发生传输。即使两个用户想要观看同一个节目，Aereo 的系统也会激活两个不同的天线，并在两个不同的文件夹中保持两份不同的复件。然后，系统会通过两次不同的传输，分别从用户的私人复件把节目串流给该用户。

Aereo 做出以上强调，是为了证明它作为一个网播者所使用的传播技术与传统广播组织的传播技术并不相同，从而其传输传统广播组织电视节目的行为不构成美国著作权法第 101 条关于公开表演中"向公众"的解读，因此不侵犯原告的公开表演权。

其次，Aereo 案法律争议的焦点

Aereo 案经过地区法院、第二巡回上诉法院和最高法院的审理，引发了审理法官和各界利益相关主体对著作权法特定概念与规定的不同解读。这几轮审理中的法律争议主要集中在两个问题上：第一，Aereo 传输作品的行为是否构成对作品的表演；第二，接收 Aereo 传输作品的观众是否构成公众。对这两个问题的回答可以判断 Aereo 是否实施了向公众表演原告版权作品的行为，从而确定其是否侵权。

美国著作权法第 101 条对公开表演的定义如下：（1）在向公众开放或有大量家庭成员及其社交对象以外的人群聚集的场所表演；或（2）借助任何方法或装置向公众，或者在第（1）项规定的场所表演或展示作品的行为，不论可以收到所播送节目内容的公众是否同时，或者在同一地点接收到播送的内容。其中第（2）款又被称为"传输条款"，是国会在 1976 年修改著作权法时专门增加的规定，目的是使当时的著作权法适应新的有线传播技术，把有线电视公司也纳入广播组织的范围，使其利用电缆向订户点到点传输节目信号的方式，虽不同于无线广播组织点到多点的传输方式，也被认定为向公众传播。

第二巡回上诉法院支持地区法院的判决，认为 Aereo 的行为构成表演，但不构成向公众表演，依据就是传输条款。该院认为 Aereo 借助其服务设备为特定用户所做的每个特定的传输都是一次独立的表演行为，但该行为不同于广播组织对作品的公开表演，而是私下的表演行为。至于对传输条款中"公众"这个词的理解，该院认为公众是指特定传输行为的受众（在本案中指单独接收特定节目的个人）而不是作品或表演作品的受众（指所有看到传输节目的人），从而否定了原告广播组织提出的公众包括所有接收广播节目的受众和特定传输受众的说法。基于这样的判断，第二巡回上诉法院判定 Aereo 行为不是公开表演，不侵犯原告广播组织的公开表演权。

最高法院对该案持有不同的看法。同样基于传输条款，该院以 6∶3 的多数意见裁定 Aereo 的行为构成表演且构成公开表演。以布莱耶大法官为首的多数意见认为，著作权法没有明确界定仅仅提供设备供别人实施表演的行为是否构成表演，因此需要从立法历史和国会的立法意图中寻找答案。他们认为国会之所以在 1976 年修改著作权法并专门增加了传输条款，其目的就是为了解决当时伴随着有线传播技术而出现的有线电视组织身份的问题。最高法院在当时的有关判例（Teleprompter 和 Fortnightly）中，曾经认为有线电视组织仅仅把广播电视节目输送给观众的行为不构成著作权法意义上的表演。为了推翻这种决定，国会特意对美国 1976 年著作权法第 101 条做出了补充，指出："……表演是指以任意的顺序放映影像或者使得伴音能够被听见"；同时制定传输条款，把有线电视公司纳入表演者的范围，使其输送无线广播组织电视节目的行为也构成著作权法意义上的表演行为。根据多数意见，由于 Aereo 传播节目的方式与有线电视传播技术类似，因此也应该认定 Aereo 的行为构成著作权法意义上的表演。至于表演是否公开的问题，多数意见指出，虽然著作权法没有就"公开"这个词做出明确界定，但是第 101 条第（1）款的用语表明"公众"应该包括家庭成员和朋友圈以外的大量观众，并据此推断 Aereo 的受众构成著作权法意义上的公众。因此多数意见认为 Aereo 的行为侵犯了上诉人版权作品的公开表演权。以斯卡利亚大法官为首的少数意见则认为 Aereo 的行为根本不构成表演。他们把 Aereo 比作复印店，认为 Aereo 只不过给用户提供了一些设备，最终还得由用户自己决定是否使用 Aereo 的设备选择并观看有关节目。这种观点体现了技术中立原则的精神。少数意见不同意把 Aereo 与有线电视组织进行类比，认为二者的传播技术存在根本不同。有线电视公司是主动不间断地向受众传输节目，而 Aereo 的传播技术特征是由特定用户在特定的时间主动要求 Aereo 传输特定的节目。基于此，少数意见认为，虽然 Aereo 的技术和行为有可能违反著作权法，但是也应该用侵犯公开表演权以外的其他标准问责，而这正是当前著作权法存在的漏洞。

最后，Aereo 案的性质与遗留的问题

Aereo 案看似一个普通的侵权纠纷，它实际上反映出传播技术的创新与发展打破了传统著作权法框架下的利益平衡。新传播技术主体与传统广播组织之间，以及新传播技术主体与内容提供商之间的利益格局面临重新调整。除此之外，法律还需要考虑这场利益博弈对消费者的影响。Aereo 的两头分别是播放版权作品的传统广播组织和消费者。第二巡回上诉法院对 Aereo 的支持体现了司法系统鼓励创新的意图，同时也保护了消费者可以通过更多便捷的方法享受更好节目服务的利益。而最高法院对传统广播组织的支持体现了法律对稳定性和一贯性的追求，同时也表明司法系统对传统利益格局的变化保持十分谨慎的态度。在最高法院的审理过程中，足球联盟、美国娱乐业代表等法庭之友都提出了支持传统广播组织的法律意见，甚至威胁说要把版权节目完全撤出无线广播网，仅通过有线方式播出。这无疑会对美国文化产业的发展造成损害。从另一方面看，Aereo 的败诉也使其他使用类似传播技术为用户提供广播电视节目的公司，像 Hulu、Netflix 和 Amazon 等新型传播组织处于法律上不确定的状态，从而挫伤传播技术创新与发展的热情与积极性。

从《罗马公约》以来，邻接权的权利保护总是与传播技术联系在一起。及至后来的 Trips 协定和 WPPT（WIPO 邻接权公约，但没有涉及广播组织权利保护问题）也都沿用了技术方式决定权利保护的方式。考虑到传播技术日新月异的发展速度和法律制定与修改的滞后性，我们不得不思考一个问题，即这种由技术决定权利保护的方式是否依然可行？

（三）Cablevision 案和 Aereo 案中信号盗播的问题

Cablevision 案和 Aereo 案都发生在美国。我们知道，美国不是《罗马公约》的成员国，其著作权法律框架中不包括邻接权，也就是说，在美国的著作权法中没有对广播组织权利的规定，也就没有对转播权的规定。美国版权法中的转播权主要是通过表演权来实施保护的，这个表演权的范围很广，其内容涵盖了中国著作权法上的广播权。美国也没有规定中国著作权法中的信息网络传播权，因此对于在服务器上提供作品的行为，可以视具体情况分别适用表演权、复制权、发行权等专有权，而表演权主要控制动态的表演或传播行为，如音乐、戏剧、电影和其他视听作品。

Cablevision 和 Aereo 都是流媒体播放提供商，其业务范围往往既包括网络内容的提供又包括网络服务的提供。在美国著作权应对技术挑战不断更新完善的过程中，有一系列案例塑造着人们对于技术与侵权之间关系的认识。比较关键的几个案例包括：1968 年的 Fortnightly 案和 1974 年的 Teleprompter 案。该案中，有线电视运营商截取无线广播信号，在增强了信号的强度和效果后，将其发送给用户通过电视收看。最高法院根据当时的法律认定有线运营商的行为只是帮助观众接收更好的信号，其并没有对传输的节目做任何编辑和改动，因此不是对作品的表演，不侵犯作品权利人的公开表演权。[1] 然而，美国国会在 1976 年修订版权法时，推翻了这两个案例的判决。1976 年版权法对表演的定义为："表演视听作品是指展示连续的图像或相关的伴

---

[1] American Broadcasting Cos., Inc., et al. v. Aereo, Inc., 573 U.S.（2014）.

音",并据此认为有线运营商只要展示了连续的图像或相关伴音,就是实施了表演行为。国会把有线电视运营商的行为纳入了1976年版权法的适用范围,也就是前文提到的传输条款。在20世纪80年代,索尼公司的Betamax录像设备帮助用户实现了改变收看电视节目时间的可能,新的技术受到版权人的反对,最高法院在审理该案的时候明确提出时移不构成侵权。这个判决为以后观众在个人选定的时间欣赏电视节目打开方便之门。[①] 从这些案件中不难看出,美国国会一直在努力平衡广播组织(有线电视运营商)、作品权利人和公众之间的利益,在保护权利人这个大前提不变的情况下,努力减少传播技术和商业模式创新的阻力,尽可能地提高公众在获取节目内容方面的利益。

Cablevsion案和Aereo案都涉及通过互联网向观众同步传播或提供点播广播节目的行为。因为美国版权法中没有关于转播权的规定,因此只有通过适用表演权的有关规定来确定这两个主体是否侵权。如果不构成公开表演,则不侵权,也就不涉及信号盗播的问题;如果它们的行为构成公开表演,则侵犯作品权利人的表演权,也就是说实施了信号盗播的行为。这两个案件均已判决,但是遗留的问题和争议仍然非常大。特别是对"公众"这个概念和"点到点交互式传播"性质的理解将决定着人们对于流媒体传播性质的认识。这两个案例或生动地表明人们对信号和信号盗播问题在现行版权法框架中所引起的各种问题在认识上存在的不足。

现代传播技术的发展与影响是世界性的。中国目前推行的三网融合计划所面对的著作权法与邻接权法问题与美国面对的问题大致相同。20世纪90年代初,中国多普达公司因在其生产的智能手机上链接了央视新闻被诉侵权而宣告破产的案例听上去与Aereo何其相似。虽然中国广播组织的行为并未完全向市场开放,有些纠纷主要通过行政手段协调解决,但是技术发展带动传播业商业模式变化的力量不容小觑,传播领域亟待新的法律来调整新出现的法律关系和利益冲突。这些问

---

① Sony Corp. of America v. Universal City Studios, Inc., 464 U.S. 417 (1984).

题正在考验着各个国家法律工作者的法律智慧。

(四)"新浪网诉凤凰著作权侵权及不正当竞争"案[①]

新浪互联信息服务有限公司经中超公司合法授权,享有在门户网站领域独占转播、传播、播放中超联赛及其所有视频的权利。天盈九州公司作为凤凰网的网站所有者,担负着该网站的运营。2013年8月1日晚,凤凰网在其中超频道首页显著位置标注并提供"鲁能VS富力""申鑫VS舜天"两场比赛的直播。用户点击进入比赛专门页面后,能看到"凤凰体育将为您视频直播本场比赛,敬请收看"、"凤凰互动直播室"等字样及专门网页。因此,新浪公司诉称凤凰网所有及运营方天盈九州公司未经合法授权,非法转播中超联赛直播视频,侵犯了其公司享有的涉案体育赛事节目作品著作权,且构成不正当竞争。新浪公司要求天盈九州公司停止侵权,赔偿经济损失1000万元,并消除侵权及不正当竞争行为造成的不良影响。一审法院经审理判定:1.天盈九州公司停止播放中超联赛2012年3月1日至2014年3月1日期间的比赛;2.天盈九州公司在其凤凰网首页连续七日登载声明的义务;3.天盈九州公司赔偿新浪公司经济损失五十万元;4.驳回新浪公司其他诉讼请求。一审判决后被告对判决结果表示不服,提出上诉。经二审法院审理,认为涉案两场赛事公用信号所承载连续画面既不符合电影作品的固定要件,亦未达到电影作品的独创性高度,故涉案赛事公用信号所承载的连续画面不构成著作法意义上的电影作品。其判决如下:撤销一审法院判决,驳回北京新浪互联信息服务有限公司的全部诉讼请求,此为终审判决。

由此可见,传统媒体时代,我国著作权法对电视与电视之间的非法转播能够进行有效调整,虽然随着网络时代的到来我国著作权法得到了完善,增加了网络信息传播权,但是,由于当时认识不到位,目前像体育赛事之类的直播节目被非法实时转播时,不管该节目被认定

---

① 赵双阁:《体育赛事网络实时转播法律保护困境及其对策研究》,《法律科学(西北政法大学学报)》2018年第4期。

成作品,还是录像制品,包括从信号角度保护广播组织权利,相应的都找不到可以很好使用的条款进行规范。

1. 将体育赛事直播节目认定为"以类似摄制电影的方法创作的作品"或"汇编作品"的司法困境

有人基于"体育赛事转播的策划导播方案类似于电影制作的剧本、镜头应用方法与电影类似、创作手段与历史纪录片型电影的创作手段存在高度类似性"等几点认识,认为体育赛事直播节目属于作品;①有人认为"根据我国现行著作权法的规定,整体的体育赛事直播节目可以构成汇编作品"。②虽然前者"作品"与后者"汇编作品"在具体构成上要求不一,但是两者可以统称为"作品",在网络传播领域,受到同一个"信息网络传播权"保护。根据信息网络传播权的概念可知,其只调整交互性的网络传播,满足公众在其个人选定的时间和地点获得作品,而针对典型的单向、非交互性信息网络传播行为——体育赛事直播行为是不规范的。面对这个司法困境,实践中很多法院另辟蹊径,重新解释"广播权"③,或者动用著作权法中的兜底条款即"其他权利"④,对网络实时转播行为进行保护。

首先,扩张"广播权"不仅在司法实践中出现,而且还获得了学者的理论论证⑤。著作权人依据我国《著作权法》第10条第11项规定,享有"广播权"。著作权人依法享有广播权可以控制三种广播行为:无线广播、有线转播和公开播放广播。无论"2012 年春节联欢晚

---

① 戎朝:《互联网时代下的体育赛事转播保护》,《电子知识产权》2015 年第 9 期。
② 丛立先:《体育赛事直播节目的版权问题析论》,《中国版权》2015 年第 4 期。
③ 参见北京市第一中级人民法院(2013)一中民终字第 3142 号民事判决书;北京市海淀区人民法院(2012)海民初字第 20573 号民事判决书;北京市西城区人民法院(2012)西民初字第 16143 号民事判决书。
④ 参见北京市朝阳区人民法院民事判决书(2014)朝民(知)初字第 40334 号;央视国际网络有限公司诉上海千杉网络技术发展有限公司未经授权网络直播《2016 年中央电视台春节联欢晚会》的著作权侵权纠纷案判决。(http://sh.chinadaily.com.cn/2017-04/25/content_29067526.htm)。
⑤ 王迁:《论我国〈著作权法〉中的"转播"——兼评近期案例和〈著作权法修改草案〉》,《法学家》2014 年第 5 期。

会"案的两审判决，还是学者的观点，都是将"有线转播"中的"有线"扩张解释成不仅仅指普通通信电缆而且还包括互联网，即将网络实时转播无线电台、电视台广播作品的行为纳入广播权的保护范围。客观地评价，这种扩张解释对传统媒介的电台、电视台在著作权方面的利益保护还是很充分的，解决了未经其许可针对其无线广播的作品实施网络实时转播行为的法律保护问题。但是，要实现该扩张解释，必须满足两个条件：该转播的初始数据来源必须是"无线广播"方式下的数据和我国规定的"广播权"中的"有线"包括互联网。

众所周知，我国广播权的这一规范源于《保护文学艺术作品伯尔尼公约》第11条之二第一款之规定，文学艺术作品的作者享有下列专有权利：（1）授权广播其作品或以任何其他无线传送符号、声音或图像的方法向公众传播其作品；（2）授权由原广播机构以外的另一机构通过有线传播或转播的方式向公众传播广播的作品；（3）授权通过扩音器或其他任何传送符号、声音或图像的类似工具向公众传播广播的作品。由此可清晰地看到，该款所做"广播"的含义仅仅限于无线广播以及对无线广播的进一步传播，即使是转播也应是建立在原有广播基础之上，尤其是该款规定中的第（2）种权项将有线传播及转播的"间接性"表述的很清楚。换言之，广播权所规范的"有线传播"仅限于以有线方式对已经广播的作品所进行的"间接传播"，而不包括"直接传播"，且被间接转播的必须是无线广播的作品。如此一来，对于体育赛事直播节目的网络实时传播行为的认定，首先要做的就是判断对网络实时传播的初始数据来源是否是"无线广播的作品"，该判断在实践操作中难度较大。另外，正如前述，鉴于我国广播权的规定直接来源于《伯尔尼公约》，而该公约颁布时尚无互联网，因此，在逻辑上我国立法者在照搬该公约相关规定时原意肯定是将广播权中"有线转播"与该公约保持一致，并不包括互联网。这是因为，截至2000年12月31日，我国上网计算机只有892万台，上网用户人数2250万，在用户最常使用的15项网络服务统计中，并无"网络视频"

这项内容;① 到 2004 年 6 月 15 日,广电总局才颁布《互联网等信息网络传播视听节目管理办法》,将网络传播视听行为纳入监管,由此该年被学者称为"视听元年"②。这就说明,在 2001 年《著作权法》修订前,我国国内非交互式网络实时转播行为尚无出现,由此带来的著作权纠纷也就无从谈起,我国立法者在这样的背景下增加"网络信息传播权"目的也就非常明显,就是要调整互联网中交互式传播作品行为,这也就能很好理解为什么该权利只借鉴《世界知识产权组织版权条约》(简称 WCT)第 8 条的后半句。与此同时,无线广播的作品被网络实时转播的行为在我国也尚未出现,由此可能产生的著作权纠纷更是无从谈起,立法者在此背景下新增的"广播权"中"有线传播或转播的方式"不可能将国外才刚刚出现而国内尚无存在的这种"网络转播"纳入该权利的保护范畴。尽管有学者指出在《著作权法》第 10 条中同时出现"广播权"和"信息网络传播权"的规定,且都包括了"有线方式",那么,从保持法律条文逻辑统一性要求而言,既然后者的"有线"包括互联网,前者的"有线"没有理由不包括。③ 但是,该逻辑推理是建立在当下网络实时转播广播电视节目日益繁荣且纠纷不断的基础上的,是一种应然状态推论,我们也认为同一个条文中同一个词语含义应该是一致的,不过,这种应然推理代替不了当时的立法现实选择。

其次,兜底条款的使用实质上就是创设一种新的权利。我国《著作权法》第 10 条第 1 款第 17 项规定,是该法针对著作权人享有的著作权在列明 16 种后规定了一项"由著作权人享有的其他权利",这是国际上著作权立法中通用的一项立法技术,称为兜底条款。由于社会的飞速发展,一部著作权法在立法时不可能通过明确列举的方式穷尽

---

① 中国互联网络信息中心:《第七次中国互联网络发展状况统计报告》(http://www.cac.gov.cn/2014-05/26/c_126547988.htm)。

② 中国(上海)网络视听产业基地:《2012 中国网络视听产业报告》,上海科学技术文献出版社 2012 年版,第 35 页。

③ 王迁:《论我国〈著作权法〉中的"转播"——兼评近期案例和〈著作权法修改草案〉》,《法学家》2014 年第 5 期。

当时和未来会存在的著作权,随着新的作品使用方式的出现,现有较明确的权利无法调整造成现有利益格局改变的行为,必然出现法制滞后的现象,这时"兜底条款"就会被启用,起到防止法律制度的僵化的效果,成为应对各种新情况的"百宝箱"。体育赛事直播节目在网络上的实时转播,在不能被著作权其他具体权利所调整时,被各级法院纳入"其他权利"进行保护,不失为没办法的办法。这一做法还得到了北京市高级人民法院的认可,在其发布《关于涉及网络知识产权案件的审理指南》(2016年4月13日)中第15条规定,被告未经许可实施网络实时转播行为,原告依据著作权法第十条第(十七)项主张追究被告侵权责任的,应予支持。同时北京市高级人民法院民三庭庭长助理潘伟对此认为,这样既不会突破对现有"广播权"和"信息网络传播权"的理解,也便于司法实践操作。但是,我们也应当注意到,适用这个"百宝箱",不仅客观上产生扩大著作权保护范围的效果,还成为司法裁判创立新权项的一条途径,却忘记其前提条件应是在比较罕见的情形下才能适用,对于当今最为常见的单向、非交互性的网络实时转播行为都要适用这个兜底条款,这是否与我国"法官不能造法""知识产权法定主义"相违背值得关注。同时,也有著作权法体系不科学之嫌,通过无线网络进行的"非交互式"网络传播行为与通过有线网络的相同行为,仅因为采用技术不同,而落入"广播权"和"其他权利"两个不同财产权利的保护范围,不科学也不合理。无怪乎,有学者指出"在网络转播案件中适用兜底条款一定要慎之又慎,以避免突破法律为著作权人所设定的权利范围"、[①]"适用兜底条款规制'非交互式'网络传播行为存在严重弊端[②]。

2. 将体育赛事直播节目认定为"录像制品"的司法困境

正如前述,王迁教授基于"观众对直播画面的预期和直播的常规决定了导播工作的个性化程度是有限的",造成导播的工作"成为直

[①] 孙雷:《网络转播著作权若干问题浅析》,《中国版权》2016年第1期。
[②] 汤辰敏:《论我国〈著作权法〉中"信息网络传播权"和"广播权"的重构——以"非交互式"网络传播为视角》,《河南理工大学学报(社会科学版)》2012年第1期。

播的常规",认为体育赛事直播节目达不到作品的创新性要求,而构成录像制品。即便如此,我国《著作权法》第42条对录音录像制品制作者授予了"通过信息网络向公众传播的权利",与该法第9条第12款所规定的"信息网络传播权"在表述上不同,那么,录像制品制作者所享有的这个权利能否超越著作权人所享有的信息网络传播权的范畴,将网络实时转播行为涵盖进来呢?从立法逻辑和立法规范来看,"邻接权保护不能超越著作权保护"成为立法结构中在配置著作权和邻接权时必须遵循的原则,著作权中的信息网络传播权只调整交互式转播行为,而对网络实时转播之类非交互式转播行为并不规范,那么,作为邻接权的录音录像制作者权不可能超越信息网络传播权的保护范围,对网络实时转播也是无法规范的。

3. 网络实时转播的广播组织权利保护困境

将体育赛事直播节目作为"以类似摄制电影的方法创作的作品"、"汇编作品"、"录像制品"时,在司法保护方面都会遇到不同程度的困境。于是,网络实时转播行为能否获得广播组织权利的保护就成为关注点。我国《著作权法》第45条规定,广播电台、电视台有权禁止未经其许可的下列行为:(一)将其播放的广播、电视转播;(二)将其播放的广播、电视录制在音像载体上以及复制音像载体。不过,遗憾的是我国《著作权法》以及《著作权法实施条例》都没有对转播进行定义,造成转播权所控制的方式不明,即有线还是无线,还是有线加无线。而由于《罗马公约》将"广播"定义为"无线方式的播送",所以,其所定义的"转播权"显然只能控制无线转播。另外,TRIPs协议重复了《罗马公约》的逻辑表述,在第14条第3款"广播组织有权禁止未经许可以无线方式转播其广播"。无线转播成为其转播权的唯一控制方式。我国在2001年修法时一个很明确的主要目标就是达到TRIPs协议所要求的保护水平,为我国能够顺利加入WTO清除法律上的障碍。在此背景下,立法者舍弃"播放权",将"转播权"引入,其本意就是同TRIPs协议保持一致,而非超越其保护水平,即转播权仅仅控制无线转播的方式。但是,事实并非如此。根据全国人大常委会法律委员会主任王维澄同志所作的《关于修改著作权法决定》的报告可知，我国立法者采纳广播电影电视总局的意见，认为广播电台、电视台有权禁止他人未经许可将其播放的广播、电视以无线或者有线方式重播。换言之，修改后的"转播权"在内容上超越了TRIPs协议的保护水平，超越了立法者的原意（同TRIPs协议保持一致）。另外，我们尚需从以下两个方面注意：其一，根据《著作权法》第10条第11项之规定，作者享有的广播权在有线方式方面控制限于"以有线传播或者转播方式向公众传播广播的作品"，而广播组织享有的转播权要受制于著作权人的权利，因此，广播组织对有线转播的禁止权，理应限定于著作权人对有线广播享有的权利。其二，尽管在2001年时候网络技术已经普及，且到2010年时网络广播已经出现，但是，这两次修订后所规定的"转播权"应根据立法过程进行严格解释，所控制的转播并非以任何技术手段进行的转播，而是特指传统的无线转播和有线电视转播。换言之，广播组织权利中的转播权对网络实时转播行为并不能规范。

第三节 广播组织权利主体扩张及其后果

一 广播组织主体扩张

广播组织是随着广播技术的出现而出现的。最初的广播组织只有无线电台和电视台。后来有线技术和卫星传播技术出现，于是又先后出现了有线广播组织和卫星广播组织。目前，这些广播组织均已被纳入相关的法律保护范围。随着技术的不断发展升级，广播组织作为一个法律主体的内涵也在不断扩张，尤其互联网传播技术的出现使得广播组织主体面临着再一次扩张。

（一）无线广播组织

就广播领域来说，传播技术的方式决定着广播组织的主体，这是由《罗马公约》奠定的先例和传统。在《罗马公约》签订之时，由于有线广播技术还不成熟，实力也不强大，只是作为辅助广播组织传送广播节目的机构而存在，并且其使用的传输技术和方法与当时占主导地位的广播组织完全不同。当时参加罗马会议的代表认为，只有通过赫兹波或其他无线手段才构成播放，从而把有线传送（声音转送、有线电视）排除在播放的概念之外，于是有线广播组织并不受《罗马公约》的保护。其实在罗马大会期间，也有人建议将有线播放纳入定义中，但是该提案遭到了否决，当时认为通过电磁波或其他无线系统的播放才是广播的思想占据了主流。①

由于签订条约的代表们没能很好地预期到有线传播技术和未来其他传播技术的发展有可能对传播主体的利益造成的影响，使得《罗马公约》采用技术特定的立法方式，使广播和广播组织仅限于无线传播技术和方式，不利于新传播技术的出现对新生法律关系的调整。鉴于世界知识产权组织保护广播组织条约尚未正式签订，因此，《罗马公约》签订至今，在国际层面上，真正法律意义上的广播组织仅指无线广播组织。

我们在研究中不难发现，公约第3条（f）项是对"播放"的定义，其界定广播组织邻接权主体的方法是以广播组织传送节目的方式来进行的。《罗马公约》第3条（f）项对"播放"的定义是：为公众接收的目的而通过无线手段传送声音，或声音和图像。② 前面已经提到，《罗马公约》不涉及有线传送。③ 所以早期的广播组织仅指用无线播送方式传送节目的广播电台、电视台。中国《著作权法》中没有对广播组织的概念做出定义，仅规定了广播电台和电视台的权利与义务，且规定得十分粗疏，已经无法适应当前的技术环境。因此中国第三次著作权法修改的重点之一就是更新包括广播组织权利在内的邻接权制

---

① 参见日内瓦外交会议文件：1952年8月18日至9月6日，教科文组织1955年版，第43页。

② 《罗马公约和录音制品公约指南》，刘波林译，中国人民大学出版社2002年版，第18页。

③ 《罗马公约和录音制品公约指南》，刘波林译，中国人民大学出版社2002年版，第18页。《罗马公约和录音制品公约指南》解释3.17还提到，这并不妨碍成员国国内就有线传送给予某种程度的保护。只是公约没有要求给予这种保护而已。

度的有关规定。

《罗马公约》第 3 条 (f) 项的规定有两个要点：第一，"广播中的播放"是供公众接收的；第二，是通过无线电波对声音或对音像的传播。其中，通过"无线电波"一词明确地表明，公约指的只是借助电磁波或其他所有无线系统而进行的播放。"供公众接收"这一词语旨在明确指出，供某个人或某个确定群体（海上航船、航行的飞机、城市中行使的出租车等）接受的广播节目不被视作广播节目。[①] 这样规定的目的是限定对广播组织保护的范围，体现出对公众利益的考虑。

（二）有线广播组织

发展迅速的有线传播技术，广受公众的欢迎，成为社会中不容忽视的存在。因此，尽管《罗马公约》不适用电缆传送，但这并不妨碍各国的法律保护电缆传送企业的权利，以及保护借助电线、电缆、光纤及其他一切传导手段进行播放的广播组织权利。

笔者归纳统计了将有线方式纳入其本国广播组织法律保护主体国家的法律规定，以此来说明符合潮流的技术发展终将进入法律调整的范围。

1991 年，加拿大广播法对广播的定义为："广播系指利用无线电或者其他通信手段，向公众提供加密或者不加密的节目，使其可以通过相应的接收设备接收；但广播不包括专门为演示而传输的节目。"

1992 年，澳大利亚广播法对广播服务的定义如下，"系指广播组织利用广播信号频谱、卫星、电缆、光纤、或者其他手段，或者综合运用以上各种手段，为拥有适当接收设备的人提供广播电视节目服务的行为；但广播服务不包括以下服务：（1）仅仅提供数据或图文服务；（2）拨号服务，或点到点节目服务；（3）澳大利亚广电委员会指定除外的服务"。

[①] 《1961 年罗马大会总报告人报告》，第 43 页。这个问题笔者将在广播组织客体一章中充分探讨。

美国联邦通信法中的第3条第6款对广播做出如下定义:"为公众接收的目的而直接,或通过转播进行广播电视节目的传播。"

葡萄牙著作权法第176条第9款与广播相关的规定如下:广播组织系指播放声音或图像的机构。播放指通过有线或无线方式,尤其借助于电缆或卫星、电磁波、光纤等将声音或图像单独或合成在一起加以播放,供公众接收。葡萄牙著作权法提到了电缆传播,将通过电缆传送节目的企业明确纳入保护对象的范围。

印度对广播的定义为:"以接收为目的,把信号传送给服务范围内所有的用户终端,以及该传送的整个过程。"

法国1985年法(第27条,现行知识产权法典第L.216—1条)使用了视听传播企业和节目等用语。[①]

从以上国家法律的相关规定可以看出,有线广播组织事实上已经被世界上绝大多数国家的法律视为广播组织而予以保护。所欠缺的只是在国际条约里给它一个正式的"名分"。考虑到著作权人、表演者和录音制品制作者的权利都已经有相应的国际公约或条约予以保护,且在全球化的背景下,对某些权利保护的水平应尽可能达成一致,在国际层面上对有线广播组织的广播组织身份加以正式确认就实属必要的。

由于国际社会应对新技术的挑战缺乏统一、协调的措施,因此各国立法制定了不同的规范。这些规范刚开始或许只是涉及一些无关痛痒的方面,但后来发展到涉及广播组织权利保护的实质性内容,就会造成各国在适用国民待遇时存在严重的冲突。这样,就有必要制定新的具有拘束力的国际规范。[②]

WIPO广播组织条约重新界定广播组织权利主体,希望把有线广播组织也纳入广播组织权利主体范围的尝试很有价值。一方面有线传

[①] [西班牙]德利娅·利普希克:《著作权与邻接权》,联合国译,中国对外翻译出版公司2000年版,第312页。

[②] 参见 Mihály Ficsor, *The Law of Copyright and the Internet*, 前引书,第14页;以及 Mihály Ficsor, *Copyright for the Digital Era: The WIPO "Internet" Treaties*, 前引文,第197页。

播技术的发展已经提出了这样的要求，另一方面这样做也符合各国的实际情况。由于利益集团在制定新的国际规范方面没有达成新的妥协，新的规范并没有制定出来。即便如此，也没有影响国际对广播组织权利主体的动态探讨和其他国际组织新规范的达成。

（三）卫星广播组织

1974年召开的布鲁塞尔国际会议上，与会国代表签署了《卫星公约》，即关于播送卫星传播载有节目信号的公约。大会报告强调指出，一个同步卫星覆盖的地理范围可达地球的三分之一，卫星信号可为更多的公众接收和转播。[①] 这一规定等于将卫星信号传送者纳入广播组织权利主体中。德利娅·利普希克所做的结论"卫星将节目传播给公众是一种广播"已经成为一种通识。

我们追根溯源，检视《伯尔尼公约》和《罗马公约》对"无线手段"的规定，寻求到这一通识的法律依据所在。《伯尔尼公约》并未对向公众传播所使用的各种无线手段加以区分。因此，这一公约中作者作品的广播权能够"……以任何其他无线传送符号、声音或图像的方法向公众传播……"（《伯尔尼公约》第11条之2第1款第1项）。《罗马公约》（1961年）中，"广播是指通过无线电波方式供公众接收的声音或图像和声音"。根据《伯尔尼公约》（第11条之2第1款第1项）已载入世界知识产权组织著作权领域的立法示范条款草案第1条第（iii）款，它包括通过卫星向公众传播：广播就是以无线传播的方法向公众传播作品……广播包括通过卫星进行广播，将作品发射到卫星上，同时包括上升和下行阶段，直至公众接收（这种传播供公众接收，但公众不一定能收到）。[②]

作为《伯尔尼公约》的延伸，进入20世纪以来，著作权法进入成熟期。随着卫星技术在广播领域的广泛运用，西方国家将卫星广播节目视为广播节目而给予邻接权保护。美国、德国、意大利等许多国

[①] 参见《著作权公报》，巴黎教科文组织，1974年第4期。
[②] 世界知识产权组织，文件CE/MPC/1/2-II，1989年8月11日。

家已经把邻接权的概念引入卫星广播领域，即将广播组织权利扩大到对广播卫星所传信号的保护。[①] 卫星广播的引入使得对"广播"的定义有了新的认识，也引发了对广播组织权利新的争论。

1974 的《卫星公约》宣布，成员国有义务制止任何广播组织在本国播送通过人造卫星发射的，并非为该组织专门提供的载有节目的信号。直播卫星的普及使广播组织越来越多地需要使用作者的作品，因此也就产生了一些著作权法上的问题。可以说，《卫星公约》的签订对各国广播组织权利的修订带来非常重要的影响。

1996 年缔结的《WIPO 世界知识产权组织表演和录音制品条约》（WPPT）通过对"广播"这一术语做出定义，明确把卫星广播纳入广播的范围。WPPT 第 2 条（f）项是对广播的定义：广播系指以无线方式播送信号，使公众能接收信号所载有的声音，或图像和声音，或图像和声音表现物；通过卫星做出的这种播送也是广播。广播组织播送加密信号，如果该广播组织自己或经其同意向公众提供解码的手段，也是广播。显然，该条定义不仅补充澄清了卫星播送也是广播，而且承认卫星对加密信号的播送也是广播。这也就意味着，卫星信号传送者被明确纳入广播组织权利主体的范围之内。

在专门为保护广播组织权利而起草的两个基础提案草案（SCCR/14/2 和 SCCR/15/2）中也明确把卫星广播纳入广播的定义之中，从而彻底拓宽传统上对广播方式的界定。当然，这些草案还有待最后通过才能正式生效。

通过对以上国际公约和国际条约中与广播有关的规定加以梳理和分析，我们可以很清楚地看到，技术的进步导致广播这个法律概念内涵的增加，从传统上仅限于无线电广播发展到现在既包括无线广播也包括有线广播和卫星广播。广播组织权利主体也从纯粹的仅使用无线电进行广播的组织扩大到今天的既包括使用无线电进行广播的组织，

---

① 吴汉东：《从电子著作权到网络著作权》（http://www.fengxiaoqingip.com/ipluntan/lwxd-zz/12201625_10.html）。

也包括使用有线电缆和卫星进行广播的组织。

然而，技术的发展永远不会停止，通过几十年的努力，人们终于克服了《罗马公约》对广播组织狭隘的界定，而在事实上承认了与广播组织承担着同样重要的传播广播节目的有线广播组织和卫星广播组织的法律地位时，新的技术又带来新的问题。由于网络技术和数字技术的发展，网播日益成为一种普遍的现象。在讨论广播组织条约的过程中，许多国家的代表提议要把网播组织也纳入广播组织范围，使其成为广播组织权利主体之一，但是各国代表的看法分歧较大，最终该提议被束之高阁。

（四）网播组织

随着数字网络技术的发展，网播组织应运而生。迄今为止，尚未有国际国内法律对网播组织做出专门的定义，只是在 WIPO 对广播组织条约谈判的过程中对这个问题进行了一些讨论。由于网播仍是一个新现象，因此各国对网播和网播组织的认识程度也各异。有些国家反对把网播组织纳入广播组织条约中予以保护，但是尽管如此，他们也承认网播具有潜在的经济和其他方面的重要意义，应当根据对网播领域的保护需求和形式进行审查和分析情况，另立程序，编拟关于保护网播组织的条款。[①] 此后通过进一步的研究，各国代表团在世界知识产权组织保护广播组织条约基础提案草案——包括关于保护网播问题的非强制性附录（SCCR/14/2）里面对"网播组织"做出了定义，"指提出动议并负有责任向公众播送声音或图像，或声音和图像，或声音和图像表现物，以及对播送内容进行组合并安排时间的法人"。该定义特别指出保护要以安排节目（即对播送内容进行组合及安排时间）和做出投资为限。此外，通过对定义的陈述，把对网播进行保护的领域限制得非常狭窄且具体，并非通过计算机网络播送任何内容的组织或机构都受保护，只有从各方面都与传统广播组织可比的网播组

---

① 参见《关于保护网播问题的备选和非强制性解决方案的工作文件》（SCCR/12/5），第2页。

织及其行为，才处于受保护的范围。

虽然在其后的讨论中，网播组织的问题被搁置起来，并且广播组织条约至今仍未通过。但是从各国代表团对网播组织问题的讨论来看，似乎没有确切的理由把网播组织排除在广播组织的主体范围之外，只是由于对网播和网播组织问题认识程度的限制，才不愿意贸然给予网播组织与传统广播组织相同的保护。

在当前著作权法律框架中，有关网播组织规定的缺位已经为现实生活和司法实践带来很多困惑和问题。因此对网播组织问题的研究应当继续下去。

二 广播组织主体扩张的后果

（一）市场主体多元化

1. 网络秀场等网播组织的出现及其带来的问题

三网融合之后，除了原来的地面无线广播组织、有线广播组织、卫星广播组织和新出现的合法 IPTV 经营者（在中国，IPTV 经营者需要获得牌照），还有大量游离在政府法律监管之外、法律地位待定的网播组织，即一些民间的类似广播服务提供者，比如中国近年来涌现出来的数量众多、经济利益丰厚的网络视频直播秀场（简称网络秀场）。

该如何认定网络秀场的主体地位呢？网络秀场是作为著作权法中邻接权主体之一的广播组织吗？它是否应受到与广播组织相关法律框架的保护和制约？

中国是大陆法系国家，采取对著作权和邻接权分别规定的立法措施。中国《著作权法》第四章第四节是关于邻接权主体中广播组织的规定，但是仅使用了"广播电台、电视台"这种具体列举式的表述，不能构成概念性定义。从该节条文的字面意义来看，广播组织仅指广播电台和电视台。这与保护表演者、录音制品制作者和广播组织的国际公约（即《罗马公约》）一致，但是比公约的语言更为开放。《罗马公约》并没有对广播组织做出定义，只是把广播定义为一种"无线电传播"，相应地，广播组织就被理解为利用无线电传播节目的组织，这与当时的传播技术相适应。随着传播技术的进一步发展，有线电视和卫星电视先后出现，因其传输电视节目的方式与无线广播电视具有高度相似性，都是线性、单向传播，尤其后者与传统无线广播组织的合作和利益分配可以在当时的法律框架内得到满意的解决，因此虽然没有明确的文字表达，广播组织这个法律概念的内涵实际上已经扩大并涵盖了有线电视台和卫星电视台。在 WIPO 主持的广播组织条约谈判过程中，各国几乎毫无争议地同意把有线电视和卫星电视纳入广播组织的定义之中。但是，当涉及由互联网技术带来的点到点、交互式的传播方式即网播是否应该纳入传统广播组织法律框架中时，各国意见却发生了严重的分歧，致使 WIPO 广播组织条约迄今仍未通过。以交互式传播为特点的网络秀场就是典型的网播行为。

中国第三次著作权法修订的过程中，网播的问题也被提上了议程。其中中国社会科学院提出的建议稿主张"将广播组织的内涵做扩大解释，使之涵盖有线转播组织、卫星广播组织和网络广播组织"；中国人民大学的建议稿提出"用广播组织这个概念替代著作权法中所使用的广播电台、电视台的表述"。送审稿均未采纳这两条建议，而是令人遗憾地回避对广播组织做出定义。送审稿仅在第41条规定"广播电视节目是指广播电台、电视台首次播放的载有声音或图像的信号"。这固然是一种技术中立的立法姿态，但是却无助于解决现实中出现的问题。中国现行《广播电视管理条例》规定"本条例所称广播电台、电视台是指采编、制作并通过有线和无线的方式播放广播电视节目的机构"，"设立广播电台、电视台应具备以下条件：……有符合国家规定的广播电视专业人员和广播电视技术设备……"，此外，"国家禁止设立外资经营、中外合资经营和中外合作经营的广播电台、电视台……以及各级广播电台、电视台设立实行审批制……"等。由此看来，网络秀场的法律主体地位存在着很大的不确定性。首先，它们未经过国家广播电视行政部门审批；其次，它们的网络主播人员和技术设备很难达到国家规定的专业标准；最后，它们的投资构成比较复杂，不排除有外资进入。但是它们所从事的却又是"通过有线或无线方式首次播放载有声音或图像的信号"的行为。由于既有规定的表述模糊且衔接得不好，虽然依据条例可以基本排除网络秀场作为广播组织的主体地位，但是该如何对待其所从事的类似邻接权主体的行为，目前法律仍不能给出明确的答案。

虽然法律规定空缺，但是网络秀场和广播市场上其他新出现的主体依然蓬勃发展着，并且给法律、监管和市场带来一系列问题。

2. 网络秀场的著作权法问题

目前，网络秀场的内容主要包括歌舞表演、相声、小品、美文配乐诗朗诵等形式。网络主播所使用的素材除很少一部分为原创之外，绝大多数内容是受著作权法保护的作品。一个网络秀场平台可以同时容纳数十万个网络主播，版权内容的使用量不可谓不大。此外，网络秀场的商业模式显示，其主要是依靠用户流量和在线广告作为收入的主要来源。从双边市场的角度分析，它们对版权内容的使用是商业性的使用，并不属于中国《著作权法》第 22 条规定的十二项合理使用的具体方式，因此它们使用版权作品应该征得著作权人的同意并支付报酬。从当前网络秀场的演出方式看，需要给予关注的是作者的复制权、发行权、表演权、广播权、信息网络传播权和改编权等，以及音像制品制作者享有的复制权、发行权和信息网络传播权等。网络秀场依靠流量和广告的赢利模式固然与好莱坞式的版权模式不同，但是它绝对绕不开版权问题。对于如此分散的版权作品使用，最适宜的版权保护模式当然是与各类著作权收费组织进行合作。据悉，中国音著协已经注意到网络秀场分散且大规模使用音乐作品的情况，并就此问题展开相应的工作。无论网络秀场作为法律主体是否为广播组织，它毫无疑问是版权作品的使用者，既然使用了作品并因此而牟利就应该支付报酬，否则就要承担侵权的风险。因此，网络秀场平台与音著协面临的将是如何协商确定合理费率和收费机制的问题。把网络秀场与广播电台、电视台等广播组织加以类比，签订一揽子许可协议是一个可行的思路。

从网络秀场自身的角度看，主播表演原创作品或者获得合法授权的作品构成著作权法意义上的表演，应获得相应的表演权，受著作权法的保护。但是当数量特别庞大的主播使用版权作品构成侵权，该由谁来承担侵权责任将构成一个著作权法上的难题。在排除了侵权因素之外，每个主播制作出的节目是否构成作品，是否受著作权法保护，由谁享有该著作权，这些问题也都有待法律上的确定。

3. 网络秀场的监管问题

网络秀场最初是以视频社交的面目出现的。如开篇所述，主播的收入取决于用户给他/她献上多少虚拟礼物。为了吸引更多用户和获得更多礼物，主持人不惜使用各种噱头，甚至包括一些暗示性的语言，以至于有媒体把网络秀场比作"网络夜总会"。由于网络主播人数众多，且网络秀场的播出方式是视频直播，因此播出内容的质量、水平和监管就成为一个很大的问题。

在任何一个国家，广播因其对社会成员的教化作用和对意识形态的塑造功能，从来都是受到高度监管的领域。中国对广播事业的管理尤其严格。虽然中国尚没有处于较高法律位阶的广播法，但是《广播电视管理条例》中严格规定了广播电台、电视台等广播组织设立的审批制度，并对广播组织从业人员的素质和广播节目均有明确要求。该条例规定"应当按照国务院广播电视行政部门批准的节目设置范围开办节目"，"应当由具有专门资质的广播电视节目制作经营单位负责制作广播电视节目。未取得广播电视节目制作经营许可的单位制作的广播电视节目不得在广播电台、电视台播放"，"广播电台、电视台负责对由其播放的广播电视节目内容……进行播前审查……"，以及一系列禁止制作和播出内容的规定。如果严格按照条例的规定，网络秀场除了不符合广播组织主体的条件以外，其播出的秀场节目也不是条例意义上的广播电视节目，因此不受条例的制约。即便是在制播分离的语境下，网络秀场也不符合广播电视节目制作主体和广播电视节目的要求。然而，得益于互联网传输速度和网络容量的大幅度提升，网络秀场却实实在在且大规模地传播着各类表演性质的节目，吸引着数量庞大的观众，并在一定程度上对传统广播电视节目产生了替代作用。虽然不少运营商表示将努力提高秀场节目的质量，但是从当前秀场的发展速度，其所提供的内容及其社会影响，特别是从对儿童和青少年保护的角度看，该如何对网络秀场的播出内容进行监管已经成为一个不容忽视的问题。

（二）市场主体多元化带来的公平竞争问题

三网融合下的广播市场，新的传输方式产生新的市场主体。新的广播市场主体在与传统广播市场主体竞争的过程中，可能面临一些障碍，特别是公平竞争的问题。比如，优质节目的稀缺性和独占性往往成为市场新进入者的障碍。以体育赛事为例，体育赛事往往是付费收看节目运营商的主要收入来源，由于优质的体育赛事比较少，并且赛事主办方在与节目传播者签的合同往往是较为长期的合同，这就造成已经掌握优质节目资源的传播者具有市场优势，并借助自己的垄断力量削弱竞争对手，特别是新进入市场的竞争对手。市场新进入者想要拥有市场份额，他们就得播放受到观众喜欢的节目，这样就得与在市场上占据主导地位的付费运营商，比如传统广播组织，在内容上展开竞争。付费电视市场本来就是高度集中的，在中国尤其如此。如果占优势地位的经营者垄断了优质节目，那么新的竞争者，比如希望进入广电市场的电信企业，就很难进入这个市场；此外，电视市场上的垄断也会阻碍传播技术的创新与发展以及妨碍消费者选择，因为在垄断的情况下，消费者很可能在自己希望使用的平台上无法看到自己想看的节目。因此，新的媒体平台能够获得优质节目内容十分重要。

就欧盟对体育赛事广播市场的经验来说，与公平竞争相关的法律框架包括两个：部门特定的监管框架和竞争法框架。部门特定的监管框架主要指媒体部门说的，包括两个主要内容：一个是针对与内容无关的电子通信的监管框架，主要适用于拥有较大市场支配力的电子通信运营商；另一个用来监管与内容相关的问题，例如电视无边界指令（TV Without Boders Directive）。要求有线电视运营商承担必须传输义务。竞争法框架主要指欧盟条约的第81条和第82条，禁止竞争者之间的限制性协议以及占有支配地位的运营商的滥用行为,其他还有并购控制条例（Merger Control Regulation）禁止"严重损害有效竞争"的并购行为。

三网融合后,传播市场上的主体可能包括:内容供应商、频道供应商、无线电视运营商、付费有线运营商等。市场上出现的产品也非常多样化,有视频点播、准视频点播、付费观看等。整个传媒市场大致可以分为上游市场和下游市场。上游市场涉及内容的制作和购买,下游市场涉及内容向消费者的传输。但是上游市场的行为会在很大程度上影响下游市场的竞争状况。欧盟主要针对以下三种市场行为做出干预:联合销售、联合购买、长期独占合同。对于联合销售行为,欧盟的措施是:联合销售行为可以影响到市场上游的竞争状况,比如当欧足联代表各个足球俱乐部进行销售谈判时,就可能涉嫌针对价格和其他交易条件的协调,因此可能会限制上游市场的竞争;另外,欧足联通常是在独占的基础上把免费和付费权一揽子捆绑销售给各国单个的电视广播组织,并且合同会达到数年之久,这样就有可能限制市场下游的竞争状况。欧盟解决以上问题的措施包括:1. 媒体权销售合同不超过三年;2. 实行权利销售招投标制度;3. 把媒体权分解为若干权利包,分别销售给不同的市场主体;4. 允许各国足球俱乐部以非独占的方式与欧足联平行销售自己所参与赛事的特定媒体权利;5. 在满足一定条件的基础上,欧足联和各俱乐部均可以在互联网上提供节目的视频内容;6. 在满足一定条件的基础上,欧足联和各俱乐部均可以通过通用移动通信系统（UMTS）提供赛事的视听内容。联合购买指的是买方垄断的情形。电视平台联合起来向内容权利人施加压力,以长期低价获得节目内容的播放权。这样会妨碍市场下游的公平竞争。

新媒体平台进入传播市场还将面对的问题是对电视频道的获取。现在,电视频道越来越被看作一种商品。有些频道特别受欢迎,因此成为新媒体平台必须拥有的资产。在不实行必须传输义务的地方,新媒体平台如何获得电视频道呢？假设一个新媒体平台为吸引观众,需要从两个主要的电视运营商手里购买某些频道的播放权,并且答应不加改变地转播这些频道，也不去除频道节目中的广告，而电视运营商依然拒绝向其销售电视频道的广播权或者要求极其高昂的价格，那么新媒体平台的出路在哪里呢？在这些情况下，就需要探讨竞争法中拒绝提供和掠夺性定价的适用。

新媒体平台对优质内容的获取至关重要，因为这些内容会给新平台带来观众和市场份额。但是，新媒体平台在对优质电影、体育节目、甚至电视频道的获取方面一直存在困难。由于优质内容的稀缺性和独占性，使得这种节目价格特别高，这就给新进入者带来很大的财政风险；这构成一种市场进入壁垒。节目权利人一般不愿意把播放权卖给新媒体平台，因为他们认为新的传播方式容易稀释其节目的价值。从实践上看，内容权利人和传播者之间倾向于订立长期独占合同，这有可能造成封闭。总的来说，在传输领域，市场新进入者有可能面临节目荒，也就是说，如果想要争取市场份额，他们得有优质节目源；但是为了获得优质节目源，他们得有足够的市场份额。优质节目的封闭性不但使新的竞争者无法进入高度集中的付费电视市场，而且会妨碍技术进步和消费者选择。为了改变这种情况，就需要打破占主导地位的付费电视经营商和节目内容权利人传统的订立合同的方式，以防止付费节目运营商垄断优质节目内容的来源，从而创造一个更加开放、公平的竞争环境。[1]

在融合的背景下，特别是在广电与电信双向进入的过程中，为了维护各自的既得利益，双方都有可能使用一些反竞争的手段。中国广电部门的市场化程度不高，并且受到高度的行政控制，因此电信企业在向广电市场渗透的过程中就会遇到一些行政上的干扰，比如发放牌照的行政许可制度就直接造成了广电市场的封闭，形成阻碍电信企业进入广电市场的准入壁垒。因此，为了保证融合过程中的市场公平竞争，就必须科学、合理地利用竞争法对此进行干预。西方发达国家对

---

[1] Damien Geradin, Access to Content by New Media Platforms: A Review of the Competition Law Problems,（http：//papers.ssrn.com/sol3/papers.cfm? abstract_ id=617265）.

广播组织的法律保护，特别是监管与中国有很大的不同。它们的广播市场比较健全，市场化运作相对成熟，因此竞争法是广播市场有序运转不可或缺的重要因素。中国的广播市场还有待发育，竞争法颁布施行也不过才 11 年，这在中国必将是一个长期的过程。

第四节　广播组织权利客体需重新界定

随着对广播组织权利研究的加深，人们越来越明确地把广播组织权利客体锁定为"广播信号"，又称为广播节目，[1] 即任何由声音或图像组成的信号集合。

由于邻接权的对象被预设为没有独创性，从逻辑上推论，节目只能是不构成作品的声像信号，否则节目与广播电视内容就没有区别，广播组织权利的设立也就失去了必要性。广播组织制作的广播剧、电视剧等属于视听作品，广播组织作为制片人无可置疑地享有著作权，而传播体育赛事、新闻事件等通常被视为广播组织邻接权的对象。但是，作为广播组织权利对象的广播节目几乎都会包含镜头的选择与切换、声音的剪辑与处理、对场景的解说，这些足以达到最低的独创性，所以广播节目与作品之间的界限也令人质疑。因此，有的国家不单设广播组织权利，对节目直接给予著作权的保护。比如英国著作权法列举的作品类型中包含"广播或电缆节目"；在美国，只要广播节目在播放的同时被录制下来，满足了作品必须"固定"的要求，就可以享有著作权保护。不过在实践中，由于主张邻接权的保护无须证明对象的独创性，并且现有的邻接权制度已经能够比较全面地保护节目传播中蕴含的利益，因此广播组织很少就节

---

[1] WIPO 于 2007 年 4 月在其网站上发布的保护广播组织条约非文件（non-paper，文件号：SCCR_ S2_ Paper1 SCCR_ S2_ www_ 77592）中第一次对广播信号和广播内容做出了区分。在非文件的定义中广播信号使用的是"broadcast"这个单词，广播内容使用的是"program"这个单词。在 WIPO 网站上登出的中文译本中分别将上面两个单词翻译成"广播节目"和"节目内容"。按照中文的习惯表达，"广播节目"和"节目内容"常常混用，均指广播组织播放的内容。因此用"广播节目"来表示"广播信号"的说法未必妥当。

目的权利性质提出异议，甚至出现了广播组织权利与著作权混淆不清的情形。[①]

下面，我们将分别对广播组织权利的两个备受争议的客体加以分析和研究。

一　广播信号

主张广播组织权利客体是广播信号的学说被称为广播信号中心说。所谓广播信号中心说就是主张所保护的广播组织权利客体仅仅是广播组织发射的信号，而不延及信号所载负的内容。持有这种主张的人们普遍认为，广播组织只是对其广播的节目进行编排和安排播放的时间，他们不创作这些内容，因此对广播组织的保护应该仅限于其信号，而不延及信号所载负的内容，后者应该由著作权加以保护。

网络技术和数字技术的发展，使广播节目的利用方式比起模拟技术时代增加了很多。正如我们在前面讨论的，信号盗播开始成为一个令广播组织深感头疼的问题。他们播出的广播信号经常在未经授权的情况下被截取并传播，对盗版信号节目的传播很多是出于营利的目的。这对于投入了大量人力、物力和财力制作广播节目并且依靠订户和广告作为赢利模式的广播组织造成巨大的损失。特别是WIPO通过签订WCT和WPPT全面提升了互联网环境下作者、表演者和录音制品制作者等权利人的保护水平，而唯独广播组织的保护水平还基本停留在《罗马公约》的水平，在这种情况下，广播组织业者要求订立一个保护广播组织的条约以维护他们的权利。鉴于以上提及的种种原因，世界知识产权组织于1997年开始着手起草一份保护广播组织条约，以期使它成为指导世界各国协调与统一保护广播组织权利的法律文件。迄今为止，广播组织条约已经谈判了十几年，但是仍然没有得到预期的结果。讨论过程中最集中的问题就是

[①] 李琛：《知识产权法关键词》，法律出版社2006年版，第142页。

广播组织应该针对什么享有哪些保护,其核心是广播组织权利客体的确定。

韦尔纳·伦普霍斯特认为,广播组织邻接权的存在是为了保护广播组织在物化成产品的形式中所付出的努力和所投入的资金,这里所指的产品是他们的工作成果广播节目。但是按照韦尔纳的观点,所谓"广播节目",指的是由广播组织播送或由电波传播的能让公众接收得到的含有广播或者电视节目的电子信号。邻接权保护的只是这些信号,但是这些信号所载有的具体节目内容则不在受保护的范围之内。因此,当一个广播组织授权其他组织以某种方式(譬如通过电缆传播)使用其信号时,该授权不会自动延伸到对节目内容的当然使用。获得授权使用广播组织信号的其他组织(电缆传播者)仍必须完全征得对所传输节目的所有权利人(作者、表演者、录音制品制作者)同意,才能传输载有受版权保护内容的节目信号。但是,当广播组织禁止对其信号的使用时,这种禁止却会在事实上自动延伸到信号所传输的节目内容。在这种情况下,节目内容的权利人仍完全可以自由授权他人使用其拥有著作权的节目内容,只要使用者不是从广播组织传播的信号中提取这种内容,而是从含有此内容,不属于广播组织的物质载体(音乐或电影光盘)中直接提取这种内容。因此,广播组织对播放的信号享有邻接权,跟录音制品制作者对录音制品(CD 光盘)享有邻接权是完全一样的。对录音制品制作者来说,正是他们所付出的努力和所投入的资金物化成产品——他们努力的成果,在这种情况下指的是 CD 光盘——使得受特殊邻接权保护有了正当的理由。[①]

但是在实际操作中对信号和内容的保护又如何能截然分开呢?事实上,如果采用纯粹的"信号保护说",条约基础提案草案在很多权利[②]的规定上确有侵犯著作权人的利益之嫌。以录制权和发行权为例,

---

[①] [英]韦尔纳·伦普霍斯特:《广播组织的邻接权竟然如此复杂——对 P 阿凯斯特几个重要结论的回应》,刘板盛译,《版权公报》2006 年第 3 期。

[②] 在下文中还将专门介绍广播组织条约草案拟赋予广播组织的各项权利。

条约基础提案草案赋予广播组织"录制其广播节目的专有权"① 和"应享有授权通过销售或其他所有权转让形式向公众提供其广播节目录制品的原件和复制品的专有权"。② 这就在实质上赋予广播组织对广播节目即所传播作品的控制权。当然,这些和其他一些拟赋予广播组织的权利仍在讨论中,尚未形成有效的广播组织条约。

广播信号中心说认为,广播组织不创作其所发射的内容,③ 因此对其所发射的内容仅起到一种中间媒介的作用,而该中间媒介主要就是信号。至于信号所载负的内容则分别由不同类别的权利人所享有,比如著作权人、表演者权人等。这种划分的优点在于广播组织权利客体所涉及的不同权利人的权利范围明晰,从而在立法上可以带来相应的便利。其缺点是在实践中对于如何把广播信号和广播内容进行剥离从而分别给予保护存在技术上的难题。目前来看,在世界知识产权组织著作权与邻接权常设委员会对广播组织条约进行讨论的过程中,多数学者在理论上还是支持"广播信号中心说"。

一直以来,国际国内与著作权相关的法律中,在涉及广播组织邻接权的规定时,几乎没有专门对信号做出定义或特别的规定。直到信号盗播现象泛滥,广播组织要求重新定义其权利范围时,对信号的关注才进入人们的视野,并且在广播组织条约谈判期间得到广泛而深入的研究。关于信号的定义,我们在前面已经讨论了很多;它是指一种能传播节目的电子载波。最早规定广播组织权利的《罗马公约》没有对信号进行定义,无法确定其法律属性和地位。我们是从该公约第 13 条中提及的保护客体"广播节目",并联系第 3 条 (f) 项中"广播"这个定义推导出一个结论,即作为广播组织权利保护客体的"广播节目"就是构成对图像和/或声音进行无线传输的信号,从而广播组织权利保护的客体就应该是信号本身而不是它所传输的内容。信号的作

---

① 参见 SCCR/15/2 第 11 条录制权。
② 参见 SCCR/15/2 第 13 条发行权的备选方案 P。
③ 有些广播组织也自行创作一些节目,这种情况下,广播组织就是这些节目的作者因而享有著作权。

用仅从这一点上就可以看出。

对广播组织权客体做出明确界定的是关于世界知识产权组织保护广播组织条约的非文件[①]，其第 2 条（a）项规定，"广播节目项系指以无线方式播送的通过电子手段生成并载有组合的、按预定时间播送节目内容让公众接收的信号"，随后在（b）项中又对"节目内容"进行了定义，"节目内容由图像、声音或图像和声音组成的实况或录制的材料"。通过如此规定，非文件对广播节目和节目内容作了区分，前者实际上指的就是信号，后者指信号所载的内容。由于语言的问题，这两个术语的中文翻译对于中国人来说容易造成误解，不如直接把 broadcast 译为广播信号。无论如何，我们不难看出广播信号在广播组织权利发展中的关键性地位。

我们认为，信号可以分为纯粹的物理信号和有法律意义的信号两种。实践中对广播信号的定性有一定程度的争论：有人认为信号包括物理信号和内容，有人认为信号只是物理信号，还有的人认为信号就是广播节目内容，这三种观点在划定广播组织权利范围方面有着不同的法律意义。

（一）纯粹的物理信号

根据《现代汉语词典》对"信号"的定义：1. 用拉力传递信息或命令的光、电波、声音、动作等；2. 电路中用来控制其他部分的电流、电压或无线电发射机发射出的电波。《辞海》对信号的定义主要强调了其作为信息载体的特点。这些定义均是指自然界存在的纯粹物理信号来说的。它们可以作为载体传输信息内容。

那么，广播组织权利客体是纯粹的物理信号吗？让我们再来回顾一下迄今为止人们对于信号相关的概念表述。最具关键意义的是 WIPO 关于世界知识产权组织保护广播组织条约的非文件[②]中对"广播节目"的定义："广播节目"系指以无线方式播送的通过电子手段生成

[①] SCCR/S2/WWW [77592].

[②] SCCR/S1/WWW [75352].

并载有组合的、按预定时间播送的节目内容让公众接收的信号；以卫星传播的方式播送的这种信号也是"广播节目"；这种信号如果被加密，只要广播组织或经其同意向公众提供解密的手段，也是"广播节目"。关于世界知识产权组织保护广播组织条约的非文件中对"节目内容"的定义是：系指由图像、声音或图像和声音组成的实况或录制的材料。在非文件中"有线广播节目"的含义与"广播节目"相同，但系以有线方式播送以让公众接收，而且不包括卫星播送；实际上指的应该是有线广播信号。显然，非文件的定义方式肯定了广播组织权利客体就是纯粹的物理信号，与其作为载体所传输的内容无关，后者被称作节目内容，是著作权的客体。这种一分为二的区分方式明确划定了著作权和邻接权的界限，对于保护著作权人的利益相当有利，因此作为一种观点比较强势地存在于广播组织条约谈判的过程之中。

然而，非文件毕竟是没有生效的法律提案，仅能对学术研究起到参考作用。我们有必要考察一下大部分国家的现行著作权相关法律中是如何规定广播组织权利客体的。有些国家认为广播组织权保护的对象应该是播放（如德国法第 87 条；哥伦比亚法第 117 条；哥斯达黎加法第 86 条；意大利法第 79 条；多米尼加共和国法第 135 条）或是播放或播送（西班牙法第 116 条）；而在法国，保护对象是视听传播企业的节目（第 L.216—1 条，即 1985 年法第 27 条）。根据德利娅·利普西克的观点，这里的节目是指在广播或电缆传播范围内由广播组织或有线组织向公众提供的声音、图像，或声音和音像序列；该序列分别为公众或部分公众所接收。因此，包括电缆传播的节目这种说法比"广播节目"所指的内容更加广泛。后者指的是通过无人工引导、在空间传播的电磁波，播送声音或图像，或同时播送声音与图像，使广大公众得以接收。[①] 可以看出，无论是各国内法的规定还是德利娅·利普希克的解释似乎都没有把广播信号的内涵到底是什么说清楚，似

[①] ［西班牙］德利娅·利普希克：《著作权与邻接权》，联合国译，中国对外翻译出版公司 2000 年版，第 312 页。

乎既可以理解为纯粹的物理信号，也可以理解为纯粹的物理信号加信号所传输的内容。

（二）作为法律概念的信号

现实世界中的信号有两种：1. 自然和物理信号；2. 人工产生信号经自然的作用和影响而形成的信号。总之，信号是信息的表现形式，而信息则是信号的具体内容。对信号可以有多种分类方法，比如确定信号与随机信号、时间连续信号与实践离散信号等。模拟信号和数字信号是其中的一种分类。这些对信号的定义与分类都是从纯科学技术角度做出的，并不涉及它的法律意义。从法律的角度对信号加以关注则始于广播组织开始利用信号向公众传播广播节目，自此开始对广播组织作为邻接权主体所享有的权利客体的讨论与研究。

1. 第一阶段：对广播信号与广播内容不加区分

前面提及，在大部分国家的法律中，广播组织权利受保护的对象是播放（如德国法第87条；哥伦比亚法第117条；哥斯达黎加法第86条；意大利法第79条等）或是播放或者播送（西班牙法第116条）。在法国，保护对象是视听传播企业的节目（第L.216—1条，即1985年法第27条）。

这里，"播放"和"播放或播送"被界定为借助无线电波对声音或合成音像的传送。① 而节目是指在广播或电缆传播范围内，由广播或电缆传播播送者向公众提供的声音、图像序列或音像序列，该序列依不同情况为广大公众或部分公众所收听、收看。② 在《罗马公约》第3条（f）项中规定：在本公约中，"'广播的播放'是指供公众接收的、通过无线电波对声音或对音像的传播"。

从以上各国内法及《罗马公约》中的规定不难看出，当法律开始试图确定广播组织权利客体时，并没有对该客体做出细致的区分，即

---

① ［西班牙］德利娅·利普希克：《著作权与邻接权》，联合国译，中国对外翻译出版公司2000年版，第311页。

② 同上。

该客体仅指用来传送广播内容的电子信号，还是既包括载有节目的电子载波本身，又包括电子载波载有的节目？对于该客体的精确界定非常重要，它直接关系到广播组织和广播内容提供者（比如表演者、录音录像制作者、作品的作者等）对广播节目权利的划分。

在通信卫星被用于广播事业之前，广播组织仅以无线传播的方式通过地面站传送广播节目，而受众则是通过收音机、电视机等接收装置接收从地面站传送给他们的广播信号。在这个时期几乎不存在信号盗播的问题，广播组织、著作权人和接受广播节目的公众之间的法律关系相对稳定。尤其是广播组织与著作权人和其他相关邻接权人的利益之间没有表现出较明显的冲突，因此对广播信号内涵的精确界定也就没有成为当时法律关注的重点。

2. 第二阶段：广播信号与广播内容的分离

卫星传播产生以前，基本上只有在进行广播的国家领土上才能接收广播。在国土边界或通过短波进行广播所能造成的不利影响非常有限。卫星传播的发展及电缆传送的发展使人们能够在包括数个国家的广泛地域同时或间隔数小时传播节目。通过空间卫星传播为人们获得信息和娱乐创造了前所未有的机会，一个同步卫星覆盖的地理范围是地球的三分之一，它的信号可为全新的公众接收和转播。

德利娅认为，为保护广播组织权利而制定的《卫星公约》在定义相关概念时，专门对信号和节目分别作出了定义："信号"是指任何能传送节目的电子载体（第1条第1款）；"节目"是指为了传播而发射的信号中所包含的一个由图像、声音或者二者构成的录制的或未录制的整体（第1条第2款）。这也是法律框架内首次对广播信号与广播内容进行区分。

但是，由于种种原因，尽管世界知识产权组织常设委员会从1998年就开始对更新广播组织权利的问题进行探讨，但是一直到本书写作时为止，仍未对广播信号做出明确的定义。

常设委员会在其第14届会议上通过的基础提案草案中没有出现广播信号的定义。但是草案定义条款中在对广播和有线广播定义时都提到了"信号"这个词。比如,"广播……以无线方式播放加密信号,只要广播组织或经其同意向公众提供解码的手段,即为广播……"。这个定义因袭了著作权及邻接权条约的传统,将广播的概念限定于以无线方式,或者在空中自由传播的无线电波——无线电波或电磁波——的方式进行的传播。因此,根据该定义广播不包括以有线方式进行的传播。这种定义方式的好处是在解释现有条约时,没有不确定性或相互干扰的可能性。草案中对广播的定义沿用了 WPPT 第 2 条的定义,定义的第一句话出自《罗马公约》第 3 条 (f) 项的广播定义。

基础提案草案对广播的定义较为狭窄,主要是为了与著作权和邻接权领域的现有条约保持一致。为了顾及传播技术的发展,草案专门在定义的 (b) 项对有线广播做出了定义。"有线广播……以有线方式播送密码信号,只要有线广播组织或经其同意向公众提供解码的手段,即为有线广播……"。这个定义基本沿用了 (a) 项以及 WPPT 关于广播的定义。有线广播不包括任何以无线方式或者卫星进行的播送。实际上,如果草案采用一个更加宽泛的广播概念,就无须再专门就"有线广播"进行定义了。

在上述基础提案草案中,不管是广播还是有线广播的定义都未能清楚地界定广播组织得以控制和支配的权利客体,究竟是仅仅包括广播信号,还是也保护广播信号所载负的信息,即"公众能接收到的声音,或图像,或图像和声音,或图像和声音的表现物"。既然权利的客体未定,也就很难划定权利的范围。基础提案草案中通过规定专有权的方式大幅度提高了对传统广播组织权利保护的程度,同时为广播组织增加了许多新权利,这就使广播组织权利大幅扩张,相应地,与广播组织有关的权利人,比如著作权人、表演者、录音制品制作者以及广大公众的权利受到侵蚀的威胁。

在常设委员会上提出的另外一个问题是对广播前信号保护的问题,也就是说为同步或延后使用而把节目传送给广播者的信号。问题包括这些信号是否应该给予保护,如果给予保护,这类信号应该如何定义,特别是在广播并非同步的情况下该如何对它们做出定义。当前,这种"载有节目的信号"受到1974年布鲁塞尔公约关于由卫星传送的对载有节目的信号发行权的保护，该公约还包括了"信号""节目""卫星""发射的信号""发行者""发行"等的定义。

3. 第三阶段：酝酿新的广播组织权利内容的阶段，即现在正在进行的阶段

WIPO关于广播组织条约的讨论一直放在其常规日程上。2016年11月版权及邻接权常设委员会在日内瓦召开第33届会议，通过了《经修订的关于定义、保护对象以及所授权利的合并案文》。这是目前为止WIPO就广播组织条约通过的一个最新的文件。该文件澄清了广播组织的定义不影响缔约方用于广播活动的国家监管框架。从文件的内容来看，各国代表团对"载有节目的信号"和"节目"这两个概念的定义基本达成了一致。对于"广播"和"转播"这两个概念依然采用备选方案的方式进行定义。广播定义的备选方案中体现出来的分歧主要为是否需要专门对有线广播进行定义，还是采用宽泛的广播概念，将有线广播纳入广播的定义范围之内；转播定义的备选方案中体现出来的分歧是滞后播放是否构成转播的问题。合并案文基本上明确了在计算机网络上进行的播送不构成"广播"。

二 广播节目

托玛思·蒂列尔在"对《WIPO保护广播组织条约》及其对言论自由影响的看法"一文中明确指出，在研究广播组织权利客体的定义方面，有必要弄清"广播"与广播所使用的材料也就是广播节目"内容"之间的区别。该文认为，只有"广播"才是广播组织权利客体，尽管事实上广播组织只有基于广播节目内容才可行使自己的权利。该文还认为，广播组织在广播节目内容中拥有的权利有两种形式：第一，许多国家把广播组织当作制作和播放电影的制作者给予保护；第二，实践中，广播组织经常通过转让或代理方式获得他们所制作电影作者的权利。但是，这几种权利都不是《世界知识产权组织保护广播组织条约》所保护的客体。因此，对《世界知识产权组织保护广播组织条

约》保护客体的定义必须是，授予广播组织的法律保护只能包括广播，而不涉及广播内容。也就是说，一旦进入公共领域的作品被播出，广播组织享有的专有权只能是对该特定广播的再次使用，而不是对播出作品本身的使用。对于来自其他来源的相同作品，必须保留使用的可能性。[①]

关于保护的客体，在 WIPO 秘书处为常设会议第一次会议准备的备忘录"关于保护广播组织权利的现行国际、地区和国内立法"（SCCR/1/3）中指出的，一些国家没有授予广播组织邻接权，而是把广播节目纳入作品范畴受到著作权的保护（36 段）。在那些国家中，一些国家保护的是节目内容而不是发射的信号，其他一些国家保护的是信号而不是内容（39 段）。各国政府向常设委员会提出的议案看来都是基于邻接权而给予广播信号以保护，而不是在著作权下对节目内容给予保护。

（一）以广播节目的形式表现内容

在浩繁的资料堆中，最让作者感到头疼的是，对广播组织研究中的基础性概念和语言的表述一直处在杂乱无章之中。严格地讲，这个问题确实包含着很多复杂的技术问题，但更多的则是理论提出方站在自己立场上歇斯底里的呼号。就"广播节目"这个概念而言，其表述不清晰。很明显，这个不清晰并非由于理论推导的复杂，而是利益集团无法达成妥协的遗留物。

理论上我们很清楚地可以发现，任何广播组织都是以广播节目的形式表现其内容的。但是何谓广播节目，《罗马公约》没有给出明确的定义。它只对"广播"给出了定义（具体参见上文），即指通过无线手段向一定范围的公众传播声音、图像节目的媒介或者内容。

TRIPs 协定也没有给"广播节目"定义。《卫星公约》对"节目"做出了定义。即"节目"系指为了供最大限度的传播而发射的信号所包含的一个由图像、声音或由二者构成的实况录制材料的整体。这个

[①] 中华人民共和国国家著作权局官方网站，http：//www. ncac. gov. cn/GalaxyPortal/inner/bqj/include/detail. jsp？articleid＝8963&boardpid＝1967&boardid＝1150101011160a01。

定义似乎把广播节目看成由信号和内容组成的不可分割的整体。

条约基础提案草案（SCCR）也未对"广播节目"做出任何定义，只在其解释性意见①中说：受条约保护的客体是广播节目，即构成播送行为的载有节目的信号。广播节目代表的是广播组织所从事的活动——即"广播"——的结果，因对"广播"②已经做出了定义，因此不需要再对"广播节目"做出定义。可是，不对"广播节目"做出明晰的界定，怎么能确定广播组织对"录制其广播节目的转有权"所覆盖的范围呢，是仅覆盖载负内容的信号，还是也包括信号所载负的以声音，或图像，或图像和声音，或图像和声音的表现物体现出来的内容？如果仅覆盖信号，那么从技术上讲，是否可以剥离内容而单纯地将信号录制下来，即便可以录制，没有内容的电子载波对广播组织是否还有意义。如果也覆盖内容，那么赋予广播组织专有权就很可能会侵犯到内容权利人的利益。这个问题不解决，关于录制权的整条规定在实践中就失去了可操作性。

在把广播节目当作作品保护的国家中，在保护的确切客体方面存在着不同。并非所有的国内立法在这方面都是完全清楚的，举例来说，像古巴、约旦、立陶宛、阿曼、卡塔尔、阿联酋和美国等国家保护，或者说看起来保护的是节目内容而不是发射的信号。

（二）"广播内容中心说"遭到抵制的原因

认为广播组织权利的客体是广播组织所播放的内容，这种观点被称为"广播内容中心说"。广播内容中心说自身有着天然的缺陷，这使得该观点在WIPO常设委员会的讨论中遭到很多代表尤其是著作权人代表的抵制，究其原因，不外乎以下几点：

其一，广播组织所发射的节目多数是享有著作权保护或者享有其他邻接权保护的作品，如果赋予广播组织对其发射节目内容的控制权，就会侵蚀到其他权利人的权利。比如，一部电影作品的制片人根据著

---

① 参见 WIPO doc SSCR/15/2，解释性意见5.06。
② 参见 WIPO doc SSCR/15/2，第5条a项。

作权法的规定对其作品享有复制权,如果再授予广播组织对其传播的该电影作品以复制权,使其有权利允许或拒绝其他人对该电影作品的复制,则相应地就会缩小电影作品制作人根据著作权所享有的复制权。对广播组织权利的更新与保护水平的提高也同样会影响到诸如表演者和录音制品制作者依照其原有的法律所享有的权利。有学者认为,广播组织对其所发射的享有著作权保护的节目仅起到一种利用其信号发射节目的中介作用,它们本身并不创作这些节目,因此授予广播组织以类似创作作品的著作权人的权利是不公平的。笔者以为,对该学说之所以众说纷纭,主要原因在于著作权和邻接权所赖以建立的理论基础不同,是建立在功利主义的理论基础上还是建立在公正的理论基础之上。依照笔者的观点,除著作权中精神权利的确立是建立在公正基础上,著作权中的经济权利和邻接权中的各项权利都是建立在功利主义基础上的。

其二,有学者指出,如果赋予广播组织对其发射内容比较多的控制权,会有损于社会公共利益,即公众获取信息的权利会受到限制。因为,广播组织所发射的内容除了包含享有著作权或其他邻接权的作品之外,还有很多属于公共领域的信息,比如新闻节目和其他一些相关信息。如果赋予广播组织对其节目的控制权,则公众对这些原本可以自由获取的信息也需要经过广播组织的同意,如果被拒绝,则不能自由获取那些信息。这个问题是否可以通过对更新后的广播组织权利设计一套合理的限制制度而避免还需要探讨。

第五节 广播组织权利范围需要重新确定

我们不厌其烦地研究、分析广播组织及其相关概念,特别是不惜篇幅地从各种角度对比分析广播信号这个概念,就是为了明确广播组织权利客体,从而划定其权利的范围。权利范围的划定实质上就是利益范围的划定,而清晰的权利边界对于权利的保护至关重要。

广播组织从诞生至今,随着技术特别是传播技术的发展,其主体和客体及其利用方式都在发生着变化，或者说一直都在扩张。通过前面的分析我们可以看到，广播组织权利的主体已经从无线广播组织扩大到有线广播组织、卫星广播组织和网络广播组织。相应地，广播技术方式也由单一无线广播向多种广播方式过渡，包括有线广播、卫星广播和互联网网播。广播组织权利客体——广播信号，且不论其是否包含节目内容——也从无线广播信号扩大到有线广播信号、卫星广播信号和网络广播信号（WIFI信号），其中最根本的转播就是从模拟信号向数字信号转变。之所以说这个转播是个根本性转变，是因为数字信号扩大了广播信号的传播范围和使用方式。我们知道，模拟信号容易受到干扰，音像质量不容易得到保障；模拟信号随着复制次数的增加，质量受损比较严重。而数字信号基本不存在这种问题，数字信号抗干扰能力强，输出的音像质量比较稳定，并且音像质量基本不受复制次数的影响。这就为信号盗播提供了有利条件。广播技术的发展不仅体现在传播技术的更新与变化上，还体现在接收终端的多样化方面。以前广播节目的接收终端只有收音机和电视机，现在PC、平板电脑、智能手机以及各类移动接收设备都可以接收各类丰富多彩的节目。这些变化导致公众对广播节目的需求量大增，从而广播组织提供并传输节目的工作量也急剧增加。正如作品使用方式的增加导致著作权权利范围的扩大，广播组织也在面临着同样的情况。

《罗马公约》第13条规定了广播组织的四项基本权利：转播权、录制权、复制权和公开传播权。这些权利是在无线模拟广播信号技术条件下为广播组织规定的权利，随着前述传播技术的发展和对广播信号应用的多样化，这些权利已经不能保障网络和数字环境下，特别是三网融合背景下广播组织的权利与利益。广播组织权利客体的扩大被提上议程。

在WIPO广播组织条约谈判的过程中，与会代表对广播组织权利客体进行充分的讨论，并且形成两种观点：广播信号中心说和广播内容中心说。前已述及广播内容中心说遭到包括著作权人在内的广泛主体的反对与抵制，而广播信号中心说受到比较普遍的接受。所谓广播信号中心说，就是指广播组织享有的权利应该是基于广播信号而非广播内容而产生，因为这才是纯粹的邻接权权利。

《世界知识产权组织保护广播组织条约》的非文件明确规定了"为广播组织提供一种基于信号的有效和一致的国际法律保护"。并且把对广播组织保护的客体明确限定于它的"广播信号"。这种规定显然是建立在"信号中心"说的基础上的，也就是说广播组织权利是纯粹的邻接权，它享有的保护也是纯粹基于其传播的信号而产生的权利，包括以下几类：

一　转播权

《罗马公约》第3条（f）项和（g）项分别对播放和转播进行了定义。据此可知，《罗马公约》对转播权的定义可以概述为，转播权是指广播组织享有授权或禁止对其广播电视节目信号进行转播的权利，且其具体内涵包括以下几个方面：首先，该权利控制的范围仅限于无线转播，诸如有线、卫星、网络等转播形式均不在此列；其次，该权利控制的转播必须是对广播信号的同步播送行为。当然，该处所强调的"同步"并非毫秒不差的同步。因为，从信息流动的过程也知道广播信号在先，转播信号在后，在时间上必然存在前后之顺序。不过，广播组织在收到信号后可以迅速将其转播出去，使观众几乎察觉不到两者在时间上的顺序。最后，转播并非录制后的广播。实践中，一些广播组织通过刻录设备将其他广播组织的广播信号进行刻录，然后在自己认为合适的时候将其对外广播，该行为并非广播组织转播权所规范范畴，属于录制后播送权的范畴。

由于技术所限，《罗马公约》订约背景下，能够从事广播以及转播的组织只能是广播组织，所能采取的传播技术对应的也只能是无线电波技术，但是这并不意味着广播组织仅仅对无线广播或无线转播实施控制。随着有线广播、有线转播技术的蓬勃发展，世界许多国家通过相关立法将有线广播、有线转播纳入法律保护中来，尤其是纳入广播组织权利保护之中。按照如此技术发展——相关权利对应规范之规律，流媒体技术的出现与发展，带来网络转播的产生与勃兴，也应带来相关立法对该转播行为的规范与保护。另外，授予广播组织对无线广播、无线转播、有线广播、有线转播等行为的控制，目的在于保护广播组织为广播、转播等活动所付出的经济性、组织性、技术性的投入，而网络广播的出现，也是对传统广播组织前述投入的无偿占有，甚至造成巨大损害。因为，毕竟无线广播、无线转播、有线广播、有线转播等传输方式在传输范围方面是有界限的，只能覆盖特定区域内的受众，如此情况下，还能将它们纳入广播组织权利中保护，而网络转播借助互联网的力量可以满足全世界范围内的网络用户接收，对于传统广播组织而言，网络转播给其带来的生存风险远超无线或有线转播所带来的风险，若对网络转播在法律上置之不理，传统广播组织的利益得不到相应的保护也就显而易见。尤其是，通过网络对广播节目现场转播与通过传统广播媒体对广播节目现场转播在本质上并无不同，然而就鉴于中国著作权法的规定，却使性质完全相同的两种行为仅仅因为实施的技术手段不同而造成在法律定性的不同，这成为典型的违背"技术中立"立法原则案例。所以，将网络转播纳入广播组织权利进行保护，不单单是为了保护传统广播组织的利益和发展，而且还顺应技术挑战下邻接权制度不断扩张的趋势。

目前，在国际层面比较流行的观点是，为了保护广播组织的利益不因技术的更新而受损，在立法对"转播"进行定义时采取"技术中立原则"，对转播所涉技术不做过多要求，即广播组织转播权的范畴不因技术不同而发生变化。2011年6月，SCCR第22届会议编拟《〈保护广播组织条约草案〉要件》目标部分指出，

在广播活动不再限于传统平台的交汇时代，条约草案应以下列内容为依据：

——基于信号，并不排除为广播组织规定专有权；

——技术中性，以确保广播组织在进行广播活动的所有平台均受到充分保护；

——对原点平台和利用平台之间加以区分。

2012年1月，SCCR第23届会议编拟《保护广播组织非正式磋商会议报告》，在目标部分指出，与会代表一致认为，考虑到技术的发展，条约草案应以打击全球日益增多的信号盗播和盗版现象为主要目标，以更新对广播组织的保护。磋商强调了条约采用一种技术中性方式的重要性，应将其作为核心要件在条约草案中予以遵循。

早在2006年7月，SCCR第15届会议编拟文件就对转播进行了技术中立式定义。根据该定义，"转播"的概念涵盖一切方式，有线方式、无线方式，或有线与无线方式，或网络转播等方式。转播只有在系由原播送组织以外的另一主体进行，且转播的目的是让公众接收时，才具有相关性。这一点从拟议的定义中可以清楚看出。所有提案均建议要么在定义中，要么在有关权利的条款中，规定或窄或宽的转播概念。目前，转播所采用的自由式定义覆盖了所有提案中的实质内容。此外，还增加了一些措辞，以明确将保护延及再次转播的行为。转播的定义仅限于同时转播，这是对《罗马公约》中"转播"定义的沿用，即仅限于一个广播组织的广播节目被另一个广播组织同时广播的行为。据此，录制后的滞后播送行为应单独对待，因为实际上这已经是新的播送行为。因此，有必要增加对录制后播送行为的保护。

2013年3月，SCCR对第24届会议编拟《保护广播组织条约工作文件》第9条对转播权提出两个备选方案。由此可见，在转播权定义方面，方案A和方案B基本是一致的。虽然，这两个方案都遵循了《罗马公约》第13条第1款（a）项对转播权的界定模式，但是在内容上是做了突破的，将转播所依赖的传输技术方式做了最扩大化的表述，不仅包括传统的无线、有线转播行为，还包括网络转播在内的任何未来新式技术上的转播行为，即"任何方式"，从而完全回应了信息传播技术发展对广播组织权制度提出的挑战，一劳永逸地实现广播组织利益在转播领域的合法保护。另外值得一提的是，在这两个方案中，对转播行为的规范舍弃了禁止性立法模式而采取的是授权性立法模式，将广播组织的这种利益作为一种专有权利来看待，这不但是为了对广播组织在转播方面提高保护水准，而且还"为了与WPPT和

WCT 中的行文保持一致"。

另外，与此对应的"纯粹转播行为"被条约草案各项规定保护的客体所抛弃，并得到了与会国普遍的支持。例如，《保护广播组织条约草案》第6条第（4）款之规定，将所有转播活动均排除在保护范围之外，其中包括转播、有线转播、通过电缆及其他手段转播。在此环境下，转播即为广播，转播组织所广播的，是另一个广播组织的广播节目。根据第5条（c）项中的定义，转播组织不符合广播组织的标准，因为转播组织没有对于向公众播送任何内容提出动议，不负有任何责任，也没有对播送内容进行组合及安排时间。从而，根据"广播组织"的定义，"转播"不在条约的保护范围之内。所以，最符合逻辑的做法是，将整个转播概念排除在保护范围之外，其中包括转播、以有线方式或通过电缆进行的转播，以及通过计算机网络进行的转播。应当强调的是，根据这一理由，这样做在任何方面都不会影响受条约保护的未来权利人——广播组织和有线广播组织——对转播其原始播送内容或对转播内容再行转播所享有的保护。对于由从事转播活动的实体所转播的原始播送内容而言，依然享有保护的，只有广播节目或有线广播节目的原始播送者。

二 滞后播送其已录制的广播节目的专有权

这个规定是在基础提案草案（SCCR/15/2）第14条"录制后播送的权利"基础上形成的，也称为滞后播送。滞后播送也是转播的一种形式。根据现有的定义，"转播"包括通过一切方式，有线，或无线，或有线和无线的方式，以及通过计算机网络进行的一切形式的播放。转播只有在系由原播出组织以外的广播组织进行时，才具有相关性；"即仅限于一个广播组织的广播节目被另一个广播组织同时广播的行为"。《伯尔尼公约》也采用了同时转播的概念（其用语是"通过有线传播或转播的方式向公众传播"）。之所以把转播限于同时播送，是因为非同时进行的播送必须利用原始播送的录音制品才能进行，而这种形式的播送可被视为新的播送行为。有些代表团在提案中对同时转播与基于录制品的（滞后）播送做出了区分。为了解决这个问题，于是就单独规定了关于录制后播送问题的条款。①不管是同时播放还是滞后播送，其播送的对象都是信号，是广播组织邻接权的保护对象。

三　对广播前信号的保护

广播前信号是指并非用来由公众直接接收的信号。此种信号是广播组织用来从演播室或例如某事件的现场，将节目材料运送到发射台所在地点的。此种信号亦可被用来在两个广播组织之间运送节目材料，还可在滞后一段时间或对材料进行一定的编辑滞后进行广播。

托马斯蒂列尔认为对广播前信号给予保护是国际法领域的一个新特点，这种保护似乎在逻辑上对广播组织的法律保护更趋完美，不会对言论自由带来太大的问题。②

中国虽然不是《罗马公约》成员国，但是中国对广播组织权利的规定基本上是比照《罗马公约》的规定做出的。中国《著作权法》第 45 条规定，广播电台、电视台有权禁止未经其许可的下列行为：1. 将其播放的广播、电视转播；2. 将其播放的广播、电视录制在音像载体上以及复制音像载体。可以认为，中国现行著作权法对广播组织规定了转播权、录制权和复制权，但是没有提及向公众提供权。

由于数字技术和网络环境对著作权人造成了巨大冲击，同时也极大地影响了作为邻接权人的广播组织的利益，包括中国在内的世界各国都在不同程度地修改国内著作权法以适应新的技术发展。世界知识产权组织在制定了两个互联网条约之后，一直在就广播组织权利保护问题试图达成一个国际性条约，但是目前尚无定论。WIPO 广播组织条约在谈判的过程中，综合现有国际法律框架和各国对广播组织的具

---

① 参见 SCCR/15/2，note 2.07，2.08。
② 托马斯·蒂列尔：《对〈世界知识产权组织保护广播组织条约〉及其对言论自由影响的看法》，《版权公报》2006 年第 3 期。

体保护，提出了一个新的广播组织权利保护范围，包括转播权、录制权、复制权、向公众提供权、发行权、录制后播放的权利，以及录制后网络交互式传播权。这些是广播组织在实际运营过程中总结出来与自己切身利益相关的权利。它们希望通过广播组织条约将其予以确定下来，成为各国内相关法律更新的参照标准。但是，一个权利主体权利的扩大势必造成相对权利人权利的缩小，在此主要是著作权人，也在一定程度上影响到公众利益。因此，对广播组织新权利的争论和探讨还没有法律上的定论。本书也将对广播组织条约所提出的新权利予以具体的阐述，供中国研究广播组织的学者或者政策制定者参考。

可以肯定的是，《罗马公约》已经远远不够用来保护广播组织权利了。尤其是交互式网络传播的方式出现以后，盗播现象严重，广播组织权利受到很大的侵害。广播组织为了维护自身利益，采用各种技术措施对自己的广播节目加以保护，这些技术措施又涉嫌侵害了社会公共利益。因此究竟在何种程度上扩大并保护广播组织权利引起世界范围内的关注和纷争。

第六节　广播组织权利技术保护方式需要重新确定

一　法律对技术保护措施的规定

广播组织权利作为从 20 世纪二三十年代发展起来的权利类型，和科学技术的发展密切相关。科学技术的发展不断地拓宽法律调整的领域，其中就包括对广播组织权利的调整。历史发展证明，科学技术的进步必然会形成新的社会关系，产生新的权利以及新的侵权方式。生产力决定生产关系，从而生产力的发展必然会引起生产关系及上层建筑的变革。法律作为上层建筑，最终要受制于生产力发展的水平。在法律随生产力的发展而改变的过程中，科学技术扮演了十分重要的角色。科学技术发展的辐射性、渗透性影响着法律发展的方方面面：从法律内容到法的调整范围和表现形式，无一不在科学技术影响的范围内。正是这种全面的影响给广播组织权利保护的发展创造了新机遇，同时也对邻接权立法和法学的整体发展与完善提出新的任务。

目前，广播组织面临的主要侵害来自于对其信号的盗播。自《罗马公约》以降，卫星公约和TRIPs协议均没有提及对广播组织信号的保护，以及对破坏或者规避广播组织对其广播信号施加的技术措施的行为应该克以何种惩罚。但是广播组织权利保护和对广播组织权利的侵害，特别是破解广播组织的技术措施、实施信号盗播的行为随着科学技术的发展有了新的发展，遗憾的是除广播组织条约草案之外，再没有新的保护广播组织的国际条约出现并对此种情况予以规定。

广播组织条约基础提案草案（SCCR/14/2）第14条是对技术保护措施的规定，要求缔约国提供适当的法律保护和有效的法律补救手段，防止或制止他人规避由广播组织为行使条约权利而使用的有效技术措施，包括限制他人在未经其同意的情况下，对其广播节目从事法律不准许的行为。但是该条规定提出之后，由于约文措辞不够严谨，因此在广播组织条约经修订的基础提案草案（SCCR/15/2）第19条关于技术保护措施的义务中进行了补充，其第（2）款规定，"规避广播组织所专门使用的有效技术措施，凡为非侵权性使用某广播节目的目的获取该广播节目的，不构成侵害本条所实行的措施的行为"。这个补充规定豁免了非侵权使用广播组织的节目的行为。SCCR/15/2关于技术保护措施的规定是以备选方案的形式提出的，供参加谈判的代表们进行讨论，其他更为细致的备选方案将在下文中专门探讨。可以肯定的是，目前技术保护措施依然是广播组织权利保护的灰色法律地带。这一灰色法律地带的出现更加凸显了保护广播组织权利的技术措施必要性。然而，尽管国际层面没有关于技术措施的有效规定，有些国家已经在国内法对广播组织技术保护措施给予了必要的保护。比如意大利著作权法规定，"著作权人及与著作权相关的权利人……可以在作品或者受保护的材料上添加有效的技术保护措施。该技术保护措施包括所有正常运行时可用于阻止或者限制未经许可行为的技术、装置或者元件"。① 德国著作权法也对保护邻接权客体的技术措施给予保护。中国现行著作权法中虽然有关于技术保护措施的一条规定，但是中国第三次著作权法修订过程中，立法者已经注意到数字和网络环境下，技术保护措施对权利人权利保护的重要性，因此在中华人民共和国著作权法修订草案送审稿中体现出了对技术保护措施的重视。送审稿第六章第68条是对技术保护措施的定义，"本法所称的技术保护措施，是指权利人为防止、限制其作品、表演、录音制品或者广播电视节目被复制、浏览、欣赏、运行、改编或者通过网络传播而采取的有效技术、装置或部件"。② 第69条规定，"为保护著作权和邻接权，权利人可以采用技术保护措施。未经许可，任何组织或者个人不得故意避开或者破坏技术保护措施，不得故意制造、进口或者向公众提供主要用于避开或者破坏技术保护措施的装置或者部件，不得故意为他人避开或者破坏技术保护措施提供技术或者服务，但是法律、行政法规另有规定的除外"。③ 送审稿关于技术保护措施的规定也在争议和讨论之中。

总的来说，国际和国内的法律对广播组织权利技术保护措施的规定仍不完善，需要进一步研究和探讨。

二 技术保护措施引发的争议

新技术引发的对广播组织最突出的侵权行为是信号盗播。"信号盗播"与"载有节目的信号"这个概念有关。"载有节目的信号"又可以分为载有广播前节目的信号和载有广播节目的广播信号。最先采用技术保护措施的原因就在于对广播前信号的盗播行为。广播前信号可以被描述成载有节目内容的电子信号，这种信号被发送到广播组织用于其广播节目。这种信号不是供公众接收的，而是供广播组织用于

---

① 参见《意大利著作权法（2010年修订）》第102条第4附条第1款，载《十二国著作权法》，清华大学出版社2011年版，第314页。
② 中华人民共和国著作权法修订草案送审稿，(http://www.chinalaw.gov.cn/article/cazjgg/201406/20140600396188.shtml)。
③ 中华人民共和国著作权法修订草案送审稿（http://www.chinalaw.gov.cn/article/cazjgg/201406/20140600396188.shtml）。

其广播节目。因此，它们不是广播，而是一种点对点传输，从事件发生地点（体育、新闻或文化）传送到一个或更多的国内和/或国外广播组织，供其对该事件进行广播。

（一）技术保护措施合法化的由来

一个广播网络（或节目辛迪加）也发送此种信号，例如，发送到其附属的广播站。盗播者可在广播前传输阶段，例如信号离开卫星后或者在实际的广播阶段截获这些信号连同其所载负的内容。由于广播前信号通常是数字信号，盗播者可以获得载有节目信号及其内容的完美数字克隆，并从中制作出大量的串流、复制品供用户下载或转播。还有一些情况是，盗播者在接收信号的广播组织确定其延后广播的时间之前已经同步传播了广播前信号及其相关的内容。通过案例，我们能够更加清晰地分析信号盗播问题的出现及其法律救济途径。下面我们引用一个非常典型的传统信号盗播的例子来说明信号盗播给广播组织带来的实际损失，以便于我们理解为什么广播组织强烈要求采取技术保护措施并积极推动技术保护措施的合法化。

20世纪90年代，英国足球获得巨大的商业成功，这要得益于丰厚的电视转播收入。为了保证各成员国国内联赛的上座率，欧足联要求任何成员国均不得在本国直播其周六下午的比赛。这些比赛的直播信号将以卫星传播的方式被销售到其他当天没有联赛的国家。在这种安排之下，英国人可以在周日晚上观看意甲联赛的直播，但是却不能在周六下午看英超比赛的直播。英超直播在英国以外购买了直播信号的国家，像美国、中国、芬兰等国家都能看到。

在英国，天空电视台和英超联赛委员会拥有英超比赛的转播权。但是，如果通过天空电视台的收费频道观看转播，需要支付每月30英镑的费用，因此球迷多到酒吧看球。天空电视台也鼓励球迷去酒吧看球，因为转播比赛时的各种酒类广告是天空电视台的一大块收入。

每轮英超都在周六晚上进行一场比赛，期间酒吧往往被球迷占满。天空电视台向酒吧收取的转播费比一般家庭缴纳的费用高出很多。每周六的下午，除了去现场观球，球迷只能通过广播了解比赛的情况。

由于赛事时间安排的原因，每周六下午英超比赛的信号都能传到挪威。在英国，任何人未购买天空电视台和后来的独立电视台的收费频道播放权而擅自接收这些电视信号都属于违法行为，将面临高额赔偿金的惩罚。根据欧足联的规定，英国球迷无法通过电视在周六下午观看到本国联赛。1996年，为了利益，英国"绿树"酒吧老板萨吉特考虑盗播挪威的英超直播信号。按照当时英国法律的规定，如果盗取的广播信号是非欧盟国家的卫星信号，则盗播者不用承担任何法律责任；即便盗取的是欧盟国家的卫星信号，国际知识产权法对这个问题的规定也是非常混乱，不具有可操作性。

1996—1997年赛季前半段纽卡斯尔联队在凯文·基冈带领下狂飙突进，曼联几乎没有还手之力。刚开始盗播英超周六比赛时，萨吉特不敢贴广告，两周后，几乎每个周六下午"绿树"都人满为患。萨吉特对这个新的收入来源非常满意，萨吉特对一般的英超比赛不收门票，但是前来喝酒的客人越来越多，光靠买酒就能给他增加很多收入，赶上纽卡斯尔联队的比赛，他按照两镑一张的价格售卖门票，酒店内客人爆满，门口还排起长队。后来，盗播联赛广播信号的酒吧上升到17家！利益引导着信号盗播，很多人都质疑，这种盗播手段是否合法，但是谁也不知道该如何制止。

毫无疑问，信号盗播已经成为法律的灰色地带。盗播者利用现代科技牟利的速度，比法律的发展与更新更快。英超联赛委员会对信号盗播的情况非常愤怒，天空电视台也很忧虑盗播给其造成的潜在经济损失。英超联赛委员会主席里克·帕里认为，盗播信号的酒馆转播的是一种自己应该付费却没有付费的信号，这当然是非法的。

然而法律是什么？此案的结果只是因为被告没有应诉而告终结。原因是酒吧业主并不愿意跟实力强大的英超联赛委员会作对，而不是因为法律明确规定他们盗播信号违法。因为，根本就没有相关法律对此作出规定。但是，正如案情所示，被告确实侵犯了原告的利益。但是我们应该如何看待这种侵害，信号盗播到底引起怎样的法律问题，这正是笔者将要探讨的问题。

（二）技术保护措施引发的争论

上述案例所反映的仅是广播组织侵权行为之冰山一角，但其中反映出的信号盗播和反盗播问题的技术措施却是广播组织权利保护中的焦点问题之一。这个问题是数字时代发展出来的新问题。由于技术措施设置的基础是数字逻辑，所以再复杂的技术措施都有相应的规避或破解方法。上述案例表明，通过法律没有禁止的途径取得解密序列号或者盗取他人合法的解密序列号并使用，或者使用密码探测软件通过技术措施的验证是比较常见的解密方法。当然，在这个问题上还有一系列非法的手段。不管怎样，这都属于对广播组织侵权的技术措施。但是，在是否需要采取技术措施保护广播组织权利问题上却存在着两派观点，这两派观点仍在激烈争论中。

支持使用技术措施来保护广播组织权利的观点认为，这些技术措施需要与合理使用原则配合使用。他们认为，唯其如此，对广播组织权利的法律保护才不会失去平衡。这种观点认为，根据侵犯广播组织权利的性质不同，可以把技术措施法律规避行为分为直接规避行为和辅助规避行为两种：1. 直接规避行为，指行为人直接从事规避技术措施的行为；2. 辅助规避行为，也是间接规避行为，指对用技术措施保护的作品直接实施规避行为，是通过制造、销售、出租等方式提供规避技术保护措施的装置或方法，协助他人实施直接规避技术措施的行为。设置技术措施是为了在一定程度上防止其他人在没有合法授权的情况下获取或使用广播信号和广播节目，保证广播组织权利主体获得应得的利益。只要技术保护措施被他人破解，则破解者就可以向其他人提供破解装置和方法，使得没有破解能力的人也能对技术措施实行规避。在空中截获广播组织的信号并在互联网上传播破解装置或方法十分便利，在利益的驱使下，破解者愿意通过网络把破解装置或方法出售给他人，从而置广播组织于被广泛侵权的危险之中。

在这种情况下，对技术措施的保护成为广播组织权利保护的重点。有学者提出，可以考虑从技术、法律及合同三方面对技术措施提供保护。① 从理论上讲，技术措施的本质是技术应用的问题，因此技术引发的问题还是需要通过技术的方法来解决，比如不断加强技术措施以避免其被破解。可是在现实中，提高技术措施有效性的成本非常高，而且技术总在不断进步，新的技术措施也会不断被破解，无法一劳永逸地用技术的方法来解决技术措施保护的问题。有些人坚持用合同的方式来保护技术措施，他们认为著作权人应该在合同中与使用者约定，后者不得破解技术措施。我们知道，合同只对双方当事人有约束力，对合同以外的第三人没有约束力，从而用合同的方式保护技术措施可能无法实际落实。在考察了技术与合同用来保护技术措施的局限后，广播组织正在努力综合使用技术、合同和法律的方式来保护其权益，特别是寻求法律对技术措施的保护。

这种观点认为，采取技术保护措施的实质是维护广播的有偿使用制度。技术措施是著作权人的经济权利，也是广播组织，即作品传播者的经济权利，即邻接权的一种。② 如本书前述，学界对广播组织权利的性质存有争论，但本书认为广播组织权利是一种邻接权。数字化时代以前，广播组织主要是通过广告盈利。但是，数字化时代以后，尤其是盗播出现以后，技术保护措施逐渐提上日程，而广播的有偿使用也逐渐现实化。

在大陆法系中，著作权人不同于邻接权人，两者截然不同。但是在英美法系中，却不存在邻接权的概念。我们知道，技术措施的概念和立法同时存在于大陆法系和英美法系，这样一来，就很难说技术措施权是一种邻接权。笔者之所以论及此处，是因为保护广播组织权利的技术措施很多立法或司法案例来自英美法系国家，他们在著作权法中规定了技术保护措施，而这些措施将在后文中提及。这些将被提及的理论与立法在本书中是针对广播组织，而非针对著作权人的。

持这种观点的人认为对技术措施的法律保护应纳入特别法的范畴，

---

① 章忠信：《著作权法制种"科技保护措施"与"权利管理资讯"之探讨（上）》，《万国法律》2000年第10期。

② 梁志文：《技术措施保护的法律属性》，《人民法院报》2002年6月23日。

因为它是以保护有形财产权的方法来保护无形财产，即著作权的特别权利保护。世界上大多数国家都有关于技术措施的立法。以美国的《数字千禧年著作权法》（DMCA）为例，其主要规范的是规避的"准备"行为，而非"直接规避行为"，因为传统著作权法中已经有对直接规避行为的规范。从这一点可以看出，DMCA 不同于传统的著作权法；此外 DMCA 赋予权利人控制访问作品的权利也偏离了传统著作权法的基本原则。[①] 这个观点有其道理。但笔者认为，对技术措施的立法应该是对技术措施给予的直接保护，而对著作权及邻接权的保护则是间接保护。虽然技术措施既不是作品（著作权客体），也不是邻接权的使用方式，因而不属于著作权和邻接权的范围，但是因为它能对广播组织提供保护，所以可纳入广播组织权利保护制度中，使之成为广播组织权利制度中的一项特殊权利，因此，对技术保护措施的立法不应该是区别于著作权及邻接权法的特别法。

现在的学者多从著作权角度论述技术保护措施，认为是赋予著作权人一种新的著作财产权，称为"使用权"或者"访问权"。[②] 实际上，著作财产权就是权利人的经济权利，因此著作财产权的观点并非不可取。但是，当谈及广播组织权利时，尽管有 DMCA 和著作权指令草案等法律或法律文件，但是这些立法努力是否支持"访问权"的创设呢？国际上对于访问权是否属于技术措施权的必要组成部分仍存在着激烈的争论。我们也无法确切地说，技术保护措施实际上就是"访问权"加"使用权"。有学者认为，技术保护措施不过是一种监督使用者履约、纠正不法侵权行为的机制，其实质上是信息权利人对其产品的一种更有效的、成本更低的手段。因此，技术保护措施并不比电子合同更值得贴上"知识产权"的标签。[③] 这种观点较之把技术措施

[①] Jinling, "Anti-Circumvention of Technological Measures Legislation: A Copyright or sui Generic Protection", 载唐广良主编《知识产权研究》第 9 卷，中国方正出版社 2000 年版，第 254 页。

[②] 章忠信：《著作权法制中"科技保护措施"与"权利管理信息"之探讨（上）》，《万国法律》2000 年第 10 期。

[③] ［美］保罗·戈尔茨坦：《著作权及其替代物》，《电子知识产权》1999 年第 6 期。

看作一种"特殊法"的论调没有什么实质性不同,并且与"保证付酬机制"的论调特别相似。"在仅以刑法禁止破解技术保护措施的国家,'对技术措施的保护'被视为著作权人的一项'依刑法产生的民事权利。'"① 依据这种观点,我们可以得出这样一个结论,即技术保护措施是民事权利保护机制的一种,更具体地说,技术保护措施主要是指保护广播组织民事权利中的经济权利。

(三)技术保护措施所带来的冲突

与前述观点不同,有人对用技术措施保护广播组织权利存有一定的质疑,指出技术保护措施实施会带来一定的制度冲突,② 会给公众表达自由以及合理使用造成一定程度上的伤害。任何一项制度的出现都会打破原有的权利平衡,技术保护措施的实施也不例外,我们确实应该认真思考该项措施受到保护的同时会给我们带来什么样的损害与不足。

其一,技术保护措施与表达自由的冲突主要表现在以下两个方面:(1)知情权(表达自由中首要的权利)与技术保护措施实际上对信息造成的垄断之间的冲突;(2)技术保护措施与表达权(或者说,发表权)之间的冲突。在传统著作权法中著作权的赋权、控制与表达自由的倡导、保护基本能达到协调与统一,它们之间的界限可以很好地判断,即思想与表达二分法。换言之,属于思想的东西不被保护,而著作权保护的是"表达"。然而,数字时代,技术保护措施在保护作品内容信息不被他人随意利用时,在客观上不仅能够杜绝其他竞争对手的非法使用,而且对于公众合法获取和使用也一并屏蔽掉了。如此情况下,技术保护措施妨碍了他人的表达自由,损害了学术领域信息交流。可以说,尽管法律规定了单纯地对加密技术进行研究构成禁止的例外,但遗憾的是,很多案件审理中在面对权利人的版权主张时并未采纳这种"例外"规定,牺牲表达自由而侧重于版权保护。同时,对

---

① 郑成思:《知识产权论》(修订本),法律出版社2001年版,第567页。
② 蔡焰翔:《技术保护措施法律问题研究》,硕士学位论文,中国政法大学,2003年。

于那些具备技术措施保护的有悖公序良俗的作品传播的查处，一方面增加了行政机关查处的力度，另一方面为查处而付费审查还会增加行政机关查处的负担，最终无法有效禁止这种作品的传播。

其二，技术保护措施与合理使用的冲突。合理使用制度的产生目的就在于维护公共利益，对著作权进行一定限制实现利益平衡。但是，随着技术保护措施在网络传播环境中被广泛应用，版权领域中版权、广播组织权利与合理使用制度所搭建的原有利益平衡被打破。尽管技术保护措施的使用并非防范合理使用者，但是，这种技术措施在防范盗版或其他非法侵害版权行为的同时也将合理使用者挡在门外，减弱版权人、广播组织权利人理应承担的法定限制责任，使合理使用成为一张空头支票。换言之，在技术保护措施出现前，公众利用合理使用制度可以不经权利人同意也不支付报酬就能欣赏、研究受著作权保护的作品或广播电视节目，甚至进行反向工程。但是，由于技术保护措施的应用是一刀切的，措施面前不区分使用者，公众与非法使用者一样，在破解该项技术措施或者取得权利人同意前，无法使用该作品或广播电视节目，造成合理使用者的利益伤害、合理使用制度权威受到挑战。比如，某作品权利人有理由怀疑某个加密的作品中含有未经其授权的作品，唯一的取证方法就是规避作品使用的技术保护措施以获取加密作品的内容。然而，即使结果证明了怀疑的正确性，根据DMCA第1201（a）（1）（A）条的规定，破解加密作品的权利人的解密行为仍然是违法的。这个结果使DMCA平衡各方利益的努力归于无效。

其三，技术保护措施与首次销售原则的冲突。著作权首次销售原则，也称为著作权经济权利穷竭原则，指著作权人对著作权法赋予他的发行权只能行使一次，不能再次行使。但是，在法律上承认技术保护措施的合法性后首次销售原则就会难以落实。因为，权利人依法享有给作品或广播电视节目加上技术保护措施，就能起到防止他人非法复制、发行、演绎、表演等活动，但是，合法取得加有技术保护措施作品、广播电视节目的消费者无法实现原有的自由使用或处分该作品、节目的目标。在有技术保护措施之前，消费者可以将合法获取的作品再行转卖或使用，而著作权人是不能以侵害其发行权来主张权利的；在技术保护措施运用后，消费者就难以将合法获取的作品再行转卖或使用，那么，首次销售原则对于版权人或广播组织权利人的约束就失去意义，原有的权利人与公共利益之间的利益平衡被打破，也就难以实现吴汉东教授所强调的三"P"政策，即促进知识的传播、促进对公有领域保留和保护创作者。①

总之，我们应看到广播组织权利保护和救济途径的旨趣在于它的技术保护措施与权利管理信息。所谓没有救济的权利就等于没有权利，权利救济的途径有多种，一般法理学理论、宪法学理论和民商法学理论将权利救济途径分为立法救济、司法救济和行政救济。广播组织作为技术发展而动态变动的组织，其救济方法值得进一步探讨的是其立法保护，而这种立法保护就是在立法中规定对广播组织的技术保护措施和权利管理信息。因此对广播组织权利技术保护措施的立法探究是当前研究广播组织权利保护的一个重要方面。同时，我们发现，作为适应数字技术环境而出现的技术保护措施，在法律对其进行正面认可的时候，不能不考虑由此可能带来的冲突或不平衡。那么，为了维护法制的内在统一性，避免制度间的不平衡甚至冲突，我们必须将上述问题进行认真思考并吸纳进立法，以期实现技术保护措施的初始目的即保护版权及邻接权的同时，也要减少由此给公共利益或个人合法使用造成的不利影响，最终达到新的利益平衡。因此，只有实现制度的内在平衡性才能实现法律体系的稳定性和执法过程的有效性。

第七节　广播组织管理机制亟待调整

从三网融合的世界性经验来看，在广电和电信实现双向进入以后，相应的监管机构也开始融合。各国广电和电信监管机构的融合大致经历了以下三个阶段：首先是纵向分业管理阶段，即分别

---

① 吴汉东：《著作权合理使用制度研究》，中国政法大学出版社1996年版，第6页。

由两个独立的监管机构对广电和电信业务进行管理,这也是中国目前对广电和电信业的管理模式;其次是由一个更高级别的监管机构统一负责对广电和电信的管理,在这个更高监管机构中设立不同的部门分别管理广电业务和电信业务,例如美国和日本采取的就是这样的监管体制;最后是建立一个综合性管制机构,统一对电子通信业务市场进行融合监管,这种监管模式不以技术特征作为划分监管范围的依据,而是以消费者为出发点进行市场监管。该管理模式的典型代表是英国。总的来说,三网融合的监管模式体现出一种过渡性特征,从以产业划分为标准的纵向监管体系向以功能划分为基础的横向竞争体系转变。

各个国家融合监管机构的主要职责可以简单归纳为以下两点:一是对所有信息网络基础设施进行统一管理,也就是说,将电信和广电业务视为一个统一的监管对象,尝试消除监管方面存在的冲突和盲点。二是竭力提高管理的专业性,也就是说要分别对用来传输内容的网络和网络上传输的内容进行管理。[①]

从业务层面看,由于各国政府对广播事业的管制均比较严格,比较而言,电信市场一般比广电市场的开放程度高很多,这就使得广电和电信在互相进入对方的业务领域时,在经营许可上必然存在一定的差异。以美国为例,该国对电信业、互联网产业和有线电视业务分别实施不同的监管政策,但是对 IPTV 的性质和监管主体及监管方式却没有定论。欧盟国家对电信运营商提供 IPTV 业务管制的比较宽松,电信运营商也可以建造和经营有线电视网络。中国香港对广电和电信实行融合管理,没有制定专门的 IPTV 政策,而是将其纳入收费电视业务一并进行监管。总之,广电和电信双向进入的程度日益加深。

一 传统分业管理机制及其不足

传统上,各国或各地区对电信与广播电视等产业一般实行分业监

---

① 史琳:《国外三网融合监管现状及发展趋势》,《通信管理与技术》2010 年第 4 期。

管,即以媒介的种类作为划分管理对象的标准,对两种产业分别进行管理。

所谓分业监管,就是根据某个行业内不同的机构主体及其业务范围的划分,而对它们分别进行监督管理的方式。在分业监管体制下,各个监管机构共同承担监管责任,不同监管机构之间既有分工,又互相协调配合,形成一个国家的行业监管组织体制。[1] 分业监管涉及的内容包括入市审查、退市审查、建设发展、违法处罚等一系列法律政策。就中国的情况来说,由于中国尚未制定并实施电信法,管理部门需要依据广电条例和电信条例等法规分别对这两个行业实行分业监管。此外,分业监管的重要内容还包括研究制定网络统筹规划、共建共享办法,以及完善工程和技术标准。

中国早就提出了三网融合的概念,但是在现实中推行的并不顺畅,主要原因是中国广电和电信监管体系分离,缺乏统一规划。一直以来,中国的广电系统掌握着内容(视听节目)的制作权,而电信系统则把握着通道(网络传输)的权力。这两个系统实行分业监管的管理体制,广电系统归属广电总局管理,而电信系统由工信部负责监管;两块业务自成体系,互相都不让对方进入。从1999年中国政府提出三网融合以来,中国对三网融合的尝试已经从全面禁止双向进入发展到允许有限度的双向进入。2007年,由中国原信息产业部和广电总局联合发布的《互联网视听节目服务管理规定》部分修正了广电总局于2004年发布的《互联网等信息网络传播视听节目管理办法》对非广电企业的不公平的管理态度,为规范包括 IPTV、手机电视在内的互联网试听节目服务秩序提供了法律依据。2008年,发改委等部门发布了关于鼓励数字电视产业发展若干政策的通知,鼓励广电和电信部门相互开放业务和实行业务交叉,明确承认国有资本可进入数字电视接入网的建设项目,为以 IPTV 为首的融合性业务的发展扫清了障碍。但是目前中

---

[1] 金玉森:《三网融合开启分业监管新局:共建共享可纳入规划》,《通信世界》2010年第26期。

国三网融合的有关政策原则性比较强,还缺乏实际的可操作性,有些体制和政策之间还存在相互矛盾的地方。出于对部门利益的维护,广电和电信业各自的主管部门在对融合类业务进行定义和理解时存在很大的差异,这种基于部门利益的矛盾制约了IPTV、手机电视等融合类业务的发展。比较突出的问题包括:一是限制非公有制资本的进入不利于形成多渠道的三网融合投融资机制。非公资本必须不断创新投融资渠道来绕开政策壁垒。二是业务内涵缺失,广电和电信部门对融合类业务的理解不同,例如电信条例中没有对融合类业务的明确定义,而广电行业的信息网络传播试听节目许可证中的分类发放标准没有将IPTV、手机电视等业务纳入开放范围,也没有制定互联网视听服务业务指导目录。电信运营商力推IPTV,牌照却掌握在广电部门手里;广电想做电信增值业务,但ICP和ISP牌照却在工信部手里。而当前无论是工信部还是广电总局从职能上讲都不能涵盖对方。三是融合监管政策缺位导致广电和电信之间的利益博弈。对于融合类业务,广电和电信各有优势。广电精于节目制作,对通信技术不熟悉,而电信部门的通信技术成熟,拥有较大平台用户基数,但是节目制作能力比较弱。两个部门在互相开放、双向进入的过程中都想把握主动权,维护本部门的利益,因此博弈在所难免。这种基于部门利益的博弈不利于融合业务的开展。以IPTV的发展为例,IPTV是实现三网融合的最佳切入点,中国自2005年就开始发展IPTV,但是IPTV在中国的发展却经历了很多人为的障碍。2010年广电总局清查违规IPTV,要求擅自开展IPTV业务的机构遵照互联网试听节目管理规定,限期停止违规开展的IPTV业务,否则将依法查处。这个要求使全国近200万付费的IPTV用户无法再使用IPTV服务,一方面损害了消费者利益,另一方面使开展IPTV业务的机构陷入违约的法律纠纷中。随着技术的不断发展,融合已经成为不能回避的事实,为了解决上述问题,就需要考虑监管部门的统一。因为从实现三网融合的目的上讲,建立新的、统一的监管部门势在必行。

在三网融合政策之下,共建共享的问题将会成为广电部门和电信部门之间实行分业监管的重点。为此就需要主管部门高屋建瓴、统筹规划，充分发挥已有信息基础设施的功能与作用，充分利用各自网络的传输优势，一方面应尽力避免重复建设，另一方面要努力高效地利用现有的网络资源。中国实现三网融合需要两个重要条件，一是跨行业跨部门的上位法律来指导三网融合的实施；二是要理顺分业监管依法行政的各部门之间的关系。为防止融合过程中出现面向用户的价格战，监管部门应该加大对各方之间竞争的监管力度，防止出现各方对于市场热点服务的抢夺。监管机构特别需要防止参与融合计划的企业在基础合作领域划分各自的势力范围、形成市场垄断，而是要积极帮助融合企业创造稳定、有序的产业竞争格局。

2010年9月，广电总局新闻发言人朱虹接受人民网采访时认为，在中国三网融合计划推进的过程中，电信和广电行业的管理原则上实行分业监管。两大行业的主管部门分别依据各自的职责与分工，对经营广电和电信业务的企业实行行业监管。各主管部门应该按照公开透明、公平公正等原则对广电企业、电信企业进行监督与管理，努力创造良好的行业秩序……国家鼓励广电企业和电信企业之间开展合作、优势互补，实现共同发展。① 2015年9月，国务院办公厅印发三网融合推广方案，标志着三网融合进入全面推广阶段。推广方案对电信和广电部门应该如何进行分业监管，以及它们各自的职责范围和内容做出了更加细致的规定；方案要求各主管部门建立起科学、高效、透明的监管体系；方案还明确规定了网络信息安全和文化安全监督与管理部门的具体分工。

生产力决定生产关系，三网融合技术带来的生产力的提高必然要求突破现有的生产关系，以便为社会和公众提供更加丰富、廉价的网络信息服务，并提高普遍服务的质量。在三网融合框架下，监管内容与以前相比应该有所不同，应该把内容播出和网络运营分开来进行监

---

① 《广电总局：三网融合按分业原则监管电信广电》，《中国有线电视》2010年第9期。

管。对内容播出的监管主要包括对互联网上面的内容和新一代广播电视节目的管理与控制,影视作品分级是实施内容监管的理想方法。在网络运营方面,监管的主要内容包括积极推进广电与电信业务实现双向进入,推动实行市场化、集团化的广电企业与三大传统电信运营商在融合服务市场上开展公平竞争。但现实情况是,广电因为掌握着IPTV牌照和平台的控制权,实际上既扮演着裁判员的角色又扮演着运动员的角色,从而引发不公平的市场竞争。

中国已经先后推出了三批三网融合试点城市。这些三网融合试点城市监管体系构造一般分三步走:首先是成立三网融合协调工作小组;其次是实施垂直监管;最后是建立统一的监管机构。目前很多试点城市仍在尝试建立有效的三网融合协调工作小组,有些领导小组的工作不是很顺畅,主要表现为工作职责不明确,工作职责有重复、冲突或空白,技术标准和评价体系不统一等,这些问题主要源自传统上分业监管造成的制约,并且正严重影响着三网融合工作的展开。从地方三网融合试点中的经验来看,问题主要表现在实施方案太宏观,没有阐述具体实施过程,负责三网融合具体实施的人不知道针对哪些工作,如何开展具体的操作,如何推动企业或部门间的有效合作,以及如何清晰合理地界定工作职责范围。

目前,中国的三网融合才刚刚开始,还没有与三网融合有关的统一的法律法规。广电与电信依然是两个有着各自具体诉求的利益主体,并且各有各的法规来保护自己的利益,因此如果要更快地推进中国三网融合的进程,就需要制定统一的法规来结束分业监管的模式。中国三网融合酝酿虽久,但是受制于体制方面的因素,进展一直比较缓慢。

二 融合监管机制的必要性及面临的问题

在三网融合的过程中,挑战来自于技术进步及相应的市场变化给管制机制带来的难题。前文已经提到,广电和电信分业监管的模式已经使这两个行业形成了各自为政的局面,十分不利于融合发展。传统上,电信领域的管制是经济型的,着重于对网络等基础设施的管理;

而广电的监管更注重对社会和文化方面的管理,尤其是对广播内容的管制。从业务的角度看,这两个行业一直没有交叉内容,因此没有必要建立统一的监管体制。但是,随着技术趋同的发展,融合已经成为一个不可避免的趋势,监管的情况也开始发生变化。[①] 一方面,电信企业通过提供 IPTV 等内容传播业务开始向广电行业渗透;另一方面,网络技术不断升级,有线信道双向传输功能越来越完备,这就使得有线电视运营商同时具备了提供宽带互联网服务和语音传输服务的能力。这种技术上融合发展的趋势要求改变原先分业管理的模式,构建更加协调有效的融合监管机制。

从国外经验看,融合监管能够带来更多的便利,也具有更大的优势。例如,美国和英国都有统一的监管机构对广电和电信行业进行融合监管。1996 年美国通信法授权联邦通信委员会(FCC)对广播电视和电信业进行监管。2003 年英国新通信法规定成立英国通信管理局(OFCOM),全面负责对英国电信、电视和无线电实行监管;OFCOM 是一个融合监管机构,它的成立及运行极大地促进了网络融合产业的发展。

构建融合的监管机制应该明确以下三个问题:

第一,制定融合的法律和政策监管框架。推进三网融合,必然要打破广电和电信原来的利益格局,动摇旧的、分业监管的制度藩篱,这是一项艰难的改革任务,因此需要立法为其保驾护航,使改革有法可依,确保改革的工作不会偏离法治的轨道。纵观推行三网融合的国家,基本上都是首先通过法律的修订为融合监管的实施扫清前进道路上的障碍。以融合监管最彻底的英国为例,它在通过立法成立的融合监管机构 OFCOM,对英国电视、电信和无线电的融合发展产生了非常积极的作用。美国则是通过 1996 年的电信法打破了互相准入的限制,使电信网和有线电视网的业务互相开放。与中国同为发展中国家并且

[①] 王育民等:《从三网融合看管理体制与管制改革》,《人民邮电报》2006 年 10 月 20 日第 3 版。

实行广电、电信分业监管的印度也在探索三网融合的道路，并于 2001 年拟定了一份通信融合法案，试图建立一个融合性的法律框架和监管机构，来对电信产业和广播产业进行统一监管，遗憾的是该通信融合法案没有通过。这也说明融合，特别是长期实行分业管理制的发展中国家在三网融合改革过程中所面临的阻力和困难。中国在尝试广电和电信部门双向进入以及推进三网融合的过程中也经历了各种失败。由于缺乏统一的法律和监管框架，当互联网传播技术出现，继而信息网络传输行为开始普及时，对于通过互联网传播信息内容的监管权就成为广电和电信部门争夺的热点。2003 年国家广电总局发布第 15 号令，授权自己为信息网络传播视听节目监管部门。2004 年广电总局发布 39 号令，要求通过互联网、手机和电视等播放视听节目需要获得由广电总局发放的信息网络传播视听节目许可证；此外，广电总局负责管理互联网信息网络传播视听节目的工作。广电总局并不熟悉电信业务，因此该办法不久即被废止。2007 年广电总局和工信部共同颁布了互联网视听节目服务管理规定，由这两个部门共同进行管理。至此，广电和电信业务的融合才有了一点点进步。但是，中国依然没有形成有效的融合监管法律框架，现行法律对网络的监管和内容的监管没有明确的划分，广电和电信的利益争夺仍不可避免地上演着，并且对有关市场主体和消费者都造成了不利的影响。正基于此，我们应该制定与融合发展相适应的法律，涵盖三网融合过程中可能出现的各种问题，使广电和电信业务的互相进入有法可依，使融合监管机构的监管行为有法可依，同时尽可能减少部门间的利益冲突。

第二，设立融合的监管机构。融合的法律和政策框架是推进三网融合计划的基础，而融合的监管机构则是实现三网融合，特别是广电和电信业融合的有力保证。比如，英国的 OFCOM 是英国唯一且独立的融合监管机构。在 OFCOM 监管范围和职能上，已经基本看不出广电和电信分块管理的痕迹，这对于融合后市场的发展十分有利。美国的联邦通信委员会也是一个广电与电信的融合监管机构，但是不同于英国，在FCC这个统一的监管机构内部，仍按不同的网络和服务分别设立不同的监管分支机构。在中国，广电总局和工信部各有自己的监管重点与范围。广电是宣传部门，按照事业体制运行，监管的侧重点是传播的内容，因而更加注重社会政治目的。电信部门实行企业化运作，监管侧重于经济效益。这种不同的定位使中国广电与电信部门在初期融合的过程中表现出重复监管和利益争夺的现象。这就需要成立一个融合的监管机构，对广电、电信和互联网进行统一监管，脱离部门利益的束缚，以保障市场公平竞争，促进三网融合的发展。

第三，从管制对象，即监管内容和范围方面看，依然主要是内容和网络的运行。三网融合之后，广电和电信业务实现双向进入，广电部门可以经营语音和数据通信业务，电信部门则可以参与内容的制作与提供。业务上的融合打破了原先广电部门专门负责监管内容和发放广播内容制作与播放许可证，而电信部门专门负责基础网络运营的分立格局，使这两块业务统一到一个融合机构的监管之下，以避免重复建设、资源浪费与恶性竞争。虽然融合后将由一个独立的监管机构对广电、电信和互联网业务实行统一监管，但是在对内容和网络业务的监管力度上仍然有所区别。以英国为例，对电信业采取竞争开放的监管，申请电信业务不需要许可证；而广电业的准入相对严格，经营广播电视业务需要许可证。此外，OFCOM下属的内容委员会负责对广播电视的内容进行监管，包括广播内容、媒体教育，以及文化、经济和产业方面的广播事务。[①] 各国三网融合的经验均表明，融合的监管机制必须与国情相适应。中国正大力推进三网融合的事业，但是长期以来，中国高度重视广播在引导舆论和塑造意识形态方面的重要作用，因此融合之后对广电内容的监管也应由专门的机构负责，只是监管内容的范围应从传统广播领域扩大到互联网领域的内容。广电自身的网络建设和电信网的建设宜由融合机构下统一的部门负责监管，以避免

[①] 王虎：《国外融合类媒介管理体制探讨与借鉴》，《现代视听》2010年第12期。

过度竞争破坏健康的市场秩序。

总之,三网融合是由技术引发的颠覆性创新。它不仅是技术的融合、媒介的融合、业态的融合、市场的融合以及管理机制等方面的融合,它给人类社会带来的影响现在还不能充分估量。因此立法者和政策制定者应该以更加开阔的视野和胸怀来接纳、适用并促进三网融合的发展。各国在具体实践中总结出一些有利于推进三网融合发展的有益经验,我们将在下一章对这些原则予以阐述。

第三章

国际公约对广播组织权利保护的比较

第一节 现行保护广播组织权的国际法律框架

一 《罗马公约》

《罗马公约》是世界上第一个对广播组织权利做出较为详细规定的国际法。公约的规定（第13条）涉及广播组织的四项基本权利。鉴于正在拟定中的广播组织条约基础提案草案大幅度更新了广播组织权利，[①] 因此这四项权利我们不妨称之为广播组织的"旧权利"。

《罗马公约》第13条中关于广播组织最基本的权利包括：

第一，转播权，即授权或禁止转播其广播电视节目的权利；

第二，录制权，即授权或禁止录制其广播电视节目的权利；

第三，复制权，即授权或禁止复制未经其同意而对其广播电视节目进行录制产生的录制品，以及根据该公约第15条[②]对其广播电视录制产生的、但复制目的不符合该条规定的录制品；

第四，向公众传播权，即授权或禁止在收取入场费的公共场所向公众传播其电视节目。《罗马公约》签订以来，一直没有对这些权利进行过增减或修订。这些权利已经得到各国实践的认可，并且被固定到各国内相关法律中。这四项基本权利被视为广播组织的传统权利。

[①] 基础提案草案给广播组织规定的权利受到多方质疑，最后尚无定论，但是该提案确实反映了多数与会代表对广播组织权利的认识，笔者认为可以把它当作研究的资料之一。

[②] 《罗马公约》第15条是关于限制与例外的规定。

二 《卫星公约》

《卫星公约》（全称为关于播送卫星传播载有节目的信号公约）签订于 1974 年，是缔约各国为应对由人造卫星播送载有节目的信号在数量和地理范围上增长的现象而制定的。公约的序言明确指出，签订该公约的目的在于防止信号盗播并保护著作权人和邻接权人的利益而签订。签订卫星公约的布鲁塞尔国际会议总报告人强调指出，一个同步卫星覆盖的地理位置是地球的 1/3，它的信号可被全球的公众接收和转播。① 这一规定等于将使用卫星信号传送广播节目者也纳入广播组织权利主体中。

伴随卫星通信技术在传统广播领域的应用，西方国家逐渐开始把卫星广播节目作为传统意义上的广播节目而给予其邻接权保护。德国、意大利等大陆法系国家把邻接权的概念引进到卫星广播领域，把卫星传播信号纳入广播组织权利保护范围。② 美国的情况比较特殊，在其版权法中没有邻接权的概念，但是无线电广播、有线传播和卫星广播的节目都被解释为作品受到版权的保护。卫星广播的引入使得对"广播"的定义有了新的认识，也有了对广播组织权利新的争论。

《卫星公约》第 1 条第 6 款和第 7 款是对广播组织的定义，第 6 款中关于"起源组织"和"播送者"的规定就比拟了传统意义上对广播组织的理解。尽管卫星公约的签约国很少，并且在实际上也没有起到很大的作用，但它却是第一个对"广播组织"做出正式定义的国际公约。

三 TRIPs 协定

TRIPs 协定没有直接对广播组织做出定义，而是通过该协定第 14 条第 3 款提到了对广播组织的国际保护，广播组织有权禁止未经其许

---

① 参见《著作权公报》，巴黎教科文组织，1974 年第 4 期。
② 吴汉东：《从电子著作权到网络著作权》，（http://www.fengxiaoqingip.com/ipluntan/lwxd-zz/12201625_10.html）。

可而为的以下行为：将其广播以无线方式重播，将其广播内容固定，将已固定的广播内容复制，以及以同样方式将其电视广播节目向公众传播。如果成员国不授予广播组织上述权利，则依照《伯尔尼公约》1971年文本，对有关广播之内容享有版权之人有权制止上述行为。

TRIPs协定的这款规定基本上维持了《罗马公约》的保护水平。它比《罗马公约》进步的地方在于，不授予广播组织这些权利的国家有义务按照《伯尔尼公约》的有关规定，让广播内容的版权人有权制止这些行为，从而间接地保护广播组织权利。

四　世界知识产权组织保护表演和录音制品条约（WPPT）

1996年签订的《世界知识产权组织保护表演和录音制品条约》（WPPT），又称为邻接权条约，是世界知识产权组织为应对数字技术对邻接权产生的影响而订立的条约。但是在条约订立时，受数字技术冲击最大的是表演者和录音制品制作者，广播组织并未感到订立这样一个条约对他们有什么切身的利益，因此没有表现出特别的热情。这也是为什么WPPT中只包含了《罗马公约》中三种邻接权主体的两种，即表演者和录音制品制作者，而没有包括广播组织的原因。由于该条约不涉及广播组织权利，因此也就没有必要对广播组织进行定义，只是在有关条款中提到了广播组织这个称呼。

但是，从某种程度上说，1996年通过的WIPO邻接权条约（WPPT）更新了广播的概念，增加了卫星广播的方式。虽然WPPT仍然把广播仅限于无线广播，但是明确了由卫星进行的传输和某些加密广播也包含在这个概念中。虽然WPPT没有对广播组织的概念进行定义，但是由上述广播概念的发展我们可以推导出，广播组织的内涵发生了变化，通过卫星公开传送节目的组织也应该被纳入广播组织的范围之内。这就在实际上突破了《罗马公约》所暗含的广播组织只是利用无线电、赫兹波传送节目的组织这样一个界定。WPPT中的这个突破只是一个开始，迅猛发展的数字网络技术使得传播的内涵发生了更为革命性的变化，《罗马公约》的规定已经远远落后于技术发展所带来的现实，不足以成为指导各国内立法的国际法律文件。

第二节 《罗马公约》框架下的广播组织权利保护

由于广播技术是在 19 世纪末发明和应用的，所以，缔结于 1886 年的《伯尔尼公约》只对文学、艺术和科学作品，包含电影作品，进行保护，不可能先验地对广播组织的广播信号进行版权保护。但是，随着广播电视技术的发明与普及，作品的传播表现形式不仅仅限于出版印刷的纸质形式，录音、录像、电视、广播、多媒体等电子形式也逐渐成为传播主渠道。在作品通过这些渠道传播过程中，广播组织虽非作品原作者，却以公共传播的方式履行着作者展示作品内涵的责任，对推进文化艺术发展起到相当大的作用。虽然，广播组织在传播作品过程中"独创性"并不明显，但是，鉴于广播组织为作品的传播投入了大量人力、物力和财力，其权益理应给予保障。于是，1961 年 10 月 26 日由联合国国际劳工组织、教科文组织和世界知识产权组织共同发起，旨在为表演者、录音制作者和广播组织权利提供保护，在罗马签订了《保护表演者、录音制品制作者与广播组织公约》（简称《罗马公约》）。

一 对广播组织权利保护的原则

第一，不损害版权原则。由于在国际层次确立邻接权是开创性的，其他人抱有很大的忧虑：是否会对版权人的利益造成减损，因此，该公约第 1 条就开门见山对该问题进行了解答，指出对于像广播组织权利这样的邻接权的保护，不能影响文学与艺术作品的著作权保护。该项原则在后来的 WIPO 版权及相关权常设委员会关于广播组织权利保护的历届会议提交草案中基本都得到了认可。

第二，国民待遇原则。该公约第 2 条第 1 款规定，就本公约而言，国民待遇是指被请求保护的缔约国国内法给予下列主体的待遇：（C）广播电视节目从位于其境内的发射台发送，并在其境内设有总部的广播组织。为了表明谁是这种待遇的受益人，公约第 6 条第 1 款中规定适用于广播组织的联结点，明确两种情况且在符合任何一种情况下，各缔约国均应对广播组织给予国民待遇。

第三，最低保护原则。在邻接权保护方面，国内法之间的差异非常巨大，实际上，在一些国家根本就没有邻接权保护。这一实际情况使公约不可能强制性地给予高标准保护，而如果它以那些采用最低标准的国家共同接受的制度为基础，它就失去了缔结的目的。因此，该公约第 2 条第 2 款规定，国民待遇应符合本公约特别给予的保护和特别规定的限制。即使缔约国没有给予其本国国民这些最低限度的保护，它也必须对其缔约国国民给予这些保护；对必须赋予的最基本权利，可以按照公约对这些权利施以限制。

二 对广播、转播的限定

从该公约第 3 条（f）之规定可以看出，《罗马公约》对广播进行的定义具有强烈的时代特征，因为当时的传播技术最好的当属无线电广播技术，且为了方便法律规范的需要而将"广播"仅限定于"无线手段"传输声音或声音和图像。如此一来，有线传播就被排除于该范畴，不属于"广播"。

三 广播组织权利的内涵

该公约不涉及邻接权的精神权利，只规定了经济权利。公约第 13 条为广播组织规定了专有权，使其可以授权或禁止他人在广播电视领域从事若干活动，包括转播、录制、复制其广播电视节目，以及未经其同意而制作广播电视节目的录制品和在收取门票的公共场所公开传播广播电视节目等。但是公约为缔约国对该条款的适用提供了保留选项。

四 权利限制规定

该公约第 14 条对广播组织权利的保护期限进行了规定，"本公约给予保护的期限,至少持续到自下列年份年底起计算的 20 年期限届满:(c)对于广播电视节目——进行播放之年"。第 15 条还规定了准许的例外。由此可见,第 1 款规定的四项特别例外在著作权公约中只是用于限制作者权利的主要例外,还有其他次要的例外;而这一款避免了邻接权人在例外方面获得的待遇优于作者。1961 年罗马会议总报告还指出,为评论或慈善目的进行的自由引用,缔约国可以就给予广播组织的保护规定同样的例外。

五 《罗马公约》的不足

首先,缔约国数量少。截至 2014 年 8 月 4 日,该公约的成员国仅有 92 个[①],不足全世界国家总数的 1/2,且世界上最大的两个国家中国和美国没有加入,直接影响了该公约的适用范围和国际地位。

其次,内容的滞后。《罗马公约》是适应当时的技术而产生的,对邻接权制度的开创性设立,某种程度上就是对技术发展的一种超前响应。不过,公约缔结当时,FM 广播、晶体管收音机、彩色电视机、数字广播等概念都是闻所未闻,卫星广播、网络广播更为天方夜谭,因此,从目前发达的三网融合信息技术来看,相对于有线广播、卫星广播、网络广播等在广播领域大量出现,《罗马公约》规定的内容显然已经无法满足当下广播所面临的问题。比如,该公约对"广播"定义缺乏开放性。该公约第 3 条(f)规定,广播是指供公众接受的声音或图像和声音的无线电传播,即广播不仅仅限于无线广播,且立法技术还是封闭式,而在当今三网融合时代,风靡广播领域的是有线广播、卫星广播、网络广播等新的广播形式,受众可以通过各种终端设备来收听或收视广播电视节目。目前广播的内涵和外延都远远超出《罗马公约》定义的广播,因此,我们不但要对广播进行扩大化解释,而且还要满足未来技术的发展,采取开放式定义。另外,限于当时信息传

---

① http://www.wipo.int/treaties/zh/ShowResults.jsp?treaty_id=17。检索时间:2014-8-4。

播技术的低端，广播业自身尚无繁荣发展，该领域中的竞争几乎不存在，所以，盗播现象并不严重，《罗马公约》也就对此忽略。但是，随着三网融合技术的产生与普及，在传统技术环境下，只有专业公司才能从事的盗播行为，目前略有网络知识的个人就可以轻松地通过互联网在未经广播组织同意的情况下同步将广播组织的广播信号进行转播或者将非法录制的广播节目上传网络并进行传播，形成盗播主体的个体化现象，对广播组织权利构成极大的威胁。在此背景下，对广播组织权利进行重新界定，对非法盗播行为进行规制和处罚，就成了世界各国当务之急的任务。

第三节 《布鲁塞尔卫星公约》框架下的广播组织权利保护

自1958年美国发射第一颗通信卫星以来，卫星通信技术在广播领域获得了突飞猛进的发展。但是，在广播组织对卫星广播信号加以利用的同时，有些机构在未获得许可的情况下大量窃取卫星广播信号，使广播组织的利益受到巨大危害。况且，由于当时的卫星广播信号并不支持公众直接接收，而《罗马公约》第3条的规定将"广播"限定于仅供公众直接接收，因此，卫星广播信号就难以获得法律保护。

面对如此法律空白，自1965年起，很多专家学者都投入到卫星广播信号保护的研究中来，并于1968年、1969年多次召开国际会议对其进行研讨。[①] 进入20世纪70年代，该问题扩大为"因太空卫星传输所引起的著作权人、表演者、录音制品制作者及广播组织保护的问题"[②]，且得到了联合国教科文组织和世界知识产权组织的关注，开始产生缔结国际公约的构想。历经1971年洛桑草约（*Lausanne draft*）[③]、

---

① 胡开忠等：《广播组织权保护研究》，华中科技大学出版社2011年版，第51页。
② Report of the General Rapporteur, Paris, United Nations Educational, Scientific and Cultural Organization, 1974, para. 5.
③ 该草案承认广播组织权，设定三种保护节目贡献者的方案。

1972 年巴黎草案（Paris draft）[①]、1973 年奈洛比草案（Nairobi draft）[②]三次会议草案，最终于 1974 年 5 月 21 日在布鲁塞尔签订了《关于播送由人造卫星传播的载有节目信号公约》（简称《卫星公约》）。

该公约行文很短，只有 12 条内容。首先对信号、节目、人造卫星、发射信号、接收信号、起源组织、播送者、播送等概念进行定义，然后，通过禁止性规范，责成成员国承担禁止义务，防止本国广播组织或个人非法转播卫星广播信号。且针对《罗马公约》的不足，明确加以弥补，如第 3 条之规定。另外，该公约对权利的限制也进行了规范，如该公约第 4 条之规定。

该公约的制定适应了卫星广播技术发展的需要，在国际层次为卫星广播信号提供了保护，弥补了《罗马公约》在此方面的不足。但是，该公约的不足也是很明显的：首先，影响力很小，截至目前该公约的成员国只有 37 个，[③] 中国还没有加入，比较《伯尔尼公约》《罗马公约》，《卫星公约》其适用范围更小，影响力更弱。其次，没有像《罗马公约》表述那么明确，没有直接规定广播组织享有禁止他人非法使用自己卫星节目的专有权，而是采取对成员国附加责任和义务防止本国有关组织或个人非法转播，对广播组织的利益保护起到了一个迂回保护的效果，但是这个迂回过程中必定会有保护效果的人为损耗[④]。最后，该公约第 4 条只规定了三种合理使用的情形，比《罗马公约》对此规定的情形要少。尤其是在三网融合背景下，技术的互融互通为公民信息自由流通、满足公民的知情权提供了极大的便利，而

[①] 该草案的宗旨较偏重保护播送者和电视机构的利益。

[②] 该草案不关注授权事宜，重点强调要求成员国以适当的方式制止卫星信号的非法盗播，成员国应规定防止信号盗播的法律责任。此外还规定，对于广播组织同著作权人、表演者之间的利益平衡问题，由成员国的国内法和当事人之间的协议来解决。

[③] http：//www.wipo.int/treaties/zh/ShowResults.jsp? treaty_id=19，检索时间：2014-8-5。

[④] 在该公约拟订过程中，作者利益集团提出，如果广播组织仅通过通信卫星传送信号就享有特殊权利，那么这种权利也应当赋予作者和广播节目的其他制作者。而广播组织则考虑：如果赋予作者和节目的制作者以新的权利，则会对其带来许多不便。在这样的利益权衡下，该公约只是要求缔约国承担采取有效措施防止非法传播的义务，并没有赋予广播组织以特殊权利。参见王传丽主编《国际贸易法—国家知识产权法》，中国政法大学出版社 2003 年版，第 112 页。

合理使用规范的不足必然会影响广播组织与公民、社会之间的利益平衡。

第四节　TRIPs 协议框架下的广播组织权利保护

20 世纪后半叶以来，随着科学技术的蓬勃发展，代表智力创造的知识产权在国家贸易中所创造的利益逐渐让人们意识到其重要性。尤其是在发展中国家与发达国家在知识产权保护之间存有巨大差距的背景下，知识产权贸易就成为发达国家同发展中国家国际贸易摩擦的主要来源。20 世纪 80 年代之后，这种摩擦开始扩大到著作权和邻接权领域。[1] 为了解决这些问题，美国积极推动实现了利用贸易方式来解决各国在知识产权保护中的差异，成功将以贸易为基础保护知识产权的国内政策运用到 1994 年 4 月 15 日签署《与贸易有关的知识产权协议》（简称 TRIPs 协议）之中。[2]

由于各自国内法对广播组织权利的认识不同，所以，在协议制定中与会国首先碰到的最基本的争议就是是否区分采取"著作权保护"与"邻接权保护"分离的原则。比如，以《罗马公约》的缔约国和欧盟国为代表，主张著作权与邻接权是不同的两种权利，应该获得平等保护，应将《罗马公约》的规定纳入该协议中[3]；而以缺乏邻接权制度的美国为代表的与会国则认为，不需要为广播组织提供邻接权的保护。不过，争议后与会国还是以相互让步的方式获得妥协。

---

[1] 刘洁：《邻接权归宿论》，知识产权出版社 2013 年版，第 32 页。

[2] 在美国的 1974 年贸易法当中，1988 年增加了一个特别 301 条款，这个特别 301 条款可以说是从国内法的角度率先把国际贸易与知识产权捆绑在一起。我们现在看到美国每年发表的特别 301 报告，就是由此而来的。在国内法的基础上，美国尝到了甜头，进一步在 1992 年把这样一种做法推行到了地区，写进了《北美自由贸易协定》（NAFTA），把知识产权与贸易这种捆绑扩大到了区域自由贸易协定当中，进而又把这种区域性的捆绑推向全世界，最后产生和形成了世界贸易组织的 TRIPs 协定。这是一脉相承的。通过这样一个脉络我们可以清楚地看到，作为国际贸易和知识产权是如何一步一步密切结合和捆绑起来的。这实际上是以美国为首的发达国家全力推动的结果。参见李顺德《TRIPs 协定给我们带来了什么？》，《知识产权》2011 年第 10 期。

[3] See, MTN. GNG/NG11/14, 12 September. 1989, p. 31.

对于广播组织权利的保护，TRIPs 协议第 14 条第 3 款进行了规定，[①] 且该条内容与《罗马公约》一脉相承，包括了录制权、复制权、转播权和向公众传播权等四个权利。但是，同《罗马公约》也有不同之处：首先，广播组织权利保护是选择性的保护。该协议第 14 条第 3 项第 2 句特别规定，只要与会国依《伯尔尼公约》之保留规定，对广播内容的版权所有人提供如第 14 条第 3 项第 1 句的保障者，与会国就可以不必对广播组织提供相关保护。保护广播组织条款属非强制性条款，但与会国若选择不授予广播组织录制、转播其广播的权利保障，起码要授予著作权人该等权利。[②] 由此可见，在该协议中，对广播组织的保护并不具有绝对拘束性，而只是一种选择性的保护而已。其次，该协议允许缔约国依据《罗马公约》第 16 条第 1 项第 2 款规定，对于广播组织在公共场所附有门票收入的电视节目的公众传播，所享有授权或禁止的权利加以保留。换言之，对广播组织的公众传播权中取消了对这种传播要求在收取门票的公共场所进行的限制。

TRIPs 协议不但打破原来由《伯尔尼公约》和《罗马公约》分别对著作权和邻接权进行保护的格局，将著作权和邻接权融入一个体系中，而且趋向于著作权与邻接权的平等保护。该协议对广播组织权利的保护更具有一定的积极意义。但是，我们也应看到，虽然该协议起草过程中，传播技术已获得了飞速发展，与会国代表也清楚传播技术发展的现状，但是由于种种原因，该协议并没有对新技术发展给广播组织权利保护所带来的困扰进行关照，该协议内容也没反映出新技术给广播组织权利所提出的挑战。

---

① TRIPs 协议第 14 条第 3 款规定，广播组织有权禁止下列未经其授权的行为：录制其广播、复制其录制品及通过无线广播方式转播其广播，以及将同样的电视广播向公众再转播。如果各成员未授予广播组织这种权利，则应在符合《伯尔尼公约》(1971) 规定的前提下，赋予广播内容的版权所有人以阻止上述行为的可能性。

② 黄婕榛：《传播机构著作邻接权利之保护》，硕士学位论文，中原大学，2007 年。

第五节　WIPO 广播组织条约草案框架下的广播组织权利保护

一　WIPO 广播组织条约制定的背景和进展

为了实现广播组织权利国际保护标准的统一，并对已有的广播组织权利保护规范进行完善和更新，尤其是在 WCT、WPPT 已对网络环境中的版权保护、表演者权、录音制品制作者权的保护制度进行改革的背景下，SCCR 于 1998 年 11 月 2 日至 10 日在日内瓦召开了第一届会议，重点梳理和讨论世界范围内已有的国际条约、区域条约、国内立法中有关广播组织权利制度的规定，并形成《现有国际、区域和国家立法关于广播组织权保护》（SCCR/1/3 文件）。根据该文件可知，第一届会议的工作重心是梳理世界范围内对广播组织权利保护的规范，对广播组织权利国际保护水平、现状、差异等方面进行概括和描述。通览全文，并未发现"Netcasting"或"Webcasting"等词语，由此可见，在本届会议中，与会国只是做了最为基础性的梳理和概括工作，并未涉及网络技术对广播组织权利提出挑战并做出具体回应。

1999 年 5 月 2 日至 11 日，SCCR 在日内瓦召开了第二届会议，形成系列会议文件。其中，在 SCCR/2/6 文件中，作为非政府组织的数字媒体协会对数字时代的网络广播问题进行了关注，并提出网播组织权保护的建议。该协会认为网络广播为作者和表演者展示或买卖他们的作品给新的受众，并为公众提升自己对来自全世界的文化理解和欣赏水平打开了新的机会。如果一个世界知识产权组织有关广播组织权利条约的目的在于使广播表演的保护更新和现代化，那么毫无疑问，同样的保护也一定能给予网络广播。因此，该协会坚定地提倡采取一个技术中立的广播组织权利条约，不论传递的形式如何给予所有广播以平等的保护。对此，该协会指出为了保护网络广播，广播的定义应从两个方面进行更新：首先，该定义不应对传播强加任何像无线方式等要求，《罗马公约》中广播定义已经过时。对有线或无线广播提供保护不是基于传播技术而是基于内容和信号的性质。其次，该定义应包含那些可以被收入传输中的辅助数据。例如，这些数据包括有关被表演作品的信息；有关表演者的信息；在线零售商网址的链接，听众或观众在该网址可以购买特定的被播送的视听制品等。

2002 年，常设委员会发布了与广播组织权利保护有关的术语和概念（SCCR/8/INF/1），包括广播、有线广播、信号、转播等基础性的概念。这些概念的澄清对于进一步研究广播组织权利保护的基础具有重要意义。当然，今天传播技术的发展已经超出了这份文件所涵盖的范围，因此本书对有关新出现的传播技术和相关概念进行了补充。同年还发布了一份有关广播组织权利保护技术背景的文件。该文件详细阐述并分析了截至文件完成之时新传播技术的方式及其引发的与广播组织权利有关的经济与法律问题。这份文件对于帮助人们理解为什么要更新广播组织权利保护有重要的作用，但是鉴于技术发展的速度之快，今天这份文件也已经相对过时。

2003 年 6 月 23 日至 27 日，日本在此次会议中专门针对网播组织提出一份议案 *Issues Concerning "Webcaster" In New Wipo Broadcasting Organizations Treaty*。日本代表认为，当网播作为保护对象时上面的问题应该详细讨论，世界知识产权组织的成员国对于它们必须有共识，因此，强烈期待在未来 SCCR 会议上应充分关注该探讨。他们还认为，传统广播组织与网播组织之间的差距太大以至于在一个单独的工具下不能被处理，当然，这并不意味着反对保护网播组织。对待网播组织问题最切实可行的方法就是从目前正在被 SCCR 探讨的新工具的范围内脱离，在 SCCR 中开展一项独立的讨论，目的在于为保护网播组织建立另一个专门的讨论。对 WIPO 互联网条约的探讨最初是着眼于保护和更新既有权利享有者的权利，以便适应数字技术和互联网的发展。另外，在此文件中，还对网播、网播组织、邻接权视阈下网络广播定义的变化、执行问题等多个方面进行了说明。

在此次会议中，美国提出一份议案 *protection of the rights of broadcasting organizations*[①]，承认三网融合技术所带来的深刻影响造成网络

---

① SCCR/9/4.

盗播的可能性和机会大大增加,强调缔约国应致力于发展和维护广播组织、有线广播组织和网络广播组织的权利保护,某种程度上尽可能有效和统一的未损害对广播、有线广播和网络广播中所承载的作品、表演和录音制品的保护。同时,美国还对网络广播进行了定义[①],建议将授予广播和有线广播组织的相同保护延伸至网播组织。

  2004年11月17日至19日,SCCR在日内瓦召开第12届会议,颁布《关于保护网播问题的备选和非强制性解决方案》的工作文件[②]。本工作文件的宗旨是,为找到关于保护网播组织(包括同时广播组织)的非强制性、更加灵活的解决方案提供便利;其一个重要作用是,满足那些承认网播的重要性,并将网播视为广播组织以及利用不同的技术平台进行传播的其他传播组织的国际制度中的组成部分的各代表团的立场。不过,由于对网播组织提供保护的条约并未受到大家的支持,就网播和同时广播问题单独编拟一份工作文件就成为大家的选择。且原来表示反对的代表团表示,他们认可网播具有潜在的经济和其他方面的重要意义,支持另立程序,而且可能应在晚些时候,编拟关于保护网播组织的条文。这应取决于单独对网播领域的保护需求和形式进行的审查和分析情况。对同时广播领域的保护形式进行的审查,应与网播保护的一般性问题进行的审议一同进行。这样做的理由是,按一个代表团的提案中所提出的同时广播的概念,即使其系由广播组织所为,在本质上也属于网播行为。该文件提出了3个备选方案,其中备选解决方案3对网播及网播组织进行了定义。[③]

---

  ① 网络广播系指以有线或无线的方式,通过计算机网络,使公众能基本同时得到所播送的声音,或图像,或图像和声音,或图像和声音表现物。此种播送如果加密,只要网播组织或经其同意向公众提供解密的手段,即应被视为"网播"。
  ② SCCR/12/5.
  ③ "网播"系指以有线或无线的方式,通过计算机网络,使公众能基本同时得到所播送的声音,或图像,或图像和声音,或图像和声音表现物。此种播送如果加密,只要网播组织或经其同意向公众提供解密的手段,即应被视为"网播"。"网播组织"系指提出动议并负有责任向公众播送声音,或图像,或图像和声音,或图像和声音表现物,以及对播送内容进行组合及安排时间的法人。

另外，该会议还发布了一个文件《关于保护广播组织的条约经修订的合并案文第二稿》。① 该文件对"广播"进行了界定，将其限定于无线广播。阿根廷、埃及、日本、新加坡、美利坚合众国和乌拉圭在提案中认为，鉴于该文件中"广播"定义采取的是传统方式界定，所以，在现有条约的解释中不存在任何不明确的地方。该文件中对广播的定义以《罗马公约》第3条（f）项为依据。《伯尔尼公约》第11条之二也采用了相同的定义语言。为了完整起见，根据埃及、日本、肯尼亚和美利坚合众国的提案，"声音，或图像和声音"的说法被改为"声音，或图像，或图像和声音"，把"通过计算机网络进行的播送"排除在"广播"的定义之外，即计算机网络传播即使以无线的方式进行，也不是邻接权意义上的广播。另外，出于与"广播"定义所涉的相同原因，"通过计算机网络进行的播送"不包括在"有线广播"的概念中；"有线广播"也不得理解为包括通过计算机网络进行的播送。由此可见，该文件体现出对 WPPT 的详细参考，以确保新的条约与已经通过的两个互联网条约在对基础概念理解上的一致性。

2006年5月1日至5日，SCCR 在日内瓦召开第14届会议提出了关于网播的问题，并通过了《世界知识产权组织保护广播组织条约基础提案草案包括关于保护网播问题的非强制性附录》这一法律文件。② 强调声明愿受本附录约束的《保护广播组织条约》缔约方，出于以类似和适当的方式将《保护广播组织条约》（下称"条约"）所规定的保护延及网播组织的愿望，承认技术中性原则的重要性，以及对类似广播的网播活动给予基于类似理由所给予的保护的必要性，承认三网融合技术所带来的深刻影响造成网络盗播的可能性和机会大大增加，强调对网播节目的保护与版权人及邻接权人对这类节目中所载内容享有的权利之间有所区别，并强调提供此种保护，制止非法使用网播节目的行为，会为这些权利人带来利益。附录中第2条（a）项对"网

---

① SCCR/12/2/rev.
② SCCR/14/2.

播"进行了界定,该定义同条约中"广播"的定义在结构上基本相同,其核心词是"播送",但修饰"播送"的是"利用能为公众中的成员基本同时获取的载有节目的信号"这一短语,主要想表达的意思是在当今发达的网络技术条件下,获取载有节目的信号流非常容易。另外,这种通过电信渠道的播送是由信号接收者来激活或启动的。"公众中的成员"和"基本同时"等内容,是强调网播同传统广播在满足大众同时接收信号方面是一样的,且都无法改变信号接收的顺序。不过,区别在于网播是通过电信通道且接收到的是实时网流,而广播是通过广播网络或无线电波通道且接收到的是有线信号或无线电波。第2条(b)项①。对"网播组织"作了定义,以便为受附录保护的人提供适用标准。这些标准与条约第2条对"广播组织"的定义完全相同。保护要以对安排节目②,做出投资为限。同年,又通过了世界知识产权组织保护广播组织条约基础提案草案(SCCR/15/2),并在这份文件中去掉了有关网播问题的内容。这两份文件成为各国学者研究新技术条件下广播组织权利发展与保护的重要参考资料。

2007年,SCCR第一次特别会议通过了世界知识产权组织关于保护广播组织条约的非文件(SCCR/S2/WWW/77592)。该文件特别强调广播组织条约对广播组织权利的保护应该基于信号保护的态度。

2008年,SCCR在其工作报告(WO/GA/36/5)中提到保护广播组织权利的问题,指出通过前些年的讨论,与会代表已经充分了解广播组织条约各相关利益方的立场与诉求。同时决定应该把广播组织和有线广播组织这两个主体都保留在对广播组织条约谈判的进程之中。

2009年,SCCR发布了由英国Screen Digest公司完成的研究报告,未经授权使用广播信号的社会经济影响研究(第一部分):广播业当前的市场与技术发展趋势(SCCR/19/12)。该报告是对2002年那份关于广播组织权利保护技术背景文件的更新与补充。报告详尽分析了截

---

① "网播组织"系指提出动议并负有责任向公众播送声音,或图像,或图像和声音,或图像和声音表现物,以及对播送内容进行组合及安排时间的法人。

② 指对播送内容进行组合及安排时间。

至 2009 年，世界范围内广播市场的发展情况以及新传播技术带来的信号盗播现象对广播组织、消费者、社会公益和市场竞争的影响。

2010 年，SCCR 继续发布由英国 Screen Digest 准备的研究报告，未经授权使用广播信号的社会经济影响研究（第二部分）：未经授权获取广播内容——原因及后果：以全球为视角（SCCR/20/2Rev），以及报告的第三部分，对保护广播组织拟议条约的社会与经济影响的研究（SCCR/21，又称为 Picard 研究报告），还有由秘书处准备的对于未经授权使用广播信号的社会经济影响研究一、二、三部分的分析（SCCR/21/4）。

2011 年 6 月 15 日至 24 日，SCCR 在日内瓦召开第 22 届会议，会议编拟了《〈保护广播组织条约草案〉要件》（SCCR/22/11）。该会议强调指出，近年来，广播技术和形态不断演变，尖端技术在广播领域中的应用也不断发展，而新一代技术会在不久的将来出现在人们的视野中。与会代表指出，信号盗播现象已经不限于卫星、电缆等传统广播平台，而是广泛出现于移动、互联网等新的平台。鉴于 WIPO 大会 2006 年的任务授权，并由于这些因素，为继续制定保护广播组织条约草案提供了机遇，因为这一保护可能忽视了技术发展情况和条约所具有的实际意义。对于技术发展的影响，尤其是新传播技术对数字平台的影响必须加以充分考虑，体育赛事信号盗播泛滥的情况便是佐证。作为磋商的一个结论，大家一致认为主席应为 SCCR2011 年 6 月会议编拟一份非文件，根据一种技术中性的方法，找出保护广播组织条约草案的可能的要件。文件将以 2011 年 4 月举行的磋商中所作的发言和意见交流为基础。根据非正式磋商结果，目前的这份非文件便构成了主席建议的为在国际层面更新对广播组织的保护，并满足广播组织在新的技术环境中的需求，而制定关于保护广播组织的新条约草案时，可以考虑的起码的功能性要件。这同时也符合 WIPO 大会于 2007 年赋予的任务授权（目标、具体范围和保护对象）。

不过，也有对此表示反对的国家和国际组织。比如，印度代表认为，SCCR/22/11 号文件中有关广播组织保护条约草案的非正式文件内容并非新内容,只是网络广播和同播问题的老调重弹,有悖于2007年WIPO大会授权,令人所不齿。电子疆界基金会(EFF)代表认为,给予广播组织和有线广播机构授权互联网转播的专有权,会使广播组织和有线广播机构控制接收转播的设备类型,为互联网转播的中介机构带来新的责任风险,从而不利于竞争和创新。互联网与社会中心(CIS)代表认为,给予网络广播和互联网转播权将会危及WIPO发展议程有关保全公共领域第16款的规定。CIS支持南非和印度代表团的立场,在考虑制定条约时应突出公共利益。美国知识生态国际组织公司(KEI)的代表反对WIPO有关制定新的保护广播组织条约的工作,这为互联网建立了一个错误的先例,对于任何恪守版权和反盗取服务法的平台也是不必要的。[1]

2011年11月21日至25日、28日、29日和12月2日,SCCR在日内瓦召开第23届会议,保护广播组织非正式磋商会议将"广播组织通过计算机网络同时进行且不加任何改变的节目播送,应视同广播,并应受到条约草案规定的相同保护(?)"列入《保护广播组织条约草案》待审议问题拟议清单之中。[2] 本届会议南非和墨西哥代表团的提案指出,广播组织有权"以任何方式向公众传播广播信号,包括将其广播信号向公众提供,使公众中的成员在其个人选定的地点和时间可以获得这些信号"。[3] 不过,印度代表对该提案提出的建议之一是"在最后一句加入这种播送不包括网播和同时广播",墨西哥和南非都赞同这一建议,因为他们认为由于该问题涉及网播,同时广播问题将在不同程序中处理。墨西哥代表团澄清说,该提案的主要驱动因素是要找到信号盗播的解决方案。有必要向广播组织授予一种法律诉讼的权利,来防止他人利用数字平台进行网播或同时广播。这些行为都是非法的,在广播体育赛事的情况下尤为如此。[4]

---

[1] SCCR/22/18,第37—40页。
[2] SCCR/23/9.
[3] SCCR/23/6.
[4] SCCR/23/10.

一些国际组织对该提案表达了自己的理解,如互联网与社会中心(CIS)对此提出新的担心,"考虑到投资是以保护广播组织为基础,合理性不一定适用于所有平台。向大型广播组织在线传播提供权利,同时排除小型网播组织,将产生一种在原则上或现行法律上缺乏任何基础的等级制度";知识生态国际组织公司的代表(KEI)重申,"如果授予广播组织权利,就会削弱版权持有人的权利";加拿大图书馆联盟(CLA)认为,"几乎没有理由制定一项保护广播组织的国际文书"。

2012年7月16日至25日,SCCR在日内瓦召开第24届会议。在此期间,日本代表团的提案为《关于〈WIPO保护广播组织条约〉经修订的基础提案草案的更新文本(SCCR/15/2rev)》,指出本案文中最重要的一点就是一项新条约提出的有关"广播"的定义,不应包括互联网上的播送,即使这些播送是由传统的广播组织或有线广播组织进行的。建议将"通过计算机网络进行的播送"排除在"广播"之外,以清楚地表明,计算机网络播送即使是以无线的方式进行的,也不符合广播的资格。[①] 不过,南非和墨西哥代表团的联合提案《保护广播组织条约草案》在适用范围方面提出不同意见,"任何缔约方均可以向世界知识产权组织总干事交存一项声明,申明该缔约方将使依本条约对通过计算机网络进行的广播的保护,限于广播组织对其本身以其他方式播送的广播节目〔同时进行且不加任何改变的〕的播送;但此种保留应仅在自本条约生效之日起不超过三年的期限内有效。"[②] 但是,经委员会通过的《保护广播组织条约工作文件》最终是这样表述的,"广播"不应理解为包括通过计算机网络播送一组此类信号或不应理解为包括通过计算机网络进行的播送;不得对"播送时间和接收

[①] 出于与"广播"定义所涉的相同原因,"通过计算机网络进行的播送"不包括在"有线广播"概念中。本条约的规定不得对以下行为提供任何保护:(ⅰ)以任何方式对第2条(a)、(b)和(d)项所述的播送内容进行的纯粹转播;(ⅱ)播送时间和接收地点可由公众中的成员个人选定的任何播送。SCCR/24/3.

[②] SCCR/24/5.

地点可由公众个人选择的任何播送"提供任何保护。但同时，又在适用范围中提供的备选方案"任何缔约方均可以向世界知识产权组织总干事交存一项声明，申明该缔约方将使依本条约对通过计算机网络进行的广播的保护，限于广播组织对其本身以其他方式播送的广播节目〔同时进行且不加任何改变的〕的播送，但此种保留应仅在本条约生效之日起不超过三年的期限内有效。"①

2013年SCCR秘书处发布了常设委员会关于版权与邻接权工作的报告（WO/GA/43/13），指出委员会继续坚持2007年以来确立的以信号保护为基础的态度，继续努力制定一份用以更新关于广播组织和有线广播组织保护的国际条约。同年，12月16日至20日，SCCR在日内瓦召开第26届会议。日本政府提出《保护广播组织条约草案》，在介绍性说明中指出"本提案的主要目的是从关于适用范围的长期讨论中找出一种方法，并推进讨论，促进新条约获得通过。因此，我们仅关注通过计算机网络传输的信号是否包括在此条约之中的问题。本提案中，第6条之二是新增内容，规定通过计算机网络传输的信号被列入该条约的适用范围。"关于第6条之二（保护通过计算机网络传输的信号）的解释性说明：第（1）款明确规定，条约规定的保护涉及保护通过计算机网络传输的信号。第（2）款沿用《伯尔尼公约》第14条之三第（2）款的概念，后者在很大程度上公认为是一项继承性条款，规定了同时对等的原则。本款规定，某一缔约方的广播组织和有线广播组织可以依下列条件在另一缔约方要求对通过计算机网络传输的信号进行保护。这些条件是：（ⅰ）如果广播组织和有线广播组织所属的缔约方也规定对通过计算机网络传输的信号给予保护，以及（ⅱ）被要求提供保护的缔约方可提供的保护范围。第（3）款规定，各缔约方的国内立法可以依据第6条之二第（1）款决定保护范围和具体措施。②

---

① SCCR/24/10, Corr.
② SCCR/26/6.

在12月20日这天，SCCR做出了结论：委员会审议了工作文件SCCR/24/10 Corr.第5、6、7和9条，以及日本政府就保护计算机网络上传播信号的提案SCCR/26/6。此外，委员会注意到印度政府有关对文件SCCR/24/10 Corr.案文建议进行调整的工作文件，以及美利坚合众国政府的讨论提案。关于第6条，讨论涉及在适用范围内包括互联网上的传输，谅解是这种传输如果要包括在内，将限于源自传统意义上广播组织和有线广播组织的传输。如果这种保护要包括在内，将进一步讨论保护是强制性的还是可选性的。会议讨论了互联网上同时且不做修改的传输广播内容，会议的谅解是，如果源自拟议条约受益人的互联网上的传输要包括在拟议条约的适用范围内，那么至少此处同时且不做修改的传输应被包括在内。将进一步讨论源自互联网的传输、点播传输（待定义）或者延迟和不做修改的广播传输在源自拟议条约受益人时，是否包括在互联网传输的适用范围内。[①]

2014年，SCCR发布了保护广播组织条约工作文件（SCCR/27/2）。这是最新的关于保护广播组织条约约文的讨论结果。该文件试图对信号做出有意义的定义，但是文件中拟定的定义以及两个备选方案还是倾向于把电子载体所传输的内容也囊括到信号这个定义之中。这种定义方式较之以前的讨论没有什么实质性的进步。文件所讨论的其他内容，包括各备选方案也是如此，实质进展乏善可陈。

二　WIPO广播组织条约草案中的广播组织权利体系

WIPO广播组织条约草案中关于广播组织权利的规定是从《罗马公约》和TRIPs协定的有关规定脱胎而来。从前面的论述我们已经知道，《罗马公约》第13条给广播组织规定了四项最基本的权利，即转播权、录制权、复制权和向公众传播权。TRIPs协定给广播组织规定了四项禁止权限，即广播组织有权禁止他人未经其同意重播、固定、复制及向公众传播其节目。在此基础上，为应对数字网络技术给广播

[①] SCCR/26/ref/conclusions.docx.

组织带来的挑战，WIPO 广播组织条约基础提案草案（SCCR/15/2）第 9—15 条给广播组织规定七种权利，比《罗马公约》和 TRIPs 协定增加了三种权利，即发行权、录制后播放权和提供已录制广播节目权。

从而，在 WIPO 广播组织条约草案框架下，广播组织权利的体系包括七种权利，其中四种传统的基本权利已经在前面论述过，此处略过不提，只将条约草案新增的三种权利略加论述。

（一）发行权

广播组织条约草案中的定义条款多是通过备选方案的方式给出，并没有最后确定下来。其中对发行权的定义有三条备选方案。我们逐个考察一下。

第一个是条约草案第 13 条备选方案 P：广播组织可以授权通过销售，或其他所有权转让方式，向公众提供其广播节目录制品的原件和复制品。这是一项具有排他性的专有权。

第二个是条约草案第 13 条备选方案 Q：广播组织可以禁止向公众发行和进口未经授权制作的其广播节目录制品的复制品。

第三个备选方案是综合以上两个备选方案的内容，尝试给予广播组织以双重保护的可能。从前述条款可以看出，第一个备选方案授予广播组织的是发行专有权；该发行专有权延及广播节目录制品的原件和复制件的销售或通过其他形式的所有权转让。我们知道，著作权法有一个根本性的原则——利益平衡原则，该原则的设立是为了维护各相关利益主体间的利益平衡，尤其考虑到对公共利益的保护。因此在利益平衡原则的基础上规定了首次销售原则，以防止著作权人对作品实行垄断，妨碍作品的正常流通。首次销售原则对于使用者利益攸关。在条约草案中，没有对首次销售原则做出明确的规定，而是把关于广播节目录制品的原件或复制件被首次销售或以其他方式转让所有权之后权利用尽所依据的条件，留待各缔约方确定。权利用尽仅涉及可作为有形物品投放流通的物质复制品。发行的形式是通过销售或其他所有权转让形式向公众提供，把出租排除在发行之外，对出租行为由草案的第 15 条提供已录制的广播节目权利加以规制。

（二）录制后播放的权利

广播组织条约草案第 14 条对录制后播送的权利规定了两个备选方案。第一个方案是草案第 14 条备选方案 JJ：广播组织有权在其广播节目被录制后播送此种广播节目；这是一项专有权；第二个备选方案是草案第 14 条备选方案 KK：广播组织有权在其广播节目被录制后以任何方式播送此种广播节目供公众接收；这也是一项专有权。草案规定，任何缔约方在履行一定手续后可以对这两项专有权做出保留。

第一种备选方案可以理解为给广播组织规定了滞后播送的专有权，以便对非同时进行的播送行为给予保护。第二种方案中授权播送的权利涉及录制后以任何方式进行的让公众接收的一切播送行为，其中包括广播、有线广播和通过计算机网络进行的播送。

（三）提供已录制广播节目权

广播组织条约草案第 15 条对提供已录制广播节目权规定了三个备选方案。第一个方案是草案第 15 条备选方案 R，即广播组织应享有专有权，以授权通过有线或无线的方式向公众提供其已录制的广播节目，使该广播节目可为公众中的成员在其个人选定的地点和时间获得。第二个方案是草案第 15 条备选方案 S，规定了广播组织有权对未经授权制作的录制品享有同样的专有权。第三个方案第二款规定缔约方在履行特定的手续后，可以对第（1）款所规定的专有权做出保留；但规定凡未经广播组织的同意，通过有线或无线的方式，利用未经授权制作的录制品向公众提供其广播节目，从而使公众中的成员可在其个人选定的地点和时间获得该广播节目的行为均应予以禁止，从而为广播组织提供保护。

第 15 条的规定基本沿用了 WPPT 第 10 条和第 14 条的规定。该条第（1）款从正面给广播组织规定了从录制品中向公众提供其广播节目的专有权。第二个方案则从反面对上述权利赋予了广播组织禁止权。也就是说，只要是广播节目的录制品（不管是否授权），广播组织均应享有专有权利。在第 15 条意义下，在向公众提供广播节目方面，不存在权利用尽的问题。权利用尽仅与发行由权利人或经其同意投放市场的有形复制品相关，这也支持了网络传播不构成发行的观点。否则网络传播后，作品的发行权应当用尽，下载作品的人可以任意出售下载物，这显然不合理。

随着数字网络技术的发展，互联网成为传播作品或其他受保护客体的重要途径。显然，著作权利人希望控制这种新的使用方式，享有专有权，以授权或禁止他人通过这种方式利用作品或受保护客体。然而设定一种什么权利来帮助权利人控制作品或受保护客体在网络上的传播和使用，在这个问题上很难达成一致。美国曾主张把这种使用方式纳入发行权的范围，而欧盟倾向于将其纳入传播权范围。欧盟著作权指令第3条第2款要求成员国向电影制片人和邻接权人提供专有权利，使他们可以授权或禁止他人以有线或无线的方式向公众提供已经固定的表演、录音制品、电影的原件和复制件以及已经固定的广播节目，包括将上述受保护客体向公众提供，使公众中的成员在其个人选定的时间和地点获得这些受保护客体。欧盟著作权指令将"向公众提供权"的享有者延伸到电影制片人和广播组织。

三　WIPO广播组织条约对网播的讨论及思考

不像存在于正式法律框架中广播的概念，网播是一个新生事物，该如何对其进行法律界定，从而赋予其相应的权利保护并课以必要的限制，国际上还没有达成统一的认识，多数国家从保护著作权人的角度出发，在操作层面上对网播的行为进行各不相同的保护与规制。因此WIPO对网播概念的探讨主要是通过描述网播的技术过程而抽象出可供探讨的网播概念及其法律性质。

（一）网播的概念

网播是网络广播的简称，包括广播网络化和网络化广播两个从属概念。狭义的网络广播就是通过网络进行广播，这是一种流媒体技术的应用，通过在互联网站点建立广播服务器，运行节目播送软件，将节目内容广播出去，访问者运用计算机接收软件，访问节目运行站点，收听、收看、阅读广播信息。① 由于网播系以数字方式向公众实时传输（real-time transmission）声音作品和视听作品，我们也可以把网播理解为以计算机网络为传输通道，通过多媒体计算机获取储存在网站上的音频和视频信号的过程，简单地说，就是电台、电视台的信号在网络上进行传播的方式。② 目前，网络广播的两种主要形式是网络直播和网络点播。网上直播即在节目播出时通过网络进行收看的方式，它需要观众根据节目时间表的安排来收看节目。网上点播即在任意的时间里根据观众个人的需要有选择地收看存储在网站上的广播电视节目。

　　网络广播的兴起与互联网的应用密不可分。1995年4月，位于美国西雅图的进步网络公司（Progressive Networks Inc.，它是现在 RealNetworks 公司的前身）开发出一种可以实时传输或者说 streaming 声音传输的软件。Real Audio System，以提供"音频点播"（audio on demand）的服务，使人们实现在互联网上对声音或视听作品进行实时传输的构想成为可能。网播由此开始走入人们的视线。

　　接收网播节目并不难，人们只要拥有一台与互联网连接的计算机就可以提供或接收网络广播。能够帮助电脑接收网络广播的软件通常捆绑在互联网浏览软件（browsing software）中，像 Netscape Communicator 和 Microsoft Internet Explorer 等，而用于接收这些声频或视频"流"的软件在 RealNetworks 等公司的网站上免费下载就可以了。这些都不需要用户额外花钱，仅有的投资就是购买一张声卡和一个话筒，这些在任何一家经营个人电脑标准配件的商家都可以买得到。根据1999年的统计数据，大约有5000万人已经从 RealNetworks、Microsoft Corp 和其他此类的公司下载了这种可以用来在互联网上接收实时声频和视频的免费软件。据 RealNetworks 统计，每周大约有14.5万小时的体育、新闻、音乐和其他娱乐节目使用他们的软件技术在互联网上进

---

① 柳芳：《网络广播的发展现状分析》，《新闻前哨》2007年第3期。
② 白贵、陈曦、孙瑛：《国内电视台触网现状扫描》，《河北成人教育学院学报》2004年第3期。

行直播，此外还有几十万小时的节目以点播的方式加以提供。①

在互联网上广播的作品通常伴有屏幕文字和图画。声频或视听广播数据包括通常可以与屏幕上的文字和画面分离的"串流"；当它们被结合在一起提供给观众的时候，可使其获得与传统广播完全不同的多媒体享受。出现在屏幕上的文字和图画可以提供有关广播内容的额外的信息，还可以加上一些超文本链接（hypertext links）使听众或者观众从中获得更多有关广播作品或事件的信息，或者帮助他们连接到与广播内容有关的电子商务网站，以了解或购买与广播内容相关的产品或服务。

（二）网播与传统广播的比较

按照中国大百科全书对广播的定义，广播是一种新闻传播工具，其传播渠道主要是无线电波和导线；相应地，广播分为无线广播和有线广播两种。无线广播是指通过无线电波渠道传送节目的方式；有线广播是指通过导线渠道传送节目的方式。广播的主要特点是传播范围广泛以及传播迅速，这也是广播的优点。广播的缺点是转瞬即逝，听众不易保存；广播节目必须按照预先安排的节目单顺序收听，听众没有自行选择节目的自由等。

网播，又称网络广播，指以互联网为传播媒介提供音视频服务的广播。网播与传统广播相比有很大的不同，从根本上改变了传统广播的形态。传统广播受到频率和发射功率的限制，广播所能覆盖的范围受到制约。传统广播的听众和观众只能按照节目单预先安排的时间，顺序收听、收看节目，对播放的节目没有选择权。传统广播节目转瞬即逝的特点又增加了观众和听众接收节目的被动性。网络广播较好地弥补了传统广播在以上几个方面的不足。理论上讲，网络不受地理范围的限制，因此网络广播面对的是全球市场和所有的互联网用户。网络广播的交互性特点改变了传统广播线性、单向的传播模式，使受众对信息的接收由单向被动式收听、收看转变为双向互动式收听、收看。

---

① 参见 SCCR/2/6，第 26 页。

网播的交互式特点使节目的接受者能够自主地选择适合自己的时间和自己喜欢的节目进行收听，甚至可以对节目进行保存、翻阅、查询。在网播模式下，观众和听众不仅仅是单纯的节目接收者，还可以向节目播放机构回馈自己的感受和意见。尤其是，网播的接收者还可以通过自行主动操作，成为节目信息新的制作者和传播者。与传统广播相比，实现网络广播的技术相对比较容易，网播节目的制作成本也不高。显而易见，网络广播是对传统广播功能的有效补充，两者可以形成互补与合作关系。

网络广播诞生以来，大致分为以下几类：

——网络广播电台类似于地面广播电台，有播音员、新闻、信息和音乐节目。英国的 Virgin Radio（http：//www.virginradio.com）就是这类网络电台的一个例子。

——网络广播电台可以包括制作的或者存档的节目。World Radio Network（http：//www.wrn.org/ondemand）就代表了这类网络广播电台，它给听众提供从欧洲到澳大利亚和新西兰等十几个国家的国际公共广播电台的节目。

——有些网播者转播无线广播电台的信号。其中 Broadcast.Com（http：//www.broadcast.com）是该类网播者中最大的一个，它在网上转播 400 多家无线广播电台和 40 多家电视台的信号。还有一家网站，名为 QRadio（http：//www.qradio.com），是著名音乐家、作曲家和制作人 Quincy Jones 创建的，目的是把世界音乐介绍给全球的听众。这个网站转播南非、巴西、克罗地亚和捷克共和国等国家的广播节目。

——广播电台通过互联网转播它们自己的信号。这种世界性的网播包括加纳的 Joy Online（http：//www.joy997fm.com.gh）等。加拿大的 http：//www.usc.uwo.ca/chrw 这个网站还包括电视广播信号。

——有些网播者连续不断地播放音乐频道的节目，同时提供与所广播的节目内容有关的超链接网站。这些网站通常在屏幕文字图框内注明所播放的音乐的信息，包括艺术家的姓名、歌曲名称和专辑名称等。这类网站往往还给观众提供网上零售商的链接地址，以便于听众通过网络向那些零售商购买所播放的音乐。这类网播者包括 FlashRadio（http：//www.flashraido.com），NetRadio（http：//www.netradio.com），Rolling Stone Radio（http：//www.rsradio.com）等。

——其他网播者自己创作节目只在互联网上提供，例如英国喜剧声频节目，"Giant Steps"（http：//www.giantsteps.co.uk）。[①]

（三）网播的法律性质

著作权及邻接权常设委员会世界知识产权组织保护广播组织条约基础提案（草案）包括关于保护网播问题的非强制性附录（SCCR/14/2）规定，"广播"不得被理解为包括通过计算机网络进行的播送。SCCR/14/2 规定"有线广播"不得理解为包括通过计算机网络进行的播送。为什么基础性提案草案规定网播组织不得是广播组织权利主体呢？

第一，对于是否把网播组织纳入广播组织的范围仍有较大的争议，持否定意见的占据了主流。

不希望网播组织成为广播组织权利主体者的主要担心在于，对互联网技术给著作权制度，尤其是给著作权人的利益所带来的影响还不明了。这反映了作为既得利益取得者，著作权人对其利益的极度警惕。

第二，网播的社会意义也不明确。

持否定意见者认为，很难预料这种技术将如何发展并且在所有国家都没有对网播做出明确而有效的监督机制，因此在国际层面上对这个问题做出具有法律意义的规定还为时尚早。因此，参与 WIPO 广播组织条约谈判的多数国家代表建议条约不涉及对网播的规定，或顶多做出非强制性规定。[②]

世界知识产权组织著作权与邻接权常设委员会综合利益各方的意见，在第 12 届会议上公布了一份关于保护网播问题的备选和非强制性解决方案的工作文件，指出单独就网播和同时广播问题编拟这份文件

---

① 参见 SCCR/2/6，第 26—27 页。
② 参见世界知识产权组织第 12 届会议的报告：http：//www.cptech.org/ip/wipo/bt/memberstates-quotes.html。

的原因在于，虽然很多代表团反对把网播组织的保护纳入条约，但是他们也承认网播具有潜在的经济价值和其他方面的重要意义，另外也满足那些承认网播的重要性，并将网播视为广播组织的部分代表团的立场。[1]

这份文件提供了三个备选方案，其中关于网播的定义是一致的：即网播，系指以有线或无线的方式，通过计算机网络，使公众能基本同时得到所播送的声音，或图像，或图像和声音，或图像和声音表现物，此种播送如果加密，只要网播组织或经其同意向公众提供解密的手段，即应被视为网播。[2] 从而可以认为网播组织就是使用网播的方式提供内容的组织。

第三，另有部分人认为，网播和传播广播的技术不同，不能归于一类。

这部分人认为，传统广播是"点对多"的技术过程，而网播则是一种"点到点"的技术过程。即便相同的节目被传送到众多受众，它也是在用户的请求之下，经由点到点的双向通讯网路传输的。换句话说，每个用户都有一个单独的事实上的连接，通过该连接，平行的点到点 streaming 到达每一个单独的订购者。

和广播服务形成对照，用户越多网播者的成本收益越低，因为原则上讲，传播成本与用户的数量成正比例增长。如果某个网站很成功，网播者必须为更多服务器和更多带宽支付费用。但是在某些情况下，网播者依赖于广告而广告的费用通常建立在点击次数的基础之上，或换句话说，对服务使用的次数。典型的音频服务器仅能够支持 100 名到 500 名同时听众。现在，最大的服务器仅可以处理 10000 个同时"streams"（流文件）：每个用户一个流文件。尽管视频传输在目前来说仍处于初期，互联网上早已提供电影了。网络会因为大量的同时流文件而变得十分拥挤，并且当需求超出了传输的容量时，用户根本就

---

[1] 参见 WIPO doc SCCR/12/5。

[2] 同上。

不可能建立连接。未来这个问题可能会通过多播"multicasting"而得到解决，但是传送到每个单独用户的传输方法仍然是点到点的传输。

有些国家的著作权法对传统广播和网播做出了区分，其根据是用户是否需要接入服务器。在广播的情况下，人们只需要打开接收器就可以获得广播节目，因为广播站所传输的信号是直接的和现成的；但是在网播的情况下，人们得先接入服务器并激活它的设施才能把信息传回来。

除非适用特别的技术限制，在全球任何一个拥有互联网入口的地方都能获得网播的内容。从地理覆盖范围来说，这是网播与广播的一个主要的不同，不管广播是通过卫星、电缆或在空中传播，其可到达的范围本身都有一定的限制。

在互联网上对节目提供的数量没有任何限制。互联网有足够的带宽、协议和域名，这些因素一直在不断地增加以满足不断增长的需求。只需要一个相对简短的通知就可以得到容量，并且该容量可灵活地适应需求的水平。从而，流文件的发起人在进入市场时就不会面对初期时遇到的那种障碍。网播行为的发起只需要少量的投资，尽管同步听众或观众的容量是有限的。

流式服务可适应用户的各种需求，例如，为顾客群传播特定的小众节目，或者充分利用大数据功能，把内容、安排和服务表现建立在对以前用户访问时所收集的信息上。

最后，流媒体最主要的特征是交互式传输方式。播放服务器（transmitting server）与接收服务器积极接触，查证传输的成功、交换状态。而广播的情况不是这样，其主要的传输是单向的。

随着网络广播的出现，广播组织权利还面临着更加复杂的动态发展态势，各国的有关规定和国际条约的规范仍在不断变化中。这一论域中有关问题的深入研究需要通过广播组织权利体系的前后比较而逐步展现出来。

无论如何，WIPO 广播组织条约谈判中产生的与网播有关的非文件和 SCCR/14/2 或 SCCR/15/2 都是到目前为止还没有法律效力的文件。目前，拥有法律效力的只有《罗马公约》和《卫星公约》，而二者在对广播组织权利主体的规定上没有新的突破。上述探讨何时能够成为有法律效力的文件仍在探讨中，其结果要看各利益集团到底能否达成妥协，达成怎样的妥协。

综上，目前享有广播组织邻接权的主体包括两类：使用无线手段进行播送的传统广播组织，即广播电台、电视台；有线广播组织，即有线电视台。网播组织还没有正式纳入广播组织的主体范畴。

笔者认为，从目前网播组织播放节目的方式，及其为传播节目也投入一定的劳动和资金来看，网播组织应该被视为广播组织，享有邻接权的保护，这种观点还是有一定道理的。鉴于对网播行为的认识还有待于进一步加深，尤其在许多发展中国家，网播对著作权制度的影响也还没有理顺，但是也考虑到网络技术发展的迅速及其对信息内容传播的巨大影响，可以暂时不把它作为广播组织加以保护，建议各国在对网播进行管理的同时，探索在邻接权制度中把网播组织纳入广播组织范围的可行性。另外，在对广播组织进行定义的时候，使用开放性措辞，以使其具有容纳包括网播组织在内的，因新的传播方式而产生的新型广播组织的可能性。

四 对 WIPO 广播组织条约草案的评价

WIPO 广播组织条约的谈判迄今依然没有结果。其根本原因在于围绕广播组织而产生的各项权利之间的博弈太过激烈。

从条约谈判的发起人——广播组织自身的角度来说，传播技术的进步、节目提供方式的多样化以及广播市场商业模式不断创新极大地改变了传统广播组织在新的广播市场格局中的地位。他们迫切希望通过这个新的条约把其利益扩大到新传播技术创造的新的市场领域，例如通过发行权的设置，把其广播节目固定后赢利的各种可能性，尤其是通过互联网发行的权利把握在自己的手中。通过对信号的法律保护，杜绝盗取、非法截取其广播信号加以传播并损害广播组织利益的行为。加拿大 Icrave 公司盗播美国电视信号的案例似乎佐证了广播组织关于更新并保护其权利的合理性。尽管 Icrave 因美国法院判决其侵权而停止了盗播行为，但是技术的发展很难保证类似盗播事件不再发生。特别是针对体育热播节目的盗播行为在世界各国都时有发生。广播组织认为其对传播节目所需要的基础设施进行了投资，因此有权通过控制并利用其所播出的节目而获得经济上的回报。这诚然是合乎情理的，然而让问题复杂化的地方在于广播组织所传播的节目既包括拥有著作权的作品又包括依著作权法可以合理使用的作品以及公有领域中可以自由获取的作品。也就是说，广播组织权利所保护的利益的基础是他人的权利。广播组织权利更新与扩大并非只涉及它自身的利益，而是会相对地减少或限制著作权人或公众的利益。对此，广播组织回应说，保护广播组织免受信号盗播侵害的同时亦会保护广播内容权利人的利益。

在著作权人或其他邻接权利人，比如表演者和录音制品制作者来说，赋予广播组织对其所播放的节目以广播组织权利完全是多余的。在著作权人的眼中，广播组织既不创作也不拥有它们传播的节目，因此不应该给他们另行创设类似著作权的保护以及赋予它们基于著作权的经济利益。著作权人认为，赋予广播组织对其播放节目以类似著作权的权利实质上限制了著作权人依著作权法享有的权利。例如，广播组织如果有权利决定是否许可他人播放其广播节目，以及许可的具体条件，那么节目的著作权人就被剥夺了做出同样许可的机会。各类收费组织也表示这个广播组织条约会打乱创作者所享有的著作权保护常态。国际作者作曲者协会联合会（CISAC）在常设委员会第 27 次会议的讨论中指出，广播组织条约在保护广播组织不受信号盗播困扰的同时，应该切实保护创作者获得应有的报酬。只有当广播组织自身能做到尊重创作者的权利，主动从创作者那里获得许可以播放他们的作品时，对广播组织的保护才有意义。CISAC 所收取的全部版税中，75%来自广播组织以及其他向公众传播的方式。然而在一些国家，一些广播组织仍然不愿意尊重作者的权利，不愿意为其播出的节目向作者获得许可并支付报酬。因此 CISAC 等收费组织认为对广播组织权利的任何讨论都应该以其尊重作者的权利为基础。

以知识共享为代表的社会公益组织也对广播组织条约提出强烈质疑。剑桥大学的 Patricia Arkester 受联合国教科文组织的委托进行了一项研究，指出广播组织条约"有可能限制不受著作权保护的信息或者落入公有领域的作品的流通……例如，若广播组织条约获得通过，那么根据知识共享许可而制作的广播节目就有可能受到广播组织的控制，使用户无法自由录制并使用该节目材料"。[①] 在广播组织条约机制下，任何人想要使用一个广播节目，都需要同时获得两个许可，一个来自广播组织，另一个来自著作权人。因此，即便知识共享组织预先给予了许可，广播组织权利也会破坏该许可，并赋予广播组织许可该节目并收取许可费的权利。知识共享还列出其他一些可能的情况，表明广播组织条约有可能对公众自由获取并使用信息造成阻碍。

如果说以上三种声音是主要利益主体从各自的切身利益得出的结论，有失偏颇的话，参与广播组织条约制定的与会代表综合不同的利益诉求进行磋商的结果或许具有更加全面的代表性，但依然保留了众多分歧。

SCCR 于 2011 年进行的非正式磋商（SCCR/23/9）成果提出，考虑到近年及未来技术发展的速度和程度，在制定条约的时候应该采取技术中立的态度。条约应视为对《罗马公约》的补充，但同时又是一个独立的条约，不妨碍其他现行条约中关于权利与义务的规定，应根据技术的发展更新《罗马条约》中的一些概念，并把它们写进条约。SCCR/22/11 提出了一些可能的定义，如应区别广播和有线广播，以及广播组织和有线广播组织，同时应考虑规定广播组织的责任。关于信号这个概念是否适用于计算机网络有不同的意见。关于保护的范围，有的提议赋予广播组织专有权，有的提议只赋予广播组织阻止某些行为的权利（the right to prevent）。有的代表团提出还应考虑一般原则、

[①] Patricia Arkester, The Draft WIPO Broadcasting Treaty and Its Impact on Freedom of Expression, http://unesdoc.unesco.org/images/0014/001464/146498e.pdf.

文化多样性和竞争抗辩等因素，在新条约是否应对技术措施提供保护的问题上出现意见分歧。

Picard 报告在反信号盗版、促进增长和竞争力，为公众提供内容和信息的获取，鼓励创造性，增进竞争，促进政治参与和支持发展等政策目标框架下条约草案对不同利益相关方的影响进行了评估。Picard 报告确认各利益相关方及其针对版权的利益，研究了条约草案的规定可能对利益相关方产生影响的程度，以及条约可能带来的社会利益。报告评估的结果包括：1. 广播组织对其信号将获得明确的、额外的保护，而迄今为止还没有任何一个条约对信号提供保护（卫星公约）。但是条约把网播行为排除在外，这对广播组织是不利的，因为在世界范围内，网播正日益成为广播组织业务的一部分。2. 作者和表演者、节目制作商、权利人/许可人会得益于条约对广播信号的保护。条约不妨碍各利益相关方根据现有的关于权利以及限制与例外的规定而享有的利益。条约保护权利人对抗潜在滥用知识产权妨碍创新的行为。条约对有关诉讼问题进行了简化和澄清，有利于减少私人执行的成本。3. 条约中规定的权利使得广播组织可以控制对信号和通过这些信号所传输内容的访问和使用。对观众和消费者来说，这个条约没有提供任何直接的利益，但是通过增强广播组织的市场支配力，却可以增加广播组织对提供内容的垄断力以及有可能伤害消费者的潜在的定价能力。4. 条约会增加广播、有线、卫星运营商所在国的税收，但是也会增加这些国家执行条约规定的负担。Picard 报告指出，条约的主要受益者是广播组织、有线广播组织和卫星广播组织；而最大受益者是大型国际广播组织和传播体育赛事、电影及音乐节目的广播组织。作者和表演者，节目制作商，权利人或许可人可以通过对信号的保护使其权利得到额外的保护。观众、消费者、用户和社会的利益取决于缔约国的立法和监管促使对其利益的保护程度。中上等收入的国家会受到最大力度的保护，因为这些国家生产的节目内容最有价值。中等收入国家正处于各种广播形式都在成长并且付费服务也在发展的阶段，它们在一定程度上得益于条约的保护。由于减少了对某些内容的访问权,观众、消费者、用户和社会,特别是中低收入国家的人们会受到不利影响。如果缔约国在本条和其他 WIPO 条约的许可下有合适的立法和政策保护国内的公共利益,则本条约不会产生不利的社会影响。有必要通过限制对信号的保护以及明确广播组织权利的限制与例外来平衡权利人和公众的利益。[①]

[①] 参见 SCCR/21/2, Study on the Socioeconomic Dimension of the Unauthorized Use of Signals - Part III: Study on the Social and Economic Effects of the Proposed Treaty on the Protection of Broadcasting Organizations。

第四章

世界主要国家对广播组织权利保护的比较

根据世界知识产权组织的文件显示[①]，该组织成员国有关版权和邻接权的国内法都包含对广播组织的保护或被解释为保护的规定。不过，主要的差异在于保护方式方面。一种方法是给予广播组织具体的相邻权利。有这一类立法规定的国家包括：阿根廷、奥地利、比利时、巴西、喀麦隆、智利、中国、哥伦比亚、哥斯达黎加、捷克、刚果共和国、丹麦、厄瓜多尔、萨尔瓦多、爱沙尼亚、芬兰、法国、加蓬、格鲁吉亚、德国、希腊、危地马拉、几内亚、教廷、洪都拉斯、匈牙利、冰岛、印度、意大利、日本、哈萨克斯坦、拉脱维亚、莱索托、列支敦士登、卢森堡、马达加斯加、毛里求斯、墨西哥、摩尔多瓦共和国、蒙古国、荷兰、尼日尔、挪威、巴基斯坦、巴拿马、巴拉圭、秘鲁、菲律宾、波兰、葡萄牙、韩国、罗马尼亚、俄罗斯联盟、卢旺达、圣文森特和格林纳丁斯、斯洛伐克、斯洛文尼亚、西班牙、苏丹、瑞典、瑞士、多哥、特立尼达和多巴哥、土耳其、乌克兰、乌拉圭和委内瑞拉。

然而，其他国家并不为广播组织授予邻接权，而是将广播作为作品的一个类别置于著作权保护之下。在以下国家立法中明确规定这种方式保护：安哥拉、澳大利亚、巴林、孟加拉国、巴巴多斯、博茨瓦

[①] WIPO Doc. SCCR/1/3. para. 34–37. (September 7, 1998)

纳、古巴、塞浦路斯、斐济、加纳、圭亚那、伊拉克、爱尔兰、牙买加、约旦、肯尼亚、立陶宛、马拉维、马耳他、纳米比亚、新西兰、尼日利亚、阿曼、卡塔尔、圣卢西亚、塞拉利昂、新加坡、南非、泰国、乌干达、阿联酋、英国、坦桑尼亚联合共和国、也门、赞比亚和津巴布韦。

　　广播组织版权保护具体规定的缺乏并不一定就意味着这种保护不存在。在对一部受保护"作品"一般概念的解释中或被认为是编辑的作品或数据的广播节目中，保护都是存在的。在后一个案例中，保护可能只针对一大部分广播节目，这会导致对受保护的编译作品的侵犯。前一个案例是美国版权法中的案例，版权法规定广播并不在被保护的作品目录中，但是其中第 101 条款的法律规定，由正在传送的声音、图像或两者构成的作品的录制与其传送同步进行的，就本法而言，视为"固定"。这就意味着广播组织有权利就他们制作和传播的所有可取得著作权的作品得到版权保护，即使在广播节目的现场直播中，只要他们在直播的同时对节目进行录制。法律制度规定同步录制一场现场直播的足球比赛享有著作权，即使这种未经授权的使用不涉及广播（录制）信号，但只要它实际上是同步的未经编辑的点对点的链接，且比赛是从比赛场地到广播组织被传播的。

第一节　英美法系与大陆法系对广播组织权利的不同保护

　　尽管邻接权是大陆法系国家法律所特有的概念，英美法系国家法律中不存在该称谓，但在知识产权领域，对表演者、录音制品制作者和广播组织提供保护并非大陆法系国家所特有的规定，因为，在英美法系国家，他们所形成的表演、录音制品、广播都可以成为被复制的材料，不但是受到保护的对象，而且是作为作品受到保护。

一 大陆法系国家广播组织权利的产生

19世纪，康德和黑格尔的崇尚自然理性的美学观影响了欧洲著作权制度的建立。这种创作观被称为"浪漫主义作者观"。哲学家康德认为，作品是人格的反映，而不是随便一种商品。从某种程度上讲，作品是一个人即作者的延伸。在此美学思想的影响下，维护作者的人格利益成为大陆法系国家著作权立法的正当基础。著作权人之所以能享有著作权，原因在于作品中隐含着作者的人格，且这种人格专属于自然人，法人不具有作为作者的资格，作者可以获得精神权利的保护。尽管在大陆法系国家中存在一元论和二元论的分歧，但是他们的共同理念不变："作品是人格的反映"。因此，大陆法系国家奉行作者权本位主义，强调保护作者独特的智力贡献，即能反映创造者个性的原创性，权利主体仅限于创造作品、向社会贡献智力成果的自然人，他们关注的是作者对于作品的贡献，以及由此产生的权利，而对于出版者或传播者权利并不关心。

由此不难看出，大陆法系著作权制度的特点有以下几个方面：

第一，精神权利的不可让与性。大陆法系国家认为作品是人格的反映，不管一元论的德国还是二元论的法国，不管精神权利与财产权利能否分开，作者的精神权利不但应受到保护，而且还是不可让与的。

第二，较高的原创性。大陆法系国家认为，作品是对创造性劳动的一种反映，是对作者的思想、情感、智力的一种体现，蕴含着作者的个性魅力，强调较高的原创性，反对给予一般性事物的作品资格。

第三，著作权主体仅限于自然人，拒绝法人入围。大陆法系国家认为，只有自然人才有思想和情感，才有创造力，才能创作作品，而法人自身是没有思想没有个性的，也无创造力可言，因此，只有自然人才能成为作品的作者，法人不具备成为作者的条件。

但是，当表演、录音、广播等传播技术或活动日益繁荣后，表演者、录音制品制作者、广播组织等利益集团在面对日益猖狂的盗版、盗播等行为而提起保护之诉时，发现没有法律可以提供保护，自身难以被视为作者，遭遇前所未有的麻烦。因为，这三类利益集团尤其是后两者基本都是法人或企业公司，突破了传统著作权制度中权利主体为自然人的范畴，与著作权保护适用的规则和标准完全不同。另外，从原创性角度而言，实践中广播组织主要从事的是向公众传播他人作品的活动，而非为公众创造作品的活动。为了解决这个问题，大陆法系国家在著作权制度体系中设立邻接权保护，对这些同著作权相关而又不同于著作权的传播者利益提供保护。于是邻接权观念就此产生。最初提出这项原理就是为了填补由严苛的作者权理论所造成的空隙。它肇始于照相技术，这是对作者权文化提出挑战的第一项技术。欧洲人最终巧妙地解决了关于这些技术手段所产生的图片是否属于"作品"的问题，方法就是称摄影师为作者，认定在照片上存在着他的人格印记。对于实时直播的电台电视台广播，尽管它们在编辑制作过程中需要创造性且不容忽视，但难以纳入作者权的殿堂。因为，传播者在传播作品时付出的创造性劳动或者其他投入同作者的具有个性的创作存在本质的差别，所以，解决的办法就是宣布，在录音制品和广播节目上所存在的权利根本就不是作者权，而是邻接权。当然，广播组织权利以邻接权的身份获得立法保护的原因，另有几点需说明：首先，广播组织在传播作品过程中需要投入巨大的人力、物力和财力。根据民法理论中的公平原则，该项巨大的投入应获得法律的尊重，法律理应对该项投入所产生的产品或节目提供全面保护，以利于广播组织回收成本。比如，广播组织在制作节目之前需要购买录播设备、需要聘任记者、主持人、编导、灯光、美术等人员；在制作节目中需要编排、需要成熟的节目版式、需要制作经验等；在节目制作后需要储存设备、发射设备、转播设备等。在如此复杂、经费高昂的过程中，广播组织为了获得长足发展对其传播活动所产生的传播作品获得法律保护也就顺理成章。其次，广播组织事业的发展可以满足人们的知情权，获取知识信息的权利。由于广播组织（尤其是电视组织）是最易容纳当代最新传播技术的行业，最能契合公民获取信息的习惯，所以，广播组织早已融入人们的现代生活之中，成为人们获取信息、学习文化的重要渠道，生活中不可缺少的一部分，改变人们的生活习惯甚至思维习惯。因此，自广播组织产生以来，在满足人们的知情权、获取知识信息权，以及促进社会的文化、科技和经济进步方面，广播组织比其他传媒都具备明显的优势。各国政府在规范广播组织行为、保护广播组织利益等方面虽然立法不尽相同，但是认识比较一致，即为了激励广播组织能扩大满足人民的知情权、或获取知识信息权的需要，为社会发展提供更好的服务，赋予广播组织信号以产权。

邻接权在争取自身合法地位方面并非一帆风顺。在邻接权设立之初，持有作者权传统的人并不赞同对邻接权所保护的利益提供保护，其最主要的一个理由就是"蛋糕理论"。该理论认为，著作权保护的利益是固定的，其他主体若参与分配必然带来该利益的减损。若要全面地保护作者的利益，唯一的途径就是赋予作者绝对控制权，其他人若要使用作品必须以获得作者许可为前提，唯有如此，有关利益才能保持平衡。由是观之，该理论将邻接权人视为瓜分作品利益的掠夺者，认为一旦邻接权人介入作品价值链必然带来作者自身利益的减损，人越多，利益越分散。不过，针对该理论所带来的担忧，《罗马公约》联盟委员会专门就此进行了调查和研究，并于1979年公布调查结果显示：已经有充分证据表明，不会因向表演者或唱片制作者支付报酬而减少作者的版税。另外，美国音乐联盟与广播组织的纷争也证明，传播者的加盟不但不会减损作者的版权利益，而且会极大地提高作者的利益。

二 英美法系国家广播组织版权的产生

"人们通过自己的劳动和努力所创造的价值属于他自己"这个观念早在罗马时期就确立了。18世纪以降，上述观念在某种程度上成为全部财产概念建立的基础。在一定意义上，可以说财产的概念根植于自然法中。往后的几个世纪中，人们也逐渐将劳动的自然权利的观念越来越与"智力财产"或"智力产品"挂钩。在知识产权制度产生以后乃至逐渐完善的过程中，人们便逐渐将劳动的自然权利的观念扩展到知识产权领域。具体而言，由于当时洛克有关劳动财产权的观点盛行，即使在洛克的劳动财产权理论中并未存有"作品是财产"这样的表述或意思，但在当时那个环境下，洛克的理论成为论证文学产权正当性的强大工具，于是作品就获得了像其他劳动成果一样被劳动财产权保护的地位。这种思潮在英联邦国家及其殖民地国家普及后就形成了版权体系，版权也就成为一种经济财权，该权的设立目的在给予作者经济回报。

在此理念下，英美法系国家并不过分强调作品所具备的独创性，认为传播者所从事的传播活动同作者创造作品在性质上并无二致，都可归入"创造"范畴。这也就为包括广播组织在内的传播者被纳入版权主体，同作者享有相同的保护创造了机会，以版权方式保护大陆法系中邻接权的客体也就顺理成章，"邻接权"概念无从寻觅。例如，在美国版权法中并无邻接权或广播组织权利这些概念，但是该法第110条的规定就是对广播组织的保护；在英国版权法中，除了表演者的权利可以归入邻接权，广播组织和录音制品制作者均被视为作者而享有版权。

第二节 德国对广播组织权利的保护

在德国，按照现行的广播电视国家合同，广播电视体制实施双轨制。根据《德国电信法》，公共广播组织和私人广播组织享有不同的权利。私人广播组织不能按照公共事务法的规定得到保护，只有在某些例外的情况下才能分享广播电视费用。

针对广播组织所提供的节目传送服务，社会民众原则上不必获得授权既可利用，包括由其他广播组织对原广播加以摘取并再次播送。但是，由于公共事务法方面的规定，德国的广播组织对上述利用行为必须进行某种程度上的限制，如对某些经营播放设施的行为或非法使用接收设备接收信号的行为进行规制。依据德国《电信设备法》（1977年）第一条之规定，不只是电台的经营，包括接收器的设置，都是属于国家广播电视主权的范围。该法还规定，不论是电台的听众或电视台的观众，都必须向德国电信局取得一般的接受许可。另外，根据1974年12月5日所制定的一项规范《广播税的国家契约》，所有的观众或听众都必须向广播组织登记他们的接收器（即收音机或电视机等），并缴广播税。[①] 目前所实施的《德国电信法》（1996年7月25日颁布）也规定，听众或观众将自己的接受设备到相应的广电部门登记，公共广播组织按照国家广播电视收费合同通过共同的收费中心收取接收费用。根据上述各项规定，未经登记的收音机或电视机，或未曾缴费而收视、收听的行为，均属违法行为应处以罚款。

在上述公共事务法之外，著作权法为广播组织提供了某种司法上的保护，即授予广播组织邻接权。不过，获取该权利的主体是有范围的，并非所有广播组织者都享有该权利的资格。"只有那些将节目向公众进行播放并且给予监控以及担负责任的那些企业，才属于播放企业，而不是那些仅仅将节目进行技术上的执行的企业。"[②]

德国现行的著作权法名称为《关于著作权与有关的保护权的法律》，是1965年9月9日制定，2009年10月27日最后修订。该法共分五部分，其中邻接权作为单独一章来设置，与著作权前后并列。该法对广播组织权利的保护规定得很详细。其中最主要的部分就是以该法第87条和第20条对广播组织的传播节目加以保护，与《罗马公约》及《欧盟卫星转播节目讯号播送公约》之规定相当。该欧洲电视公约主要是在保护位于缔约国境内的广播组织，对于通过卫星将节目转播给其他广播组织的行为，享有专属的再转播权。

一 广播组织权利客体

该法第20条规定，"播放权，指通过例如广播电视的播放、卫星

[①] 张懿云等：《邻接权制度之研究》，第133页（http：//www.doc88.com/p-377 360127952.html）

[②] ［德］M. 雷炳德：《著作权法》，张恩民译，法律出版社2005年版，第517页。

播放、有线播放或者类似技术手段公开提供著作的权利。"[1] 由此可知，广播组织权利所保护的客体非常宽泛，不仅对无线广播节目提供保护，而且对有线广播以及类似技术设施传播作品的行为也提供邻接权保护。不过，广播组织权利并非仅仅为转播其他广播组织节目的有线转播提供保护。[2]

二 广播组织权利内容

该法第87条第一项规定，"1. 广播电视企业有（1）转播和公开提供其广播电视播放，（2）将其广播电视播放录制成音像制品、制作成图片，以及复制与发行该音像制品或者图片，出租权除外，（3）在只有支付入场费公众方得进入的场所使公众感知其广播电视播放的独占权利。"[3] 由此可知，德国广播组织权利有五项权利内容：转播权、录制权、复制权、发行权、向公众传播权。易言之，广播组织有权禁止他人，无论是通过有线还是卫星的方式，对其广播节目信号进行再转播。同时，它还有权禁止他人将其播放的节目录制在音像制品上或制作节目的图片，以及有权禁止他人复制和发行这些录音、录像和图片，但出租行为除外。另外，它还有权禁止他人将其广播节目在收取入场费的公共场所公开再现。

除了该条所规定的权利之外，播放企业还享有电视作品以及活动图像上的邻接权（《著作权法》第89条第4款、第95条）。在他们所制作的电视电影上面，播放企业也享有《著作权法》第94条所规定的邻接权；在相应的唱片上面他们还享有《著作权法》第85条所规定的权利（联邦法院判例，GRUR 杂志，1999年，第578页：作为唱片制造商的播放企业 Sendeunternehmen als Tontraegerhersteller 案）。根据这些著作权以及邻接权，播放企业也有权禁止自己的节目在饮食行

---

[1] 《十二国著作权法》，翻译组译，清华大学出版社2011年版，第152页。
[2] J. A. L. Sterling, *World Copyright Law*, London: Sweet & Maxwell, 2003, p. 426.
[3] 《十二国著作权法》，翻译组译，清华大学出版社2011年版，第175页。以下该条均出自本页。

业的场所进行再现；或者，在发生了对教育节目的固定以及私人将节目翻录到音像制品上的时候行使报酬请求权。①

三 广播组织权利的让与权

该法第 87 条第二项规定，"本权利得让与。广播电视企业得以其保留的个别或者全部利用方式利用其广播电视播放的权利，授予他人。本法第 31 条、第 33 条和第 38 条规定准用。"该项内容赋予广播组织享有对自己权利的让与自由，以及规定让与过程中关于未知利用方式的合同必须是书面合同（若是无偿授予非独占利用权时，无须书面形式），权利人在一定期限内有撤销授予的权利，但不得违背诚实信用原则。另外，还规定使用利用权的持续效力，以及广播组织者在利用定期出版汇编物的稿件发生著作权人原先许可后来出现争议时，广播组织获得复制与发行的独占利用权。若无其他约定，著作权人一年后可另行复制与发行该著作。

四 广播组织权利的保护期限

该法第 87 条第三项规定，"本权利自广播电视播放起五十年后归于消灭。本期限按照第 69 条计算。"第 69 条规定，"本节之期限自决定性事件发生之年年底开始计算。"因此，广播组织权利的保护期限是，自首次广播之日的年底起算，截至第 50 年的年底。

五 强制缔约义务

该法第 87 条第四项规定，"只要不存在拒绝签约的实质性正当理由，广播电视企业和有线企业互相有义务就本法第 20 条 b 第 1 款第 1 句规定的有线转播以适当条件签约；广播电视企业的义务也适用于就其自身播放，授予或者让与其播放权。只要不存在拒绝签约的实质性正当理由，应有线企业或者广播电视企业的要求，有合法权益的著作

---

① ［德］M. 雷炳德：《著作权法》，张恩民译，法律出版社 2005 年版，第 518 页。

权集体管理组织应当就有线转播与其共同签约（最后一句于 2008 年 1 月 1 日附件）。"该项内容是通过法律规定强制约束广播组织和有线播放企业，指出在没有正当理由情况下，广播组织和有线播放企业承担着相互以适当的条件签订有线转播合同的义务，即承担着强制缔约义务。另外，为了保障信息畅通无阻，该义务也适用于广播组织因其广播节目而从第三人那里获取的相关播放权。

六 广播组织权利的限制

该法的第四部分是"著作权与有关的保护权的共同规定"，其中第 95 条 b 项对"限制规定的实施"进行了规定，明确广播组织权利的限制同著作权的限制除个别条款外适用同样的规定。

1. 司法和公安。根据该法第 45 条规定，允许法院和执法部门为司法和公安目的复制、发行或公开展示广播节目。

2. 残障人士。根据该法第 45 条 a 项规定，对于残障人士，只要为实现提供之需，即其提供广播节目，本法允许为非营利之目的复制并且只向其发行广播节目。

3. 为教堂、学校或者课堂教学使用的汇编物。根据该法第 46 条之规定，为宗教、教学等目的而汇编广播节目不被视为侵犯广播组织权利的行为。

4. 学校播放。根据该法第 47 条规定，学校、师范、教师进修机构、青少年福利救济机构、国营农村教育机构及类似的国家负担的机构均可为课堂教学目的将通过学校广播电视播放的广播节目录制成音像制品，条件是一学年结束前必须消磁。

5. 公开演讲。该法第 48 条规定，复制、发行或公开再现广播节目中演讲、辩论的行为，不被视为侵犯广播组织权利的行为。

6. 报纸文章和广播电视评论。根据该法第 49 条（第 1 句于 2008 年 1 月 1 日新制定）之规定，对于单篇广播电视评论（且未做声明保留权利的）、每日新闻、涉及政治、经济或宗教的时事性文章，在付费的情况下可以在其他类似报纸、新闻纸上复制、发行或者公开再现，除非做简要的摘要,并以概要的形式复制、发行或者公开再现。

7. 制作有关时事的报道。根据该法第 50 条规定,本法允许,为在广播、类似技术手段、报纸、期刊、其他印刷品、数据载体、电影中制作有关时事的报道,在此目的需要范围内,复制、发行与公开再现广播节目。

8. 引用。根据该法第 51 条之规定,为引用之目的且有正当理由而复制、发行与公开再现等方式使用广播节目。

9. 公开再现。根据该法第 52 条之规定,允许免费表演广播中的节目,但需要支付适当报酬。

10. 在公共图书馆、博物馆、档案馆的电子阅读场所再现广播节目。根据第 52 条 b(本条于 2008 年 1 月 1 日新增)之规定,如无其他约定,本法允许在向公众开放的非营利目的的博物馆、图书馆、档案馆空间内,在用于私人学习和研究的电子阅读场所,公开提供馆藏中已经广播的节目。对于公开提供,应当支付适当报酬。报酬只能通过著作权集体管理组织主张。

11. 为私人使用或者其他自用的复制。根据该法第 53 条之规定,旨在本人科研使用、本人档案录用、本人了解时事情况、课堂教学等私人使用或者其他自用而使用广播节目。

12. 广播电视企业进行的复制。根据该法第 55 条之规定,有权播放著作的广播电视企业为使其各个发射台或者定向天线进行一次性使用,本法允许用其设备将其他广播组织的广播节目转录成音像制品。不过,这些音像制品最迟应在首次播放广播节目一个月内消磁。

13. 经营场所的复制和公开再现。根据该法第 56 条之规定,经营或维修音像载体及设备的商业机构,为向顾客展示设备,或维修之必要,本法允许将广播节目转录成音像制品或数据载体,亦允许借助音像制品或数据载体使广播节目被公众感知,以及使广播电视播放被公众感知,并向公众提供广播节目。

第三节 法国对广播组织权利的保护

法国著作权制度的建立可以追溯至 18 世纪，《1791 年的表演权法》和《1793 年的复制权法》对作者的作品提供了保护。在新技术不断涌现的背景下，这两个法令经历了两百多年的长期演变和修订[①]，法国于 1957 年颁布了《文学和艺术产权法》，虽然该法拒绝将表演者、录音制品制作者和广播组织的权利问题进行规范，但还是标志着法国著作权法开始走向现代化。

在法国，邻接权制度源于 1985 年通过的《关于作者权和表演者、音像制品制作者、视听传播企业的权利的法律》。虽然法国积极参与《伯尔尼公约》有关邻接权的谈判，也积极参与了《罗马公约》的谈判，但直到 1987 年，法国才加入《罗马公约》。1992 年 7 月 1 日，法国颁发 92—597 号法令，将现存的 23 个与知识产权有关的单行法予以汇编，形成世界上第一部知识产权法典——《法国知识产权法典》。该法典中，作者权与邻接权、数据库专有权并立。之后，法国又根据欧盟指令[②]和 TRIPs 协议、WIPO 的互联网条约进一步修改完善了法律，真正实现了著作权法的现代化。[③] 在这个过程中，法国著作权法理念也发生了重大变化，由最初的作者权本位、天赋人权思想变迁为实用主义，以追求版权贸易主体利益为目标。另外，对数据库制作者、体育比赛组织者以及与作者权有关的集成电路布图设计的保护，法国著作权法中并未采用邻接权模式，而是将其单列进行保护。不过，根据 1984 年的一项法令，体

[①] 经历了五次重要修改：1866 年法赋予作者配偶对作品的用益权（L. 123—6 条），1902 年法宣布作品无论艺术价值和用途如何均受保护（L. 112—1 条），1910 年法明确艺术品原件的转让不影响著作权的归属（L. 111—3 条），1920 年法创设了追续权（L. 112—8 条）及 1925 年法取消了法定缴样作为保护前提的规定（L. 111—2 条）。

[②] 欧盟关于计算机软件（1991 年）、出租权与出借权（1992 年）、版权与邻接权保护期（1993 年）、卫星广播和有线转播（1993 年）、数据库（1996 年）、追续权（2001 年）、信息社会版权（2001 年）、知识产权执法（2004 年）等指令均在法国著作权法中有所吸纳和体现。

[③] 刘洁：《邻接权归宿论》，知识产权出版社 2013 年版，第 46 页。

育比赛组织者权可以比照邻接权给予保护。①

对于广播组织权利而言，尽管1959年曾经对公共广播企业的权利提供保护，但1985年之前的法国著作权法并没有对广播组织（1995年法对其称为视听传播企业）提供邻接权的保护。在1985年的《关于作者权和表演者、音像制品制作者、视听传播企业的权利的法律》中增加了广播组织的无线广播权。随着科学技术的迅猛发展，著作权法获得多次修改以期适应技术所提的要求，对广播组织权利的保护日渐饱满。比如目前法国现行的著作权法中L.216—1条、L.216—2条、L.217—1条、L.217—2条之规定，不但明确了广播组织权利权利主体为有线和无线广播组织以及与传播自由有关的86—1067号法律所指的视听传播服务的经营机构，而且规定了广播组织权利客体为"视听传播企业的节目"，以及卫星传送和有线传送的节目，更为明确的是指出广播组织权的权利内容包括复制权、发行权、出租权、向公众传播权。

不过，L.211—1条规定"邻接权不得损害著作权。因此，本编任何规定均不得解释为限制著作权所有人行使其权利。"由此可知，广播组织权利制度的设立前提就是在保护广播组织的时候不得损害、限制著作权人的利益。因此，法国广播组织权利制度开宗明义将邻接权与著作权进行分开设立，且摆正了它们之间的关系。

对于广播组织权利的限制，首先，该法第L.211—4条规定了时间限制，"本编财产权的有效期自下列各事件发生次年1月1日起为五十年：4）视听传播企业L.216—1条中所指节目首次向公众传播。"其次，该法第L.211—3（2009年6月12日2009—669法律）条对本编权利受益人不得禁止的事项："1）使用者在家庭范围内进行的私人表演和免费表演；2）使用者对节目进行复制供自己使用而非集体使用；3）在标明出处的情况下：为评论、教育、科学或情报分析等进行的简短引用；作为新闻报道，播放甚至全文播放在政治、学术大会及其他公

---

① Paul Edward Geller and Melville B. Nimmer, *International Copyright Law and Practice*, New York: Lexis Nexis, 2003, p.136.

共集会和官方庆典上面向公众发表的讲话；报刊提要；向公众传播权或复制受邻接权保护制品的摘要，但不包括为教育目的而设计的制品，且纯粹用于教研范围内的说明，并排除一切游戏或娱乐行为，且该传播或复制的受众大部分由大中小学生、教师或直接相关的科研人员组成，该传播或复制的使用不会产生任何商业经营，并在定额基础上协商支付该使用的报酬；4）不违反有关规定的滑稽模仿、讽刺模仿及漫画；5）过渡性或附带性临时复制，且该复制行为是某个技术程序不可缺少的步骤，复制的唯一目的是对于受邻接权保护作品的合法使用，或该作品的传播；该临时复制自身不能具有经济价值；6）在 L.122—5 条 7）前两款确定的条件下，复制和向公众传播表演、录音、录像或者节目；7）以保存为目的或者旨在保护个人以研究或者私人学习为目的而进行查阅的情况，在机构的场所或者在专用的终端上，由向公众开放的图书馆、博物馆或者资料馆进行的表演、录音、录像或者节目的复制和表演行为，该行为不得寻求任何经济或商业利益。本条列举的例外，不得损害表演、录音、录像或者节目的正常开发经营，亦不得给艺术表演者、制片人或者视听传播企业的合法利益造成不正当的损失。"

第四节　日本对广播组织权利的保护

虽然早在 1899 年日本就制定了著作权法，但是日本邻接权保护制度始于明治末期的"桃中轩云右衞门"事件。[①] 由于当时日本的著作

[①] "桃中轩云右衞门事件"：日本在明治末年到大正初年间流行浪花节语，其中最著名的是桃中轩云右衞门的浪花节语表演。明治 45 年（1912 年）桃中轩云右衞门将其浪花节语表演的权利转让给了德国贸易商，德国贸易商则把该表演录制到 72000 张唱片以上日币 3 元 80 钱的价格出售，但遭到大量未经许可的复制（其中复制版价格仅为 1 元），德国贸易商遂以复制者侵犯著作权为由向法院起诉。地方法院和上诉法院均判原告胜诉，但案件上诉到大审院（最高法院）时却判决原告败诉。其判决理由是虽然未经许可的复制违反正义，但著作权法并无相关规定支持原告对唱片中的表演的权利。这一判决遭到了唱片产业和表演者的大力抨击，并最终迫使日本在大正 9 年的修订著作权法，将录音物纳入著作权中。转引自李湘云《著作邻接权制度之研究——以日本著作邻接权制度为研究经纬》，硕士学位论文，中原大学，2004 年。

权法并未涉及录音物的保护问题，而随着录音录像技术的兴起，海盗现象猖狂显现，引起日本表演者和录音制品制作者广泛不满。在此背景下，该事件的发生直接推动了1920年日本著作权法的修订（《法律第60号》），该修订内容涉及将表演者视为作者，其"演奏、歌唱"被纳入著作物范畴，其"演奏、歌唱"被纳入作者权。不过，"用所提供的机器把声音复制于机械，收录他人之著作物者，视为伪造人"（旧法第32条之3）。1931年，日本为了应对《伯尔尼公约》罗马修正案，对《法律第64号》进行了修正，强化了人格权的保护，新增设了无线广播制度。1934年，日本修改著作权法，删除了录制物属于侵权伪造之规定，代之以"凡将他人之著作物以声音用机械合法的复制于机器者，应视为著作人，并对其机器具有著作权"，即将录音制品纳入合法作品范畴。1962年4月，依据《文部省设置法》的部分修正，设置"著作权制度审议会"，同年5月16日，文部省大臣进行咨询"关于著作权法之修正及表演人、录音物制作人和放送事者的保护为基础的重要事项"。1966年10月，公开发表"著作权及邻接权法律草案（文部省文化局试案）"，全部共有本则143条，附则21条。[①]1970年，新传播技术的发展，尤其卫星和有线技术的影响，原有法律不能适应，修订需求日益迫切。在此背景下，日本制定新的著作权法（1971年生效）特设邻接权专章，对表演者、录音制品制作者和广播事业者赋予准著作权的权利即邻接权，终结了这三类人员受作者权保护的历史。

日本最先加入的国际邻接权公约是《录音制品公约》，又称《唱片公约》（其全称为《保护录音制品制作者防止未经许可复制其录音制品公约》）。该公约由世界知识产权组织主持，在1971年10月29日于日内瓦缔结而成。1974年于布鲁塞尔审定《卫星送信讯号保护公约》，为提升本国国际地位，日本于1988年审议加入《罗马公约》，

[①] 李湘云：《著作邻接权制度之研究——以日本著作邻接权制度为研究经纬》，硕士学位论文，中原大学，2004年。

1989年10月26日生效。自1985—1995年11年,只有1987年和1990年没有进行修改,尤其是1986年修订著作权法时对有线广播组织提供了保护。1996年,日本加入WCT和WPPT以后陆续修法,如在1997年修正《法律86号》,将过去的"放送"和"有线放送"统称为"公众送信";关于互动送信,扩充著作权人权利于送信的前阶段,从末端的接触,属于把著作物自动送信于公众状态。另创"送信可能化"的概念,就著作权人的公众送信权,包含送信可能化。在1999年修正《法律77号》,规定"技术保护措施"的定义,利用规避技术保护措施,知其事实而进行可能的复制时,如为私人的利用,则为权利限制的对象之外,对于公众规避专用装置而为让渡等课以刑事罚;定义"权利管理资讯";创设让渡权。在2000年修正《法律第131号》,废除著作权第104条之10(排除著作权中介业务法之适用)之规定。在2002年为缔结WPPT修正,受保护之表演及录音物扩及于WPPT缔约国之国民、商业用录音物之二次使用费互惠原则、表演人人格权、放送事业者及有线放送事业者赋予新的送信可能化权、录音物的保护期间变更为发行后50年间等。[①]

为了适应传播技术的革新及信息产业的发展,日本著作权立法与修订受到前所未有的重视,仅在2003年至2009年7年间,日本修法高达13次之多,可以说"日本邻接权立法体现出了高度的实用主义倾向。"[②]

一 广播组织权利主体

根据《日本著作权法》第89条之三款和之四款之规定,广播组织权利主体既包括播放组织又包括有线播放组织。该法第2条第1款第9项规定,播放组织是指以播放为业的组织;有线播放组织是指以有线播放为业的组织。

[①] 李湘云:《著作邻接权制度之研究——以日本著作邻接权制度为研究经纬》,硕士学位论文,中原大学,2004年。

[②] 刘洁:《邻接权归宿论》,知识产权出版社2013年版,第49页。

由于日本是世界上最早规定有线广播组织的国家，因此，日本对互联网的交互式传播问题及早进行了规范。鉴于传媒技术的突飞猛进带来媒体的多样化，媒体与网络的快速融合，新的放送信息的媒体加入竞争，放送的自身状态发生了变化。放送组织既要维持其为著作权物之利用人，又要坚定主张其为权利人。

二 广播组织权利客体

根据《日本著作权法》第 2 条第 1 款第 8 项和第 9 项之规定，广播组织权利客体包括广播和有线广播，广播是指以公众同时接收同一内容为目的、通过无线通信方式进行的公众传播；有线广播是指以公众同时接收同一内容为目的，通过有线电信方式进行的公众传播。[①]

所谓公众传播是以公众直接接收为目的的无线传播和有线传播，而广播是以无线通信方式使公众接受节目信号；对于有线通信方式使公众接受节目信号另以"有线广播"进行规范。

根据该法第 9 条之规定，受保护的广播：（1）日本国民作为播放组织的播放；（2）通过设置于中国境内的播放设备进行的播放；（3）除前两项所列播放外，还包括下列任何一项播放：表演者等保护条约的缔约国国民作为播放组织的播放和通过设置在表演者等保护条约的缔约国境内的播放设备进行的播放；（4）除上述所列播放外，还包括下列任何一项播放：世界贸易组织的加盟国国民作为播放组织的播放或通过设置在世界贸易组织境内的播放设备进行的播放。该法第 9 条之二规定，受保护的有线播放：（1）日本国民作为有线播放组织的有线播放（接受播放进行的有线播放除外）；（2）通过设置在中国境内的有线播放设备进行的有线播放。

---

① Megumi Ogawa, *Protection of Broadcasters' Rights*, Boston：Martinus Nijhoff Publishers Leiden，2006，p. 149.

三 广播组织权利内容

由于日本著作权法对广播组织权利进行了区分，所以，我们遵循该体例分别对有线广播组织和无线广播组织的权利进行梳理总结。根据该法第 98 条至第 100 条之规定，无线广播组织的权利有：

1. 复制权。该法第 98 条规定，广播组织享有接受播放或者接受播放后进行有线播放、将播放有关的声音或者影像进行录音、录像或者通过摄影等其他类似方式进行复制的专有权利。因此，也可以说，广播组织享有录音、录像权。该法第 2 条第 1 款第 13 项规定，录音是指将声音固定在介质上或者将该介质制作一份或多份；该款第 14 项规定，录像是指将连续的影像固定在介质上或者将该介质制作一份或者多份。由此可知，广播组织的录音、录像权既包括对录音、录像物的复制，也包括将其再录音、再录像，可以说，该权既保护将广播制作成录音或录像物，又保护利用该录音、录像物进行有线广播。另外，根据以上定义，该复制权不仅限于将广播直接接收后的复制，而且还含有有线广播组织接收广播信号后再广播的复制；同时，该复制权所保护的不仅是广播本身，而且还是广播节目中的声音或影像。因为该法"通过摄影等其他类似方式进行复制"这样的表述，对复制手段进行扩大化解释，将电视影像画面照相、摄影截取，或采用数字技术将连续影像中的某一景象制作成静止的画面而复制也属于复制权范畴。

在 1961 年的《罗马公约》会议上，虽然与会国就第 13 条（b）项规定，公认被控制的录制行为也包括仅录制部分广播电视节目，但是会议并没有就取自屏幕的单一静止图像（画面）是否构成部分录制明确态度。这一问题被留交国内法决定。[①] 而日本却将该条内容具体化和明确化，有利于保护广播组织在某些领域尤其是新闻领域的利益，如同广播电视存有竞争关系的报刊若从电视广播屏幕上截取时事新闻

[①] 《罗马公约与录音制品公约指南》，刘波林译，中国人民大学出版社 2002 年版，第 43 页。

或世界杯赛事中进球的画面并刊载就会给广播电视带来不利影响。

2. 再播放权和有线播放权。该法第 99 条规定，播放组织享有接收播放进行再播放或者有线播放的专有权利；前款的规定，不适用于接收播放进行有线播放的人按照法令规定必须进行的有线播放。该权利的保护对象是将播放信号接收后用于再次播放或者有线播放的行为，而对于再再次播放或者有线播放的行为不予涉及，确切地说，该行为不受最初广播组织的再播放权和有线播放权的限制。对于本条的理解可以从以下两个方面来进行[①]：一是将广播信号接收后再予以播放的情形，可分为两种情况：（1）将原广播信号接收的同时再以无线方式广播的情形。这种将原播放同时再传播的案例，在日本实务上未采用；（2）把广播信号接收后为了再广播之用而予以录制，利用其录制再广播，未必要求同时性，如要与录制物的媒介相区别的话，实务上与广播的同时再传播是一样的。二是将广播信号接收后再进行有线广播的情形，也分为两种情况：（1）向公众广播同时直接接收再经由有线传播，也就是同时再广播；（2）向公众广播时加以录制，于不同时间再经由有线广播的情形，也就是异时再传播。第二种异时再传播的情形，可以主张广播的录音录像权。

该条第 2 项是一项但书，即对于那些地理等因素收视困难的地区，广播组织依据相关法令应承担忍受之义务，放弃有线广播权，使其他有线广播组织不经其允许就可以接收广播而进行有线广播。据作花文雄解释，这个"相关法令"是指有线电视广播法第 13 条第 1 项之规定，对于很难收视听到的区域，有线电视组织在其区域内可以接收所有电视信号并同时再予以广播，即广播组织在很难收视听到的区域有同时再广播的义务，所以，原广播组织在此区域不享有有线广播权。[②] 另外，著作权法第 38 条第 2 款规定，已经播放的作品，不以营利为目的，而且不向听众或者观众收取任何费用时，可以进行有线广播或者

[①] 李湘云：《著作邻接权制度之研究——以日本著作邻接权制度为研究经纬》，硕士学位论文，中原大学，2004 年。

[②] ［日］作花文雄：《详解著作权法》，ぎょうせい2002 年版，第 451 页。

专门以该播放服务地域内接收为目的进行自动公众传播（包括在已经和供公众使用的电信线路连接的自动公众传播服务器中上载信息的传播可能化）。由此可见，这也是对有线广播权限制的一种情形。

3. 播放可能化权。该法第 99 条之二规定，广播组织享有传播可能化其播放或者接收播放后进行有线播放的专有权利。该条内容是在 2002 年修法的时候增加的。因为当时通过互联网网络接收广播并以流媒体的形式再次播放的情况早已出现，公众可以在自己选定的地点和时间获取广播，对此若不加规范将有损公平原则，使广播组织的利益在互联网环境中难以得到保障，所以，就对无线广播组织和有线广播组织都赋予了新的播放可能化权。该项内容的规定，为日本著作权法适应互联网交互式传播并解决有关问题提供了明确的依据。

4. 电视播放的传达权。该法第 100 条规定，广播组织享有接收电视播放或者接收电视播放后进行有线播放的专有权利，以及使用放大影像的特别装置向公众传达其播放的专有权利。即广播组织有权控制通过有线或无线的方式向公众传播，使公众能够通过广播接收装置或其他图像放大装置，如摄影机、大型液晶显示器，收视听到广播节目的行为。

该法第 100 条之二至第 100 条之四对有线广播组织权利进行了规定。在有关邻接权方面的国际条约中，尚未出现对有线广播的规范；在世界各国的国内法中，只有英国在 1988 年对版权法进行修订时增添对有线节目提供服务者的保护。由此可见，日本在这方面成为世界先进国家。早在 1986 年进行修法时，日本就对有线广播组织赋予无线广播组织的法律地位，给予著作邻接权的保护。

1. 复制权。该法第 100 条之二规定，有线播放组织，享有接收其有线播放、将有线播放的声音或者影像进行录音、录像或者通过摄影等其他类似方法进行复制的专有权利。本权利仅涵盖将有线播放节目接收后进行录制，或将其录制品进行复制，而对于有线播放节目接收后播放，再将该播放进行录制的情况不予规范。尽管有线播放节目接收后播放也属邻接权保护之范畴，且该播放与无线广播组织权利并无区别，但是为了更加明确保护有线广播组织的权益及避免邻接权人之间的权利重复或复杂化，才有此规定。① 由此对比该法第98条之规定，发现该复制权比彼复制权范围要小，即无线播放组织的复制权，既保护对广播接收后的复制，也保护接收播放再为有线播放后的复制；而有线播放组织的复制权并不涉及将其有线播放接收再播放后进行录制的行为。

2. 播放权和再有线播放权。该法第100条之三规定，有线播放组织享有接收其有线播放后进行播放或者再有线播放的专有权利。

3. 传播可能化权。该法第100条之四规定，有线播放组织享有接收其有线播放进行传播可能化的专有权利。

4. 有线电视播放的传达权。该法第100条之五规定，有线播放组织享有接收其有线电视播放并使用放大影像的特别装置公开传达其有线播放的专有权利。换言之，有线播放组织，对其有线电视播放后利用扩大影像的特别装置接收，将其有线播放节目传播至公众时，享有排他性的权利。另外，1999年修法时，将通过特别装置传播无线或有线电视播放的行为扩展至类似于"上映"，而根据该法上映之定义〔第2条第1项第17款，上映指在银幕或者其他介质上放映作品（公众传播的作品除外），包括同时播放固定在电影作品中的声音〕，上映并不包括有线或无线播放的公众传播。由此可见，上映与传达能够很好地区分开来。

四 广播组织权利的保护期限及其限制

最初日本对邻接权的保护期限定于20年。但是，随着其他国家将保护期限不断扩大的趋势，日本于1988年修法时将保护期限延长至30年。然而，在多数其他国家将邻接权保护期限扩展至50年时，日本又于1996年修法时将邻接权的保护期限延展至50年。2002年新修

---

① 李湘云：《著作邻接权制度之研究——以日本著作邻接权制度为研究经纬》，硕士学位论文，中原大学，2004年。

订的著作权法重新调整了邻接权保护期限的始期与终期。该法第101条第1款之（三）、（四）和第2款之（三）、（四）规定，著作邻接权的保护期限，播放从进行了播放时开始，从进行了播放之日的第二年起经过50年；有线播放从进行了有线播放时开始，从进行了有线播放之日的第二年起经过50年。

该法第102条对著作邻接权的限制进行了详细的规定，根据其内容我们绘制以下图表（表4—1）：

表4—1　　　　　　　邻接权合理使用统计情况表

合理使用＼允许情况邻接权	播放	有线播放
为私人目的的复制	允许	允许
支付私人录音录像补偿金	允许	允许
图书馆等的复制	允许	允许
引用	允许	允许
在学校和其他教育机关中进行的复制等	允许	允许
试验用的复制	允许	允许
为视觉障碍者等进行的复制	允许	允许
不以营利为目的的上演等	允许	允许
不以营利为目的的有线播放	允许	允许
不以营利为目的的出租	允许	允许
为报道时事新闻而利用	允许	允许
裁判程序中的复制	允许	允许
按照《行政机关信息公开法》等为了公开所进行的使用	允许	允许
为播放组织等的临时复制	允许	允许
依据复制权限于让渡复制品	允许	允许
关于时事评论的转载	允许	允许
政治演说的使用	允许	允许
翻译改编等利用	禁止	禁止
电影的出租	禁止	禁止
对于教科书等的登载	禁止	禁止

续表

合理使用 \ 允许情况邻接权	播放	有线播放
公众传播	禁止	禁止
学校教育节目的播放	禁止	禁止
计算机程序复制品所有人的复制	禁止	禁止

第五节 英国对广播组织的版权保护

英国是世界版权制度的发祥地，于1709年颁布了世界上第一部版权法《安娜法令》。该法在1814年、1842年、1911年、1956年、1988年进行过重大修订。历部版权法都是以保护作者复制权为中心，不过，由于作者权的自由让渡的存在，每部版权法都会通过保护作者权之名来规范版权贸易，将重点落在出版商的利益保护上，最终实现所谓的公共利益。由此可见，版权在英国成立之初就是一种凸显经济属性的财产权，同传统作者权注重作者的精神因素和人格属性相去甚远，这也奠定了英国版权法中对大陆法系国家邻接权制度所调整对象也能顺利规范的基础。英国版权法中不存在专门的邻接权制度，之所以不区分作者权与邻接权，是因为英国版权法主要是财产法，并不反对法人成为作者，而且对作品的独创性要求很低，作者权传统所谓的邻接权在英国版权法中并不需要另创体系来对待，这比僵化的作者权传统更能适应新技术的挑战。[①] 因此，英国版权法中"related rights"一词，既有作者权传统国家的邻接权内容，又有1988年版权法之外的与版权有关的权利内容，如数据库制作者权利、公共借阅权等。

在1956年的版权法中，遵循自然人与法人之分将作品分成两大部类，第一部类包括可以找到"作者"的作品，包括文学、戏剧、音乐

---

① See Stephen M. Stewart, *International Copyright and Neighboring Rights*, Butterworth & Co. (Publishers) Ltd., 1989 (Second edition); Paul Goldstein, 转引自徐伟《邻接权制度研究》，博士学位论文，中国人民大学，2007年。

和艺术作品；第二部类包括一切不易确定"作者"或根本与作者无直接关系的作品或作品的传播形式，如包括录音制品、电影、广播、版式设计、印刷排版的字形等。英国法学家认为，第二部类可以看作英国特有的"邻接权"。[①] 由此可见，英国版权法最初并未对广播组织的利益提供保护，而是到1956年修法时才对广播组织的广播提供了版权保护，即将其作为一类法人作品纳入版权法。但是，从1973年开始历经15年的调查和辩论，于1988年对1956年的版权法进行修订，制定了统一的《英国版权、外观设计与专利法》。该法不再对两类作品进行区分，赋予同样的权利，只是根据不同的情况在条文中做出具体的规定。因此，广播组织对自己的广播的版权同其他作者享有自己作品的权利并无差别，只是法律条文的表述是根据广播组织的特点而做出的具体规定。另外，由于1984年的《有线电缆与广播法案》对有线广播节目保护进行了规范，1988年版权法也就将有线广播纳入进来，将无线广播与有线广播分别加以规定，版权客体包括广播和有线广播。

1988年之后，作为欧盟成员的英国，根据欧盟指令、TRIPs、WPPT等为了适应网络传播技术的突飞猛进而不断修订版权法，现行法就将上述第7条和第16条（d）删除，并对第6条和第16条（d）进行重新定义，不单单将原来第7条的有线广播的核心内容纳入进来，而且回应网络融合对广播组织所提出的要求，将网络广播也包括进来，完全遵循"技术中立"原则，不再对传播介质进行区分，体现出未来电子传输发展强大的包容性和先进性。

一 权利的主体

现行《英国版权法》第9条规定，作品的作者身份：（1）本编中与作品相关之"作者"，是指创作作品的人。该人应当为（b）在作品为广播的情况下，广播制作者［见第6条（3）款］，或者，在通过接受和即时中转传输其他广播的情况，其他广播的制作者。第6A条

[①] 吴汉东等：《西方诸国著作权制度研究》，中国政法大学出版社1998年版，第262页。

(2) 规定，当携带有节目的信号被传送至卫星（"上行链路站"）的地点位于欧洲经济区国家的（a）该地点应被视为广播制作地，且（b）该"上行链路站"运营者应被视为广播制作者。(3) 虽然"上行链路站"并不位于欧洲经济区国家，但是由居住在欧洲经济区国家中的人委托制作该广播的（a）该人被视为广播制作者，且（b）其在欧洲经济区的主营业地应视为广播制作地。[①] 由此可见，广播作品的权利主体既包括专门制作广播节目的自然人或法人，又包括将节目制作与节目发送集于一身的自然人或者法人；既包括传统广播组织者：无线广播组织和有线广播组织，又包括卫星传输者和网络广播组织，还包括其他任何目前没出现未来可能出现的与节目传输者一同对传输作出必要安排之节目提供者。

二 权利的客体

根据现行《英国版权法》第 6 条之规定，无论是无线广播电台节目，还是无线广播电视台节目；无论是有线广播（电缆广播），还是卫星广播；无论是网络同步广播、网络时事直播，还是网络重播等，都是广播组织所获得版权保护的对象。该法所述的"广播"，在范畴上进行了扩张，不再采取"广播"与"有线广播"分别规范的模式，不再仅限于无线广播，而是将有线广播、卫星广播、网络广播等符合"电子传输"这一特性的几乎所有的广播形式都囊括其中，充分体现出英国版权法的国际先进性。

三 权利的内容

虽然英国作为欧盟成员之一深受欧盟指令的影响，但是其本身又流淌着英美法系的精神，在对广播组织保护方面，符合英美法系的立法习惯，并未为广播组织在立法体例上设定特殊的权利，而是沿用版

---

① 《十二国著作权法》翻译组译：《十二国著作权法》，清华大学出版社 2011 年版，第 571 页。

权法的一般权利的规定。如根据现行《英国版权法》第 16 条之规定，版权人享有在联合王国从事如下行为的排他性权利，（a）复制作品（见第 17 条）；（b）公开发行复制品（见第 18 条）；（ba）向公众出租或出借作品（见第 18 条 A）；（c）公开地表演、展示或者播放作品（见第 19 条）；（d）向公众传播作品（见第 20 条）；（e）改编作品或者进行任何与改编有关的上述行为（见第 21 条）。由于广播组织属于版权人之一类，所以广播组织对于广播节目所享有的权利同其他人对其作品所享有的权利别无二致。

1. 复制权。该法第 17 条第 4 款规定，关于"电影或广播的复制"，包括将构成电影或广播的图像的整体或其实质性部分拍摄成照片。另外，该条第 6 款规定，对于任何类型的作品，复制均应包括对作品进行的临时性复制或者基于对作品的其他使用所产生的附随性复制。因此，未经广播组织许可，其有权禁止他人复制其广播节目，即不论是对广播节目影像的全部，还是对广播节目影像的任何实质性部分；不论是对广播节目影像的临时性，还是附随性而进行摄影或拍照，都属禁止范畴。

2. 公开发行权。该法第 18 条规定，（1）对于任何类型的作品，向公众公开发行作品复制品均是版权所禁止的行为。（2）本编所涉及之"公开发行作品的复制品"是指（a）将先前未被版权所有人或经其同意在欧洲经济区投入流通的作品投入流通，或者（b）将先前未在欧洲经济区或其他地方投入流通的作品在欧洲经济区之外投入流通。（3）本编所称之"向公众发行作品复制品"不包括（a）对先前已流通的作品复制品的任何再次发行、销售、出租或出借（但见第 18A 条：出租或出借之侵权），或者（b）对此类作品的再次进口到联合王国或者其他欧洲经济区国家，但第（2）款（a）项规定不适用于原在欧洲经济区之外投入发行的作品之复制品在欧洲经济区投入发行的情形。（4）本编所涉及之"发行作品复制品"包括发行作品原件。由此可知，广播组织有权禁止他人未经其同意而向公众公开发行广播节目的原件及其复制品。

3. 表演、播放或放映权。该法第 19 条规定,(1)公开表演文字、戏剧或者音乐作品是受版权禁止的行为。(2)本编之"表演"(a)包括授课、演讲、讲话和布道,并且(b)一般地,包括任何视觉和听觉的呈现,这包括通过录制品、电影或广播进行的呈现。(3)录音制品、电影或广播的公开播放和放映是版权所禁止的行为。(4)借助用于接收经由电子手段传输的视频或音频之设备,公开表演、播放或放映作品而构成侵权的,则该视频或者音频之发送者,以及在表演的情况下之表演者,不应被视为对该侵权负有责任。

4. 向公众传播权。根据该法第 20 条之规定,广播组织有权禁止他人未经许可广播或者通过网络广播其广播节目。该项权利是对原有广播权及有线广播权(包括卫星广播)的扩充,是对网络新技术发展的回应,将有关交互性传播的利益保护也纳入进来,适应新技术带来的挑战。

5. 改编权。该法第 21 条规定,(1)对文字、戏剧或者音乐作品进行改编是受版权禁止的行为。为此目的,当对作品以书面或者其他形式进行记录时,就已构成对作品的改编。(2)实施第 17 条至第 20 条或者上述第(1)款明确列举的有关对文字、戏剧或者音乐作品的改编,同样是受版权禁止的行为。为此目的,无须考虑在行为完成时改编是否已以书面或其他方式进行记录。据此,广播组织有权禁止他人未经许可而改编其广播节目。

四 保护期限和权利限制

关于广播组织权利的保护期限,该法第 14 条规定,(1)广播的版权期限适用以下规定。(2)广播的版权于自广播制作完成当年年末起算的第 50 年年末届满,并受下列规定之约束。(3)若广播的作者非欧洲经济区国家之国民,广播的版权期限由该作品来源国法律所确定,前提为该期限不超过第(2)款规定的期间。(4)若第(3)款的使用会或在一定程度上会导致与 1993 年 10 月 29 日之前联合王国所承担的国际义务不符,则版权期限应根据第(2)款的规定进行计算。(5)重播的广播之版权与原始广播同时终止；因此原始广播的版权期限届满后，重播的广播不再享有版权。(6)"重播的广播"是指对在先制作的广播的重复播放。

版权法中权利限制主要体现在合理使用制度的规定方面，所以，对于广播组织权利的限制，主要体现在该法第 28 条至第 76 条之规定，具体包括：

1. 临时复制品制作行为。该法第 28A 条规定，若制作临时复制品的行为是暂时或附随性的，且为实现如下目的而采用的技术手段中必不可少的实质性部分，则该行为不侵犯文字作品（不包括计算机程序或数据库）或者戏剧、音乐或艺术作品、出版物的版式设计、录音制品或电影之版权（a）通过中间人进行的与第三方之间的作品网络传输行为；或者（b）对作品的合法使用行为；且该行为不具有独立的经济意义。据此，在对广播节目合法利用的同时附带性临时复制广播节目的行为不视为侵权。

2. 研究和个人学习。该法第 29 条规定，（1）为非商业性目的之研究对文字、戏剧、音乐和艺术作品所进行的合理使用，在附有充分声明的情况下不侵犯作品之任何版权。（1C）为个人学习之目的对文字、戏剧、音乐或艺术作品进行合理使用的行为，不侵犯该作品之版权。据此，为非商业性研究[①]和个人学习之目的而使用广播节目不视为侵权。

3. 批评、评价使用和新闻报道。该法第 30 条规定，（1）为批评或评论该作品本身或另一作品之表演的目的，而对该作品进行合理使用的，只要其附有充分声明且该作品已向公众提供的，不构成版权之侵权。（2）为报道时事新闻的目的对一作品（不包括照片）进行的合理使用，若附有充分声明［受第（3）款限制］，则不构成侵犯版权的

[①] 2003 年春季，英国政府对与版权特例相关的法律进行了修订，其内容主要涉及以下三个方面：为商业研究目的进行的版权复制将不再作为一种例外，而需要许可；给顾客提供收看电视或者收听广播服务的商店、酒店等娱乐场所将不再作为一种例外，需要许可；新的版权例外将帮助盲人和弱视者获得以布莱叶盲文、大号铅字等形式印刷的书籍；前两条修订出现在延迟执行的有关版权的欧盟指令 2001/29/EC 中，第三条修订体现在 2002 年 12 月英国议会通过的一项法律草案中。（http://www.sipo.gov.cn/dtxx/gw/2003/200804/t20080401_352111.html）

行为。据此，为了批评、评价广播节目或在时事报道中合理使用广播节目的行为不视为侵权。

4. 附随性使用。该法第31条规定，首先，附随性使用不成立侵权；其次，对于附随性使用所产生的复制品播放、发行不构成侵权。

5. 为视觉障碍者复制行为。根据该法第31A条至第31F条规定，由于视觉障碍而无法使用广播节目的，为个人使用之目的，而根据原件制作易于使用的复制品的行为，不构成对广播节目的侵犯；为因其缺陷而无法接触原件的视觉障碍者个人使用之目的而制作、提供可易于其使用之复制品的，不构成对广播节目的侵犯。

6. 教育使用。该法第32条至第36A条规定，为非商业性目的的教学或测试而对广播节目复制的行为，为教育目的而将广播节目汇编到一个选集的行为，为教学目的教育机构活动过程中对广播节目的表演、播放或者放映的行为，为教学目的教育机构制作广播录制品的行为，为教学目的教育机构对广播节目的片段进行复制之行为和出借广播节目的复制品的行为都不构成版权之侵犯。

7. 图书馆和档案馆复制行为。该法第38条至第43条规定，图书馆和档案馆为了藏书或保存档案而录制广播节目及复制和出借等行为都属于合理使用的行为，不视为侵权。

8. 公共管理。该法第45条至第50条规定，为议会或司法程序之目的、为皇室会议或法定调查之目的、为公共事务向皇室传递所实施的，而对广播节目采用任何实施行为都不侵犯版权。

9. 杂项规定。该法第68条至第75条对广播的合理使用进行了专项规定，如为广播之目的附带录制、为监督与控制广播及其他服务所制作的录制品、为过后观看目的之录制、广播节目之照片、免费公开放映或播放广播节目、无线广播之有线接受与转播、向残疾人士提供有字母的广播节目复制品、为留档之目的的录制等行为均是合理使用行为。

第六节　美国对广播组织的版权保护

根据普通法，规定版权是为了保护传递信息给社会，因此，普通法为广播组织的广播规定版权保护没有任何障碍，比如英国，但是美国版权法并没有明确将广播节目包含在作品的种类之中。美国的制度基本上是认为作者个人之著作乃是其人格化的具体表现，而新闻媒介与大众传播播送系统节目之著作作品的原创作者大多乃是公司雇主，因此，除非该广播机构遵循著作人权利制度中之高度创作的艺术活动水平，否则其无法呈现任何著作权，而仅是在公共利益与政治妥协范围内。基于美国版权法第110条以下各项权利限制而主张其广播机构之合理使用权利之外，美国并未独立立法在著作权法或是相关法典中，保护与赋予任何广播机构邻接权。[1] 该现状最为主要的原因在于美国并非保护相关邻接权的《罗马公约》的签约国。[2]

广播组织在美国最初是不受保护的，因为"如果授予广播组织对于节目信号拥有权利，那么就会产生无数的、概念性的、理论上的和实践上的问题。——'广播组织权利'这一概念在美国法中显得过于激进，因为公众已习惯于免费接收节目。"[3] 随着技术的发展，人们盗播广播组织信号的能力逐渐提高，尤其是对体育比赛的无许可转播，严重损害了原初广播组织的利益，美国法院将该行为作为不正当竞争行为来定性，禁止电影院或其他收费公共场所未经广播组织的许可而转播体育比赛。[4] 如此保护显然不是将其作为权利来加以保护的，同

---

[1] 张懿云等：《邻接权制度之研究》，http://www.doc88.com/p-377360 127952.html，检索时间：2014-6-6。

[2] Robert Dittrich, "The Practical Application of the Rome Convention", *Bulletin Copyright Society* U. S. A 26, (1978-1979), p. 287.

[3] Louis G. Galdwell, "The American Bar Association and the Debate over the Free Speech Implications of Broadcast Regulation, 1928-1938", American Journal of Legal History, 1991, p. 351.

[4] J. P. Eddy, Esq. *The Law of Copyright*, London: Butterworth & Co. (Publishers) Ltd., 1957, p. 116.

广播组织的利益诉求相差甚远，对此，1934 年颁布的《美国联邦通讯法》（当时只有广播节目，后来电视技术的出现又把电视节目纳入其保护范围）将广播组织的权利保护向前推进了一步，给予广播组织一种特别权利加以保护，将其作为被记录下来的组成传输的作品版权拥有者。① 但是，随着传播技术的飞速发展，该法对广播组织的私权保护越来越力不从心。于是，1976 年颁布的《美国版权法》第 101 条专门针对广播电视直播节目能否获得版权保护的条件"固定"进行了定义，即"被播送的由声音或图像组成的作品，或由声音和图像组成的作品如果在播送的过程中被同时进行了同期'固定'，则该'固定'即为本处所指的'固定'"。② 换言之，若有人在未经授权的情况下，在广播信号播送过程中对广播节目进行转播或复制，且广播组织在播送节目的同时以拷贝或录音制品的形式对节目进行了同期"固定"，则其要承担版权侵权责任。

一 广播组织的版权客体

依据《1976 年版权法》第 102 条规定，美国版权保护范畴是那些有固定形式的原创作品，固定形式是开放式的，即以任何现有的或将来出现的有形的表达媒介确立，且该形式应该使人们能够直接或借助机器及其他设备来感知、复制或传播作品。另外，需要注意的是，该条款在列举受保护作品的类别时使用"包括"一词，该词只是给出了受版权保护作品的一般范围，而并非是出于任何限制性的目的，因为国会报告中对此解释"正如第 101 条所指出的，使用'包括'一词表明了该清单只是说明性质的而非限制性质的，也没有穷列出受保护作品的类别。"③ 这些规定都为广播电视节目或信号获得美国版权法保护（尽管对此没有明确规定）打开了方便之门。因为，依据较低的独创

---

① J. A. L. Sterling, *World Copyright Law*, London: Sweet & Maxwell, 1998, p. 64.
② 参见《1976 年版权法》第 101 条的第 1 款，这是国会为了实施 TRIPs 协议而在 1994 年特别增加的一条修正案。
③ H. R. Rep. No. 94-1476, 94th Cong., 2d Sess. 52 (1976).

性标准，① 广播组织播放的几乎所有的节目，都可以构成版权法所保护的作品。这里包括两种情况：一是广播组织播放的文字、音乐、电影等显然属于版权法保护的作品；二是即使对于体育赛事和其他社会活动的转播，按照较低的独创性标准，也可以构成版权法保护的视听作品。② 如此一来，广播信号所承载的节目都会被版权法所保护，毫无必要再为广播信号提供保护。广播信号一旦被他人盗用，虽然广播组织不能对其传播的信号主张权利，但是作为广播节目版权人的广播组织在对直播广播进行同步录制的情况下可以对节目作品主张权利，寻求版权法保护。如在美国足球联盟案中，联邦上诉法院就认定现场直播的体育比赛按照《1976年版权法》应当作为"电影和其他视听作品"。

综上，一项广播作品要成为著作权法保护之客体著作物，必须符合第101条所定义之固着形式，即该广播必须已相当稳定地具体化于重制物或录制物，以供非短暂之存续期间内感知、重制或播送。否则，各项节目或是广播、电视之现场节目如未经固着则仅能依靠传统各州之习惯法加以保护。因此，根据《1976年版权法》之规定，固着之概念的认定与解释是非常重要的。它不仅决定了一项广播节目是否可受到著作权法保护，其亦代表着联邦著作权法与各州习惯法保护之分野。所以，即兴表演或是未同步录制之广播节目便不适合接受联邦法案之保护了。③

二 广播组织版权主体及其归属

《1976年版权法》第201条④对版权所有权进行了规定，具体而言，对原始所有权、雇佣作品、集体作品中可分割使用的作品的归属

---

① 《1976年美国国会报告》第94—1476号指出：在一场橄榄球赛事中，有4台电视摄像机在拍摄，一位导演同时指挥着这四位拍摄人员，由他决定挑选何种影像、以何种顺序播映并呈现给观众。毫无疑问，导演和拍摄人员所做的工作（具有足够的创造性），他们应当获得"作者资格"。参见《1976年美国国会报告》，第52页（1976年）。

② 郑文明等：《广播影视版权保护问题研究》，法律出版社2013年版，第66页。

③ House Report, 52, 转引自张懿云等《邻接权制度之研究》，第143页，http://www.doc88.com/p-377360127952.html，检索时间：2014-6-6。

④ 《1976年版权法》第201条规定，(a)(b)(c)。

明确规定属于作者。不过,该条并没对"作者"一词进行界定。为了弥补该项不足,美国最高法院在"1884年伯罗-贾尔斯平版印刷公司诉萨若尼案"中对作者做了广义的界定:在这个意义上,作者是指"任何东西是由他起源的人",结果是艺术家、作曲家、摄影师、软件开发者等也都成为版权法保护的作者。[1] 在"1973年戈德斯坦诉加利福尼亚案"中对"writings"一词做了广义界定:尽管"writings"一词可以局限于手稿或印刷品,但它可以被解释为包括了所有的,体现了创造性的智力劳动或美学劳动成果的有形表述。与此对应,所有这些有形表达形式的创造者,都可以成为"author"或"authors",获得宪法和版权法的保护。[2] 由此可见,该版权法所保护的权利主体在范围上极其广泛,只要满足在作品创造过程中付出了创造性劳动这一标准,就能获得版权法保护。

对于广播组织版权主体及其归属的问题,该版权法并没有做出明确规定,但根据前述,美国版权法在满足一定条件下也可以将广播节目或信号作为作品来保护。例如,根据《美国1976年版权法》第101条固着定义之后段解释,广播电视节目之制作人可享有著作权之保护,只要其将现场向大众播放之节目与该广播时段同时演出加以固着,则其可符合由声音、影像或其二者组成之著作,若其播送之同时将该著作予以固着之立法目的,从而,其播送视为已"固着"。根据前述法理,如果著作权人在播放的同时亦将其节目固着于一项拷贝或是录音物,则特定的个人除非其经由著作权法第110条以下之例外规定取得合理使用权或是经过契约授权,否则任何人不得将该现场播送节目任意转播或录制下来。[3]

---

[1] Sheldon W. Halpern, *Copyright Law: Protection of Original*, Second Edition, Durham: Carolina Academic Press, 2010, p. 30。

[2] 李明德:《美国知识产权法》,法律出版社2003年版,第136页。

[3] 张懿云等:《邻接权制度之研究》,第144页,(http://www.doc88.com/p-377360127952.html)。

三 广播组织版权内容

版权是指法律赋予作品的作者以任何方式或手段将它作为本人的创作来发表,将它复制并公开发行或传布,以及授权他人以特定方法使用该作品的专有权。[①] 大陆法系与英美法系均认为其包括人身权(或称为精神权利)与财产权两部分,区别在于侧重点不同,大陆法系侧重于精神权利的保护,甚至将其作为版权制度的中心;而英美法系侧重于财产权利的保护,尤其是在美国版权法体系中,版权就是指经济权利,作者的精神权利则是与版权相联系的一种权利,主要由其他的法律予以保护。[②]

四 广播组织版权的限制与例外

对于有线电视运营商转播广播电台节目信号是否需要付费,在 1976 年之前的美国法院判例中多采取的是否定态度。在 1968 年的半月刊公司(*Fortnightly Corp*)诉联合艺术家(协会)(*United Artists*)一案[③]中,最高法院根据 1909 年版权法案判定侵权不成立;1974 年的加拿大广播公司(*Canadian Broadcasting Corporation*)诉普拉姆特尔电信(*Teleprompter*)一案[④]中,最高法院仍判定侵权不成立。[⑤] 在这两起案件中,最高法院秉持的理念基本一致,都认为有线电视接收到广播公司节目信号并将在与该有线电视系统相连的众多电视机播放的行为并非广播

[①] 世界知识产权组织编:《著作权与领接权法律术语汇编》,刘波林译,北京大学出版社 2007 年版,第 58 页。

[②] 李明德:《美国知识产权法》,法律出版社 2003 年版,第 171 页。

[③] 来自西维吉尼亚的有线电视运营商—半月刊公司转播其当地广播市场可接收到的 5 个广播信号。联合艺术家(协会)作为版权人集体的代表,对被转播的这些广播节目拥有版权,于是就将该有线电视公司起诉至法院,认为在未经版权人同意的前提下,该有线电视公司的转播行为属于侵权。

[④] 该案中作为有线电视运营商的普拉姆特尔电信公司接收到一个社区广播信号,随后,将该广播信号通过微波传送至几百公里外的有线电视系统。而加拿大广播公司对该广播信号节目主张权利,将其诉至法院。

[⑤] Stuart Minor Benjamin, Douglas Gary Lichtman, Howard A. Shelanski, *Telecommunication Law and Policy*, Durham: Carolina Academic Press, 2001, p. 443.

者的行为，乃像一个电视受众的行为，即通过天线接收天空自由穿梭的广播信号，并在家里电视机上播放，因此，有线电视公司正像一般电视受众一样不必承担版权责任。[1]

不过，该思想在《1976年版权法》中得以改变，否定了以上两案所得出的结论，[2] 确认有线电视转播拥有版权的广播信号被认为是侵权的，区分了家庭用户的私人化使用与有线电视商业化使用的不同，该法第111条（c）规定有线电视不能无偿使用该广播内容，确立强制许可制度。需要注意的是，通过该法第111条（d）款所设立的纷繁复杂的强制许可版税结构，我们会发现，有线电视运营商支付版税只基于他们"在原始转播者所在当地服务地区的全部或一部分转播该原始转播者的非网络节目。"[3] 换言之，有线电视运营商可以对所有的广播内容享有强制转播许可，并且他们只对非网络内容以及从位于该有线电视运营商的本地服务地区之外的广播运营商处转播节目并支付相应的版权税。对网络节目和本地非网络节目不支付版权税。[4]

除了强制许可制度外，广播组织版权限制还有合理使用制度。美国版权法第107条对合理使用制度进行了规定。需要说明的是尽管该条对合理使用制度的法典化，为法院在合理使用行为判断方面提供了指导和依据，但是需要注意的是，美国国会的立法目的无意统一合理使用判断标准，仅在重申司法上既存的原理原则。[5]

具体到广播组织的合理使用方面，该法第111条（a）款进行了规定：某些转播的免责——转播含有作品表演或展出的主播的，不视为侵犯版权的行为，如果（1）经联邦通信委员会许可的广播电视台本地服务区域内的旅馆、公寓或类似企业的投资方向其顾客或房客私

---

[1] 392 U. S. at 399.

[2] See Copyright Act of 1976, Pub. L. 94-533, codified as amended at 17 U. S. . C SS 101 et seq.

[3] Stuart Minor Benjamin, Douglas Gary Lichtman, Howard A. Shelanski, *Telecommunication Law and Policy*, Durham: Carolina Academic Press, 2001, p. 444.

[4] 参见刘发成《中美广电通信经济与法律制度比较研究》，重庆出版社2006年版，第105页。

[5] See H. R. Rep. No. 1476, 94th Cong., 2d Sess. (1975).

人房间所作的转播,且该转播仅由该广播电视台传送的信号中继构成,并对收听收视该转播不直接收取费用,但有线通信系统的转播除外。或(2)转播仅为第110条第(2)款规定之目的,并且依照其规定的条件进行。(3)任何转播者从事的转播,如果该转播者无法直接或间接控制主播之内容、主播的选择或该转播之特定接收人,并且该转播者有关转播的行为仅系提供线路、电缆或其他通信话路供他人使用。但本项规定仅扩大到上述转播者有关转播的行为,其他人有关其主播或转播的行为责任不予免除。(4)卫星转播者依第119条规定的法定许可为私人家庭收视所从事的转播。(5)有线通信系统以外的政府机构或其他非营利性组织所从事的转播,该转播不具有任何直接或间接的商业利益且未向接受者收取费用,但收取的用以弥补维持和经营该转播机构所支付的实际及合理开支的费用除外。[①] 另外,第118条更明文限制,非戏剧性音乐著作权人所享有的排他权不适用于公共广播事业或为非商业性教育广播电台的广播,以及为广播目的所进行之复制行为。

---

① 参见《美国版权法》,孙新强、于改之译,中国人民大学出版社2002年版,第19—20页。

第五章

世界主要国家对广播组织权利限制与例外规范的比较

第一节 广播组织权利的合理使用制度

权利在设置的时候，对其限制也会如影随形。因为绝对的权利必然带来绝对的滥用或垄断，使大家的自由因此受到挑战，进而造成公共利益受损。因此，立法者在设置广播组织权利时为其配置适当的限制就成为权利平衡思想的具体体现。笔者认为，在研究广播组织的限制制度时，有关著作权限制制度的理论不但具有重要的参考价值，而且很多国家的著作权法中对著作权合理使用制度和邻接权合理使用制度的规定是合二为一的，或者说有很多重叠规范。

一 合理使用制度

在著作权法中，合理使用制度涉及创作者、传播者、使用者的利益关系。合理使用的含义是指，尽管部分或全部地使用他人享有版权的作品且未经权利人授权，但是由于一些特殊的原因而不把这种使用行为视为侵权。例如，为了新闻报道或评论而部分地引用别人的作品，为了课堂教学而复制他人的作品等。其中的"使用"是对于他人作品的复制、表演、展览等。其中的"合理"，则是一个抽象的概念，由法院在具体的司法实践中加以界定和考量。①

合理使用制度来源于英国普通法。根据早期英国著作权法的理论，当第二个作者以创造和创新的方式使用他人受保护的表述时，其结果是学术的进步而非剥削第一个作者。经过从判例法到成文法的长期演变过程后，1911 年英国著作权法正式对合理使用（fair dealing）这个概念作出规定，其第 2 条第 1 款对非侵权行为进行了规定，如以教育目的、评论、个人学习目的、公开朗诵已出版作品等情况下的使用。从此，该制度正式进入成文法体系，成为著作权法中重要的一部分。

合理使用制度在美国的起源与约瑟夫·斯托里法官有关。在 19 世纪中期稍前，他审理并撰写判决书的两个案件（1841 年的 Folsom v. Marsh 案②和 1869 年的 Lawrence v. Dana 案）中对该制度有所论述。在前一个案件中，斯托里法官在决定被告行为是否侵权时认为："简言之，在决定这类问题时，我们必须常常要注意其性质与目的，被使用资料的数量与价值，以及这种使用可能损害原作品的销售或者减少其利润或者取代原作的程度"③ 该观点被后世学者推崇为美国现行版权法第 107 条所规定的判断合理使用四要素的前身。尤其是在 Lawrence v. Dana 案件中，"Fair Use" 首次被使用，1976 年版权法对此采纳。

在上述两个案件的影响和推动下，对于有关合理使用规则方面案子的审理，美国地区法院进一步深化了这一普通法原则，主要表现在：1. 引用他人的作品数量大但未加注脚说明、只是简单的复制，非合理使用；2. 不得出于有损于原作价值或销售市场的营利动机与目的而使用他人作品；3. 对于他人作品中的构思、风格和结构不能使用，这些都是独创性体现，合理使用仅限于对他人作品材料的使用；4. 对不同的作品应有不同的合理使用要求：对未发表作品的合理使用要严于已发表作品；对虚构作品的合理使用要严于纪实作品；对使用现存历史

---

① 李明德：《美国知识产权法》，法律出版社 2014 年版，第 373 页。
② Folsom v. Marsh, 9 F. Cas. 342, 348 (No. 4901) (CC Mass.).
③ Ibid..

资料要宽于已将事实进行收集、筛选而编创的作品。①

在美国，合理使用制度曾长期被认为是"整个著作权法中最麻烦的问题"，② 理由是它难以捉摸和不明确，其适用完全受法官自由裁量权的左右。在英国 1956 年著作权法对英国著作权制度作了重大修改后，美国国会也随即开始酝酿对 1909 年著作权法予以全面修改，并将合理使用制度纳入修法日程。1955 年，美国国会授权美国著作权局进行名为"著作权研究"的综合性、基础性的研究，目的是为其修订法律提供立法建议。其中"著作权作品的合理使用"（Fair Use of Copyright Works）研究项目由艾伦·莱特曼（Alan Latman）教授于 1958 年完成。莱特曼详尽地列举了此前普通法认可的八种合理使用类型：附带使用（incidental use）、评论与批评、滑稽模仿创造（parody）、学术研究、个人使用、新闻、诉讼程序中的使用与非营利政府目的的使用。对此，作者与出版商集团明确反对提及"教育、学术或研究"目的，而教育机构则要求明确规定为教育目的的使用不受著作权的控制。③

经过反复争论，美国 1976 年著作权法终于对合理使用做出了规定。④

笔者认为由于对广播组织权利的规定也属于著作权立法的范围，⑤ 因此关于著作权合理使用的理论也可以比照适用于邻接权的

---

① 吴汉东：《著作权合理使用制度研究》，中国政法大学出版社 1996 年版，第 17 页。

② Dellar v. Samuel Goldwyn Inc., 104 F. 2d 661, 662 (2d Cir. 1939); Peter N. Fowler and Len S. Smith, Revisiting Williams & Wilkins v. United States: Defining the Scope of Fair Use in Research Photocopying, 48 J. Cop. Soc'y (2001), p. 680.

③ 王清：《著作权限制制度比较研究》，人民出版社 2007 年版，第 153—254 页。

④ 该法第 107 条指出：尽管作者享有广泛的专有权（规定在第 106 条中），但是为了诸如批评、评论、新闻报道、教学（包括为了课堂使用而复制多个复制件）、学术或科学研究等目的，对一部享有著作权的作品的合理使用，包括诸如通过复制件或录音制品，或者该条规定的其他任何方式复制的使用不是著作权侵权行为。在个案中评价这种使用是否合理使用时，应该对如下因素加以引用：1. 使用的目的和性质，包括是否具有商业性质或者是为了非营利的教育目的；2. 享有著作权的作品的性质；3. 所使用的部分的质与量与版权作品作为一个整体的关系；4. 使用对享有著作权的作品的潜在市场或价值的影响。参见《美国版权法》，孙新强、于改之译，中国人民大学出版社 2002 年版，第 13 页。

⑤ 世界上很多国家对邻接权的保护是规定在著作权法中。

合理使用。《罗马公约》第 15 条对包括广播组织权利在内的邻接权所保护的客体合理使用进行了规定：非公开使用；在时事报道中使用短小节录；广播组织为用于自己的广播电视节目而通过自己的设备进行暂时录制；仅用于教学或科研目的。在对广播组织条约进行讨论的过程中，对广播组织权利的合理使用情形又有所发展，在基础提案草案中以备选方案的形式增加了"为听觉和视觉有障碍的残疾人能获得广播节目的使用"和"不以获得经济或商业利益为目的并对公众开放的图书馆或博物馆或档案馆的使用"这两条。此外有代表团提出"对被播放的不受版权或邻接权保护的节目或该节目的一部分进行的任何种类和形式的任何使用"也应该列为合理使用的一种情形。笔者认为最后提及的这种情形值得商榷。"任何种类和形式的任何使用"这种表述太过于宽泛，容易造成对合理使用制度的滥用。合理使用是由敏感的利益权衡构成，绝不是若干个僵硬的标准。在具体的案件中，可能会有无数不同的情况和各种因素的综合，因此一方面不宜在法律中以公式的方式精确地表述这些规则的可能性，另一方面也不能对合理使用做出任意的解释，有目的地扩大或缩小对它的使用。

二　合理使用制度的立法例

尽管世界各国对合理使用的立法不尽相同，但是，通过梳理发现大致可分为两类：因素主义模式和规则主义模式。

（一）因素主义模式

以美国为代表的版权立法对合理使用制度的规范并没有具体规定哪些使用情况属于合理使用，而仅仅规定了判断是否是合理使用需要考虑的几个要素，给予法官在判定实施一种受版权专有权利控制的行为是否构成合理使用的可供考虑的因素。《美国版权法》第 107 条规定，虽有第 106 条及第 106 条之二的规定，但是对"合理使用"还是进行了论证。另外，《澳大利亚版权法》第 40 条第 2 款、《新西兰版权法》第 43 条第 3 款也都采取了因素规范模式。

（二）规则主义模式

只要是通过具体、明确规定合理使用的行为类型和要求，都属于此类立法模式。多数国家的著作权法都是通过规则主义立法模式，对合理使用制度进行规范。如日本《版权法》第 30 条—第 49 条、《俄罗斯联邦民法典》第 1273 条—第 1280 条、《韩国著作权法》第 23 条—第 38 条、《意大利著作权法》第 65 条—第 71 条第 6 附条、《印度著作权法》第 52 条、《德国著作权法》第 44 条 a—第 53 条、《法国知识产权法典》第 L. 122—第 5 条、《埃及知识产权保护法》第 171 条、《巴西著作权法》第 46—第 48 条、《中国著作权法》第 22 条，等等，基本没有规范"限制与例外"的一般原则，而是把所有不需要经著作权人许可也不需要支付费用的使用他人作品的行为纳入"权利的例外和限制"条款，通过明确、详尽的对例外情形的列举，为法官判断相关利用作品行为是否侵权提供指南。

三 国际社会对合理使用制度完善的探索

广播组织权利自产生之日，对其提供的例外情况就如影随形。面对当下网络数字技术的突飞猛进以及广播组织权利内涵的扩张，广播组织权利的例外——合理使用制度就成为国际社会或各国国内法关注的对象，并不断地进行探索。

（一）《伯尔尼公约》《罗马公约》与 TRIPs 协议规定的例外情形

国际版权公约在有关权利限制与例外的规定方面，经历了从列举式到开放式，从复制权到所有权利的发展过程。《伯尔尼公约》早先的几个文本没有权利限制的一般性规定，但已含有权利限制的规定，如公约第 10 条、第 10 条之二规定。这些规定奠定了基本的权利限制框架，但是，这几种权利限制显然并不能穷尽对权利的合理限制，不过，鉴于各国法律传统的现实差异，很难做出一些放置"四海皆准"固定情形，即统一的例外和限制行为的范围及数量。那么，为了弥补这方面的不足，该公约 1967 年斯德哥尔摩修订文本将概括性规定纳入其中，如第 9 条第 2 款规定。为各国提供了一个普遍适用的标准，由各成员国国内法对其再具体化进行规定。

《罗马公约》为表演者、录音制品制作者和广播组织提供的权利内容存有区别，但是，在保护的例外方面[①]并无区分，对所有这三种受益人都适用。换言之，同《伯尔尼公约》一样，《罗马公约》也准许成员国对公约规定的最基本的权利进行限制。

首先，私人使用（private use）。《罗马公约》并未对"私人使用"这一术语进行解释，具体含义交由各成员国国内法界定。它沿袭了著作权公约的模式，也是指除公开使用（有学者将 private use 翻译成非公开使用[②]）或营利使用之外的使用。《伯尔尼公约》中并没有将该种情况规定为可一直适用例外的特殊情况。

其次，在时事报道中少量引用。该项规定源自《伯尔尼公约》第10条之二，两者对比极为相似，不过，区别也是很明显的。其一，《罗马公约》规定对时事报道的引用必须是"少量"，而《伯尔尼公约》并未提及作品被引用的程度的限制，当然，至于"少量"的程度则由成员国自行界定；其二，《罗马公约》对作者是否有事先声明禁止他人引用并未作为条件进行规定，但是《伯尔尼公约》规定"如果对这种转载、广播或转播的权利未作直接保留的话"，"对在报纸或期刊上已发表的经济、政治和宗教问题的时事性文章，或无线电已转播的同样性质的作品，本联盟成员国法律有权准许在报刊上转载，或向公众作无线或有线广播"。否则，第10条之二款规定就不再适用。

再次，广播组织为了自己的广播节目利用自己的设备暂时录制。该项规定涉及广播组织为用于自己的广播电视节目而利用自己的设备制作的暂时录制品。这一例外也同其他例外的一样，沿用了《伯尔尼公约》的有关规定［第10条之二第（3）款］，因而就著作权本身所

[①] 《罗马公约》第15条第1款规定：任何缔约国可以依其国内法律与规定，在涉及下列情况时，对本公约规定的保护做出例外规定：（a）私人使用；（b）在时事报道中少量引用；（c）某广播组织为了自己的广播节目利用自己的设备暂时录制；（d）仅用于教学和科学研究之目的。

[②] 《罗马公约与录音制品公约指南》，刘波林译，中国人民大学出版社2002年版，第46页。

做的考虑这里也同样适用：录制品具有暂时性（录制行为结束后的一段时间内销毁）；录制品由广播组织自己而不是他人制作；录制品仅用于自己的而不是他人的广播电视节目。做出这种考虑的目的在于解决一个技术困难：使广播组织有可能对它们已被授权播放的内容制作自己的录制品，以便在延误时间的情况下推延播放，以及在整体上对发送设施进行最有效的利用。①

最后，仅用于教学和科学研究之目的。为了协调权利人与社会发展及公共利益之间的平衡，无论国际条约还是国内法，无论著作权制度还是邻接权制度，对教学和科学研究的合理使用都有所规定。例如，《伯尔尼公约》第10条第（2）款之规定。此外，《伯尔尼公约》和《世界版权公约》中都包含仅适用于发展中国家的特别例外，准许为教学、学习或研究目的实行翻译或复制作品的强制许可制度。②尽管如此，需要强调的是，这些国际公约并没有对教学和科研进行概念界定，而是将其留给各国内法来完成。因为，实践中各种教学在目的方面存有营利目的与非营利目的之分，虽然从效果来看，两者在传播社会文化功能方面并无二致，但是，毕竟两者在价值追求方面截然相反，并代表着不同的利益集团，所以，在权利例外与限制方面肯定应该有所区别。

TRIPs协议一改《罗马公约》详列"特殊情况"模式，只是做了一个原则性规范，对于具体包括哪些特殊情况而是赋予成员国来完成，满足的条件就是强调不得影响原作品的正常使用，也不得损害权利人的合法利益。

（二）SCCR各界会议对合理使用制度的探索

2004年10月4日，SCCR针对第12届会议发布《关于保护广播组织的条约经修订的合并案文》以及2005年5月2日发布《关于保护广播组织的条约经修订的合并案文第二稿》，文件第14条都规定了"限制与例外"。可以说，该"限制与例外"方案是由阿根廷、埃及、

---

① 《罗马公约与录音制品公约指南》，刘波林译，中国人民大学出版社2002年版，第47页。

② 同上。

欧洲共同体及其成员国、洪都拉斯、日本、肯尼亚、新加坡、瑞士、美利坚合众国和乌拉圭提议的。该条除细节上作必要修改以外，基本沿用了 WPPT 的相应规定。例如，第（1）款复述了《罗马公约》第 15 条第 2 款的主要原则，并与 WPPT 第 16 条第（1）款相一致；第（2）款载有最初由《伯尔尼公约》第 9 条第（2）款规定的 3 步检验条款。TRIPs 协定第 13 条、WPPT 第 16 条第（2）款和 WCT 第 10 条第（2）款中也采用了相应的规定。对本拟议条款和上述整个一系列相应规定的解释，沿用了对《伯尔尼公约》第 9 条第（2）款已确认的解释。

备选方案 T 中的第（3）款采用了埃及和美利坚合众国的提案，即规定一条"老祖父条款"（使某类人由于条款生效前某事已成既成事实而得以豁免的条款），让缔约各方能保留对转播所规定的若干限制与豁免。备选方案 U 中的第（3）款反映了没有任何其他代表团提出关于此类条款的建议这一事实。在常设委员会 2004 年 6 月会议的讨论中，备选方案 U 比备选方案 T 得到了更多的支持。[①]

该方案总体而言属于一种抽象的、原则性的规定，赋予各成员国根据本国实际情况规定限制与例外的具体情形的自由，获得多数国家的支持。但是，这种体例让一些国家或组织又有一些忧虑，他们主张应对合理使用的情况做出具体的规定。于是，2006 年 7 月 31 日 SCCR 针对第 15 届会议提出《保护广播组织条约经修订的基础提案草案》，其第 17 条规定了"限制与例外"，将前述方案作为本条中的"备选方案 WW"加以规定，同时又准备了另外三套备选方案：备选方案 XX、备选方案 YY 和备选方案 ZZ。备选方案 XX 照搬了智利代表团的提案（文件 SCCR/13/4 中有关限制与例外的提案）。该代表团认为，缔约各方应采取适当的措施，特别是通过制定或修改法律法规

[①] WIPO Doc. SCCR/12/2/rev/2（May 2, 2005）。应当指出的是，阿根廷建议专门为限制转播权提供某种可能性："缔约各方可在其国内立法中规定，在广播组织提供服务的区域内，通过电缆、不加修改、同时发送该广播组织的无线广播节目，不构成转播或向公众传播的行为"。（参见加拿大的提案，第 6.05 段）

防止滥用知识产权，或诉诸实践，防止不合理地限制贸易或影响技术的国际转移和扩散。他们还指出，在本条约中，任何事情都阻止不了缔约各方在他们的立法中授权合理使用的行为或情形，即在特定情况下构成知识产权的滥用对相关市场的竞争产生了不利影响。每一缔约方可以采取符合 TRIPs 协议的适当措施，以防止或控制这些行为。具体到该方案的渊源，可以发现是以《罗马公约》的第 15 条为基础，增加了（e）和（f）两款内容，以及"或属于不影响广播节目的商业化、亦不无理地损害权利人的合法利益的特殊情况的其他限制或例外"这样的表述。

备选方案 YY 照搬了巴西代表团提交的提案（文件 SCCR/13/3 Corr. 中有关限制与例外的提案）。本备选方案中的第（1）款与备选方案 WW 中的第（1）款基本相同，唯一区别在于"限制"和"例外"之间的"与"字。为了确保广播活动的"社会层面"被完全保留，巴西也提出，被主席合并文本的第 14 条应该重新起草，以便明确特定的"公共利益"这个例外，其将被适用于新的世界知识产权组织条约规定的广播节目。在这方面，巴西提出借鉴罗马公约本身的第 15 条的内容，且适当的改编，以确保正确处理当代问题。为了强调促进获取知识、文化多样性和发展的国际责任的重要性，巴西提议，有关获取知识和保护文化多样性的两个新的条款应该被包括在保护广播组织权利的任何新条约内。[①]

备选方案 ZZ 照搬了秘鲁代表团的提案（文件 SCCR/14/6 中有关限制与例外的提案）。通过对比，我们可以看出，该方案第（1）款列举了 8 项例外的具体条款，其中前 4 项与备选方案 XX、YY 相同，都借鉴了《罗马公约》第 15 条的规定。备选方案 ZZ 与备选方案 XX 的区别，主要有两个方面：其一，对于图书馆、档案馆、教育机构的使用，备选方案 ZZ 规定了两条而备选方案 XX 只规定了一条。其实，秘鲁代表团还提出了以下备选措辞，以供考虑取代（f）项和（g）项：

---

① WIPO Doc. SCCR/13/3/ Corr. (November 17, 2005).

"对公众开放的图书馆、档案馆、教育中心或博物馆,为实现其目标而对受广播组织专有权保护的作品进行的以非获得经济或商业利益为目的的使用。"① 若真替换的话,两个方案在此就没有区别了;其二,备选方案 ZZ 比备选方案 XX 多了一条(h)规定,即对不受版权或相关权保护的节目或该节目的一部分的使用。备选方案 ZZ 与备选方案 YY 的区别,主要有两个方面:其一,备选方案 YY 有第 1 款项,就是备选方案 WW 的内容;其二,对于图书馆、档案馆、教育机构的使用,备选方案 ZZ 规定了两条而备选方案 XX 只规定了一条。这是从形式上来看,而若从内容来看,备选方案 ZZ 对此规定较明确。

在以后的各届会议中,很多国家代表团对此认识并不一致,比如南非代表团在第 22、23、24 三届会议中的提案都认为,最低限度这些例外[还有《保护表演者、音像制品制作者和广播组织国际公约》(《罗马公约》)第 15 条规定的目前承认的例外],如:个人使用、报道新闻/时事、临时录制品以及教学和科研方面的使用,这些应具体提及以便为成员国提供指南。但还应留有一定的余地,以便使国内法制定更为详细的规定。如有必要,可以规定合理并符合合理使用理念/检验标准的例外与限制。这样就可以在广播组织权利与言论自由和与获取信息相关的公共利益价值之间建立一种平衡。②

加拿大代表团认为:①本条的适宜措辞取决于纳入本条约的实质性权利和保护。总体而言,加拿大赞成保留 TRIPs 协定所允许的具体限制与例外,但要对其他限制与例外适用三步检验法。有鉴于此,加拿大建议在目前的第 1 款之后增加新的一款:1A 缔约方对本条约授予的权利和保护,可在 TRIPs 协定对广播节目准许的限制与例外的范围内,对广播节目和有线广播节目的保护规定限制或例外。②对第 2 款应作如下修正:除第(1A)款规定的限制或例外之外,缔约各方应将

---

① WIPO Doc. SCCR/14/6/ para. 17.08,(April 28, 2006).
② WIPO Doc. SCCR/22/5/,(May 1, 2011);WIPO Doc. SCCR/23/6/,(November 28, 2011);WIPO Doc. SCCR/24/5/,(July 2, 2012).

对本条约所规定权利和保护的任何限制或例外，仅限于某些不与广播节目的正常利用相抵触、也不无理地损害广播［或有线广播］组织合法利益的特殊情况。[①]

日本代表团的提案提出两个备选方案，在备选方案 14.1 中首先强调各缔约国应将广播组织权利的限制与例外同著作权的限制与例外在种类方面相同；其次，强调各缔约国规定的限制与例外，不得同广播节目正常利用或损害广播组织合法利益的情况相冲突。备选方案 14.2 中首先列举了四种最为重要的例外情况；其次，强调各缔约国应将广播组织权利的限制与例外同著作权的限制与例外在种类方面相同。

阿塞拜疆、白俄罗斯、俄罗斯联邦、哈萨克斯坦、吉尔吉斯斯坦、塔吉克斯坦、土库曼斯坦、乌克兰、乌兹别克斯坦和亚美尼亚代表团提交的文件中，舍弃列举具体情形，采取笼统而原则性的规范，第 7 条对"限制与例外"进行了规定。

除了上述各国提案，经 SCCR 委员会通过的最新《保护广播组织条约工作文件》第 10 条[②]准备了三套方案：备选方案 A［第（1）款和第（2）款］[③] 要求各缔约国可采取列举与原则规范相结合的模式，同时，塞内加尔代表团提出针对视觉障碍者以及档案服务和图书馆的合法需求，必须制定相应的限制与例外条款，但必须确保这些限制与例外不与广播节目的正常利用相抵触、也不无理地损害广播组织合法利益。出于同样的目的，保护内容所有者利益的需求也必须纳入考虑。

---

① WIPO Doc. SCCR/22/6/，(May 7, 2011)．

② 在加入本条约之前未授权广播组织对未加密的无线播送进行同步转播的缔约方，建议应被允许选择不将同步转播权适用于未加密的广播节目。(加拿大)

③ (1) 每一缔约方均可在本国的法律和条例中纳入对本条约所规定的保护做出以下例外：(i) 私人使用；(ii) 时事新闻报道中使用短片段；(iii) 仅为教学或科研目的使用；(iv) 广播组织利用自己的设施为自己的广播节目进行的暂时录制。(2) 尽管有本条第（1）款的规定，在受版权保护的作品方面，任何缔约国均可以在其国内法律法规中规定相同的或其他的限制或例外，只要此种例外与限制仅限于不与广播信号的正常利用相抵触、也不无理地损害广播组织合法利益的特殊情况。

备选方案 B［第（1）款至第（2）款］①，笔者认为该方案是借鉴了《伯尔尼公约》第9条第（2）款的"立法"模式，根据广播组织权利自身特性，确立了适用于广播组织权利的"三步检验法"，但是由于没有对"特殊情况"进行一定程度的归纳，而略显落伍于其他方案。备选方案 C［第（1）款至第（3）款］②，该方案规定得比较全面，可以说是对前两种方案合并后的整体方案。

总之，权利限制与例外条款的规定是《广播组织条约》中同广播组织权利内容一样重要的一项内容，因为"尽管承认条约草案中这一要件的重要性——然而会上一致认为，对这些条款的进一步发展将取决于条约草案的适用范围和保护范围"。③尽管如此，关于合理使用正确解释的重中之重在于平衡各邻接权人之利益，特别是属公共领域内之作品的利益归属。关于私人使用、科学研究、图书馆、资料馆、学术机构等之使用，都应纳入合理使用范畴之中特别予以考量。合理使用的范围会因科学技术的发展而受影响，特别在发展中国家，若未能设立贴合其需求的法制，则会造成商业利益与使用者利益之间的不平衡。另外，关于网络广播的情况，会涉及将来主要经济之反射效应，在虚拟世界中，应如何运用相关法制，是主要考量的地方。④因此，笔者比较赞同智利代表的意见，认为在《罗马公约》第15条中对合理使用条款之重要本质立下标准：包含了私人使用、与时事相关的、暂时性的录制，以及教学与科学的研究，故不应忽视已有的条约规定，而应制定

---

① （1）缔约各方可在其国内立法中，对给予广播组织的保护规定与其国内立法中对给予文学和艺术作品的版权保护以及相关权保护所规定的相同种类的限制或例外。（2）缔约各方应将对本条约所规定权利的任何限制或例外，仅限于某些不与广播节目的正常利用相抵触、也不无理地损害广播组织合法利益的特殊情况。

② WIPO Doc. SCCR/24/10/, (September 21, 2012); WIPO Doc. SCCR/27/2 Rev, (April 25, 2014).

③ WIPO Doc. SCCR/23/9/, (January 27, 2012).

④ WIPO Doc. SCCR/14/7 P7, (May 1, 2007).

一个交错结合适用的系统，才是对各成员国最有帮助的。[①]

第二节 广播组织权利的保护期制度

广播组织权利的保护期限就是对广播组织权利的时间限制，这方面的法律规定就是广播组织权利的保护期制度。由于广播组织播放的电视节目对娱乐公众、繁荣文化、促进技术、开化民主具有重大作用，若给予广播组织对广播信号的永久保护，那么上述功能就会很难发挥。为此，国际条约及很多国家国内著作权法都对广播组织权利设定了保护期限，超过这个期限后就进入公共领域，目的在于促进对广播电视节目的利用。其实，这就是对作者或相关权所有者与公共利益之间的利益平衡进行适当规定。

一 国际条约对保护期限的规定

在1961年，各国的国内法关于邻接权的保护期规定并不相同，为此，《罗马公约》采取了一个适中的期限，即20年。[②] TRIPs协议第14条第5款遵循了《罗马公约》对广播组织权利的期限限制为20年。针对邻接权保护期不尽相同的现状，如多数成员国为20年，尚有25年、30年、40年的，甚至比利时和荷兰没有具体规定保护邻接权，欧盟颁布《版权与邻接权保护期指令》，规定邻接权保护期限为50年，还统一了保护期的计算方式。不过，在2009年，欧共体委员会将录音制品保护期从50年延长至70年，而广播组织权的保护期限为广播节目首次发射后的50年这一规定并未涉及。

2006年，SCCR第15届会议发布《世界知识产权组织保护广播组织条约经修订的基础提案草案》，该草案第18条为广播组织权利的保

[①] WIPO Doc. SCCR/14/7 P63, (May 1, 2007).

[②] 《罗马公约》第14条规定，本公约给予保护的期限，至少持续到自下列年份年底起计算的20年期限届满：(C) 对于广播电视节目——进行播放之年。

护期限提供了两套备选方案①，其中备选方案 DD 的内容，除细节上作必要修改以外，沿用了 WPPT 第 17 条第（1）款关于表演者权利保护期的相应规定。该方案源自阿根廷、喀麦隆、埃及、欧洲共同体及其成员国、洪都拉斯、日本、肯尼亚、瑞士、乌克兰、美利坚合众国和乌拉圭的提议。另外，墨西哥代表也表示支持。② 在会议期间，大多数提案均建议计算保护期的起始年份为广播"首次"播出之年。合并案文中省略了"首次"这一条件，因为文书草案涉及的是对信号的保护，而信号从性质上讲只能发出一次。③

为全面反映常设委员会有关保护期问题的各项提案的意见，2004 年 6 月会议之后特在合并案文中增加了一项备选方案——备选方案 EE。在常设委员会 2004 年 11 月会议上，又有几个代表团对 20 年保护期表示支持。④ 该方案源自新加坡建议保护期为自广播首次播出之年年终算起 20 年，印度在常设委员会 2004 年 6 月会议的讨论中对这一建议表示支持。

在 SCCR 第 14 届会议上，很多国家代表团对保护期限的建议进行了发言⑤：

巴西代表团指出，该条保护期限的幅度引起关注。如果广播节目想要获得保护，那么该条约必须明确排除对内容的保护，但其并没有做到。"信号"这个词并没有在整个条约中使用，但应该使用和不等同于"节目"或其他未定义的词。如果对任何广播提议的保护被充分拓展至 50 年，不管是否原创或广播，那么它被认为是太广泛而不精确，很难实现和监控，并会产生混乱。条约应该清楚地排除对信号的内容、节目和所有其他内容的保护，否则，该条款的语言应该被完善

---

① 备选方案 DD：依本条约授予广播组织的保护期，应自广播播出之年年终算起，至少持续到 50 年期满为止。备选方案 EE：依本条约授予广播组织的保护期，应自广播播出之年年终算起，至少持续到 20 年期满为止。
② WIPO Doc. SCCR/12/4/, para. 160.（March 1, 2005）.
③ WIPO Doc. SCCR/12/2/ Rev 2., (May 2, 2005).
④ Ibid..
⑤ WIPO Doc. SCCR/14/7 P30 - 32,（May 1, 2007）.

并表明只有第一或原创的节目会享受保护。另外，巴西的电信当局指出，如果该条约只规范信号保护，不宜授予通过知识产权进行保护，因为信号不属于创造性的作品，它们没有创意性，并不得适用著作权的保护规则，故必须订立新的规则界定之。同时，巴西代表团还提出一个非常有争议的问题，条约草案规定各广播均独立享有保护，有疑问的是，这样是不是等于保护期间的无限延长？这是绝对要在条约中明白界定的。

印度代表团认为，因为传播权和复制权的设立，不论保护期限是20年还是50年，更长的保护期的逻辑和理由均被该等权利所稀释。而保护期间这个问题跟保护范围及于信号或禁止于内容同样重要，主要的重点在于，信号一旦被接受就会随即消失，保护期间是20年或是50年，均为一个自相矛盾的问题。然而，第二个条款和各条所提供的范围即是条约范围应适用于保护广播组织的广播。如果该保护仅限于广播，那么它应该适用于第一次广播。"广播"没有必要意味着内容，但整体广播将包括内容和其他元素。虽然大家都认为各成员国不应该花太多的时间在这个问题上，但是人们仍然担心，信号20年保护期限代表一个自相矛盾的概念，因此需要进一步考虑是否应该着重保护信号，或广播。如果决定授予保护于广播，那么需要澄清术语"广播"，广播的什么元素应该被保护。

智利代表团指出，作为基本提案的一部分，无论是20年还是50年，他们都没有异议。

韩国代表团指出，此前支持至少20年的保护期，但进一步国家磋商后，改变了观点，认为世界知识产权组织表演和录音制品条约中针对给持有人的相关权利50年的保护期更实用和符合逻辑。

伊朗伊斯兰共和国代表团承认需要澄清印度和巴西的代表团提出的，并指出虽然这个问题仍在协商中，但20年保护期的提议应该被考虑。

埃及代表团表达了担忧，认为条约的各个部分应该内部一致。保护期限，无论20年还是50年，本身就是一个有争议的问题。即使支持50年，但关于保护期限应该开始的时间问题仍存在。为了回答这个问题，参考该条约的第3条，处理保护的范围和主体。这表示，该条约将保护第一次的信号，然后是节目。所以，该条约在字面上应是保护信号，以及有效地保护内容，即节目、转播或重播节目。需要澄清节目保护与这些节目的内容保护之间的区别以及保护节目与节目作者的版权保护之间的区别。需要考虑的是该条约授予保护信号和节目广播，即这种保护开始的时间，以及信号和节目广播的开始，以及在不同时间的信号和节目或广播。

哥伦比亚的代表团同意保护期限的问题应该在保护主体语境中审查，即权利保护期限的长短应该视其保护的主体而定。《罗马公约》为表演人和录音制品制作人提供20年的保护，虽然少有国家实践其20年的保护。然而若提供其更长的保护，会影响作品担负公众的意愿，若是保护期间太过短暂，只是促使权利人将作品暂存于私领域而不提交公众领域，因为传播于公众领域，又必须负担盗版的风险。且实务运作上也显示，保护期间的延长，对许多法制运作上是必要的。所以，其赞成50年的保护期间。

4年后在第22届会议中，南非代表团提案指出，条约草案第18条的意图就是保护获取、组织和传播内容所需的投资。在这方面，南非认为采用《罗马公约》的相应规定已足以满足这一目的。但只有这一规定还不能解决人们所关注的问题，即：材料不止播出一次以延长保护期；因此需要加入可避免不断延长更新保护期的案文。南非支持备选方案EE并作如下修正："依本条约授予广播组织的保护期，应自广播首次播出之年年终算起，至少持续到20年期满为止。"[①] 也是在本届会议，加拿大代表团建议增加新的第2款：（2）如缔约方无论是在总体上或针对某一特定类别的广播节目或有线广播节目规定了比本条约所要求的更长的保护期限，则该缔约方有权对来源于其保护限期较短的另一缔约方的广播节目或有线广播节目给予较短的保护期。此

---

① WIPO Doc. SCCR/22/5/，（March 1, 2011）.

种保护期不应少于该广播节目或有线广播节目来源地的该缔约方对此类广播节目或有线广播节目规定的保护期限。[1]

到了2012年第24届会议，经委员会通过的《保护广播组织条约工作文件》第11条对保护期提供了两个备选方案[2]，其中备选方案A源自加拿大的提案，是将《保护广播组织条约草案》第18条的两个备选方案合二为一，实质内容并没有多大的改进，仍然为各成员国提供20年或50年两项选择；备选方案B，是比较有新意的，以前颁发的文件中没有如此规定，可能是受到"例外与限制"中原则性规定的影响，将"不应与广播信号的正常使用相抵触，并不得无理地损害广播组织或权利人的合法权利"作为各成员国在国内法中设置具体保护期限而必须满足的两个条件。

二 扩张的保护期限的实质

现行国际著作权保护期制度[3]根据主体与客体类型的不同，采用了一种集变量模式与固定模式为一体的保护期模式：对自然人作者的作品采用变量模式，即作者终生加N年；对特定作品的则采用固定模式。保护期被认为是体现作者（邻接权所有者）权利与社会自由接触文化遗产的需要之间一种适当的平衡。但是，目前来看，不管是著作权领域还是邻接权领域都存在着保护期延长的趋势，且这一态势仍有蔓延趋势。比如，早在1996年，德国版权法就突破《罗马公约》和TRIPs协议所规定的20年期限，将版权保护期延长至作者死后70年，后来，又规定广播组织权利"自广播电视播放起50年后归于消灭"。欧盟在多数成员国对此规定为20年，尚有25年、30年、40年期限

---

[1] WIPO Doc. SCCR/22/6/，（March 7，2011）。

[2] 备选方案A［仅一款］：依本条约授予广播组织的保护期，应自广播信号播出之年年终算起，至少持续到［20/50］年期满为止。备选方案B［第（1）款和第（2）款］：（1）缔约各方可在其国内法中规定给予本条约受益人的保护期；（2）尽管有第（1）款的规定，此种保护期不应与广播信号的正常使用相抵触，并不得无理地损害广播组织或权利人的合法权利。WIPO Doc. SCCR/24/10/，（September 21，2012）。

[3] 本书仅涉及著作权与邻接权的财产权保护期。

的，甚至比利时和荷兰没有具体规定保护邻接权等情况下，颁布《版权与邻接权保护期指令》，将邻接权保护期限延长为 50 年。该指令对美国的影响很明显，比如，1998 年美国国会通过《著作权保护期延长法案》，将普通个人作品的版权保护期延长至作者死后 70 年，而且，该法案还同时将其他组织（团体）的保护期限延长至作品公开发表之日起 95 年。① 据笔者统计，到目前为止，印度著作权法（1957 年）规定的保护期为 25 年，意大利著作权法、日本著作权法、俄罗斯联邦民法典（著作权部分）、南非版权法、英国版权法、韩国著作权法等对广播组织权利规定的都是 50 年；委内瑞拉著作权法对此规定的是 60 年。

设定保护期限的理由，对于自然人作者而言，采取的是"两代人标准"，即作者死后 50 年；对于法人作者或者广播组织而言，采取的是"激励论"，② 如在 1998 年探讨是否延长著作权保护期时，美国立法者明确指出，版权保护期的延长会促使整个社会创作的作品增加，消费者获得的作品总量也会因此而增加，最终促进社会整体福祉。③ 如此一来，在探讨广播组织权利的保护期限时，与保护期相关的作者利益的重要性降至第二位，实质的问题变为多长的保护期适合于确保广播组织继续对节目信号的传播做出投资，或者有效地鼓励投资。确定具体保护期的过程就是在广播组织利益与社会利益之间寻找平衡的过程。当保护期发生变化时，必然会打破原有的平衡，尤其是在保护期延长情况下，必然会出现：一方面，私权要求的加强；另一方面，公有领域的减弱。而公有领域的减弱必须有个度，因为"内容丰富的公有领域是信息社会发展的一个基本因素，可以带来诸多益处，如加强公众教育，提供新的就业机会，鼓励创新，提供商业机遇和促进科技进步等。公有领域的信息应易于获取以支持信息社会，并应受到保

---

① 程松亮：《著作权保护期延长的合理性探究》，《湖北社会科学》2012 年第 7 期。
② 同上。
③ Senate Committee on Judiciary（1996），Senate Report 104 - 315（Copyright Term Extension Act of 1996），Washington：U. S. Senate，1996.

护不被盗用。"① 所以，通过延长保护期达到加强私权时，必须考虑两个方面，其一，延期能否激励广播组织播放更好更多的节目，对此已经有经济学家对于延期所可能带来的积极效果进行了实证研究，其结论是，延期并不当然刺激新创作的作品增加。② 其二，公有领域减弱到什么程度就会产生阻碍信息流通。因为社会的发展离不开后人从公有领域中汲取前人的理智成果，公有领域中成果的盈亏，直接对社会的进步具有明显影响，所以，保护期的长短就是作品或节目信号进入公有领域的时间长短，保护期过长必然延缓作品或节目信号进入公有领域的时间，公有领域必然遭到减弱，直接影响别人自由使用现有作品或节目信号，阻碍信息流通也就在所难免。尤其，广播电视毕竟属于新闻传播媒介，其所传播的节目信息很多情况下含有时效性，内容和形式越新越受欢迎，且当今广播电视业竞争异常激烈，各个广播电视单位在节目新颖性方面要求很强烈，为争夺"喜新厌旧"的观众花样百出。目前，很难想象在日益惨烈的市场竞争中哪个广播电视组织敢冒着降低收视收听率的风险来播放50年前的广播电视节目，因此，广播电视节目信号的保护期为50年已经完全能够保护广播组织的利益，过长的保护期不仅无法给信号所有者带来过多的利益，而且尘封在信号所有者的资料库中无法满足需要它的人也是对资源的一种浪费。

三 对保护期限扩张的反思

随着经济全球化与区域经济一体化的发展以及著作权产业在经济发展中的作用日益增强，通过签订双边或多边贸易协定的手段，欧美等发达国家将继续迫使其他协议国家或地区采用与其相同的保护期制度，以保障自由贸易协议的实用性和可操作性。事实上，欧美延长保护期的现实及未来趋势不仅缺乏充分、合理的理由与依据，而且也与

---

① 参见《建设信息社会：新千年的全球性挑战的原则宣言草案》，第 26 条，WSIS-03/GEVEVA/DC/4-C。

② Hui K, Png I P L, "On the Supply of Creative Work: Evidence from the Movies", American Economic Review, 2002, (2).

著作权法设置保护期制度的立法目的背道而驰。究其实质，延长保护期是在知识经济与经济全球化背景下，欧美等发达国家为了保护本地区或本国知识产权人的利益，并保持其知识产权产业在日益激烈的世界经济竞争中的强势竞争力。

20世纪80年代以来，为建立"国家信息高速公路""信息社会"所确立的知识产权发展战略，以建立"以人为本、具有包容性和以发展为目的的信息社会"，"弥合数字鸿沟并确保着眼于全人类的和谐、公正与公平的发展"为信息社会发展的宏伟目标。[1] 在此基础上，重新审视导致知识产权极度扩张的知识产权保护策略。国际社会应该对学术界"确立知识产权新策略"的呼吁予以充分重视，认识到"信息不仅仅是或者主要是商品，而且也是一种相当重要的资源，是一种学术、文化、竞争与革新及民主进程的相当重要的投入。知识产权必须根植于一个更广泛的信息政策中，而且应该是信息社会的仆人而不是主人"[2]。

在知识产权新策略的主导下，在知识产权理论研究和制度建设中强调公有领域的重要性，充分认识著作权保护期制度对维持公有领域的重要作用。2003年12月12日，在日内瓦信息社会世界首脑会议上发布文件中对公共领域及其保护进行了说明。[3] 公有领域概念本属于不动产专业术语，原指无任何私人所有权而由政府代表公众所控制的

---

[1] 参见2003年12月10日在日内瓦召开的"信息社会全球高峰会议"第一阶段会议所发布的名为《建设信息社会：新千年的全球性挑战》的《原则宣言（草案）》第1条、第17条，WSIS-03/GENEVA/D/C/4-G。(http：//www.itu.int/dms _ pub/itu-s/md/03/wsis/doc/S03-WSIS-DOC-0004!!MSW-C.doc)

[2] Pamela Samuelson, Digital Information, Digital Networks, and the Public Domain, (http：//www.law.duke.edu/pd/papers/Samuelson.pdf)。

[3] "内容丰富的公有领域是信息社会发展的一个基本因素，可以带来诸多益处，如加强公众教育，提供新的就业机会，鼓励创新，提供商业机遇和促进科技进步等。公有领域的信息应易于获取以支持信息社会，并应受到保护不被盗用。应强化对图书馆和档案馆、博物馆、文化藏品机构及其他基于社区的社会公共机构的保护，以促进文献记录的保存和自由、公平地获取信息。"参见《建设信息社会：新千年的全球性挑战》的《原则宣言（草案）》第26条，WSIS-03/GEVEVA/DC/4-C。

供出售、出租的土地，未经政府批准，任何人不得进入。《伯尔尼公约》1886 年采用法国法中的 "Domaine Public" 概念后，"公有领域"概念才被广泛用于知识产权领域，[①] 该概念泛指知识产权人不能通过行使其专有权而予以控制的智力成果范围。过去，学术界对公有领域的理论研究着墨不多。随着人类步入知识经济社会，知识产权成为新形势下经济发展不可或缺的重要资源，全社会也日益注重对知识产权的法律保护，其保护范围不断扩张至数据库（不具备独创性）、商业方法、动植物基因等，而且保护水平一再攀升（侵权认定标准趋严、保护期不断延长），学术界及社会公共文化事业机构开始注重对公有领域理论的研究，以期对抗所谓的"第二次圈地运动"[②] 或者"知识的商品化"——知识产权保护的激进主义潮流，维持权利与义务的适当平衡。

然而，主张延长保护期的利益集团却无视公有领域这种对著作权体系所具有的支柱性价值，将公有领域视为毫无价值的蛮荒之地。这种观点集中体现在美国电影协会前主席杰克·瓦伦蒂于 1995 年 6 月 1 日在国会众议院司法委员会举行的延长保护期法案听证会上发表的"孤儿说"："一部公有领域的作品是一个孤儿。没有人对其生死负责。但是每个人却利用他，直到他污秽不堪、形容枯槁、以前的价值荡然无存为止。谁会投入资金来拯救他？消费者又如何能从这种情形中获益？答案是，无任何利益。"与其观点截然相反，我们认为，公有领域具有的"支柱性"价值表现在它是激发创造性的催化剂。一方面，公有领域为其他潜在的创作者们提供了可资利用的"原材料"，并且由于不需要支付使用费，从而还降低了其他作者的创作成本，如迪士尼公司从格林兄弟的童话中获取素材，创作出大量深受全世界儿童喜

[①] 参见 Jessica Litman, The Public Domain, 39 Emory L. J. 965 (1990), notes 60, 63, (http://www. law. wayne. edu/litman/)。当时的伯尔尼公约第 14 条规定："……本公约应适用于在其实施之日在作品来源国仍未落入公有领域的作品，"引自 Robert A. Baron, Reconstructing the Public Domain, note 008, (http://www. studio. org/IP/VRA-TM-StLouis-Public-Domain. htm)。

[②] James Boyle, The Second Enclosure and the Construction of the Public Domain. (http://www. law. duke. edu/pd/papers/boyle. pdf)。

爱的卡通片。另一方面，公有领域也同时为著作权人提供新的创作激励。在著作权为作者提供创作激励的同时，意识到自己的作品终将进入公有领域，作者就得创作出新的作品来获得更多的经济利益，正如美国60位知识产权教授所说的"如果迪士尼公司不是如此担心其米老鼠即将进入公有领域，它可能不会如此快地创作出狮子王和小美人鱼"。① 而创作本身是一种借鉴与吸收前人成果的智力劳动，"独创性只不过是有见地的模仿，最具独创性的作家们也是彼此借用"（伏尔泰语）。因此，享有著作权的作品与处于公有领域内的作品之间形成了一个良性互动的反馈系统或回授系统。公有领域范围越广，私有领域范围也越广；而私有领域范围越广，又会最终导致公有领域更加广阔。只要这一系统运转正常，人类对社会文化资源的利用就会达到最大化，人类精神文化财富也就因此而不断丰富。在此意义上，在法律上承认一种可能扩大私有领域的新的独占性利益，必须同时承认相应的公众对公有领域的利益，否则，单方面的权利扩张将会只扩大私有领域而缩减公有领域，导致两者之间反馈或回授机理的扭曲，从而损害社会公共利益。

保护期制度正是公有领域与私有领域之间反馈或回授的计时器，是包括潜在创作者在内的公众识别作品的公有状态与私有状态的时间标尺。保护期制度既是著作权的存续期（从维持私有领域的积极意义上），也是著作权行使的时间限制期间（从终结私有领域的积极意义上），一旦届满，作品将进入公有领域，成为人类共有的文化财富。因此，著作权法设置保护期制度的最终目的是保证作品从私有领域按时向公有领域转移，以维持一个丰富且充满活力的公有领域。②

综上所述，在如今经济全球化与区域经济一体化的国际背景下，

---

① Statement of Copyright and Intellectual Property Law Professors in Opposition to H. R. 604, H. R. 2589, and S. 505 Submitted to the Committees on the Judiciary, Jan. 28, 1998. (http：//homepages. law. asu. edu/dkarjala/Opposing-CopyrightExtension/) .

② 王清：《著作权限制制度比较研究》，人民出版社2007年版，第21—29页。

作为世界知识产权强国的欧美等国之所以不断延长保护期限，就是为了在国际知识产权贸易中保护本国或本地区的知识产权人的利益，进而在未来几十年维护其在日益激烈的经济竞争中的主导地位，将延长保护期作为版权领域所采取的经济实用策略。当然，面对知识经济发达的欧美等国的保护期扩张的态势，发展中国家根据本国知识经济发展现状，针对保护期的制度调整基本保持审慎态度。虽然中国近些年知识经济获得了飞速发展，但是作为发展中国家，我们在调整保护期时应在坚持保护期制度目的、维护公共利益之前提下，在对广播组织权利的保护期设立标准的时候，应坚决抵制以欧美为主导的延长保护期的企图，且正确评估自身的实力，切不要制定出超越自身实力的保护期制度。

第三节　广播组织权利的三步检验法

一　三步检验法的历史沿革

1964年，一个研究小组（由瑞典政府和保护知识产权联合国际局共同设立）的报告中就指出，如果要在公约的约文中增加一些有关"受本公约保护的文学艺术作品的作者，享有授权以任何方式和采取任何形式复制这些作品的专有权利。"这一主题的规定，就必须对一些有关复制权的必不可少的例外寻找到一套令人满意的规则。还指出，所有具有或者可能具有重大的经济或实际重要性的作品利用方式，原则上都应保留给作者。一方面，可能对作者的权利加以限制的任何例外，都是不能接受的；在另一方面，我们也不要忘记各成员国的国内立法已经规定了一系列有利于各种不同的公共和文化利益的例外，而且我们也不要指望成员国在现阶段可能会在任何可预见的范围内废除这些例外。[①] 于是，

---

① 1967年斯德哥尔摩外交会议记录，第111—112页。载［匈］米哈依·菲彻尔《版权法与互联网》，郭寿康等译，中国大百科全书出版社2009年版，第408页。

该研究小组成为首次建议在《伯尔尼公约》中针对复制权限制与例外增加一个一般规定的主体。

其实,该研究小组还曾一度考虑采用穷尽地列举各种可能的例外的方案。不过,由于以下两个原因促使其放弃这种想法:其一,列出的清单会很长且不一定完整;其二,各个成员国只适用了几种形式的例外,但如果在公约中做了穷尽性的列举,则可能会鼓励伯尔尼联盟的所有国家把清单上的例外全都加以适用,而这样做的结果很有可能导致"废除复制权"。[1]

1965 年,保护知识产权联合国际局(世界知识产权组织前身)总干事召集设立了一个政府专家委员会。该委员会深受上述研究小组建议的影响,意识到对《伯尔尼公约》进行修订时明确规定复制权就应当对例外做出合理的规定,并对此提出方案,"(a)私人使用;(b)为了司法或行政的目的;(c)在复制不违反作者的合法利益也不与作品的正常利用相抵触的某些特别情况下。"[2] 后来,在会议辩论期间,英国代表团对该方案进行了修改,建议将所有允许的例外归入一个条款中,并删除上述方案(a)和(b)两项内容,允许"在某些不无理地损害作者合法利益,也不与作品的正常利用相抵触的特殊情况下",规定限制与例外。斯德哥尔摩会议第一主要委员会基本上同意英国代表团的上述提案,但是在采纳起草委员会的建议[3]情况下,调整语句顺序后批准了该提案成为该公约第 9 条第(2)款的最后文本,并指

---

[1] [匈]米哈依·菲彻尔:《版权法与互联网》,郭寿康等译,中国大百科全书出版社 2009 年版,第 409 页。

[2] 1967 年斯德哥尔摩外交会议记录,第 113 页。载[匈]米哈依·菲彻尔《版权法与因特网》,郭寿康等译,中国大百科全书出版社 2009 年版,第 410 页。

[3] 起草委员会建议:应该把上述文本中规定的第二个条件放在第一个条件之前,因为只有这样,在对该文本解释时,才更合乎逻辑顺序。如果认为复制与作品的正常利用相抵触,则此种复制在工业活动中就完全不能够被允许。如果认为复制并不与作品的正常利用相抵触,则下一步就应当是考虑复制是否无理地损害作者的合法利益。如果确定复制也没有无理地损害作者的合法利益,才可以考虑在某些特殊情况下采用强制许可,或者规定:允许使用作品而无须付酬。1967 年斯德哥尔摩外交会议记录,第 1145 页。载[匈]米哈依·菲彻尔《版权法与因特网》,郭寿康等译,中国大百科全书出版社 2009 年版,第 411 页。

出对任何可能规定的例外或限制，必须将这三个有着先后顺序的步骤，累积适用（apply accumulatively），都要满足，以确定这些例外或限制是否符合公约的规定。[1]

由此可知，三步检验法最初设计的目的是为了限制作者的复制权。复制权可以说是著作权的精髓，但《伯尔尼公约》直到1967年斯德哥尔摩修订会议时才把该权利作为一项最低标准写入公约。其第9条第1款给作者规定了"享有授权以任何方法或形式复制作品的专有权"。这一款的内容是不言而喻的，"以任何方法或形式"这种表述足以包括所有已知和未知的复制方法。为了给予成员国一种权利来削弱复制权的这种强大的控制力，在筹备斯德哥尔摩外交会议的早期以及召开外交会议期间，与会各方就已经要求在承认复制权的同时，要一并对适用复制权的例外的范围和条件做出一般性规定，于是就有了《伯尔尼公约》第9条第2款之规定。但是当时及其后相当长的时间内，学界并没有把该项规定作为整个著作权限制制度的一项原则，也没有赋予其"三步检验法"的名称。

首次把三步检验法确立为著作权限制制度原则的是由WTO负责制定的TRIPs协议。该协议第13条"限制与例外"之规定[2]明确把"某些特殊情形"、"不得与作品的正常利用相冲突"、"不得不合理地损害权利持有人的合法利益"这三个标准作为衡量所有的著作权限制规范的合法性标准，被学界普遍称为"三步检验法"。

然而TRIPs协定显然将"三步检验法"仅作为著作权限制规范的一个普遍使用原则，而并未言及邻接权限制规范。这一结论基于以下两个理由：一、根据该协议第二部分第一节"著作权与邻接权"（第9条至第13条）的逻辑结构，第9条至第13条是关于著作权的规范，第14条是关于邻接权的规范。因此，第13条所确立的权利限制规范

---

[1] ［德］约格莱茵柏特、西尔克冯莱温斯基：《WIPO因特网条约评注》，万勇、相靖译，中国人民大学出版社2008年版，第503页。

[2] "各成员国应将专有权的限制与例外局限于某些特殊情形，这些情形不得与作品的正常利用相冲突，并不得不合理地损害权利持有人的合法利益。"

的原则只适用于著作权限制规范；二、第 14 条第 6 款对保留进行了规定。由是观之，在邻接权限制或例外方面，TRIPs 协定并不要求适用"三步检验法"，而是允许各成员遵从《罗马公约》所确立的标准。[1]

WCT 作为著作权条约明确认可并把"三步检验法"写入限制与例外的条款完全是顺理成章的事，其第 10 条第 1 款进行了明确规定。然而，时隔两年后缔结的 WPPT，在对邻接权限制与例外方面却抛弃了《罗马公约》确立的标准，转而将"三步检验法"作为衡量的标准或原则，[2] 除对有关词语做出了必要的修改外，在第 16 条第 2 款中针对录音制品制作者规定了同样的限制："缔约各方应将对本条约所规定的任何限制或例外限于某些不与录音制品的正常利用相抵触、也不无理地损害表演者或录音制品制作者合法利益的特殊情况"。由此可知，三步检验法已经不再仅适用于著作权，而且也适用于邻接权。此外，这两个条约还通过议定声明的方式承认"……在电子媒体中以数字形式存储受保护的表演或录音制品，构成……复制"[3]；以及"……允许缔约方将其国内法中……的限制与例外继续适用并适当地延伸到数字环境中……允许缔约方制定对数字网络环境适宜的新的例外与限制。"[4]

至此，不考虑 WIPO 与 WTO 不同的组织性质，在国际著作权法层面，"三步检验法"已经成为各国内法著作权与邻接权限制制度必须

---

[1] 参见王清《著作权限制制度比较研究》，人民出版社 2007 年版，第 75 页。
[2] 从 WPPT 的名称与内容看，它只规范邻接权中的表演者权与录音制品制作者权，而不包括广播组织权。主要原因是在 1996 年缔结 WPPT 之时，广播组织中的商业性电台、电视台对缔结新条约的兴趣不大。因为，这些电台、电视台在实践中大量使用作品获录音制品而极少向权利人付酬，新条约的缔结将极大地削弱其既得利益。同时，它们认为，新技术在广播领域的广泛利用将为其带来更多的广告收入。这种患得患失的功利性考虑，在 WCT 和 WPPT 通过后发生了变化。欧广联、亚广联合非广联纷纷呼吁将广播组织权问题纳入 WIPO 的议事日程。为此，1997 年 4 月，WIPO 在菲律宾马尼拉召开了"广播组织、新传播技术与知识产权论坛"，着手考虑将广播组织权纳入新的邻接权体系。因此，我们认为，未来针对广播组织权利的任何限制或例外规范必将同样适用"三步检验法"。
[3] 参见关于 WPPT 第 7、11 和 16 条的议定声明。
[4] 参见关于 WPPT 第 16 条的议定声明。

遵循的一个普遍原则。

二 三步检验法的具体含义

三步检验法的表述非常抽象，这样就可以不必考虑权利的使用环境而加以使用。在广播组织条约基础提案草案中也有三步检验法的规定，但该条规定是以备选方案的形式提出的，并且基本上沿用了著作权条约和邻接权条约中关于三步检验法的表述。与会代表认为对基础提案草案中三步检验法的规定连同 TRIPs 协定第 13 条、WPPT 第 16 条第 2 款和 WCT 第 10 条第 2 款中相应的规定均可沿用对《伯尔尼公约》第 9 条第 2 款中已经确认的解释。①

（一）"某些特殊情形"

根据第一个条件，限制与例外总是要适用于"某些"特殊情形。这个条件的含义是，国内法必须明确规定免于权利适用的具体情况。不允许那种不确定的、概括性的限制与例外。从根本上说，对例外要加以明确界定并且限制适用。

"某些"②的通常含义是指"已知的而且特定化的，但不能清楚地被确定的"，这意味着"国内法中的一种例外或限制必须得到明确界定。但是，没有必要清楚地规定该例外适用的每一种情形和每一种可能的情形，只要该例外的范围是已知的且已特定化。这样就保证了充分的法律确定性。"③

"特殊"的含义为"具有单一的或者有限的应用或者目的""包含细节的，精确的，确定的""在质量或者程度上例外的"或者"某些方面与众不同的"，这意味着"需要一种更为清楚的界定以满足第一个条件。此外，一种例外或限制的适用范围必须要受到限制或者其范

---

① 参见 SCCR/15/2，note 17.03。
② 根据《国际条约法日内瓦公约》第 31 条第 1 款的规定，应根据条约的上下文以及条约的目标与目的善意地解释条约各术语的正常含义。因此，探究 TRIPs 协定第 13 条中的重要术语的正常含义成为理解与解释该条的起点与基础。下文中的"某些""特殊""情形""正常"等词汇中的中文释义均源自《专家组报告》所引的《牛津英语辞典》的相关词条。
③ WTO Panel Report, para. 6.108。

围是特殊的。易言之,一种例外或限制应在量与质两方面均是有限的,这意味着范围的有限性和目的的特殊性或独立性。将第一个条件的这一方面与第二个条件结合起来,一种例外或限制应该是一种非特殊性情形(正常情形)的对立面。"① 另外,《伯尔尼公约》会议报告肯定了里克森等评论家的观点②,对"特殊情况"这个概念进行了说明,因此,"特殊"这个术语包含两个方面:一是具有明确的正当目的或明确的公共政策原因,如公共教育、公共安全、自由表达、残疾人的需求及诸如此类等方面;二是在质上和量上强调都是有限的。《美国版权法》(1976年)第107条所确定的四项判断标准中第一项和第三项与之对应,即该使用是为了批评、评论、新闻报道、教学(包括用于课堂的多件复制品)、学术研究之目,包括该使用是否具有商业性质,或是为了非营利的教学目的,否则就是非合理使用;所使用部分的质与量的有限性强调的是相对于作品的整体在数量与重要性方面的比例要求有一个度,一般而言,使用他人作品的占比越大,被使用的内容在重要性方面越强,合理使用抗辩也就越难以成立。

"情形"是指"事件""情况",或者"事实",比如,在欧盟与美国版权案中,"情形"可以根据"家庭使用免责"与"商业使用免责"例外的受益人、使用的设备、作品的类型或其他因素来描述。③ 而在广播组织条约基础提案草案(SCCR/15/2)中,有代表直接提出应该把所谓的"特殊情形"规定为以下几种情况:私人使用;时事新闻报道中使用某些片断;广播组织利用自己的设施为自己的广播节目进行的暂时录制;纯粹为教学或科研目的的使用;专门为帮助有视力或听力障碍者、学习障碍者或者有其他特别需求者获得作品而进行的

---

① WTO Panel Reprot, para. 6.109.

② "首先,所涉及的使用必须是为了一个十分明确的目的,不能是一种泛泛的例外。其次,关于这个目的必须有些'特殊'的内容;'特殊'是指:它被某些明确的公共政策方面的原因或某些其他的例外情况证明是正当的。"Ricketson, The Berne Convention for the Protection of Literary and Artistic Works: 1886-1986, 第482页。转引自[匈]米哈依·菲彻尔《版权法与因特网》,郭寿康等译,中国大百科全书出版社2009年版,第412页。

③ 王清:《著作权限制制度比较研究》,人民出版社2007年版,第85页。

使用；图书馆、档案馆人员或教育机构为保存、教育和/或研究的目的，提供受广播组织的任何专有权保护的作品供公众查阅方面的适用；以及被播送的节目或该节目的一部分不受著作权或任何邻接权保护的，以任何方式或形式对此种节目或其中一部分的广播内容进行的任何种类的任何使用。总之，"某些特殊情形"条件要求国内法中的一种例外或限制必须界定清楚，而且其适用范围是有限的。

上述分析也充分说明了包括三步检验法在内的限制与例外应该建立在一个明确的以及合理的政策目标之上。这种对限制与例外在政策上所关注或重视的领域包括公共教育、公共安全、自由表达、残疾人的需求以及诸如此类等方面。[①]

（二）"不得与作品的正常利用相冲突"

第二个条件是，可以享有限制与例外这种特别待遇的情况必须"不与对广播节目（对作者而言指的是"作品"）的正常利用相抵触"。这意味着权利人不能被剥夺从所设权利中获取的利益。限制与例外不能妨碍权利人在他们自己的市场上使用其受保护对象的正常使用模式。[②]

"使用"这个词的意思相对明确：它是指版权人运用他的专有权授权对其作品进行复制以获取权利中所蕴含的价值的活动。需要做出解释的是语句中"正常的"这个形容词。这个形容词的通常含义是"经常的、通常的、典型的、普通的和惯常的"。这可以从两个方面加以理解：或者是指在给定的背景和范围内对事物普遍性的经验性总结，或者是指某些规范性标准。至于两种可能的意思中的哪一种比较受到认可，我们可以在斯德哥尔摩修订会议的记录中寻找到一些线索。

根据对基础提案的相关注解，"研究小组评论到……显然对拥有或者可能获得相当的经济或实用价值的作品的各种使用方式原则上必须留给作者；在这些方面对作者可能享有的各种可能性将产生限制的

---

① Ricketson, The Berne Convention, paras 9.6 and 9.9, with reference to instances of use covered by Article 9 (2) Berne Convention.

② 参见 Ricketson, The Berne Convention, para. 9.7.

例外是不被容许的"（突出了需要强调的内容）。①

这意味着在第 9 条第 2 款中，"正常使用"这个术语并非单纯指权利人如何使用其作品（当然，还有他们在作品中的权利）的一些经验性结论；它其实是一个规范性的条件：一个与对作品的正常使用相抵触的例外，如果它涵盖任何具有或能够获得相当价值以至于对其加以使用的人可以与行使作品中作者的权利展开经济竞争，换言之，它可能会损害作者——或其继承人——在市场上对作品的行使。

显然"正常的"这个形容词在此不仅具有描述的、经验的性质，而且具有规范性。原因在于，随着技术的发展，新的复制方式和形式不断出现（这些都涵盖在第 9 条第 2 款的一般规定中），当它们第一次被适用的时候，很难把一种使用方式（从经验主义的认识来看）描述为"通常的"、"典型的"或"普通的"。同时，这些新的复制方式对于版权人从其作品的复制权中获取市场价值可能是非常重要的，更因为它们可能会替代其他一些更传统的方式。不与对作品的任何正常使用相抵触这个要求也涵盖这些新出现的复制方式，并且被刚才引述的在基础提案中提到的原则所强调："所有使用具有或者有可能获得相当的经济或现实价值的作品的方式都必须留给作者"。

Ricketson 用比较通俗的例子对"正常使用"做出了解释，指"在一般情况下人们可能合理地预期到的作者利用其作品的各种方式。有些使用，如为法庭审理案件所需而复制某些作品，即属于著作权控制范围，作者也一般不想收取使用费。因此，对这些使用收取使用费就超出了作品的正常利用的范围。当然，利用是否正常取决于所使用作品的性质"，② 即在满足公共政策的前提下，相关使用以不造成权利人现实的或者潜在的巨大经济或实用价值损失为限。否则，若构成与作品的正常利用相竞争，那么就违背了该条件。对此，在《美国版权法》（1976 年）第 107 条中有所体现，该条第 4 要素，即"该使用的

---

① Records 1967 Stockholm, 111.

② Sam Ricketson, The Berne Convention for the Protection of Literary and Artistic Works: 1886 – 1986, Center for commercial law Studies, Queen Mary College, London, 1987, para. 9.7.

对版权作品之潜在市场或价值所产生的影响",被美国联邦最高法院认为系合理使用四要素中最重要的要素。[①] 基于此,在评判他人盗播使用行为对原广播电视产业市场影响时,要从两个方面分析才全面:该行为对市场造成的实际损害与潜在损害,且对广播电视市场造成的不利影响是可以被推定的,权利人只需举证若该使用行为成为普遍现象,将会损害原广播电视节目的潜在市场即可。

需要注意的是,随着数字网络技术的发展,"正常使用"的标准现在可能已经有了新的发展。为了研究的目的或图书馆的利益而给予复制权、发行权或向公众提供权的例外必须经过严格的审查检验,以免法律许可的自由使用对一些重要的权利造成损害。特别是向公众提供权的限制与例外,必须充分考虑到不加限制地在线向公众提供受保护的对象所具有的潜在危险。授权向公众提供的专有权,其例外将被限制在一个非常有限的范围内。[②]

(三) 不得不合理地损害权利持有人的合法利益

三步检验法的第三个条件规定,基于限制与例外的使用必须"不会不合理地损害广播组织(对其他权利人而言是"作者""表演者"和"录音制品制作者")的合法利益"。

这个表达中最关键的形容词是"合法的"。它通常含义为:"(a)遵照法律或原则的,由法律授权或批准的;合法的;合理的;正当的;(b)正常的,标准的;符合公认的类型"。[③] 在此,基本上又是因为与在前一个要点中所讨论的涉及"正常"使用相同的原因;显然第一个也就是 (a) 中的规范性定义才是相关的。但是,那个定义也可以从两种不同角度加以理解。

如果把"符合法律所授予的或批准的……;合法的……"这

[①] L. Ray Patterson & Stanley W. Lindberg, *The Nature of Copyright: A Law of User's Rights*, The University of Georgia Press, 2006, p. 205.

[②] Jorg Reinbothe & Silke von Lewinski, *The WIPO Treaty 1996*, Buttrworths LexisNexis, 2002, p. 399.

[③] New Shorter Oxford English Dictionary (Oxford, 1993) 1563.

个可变性因素作为一个基础，它就表明在第 9 条第 2 款这个条件下是指一种"法益"；换句话说，是指版权人得以尽可能充分地享有行使同条第 1 款所规定的复制权的利益。在这种情况下，对例外与限制唯一可能的基础将是，尽管权利人拥有这样一种合法利益，但是在损害没有达到不合理的水平的时候，这种合法利益还是有可能被忽略。

但是，如果"符合……原则，由……原则批准的；……合理的；适当地；"等可变因素可以接受的话，"合法利益"这个术语可以理解为仅指"合理的"利益，因为它们得到社会规范和有关公共政策的支持（这就是"合法的"这个形容词在"……没有任何合法权益……"这个句型里常有的意思。）

在《伯尔尼公约》斯德哥尔摩修订会议上政府专家委员会提交的包括在基础提案中的条件，据此复制（被例外或限制所涵盖）"不违反作者的合法利益"[①]，更符合前述"合法性"第二种、非法律的、规范性含义，但是英国代表团似乎把第一种规范性含义——仅指"合法利益"——作为基础，并且这就是它建议增加"不会不合理地"这个副词的原因。[②] 此外，由于增加了这个副词，"合法利益"这个术语的意思就改变了，因为与这个副词放在一起后，就确实只能理解为它仅指"合法利益"，而不能做其他理解。最后，可以认为作为这个改动的结果，使该条件的含义加上限制性副词"不会不合理的，"并没有发生实质性的改变。

之所以提出了这些意见，原因如下：在基础提案中"复制不得违反作者的合法利益"这个条件不可能仅指作者尽可能充分地享有和行使其权利的"合法利益"，因为在这种情况下，任何例外或限制都是不可能的。因此，基础提案中的约文只有在根据前述"合法利益"这个词的第一个、同时也是非法律的意义来理解时才是有意义的；也就

---

① Records 1967 Stockholm, notes 1 and 2.

② Ibid..

是说，如果这个术语被用作作者的合法利益和其他一些应予考虑的合理和正当利益之间平衡的工具。那么作者必须接受，他们的"合法利益"在某些情况下可能会受到损害，条件是这些损害没有达到不合理的程度。关于这种平衡的令人满意的——也是可接受的——结果，基础提案中进行了简要的说明；该提案提到了1964年研究小组所确立的原则："对于拥有或者有可能获得相当经济或实用价值的作品的所有使用方式都必须留给作者"。①

所有这些都意味着，把"不会不合理地"这个副词短语放在"损害"这个动词之前的结果是，涉及作者正当利益的限制的"合理性"（justification）检验——与前述"合法性"（legitimacy）的第二个、非法律规范意义一致，将是对"三步检验法"中第三个、关系到利益的条件的重复。这显然不可能是斯德哥尔摩会议的意图。这也是为什么我们认为，增加了这个副词短语后，"合法利益"（legitimate interests）这个概念就自动转回到"合法性"这个词的第一个、具有法律规范性的含义上来；通过这种改变，"legitimacy"这个词就成为该条规定中唯一合理的措辞，并且这也是我们认为虽然在措辞上有了这样的改动，但是规定的含义实际上并没有发生变化的原因。②

会议把"合法利益"中"法定利益"的含义考虑在内——以及正是"不会不合理地"这个副词短语为决定例外可允许的范围提供了适当的基础——这一点反映在第一主题委员会主席未引起争议的发言中："由于对复制权的任何例外都会不可避免地损害作者的利益，工作组已经尝试通过采用……'不合理的'这个术语来限制该损害"。③

总之，保持版权权利人与其他人利益之间的平衡，是限制与例外制度必须考虑的。对于不合理破坏这种平衡，甚至损害版权人的利益

---

① Records 1967 Stockholm, notes 1 and 2.
② Mihaly Ficsor, *The Law of Copyright and The Internet*, Oxford：Oxford University Press, 2002, para. 5.57.
③ Records 1967 Stockholm, p. 883.

的行为都是不可取的。因此，根据三步检验法的这个条件，所说的"损害"不是一个绝对的标准，因为任何对专有权的例外都会不可避免地损害到权利人的利益，尽管未必是以一种不合理的方式。①

三 三步检验法的发展与应用

"三步检验法"不仅被相关国际公约所接受，而且也得到了很大的发展，其适用范围逐渐由复制权扩展至版权领域的其他经济权利，乃至相关权的领域，甚至还到了某些类型的工业产权。

在1994年，由WTO负责制定的《与贸易有关的知识产权协议》（简称TRIPs协议）得以通过。考察该协议第13条之规定②可以发现，从该条文的句法与内容来看，虽然同《伯尔尼公约》第9条第（2）款的表述一致，但是，两者还是有很大的不同：其一，TRIPs协议增加了"限制与例外"这样的表述，更加明确；其二，TRIPs协议所规定的权利限制与例外，已不再局限于复制权，而是所有的版权专有权，当然不包括邻接权。不过，在此需要纠正一些学者的错误认识，即TRIPs协议中的"三步检验法"适用于所有版权和邻接权，③一方面，从行文逻辑来看，在该协议第二部分第一节共有5条内容，即从第9条至第14条，从内容来判断其中第9条至第13条是关于著作权的规范，而第14条却是有关邻接权的规范，第13条是个分水岭，是对前面几个条款的承接，即该条所述原则只适用于著作权限制范畴；另一方面，第14条是对表演者、唱片（录音作品）制作者和广播组织的

---

① Masouye, Guide to the Berne Convention, note 9.8, and Ricketson, The Berne Convention, para. 9.8.

② 《与贸易有关的知识产权协议》第13条规定，各成员对专有权做出的任何限制或例外规定应限于某些特殊的情况，且不会与对作品的正常利用相冲突，也不会不合理地损害权利持有人的合法利益。

③ 李明德教授在其专著《美国知识产权法》（法律出版社2003年版，第250页）中认为TRIPs协议第13条中的专有权包括版权和邻接权；克里斯托弗·盖革在《在版权法适应信息社会时三步检验法的角色》（郑向荣等译）中也认为在1994年的TRIPS协定中"三步检验法"再次被用到，并延伸到了所有的经济权利（第13条），（http://www.ncac.gov.cn/GalaxyPortal/inner/bqj/include/detail.jsP? articleid = 12608&boardpid = 2143&boardid = 1150101Olll60a0l&flag = 1）。

保护进行了规范①。由此可见，TRIPs 协议对邻接权的限制与例外是"另眼看待"，不强迫成员国适用"三步检验法"，而是规定成员国遵循《罗马公约》所确立的标准。

1996 年 12 月 20 日，《世界知识产权组织版权条约》（简称 WCT）缔结，其第 10 条对限制与例外进行了规定，与 TRIPs 协议第 13 条规定相同都延及版权领域的所有权利，但在规定"三步检验法"适用范围的方式方面略有不同：TRIPs 协议是通过一条规定来将《伯尔尼公约》所规定的权利与 TRIPs 协议本身所规定的新权利一同纳入；而 WCT 是通过两条规定规范不同的权利适用不同的条款。与 WCT 同时缔结的《世界知识产权组织表演和录音制品条约》（简称 WPPT）是一个有关邻接权国际条约，在对邻接权限制与例外方面同另一个邻接权国际条约《罗马公约》不同的是将"三步检验法"作为衡量的标准或原则，而非《罗马公约》所确立的标准。WPPT 第 16 条第（2）款针对录音制品制作者的权利限制采取了"三步检验法"，表明"三步检验法"已经由适用于版权拓展适用于邻接权。此外，需要强调的是，作为应对新网络技术引发挑战而产生的 WCT 和 WPPT，还通过议定声明的方式将"三步检验法"适用范围拓展至网络空间。

2001 年 5 月 22 日，《欧盟信息社会版权指令》（欧洲议会和欧盟理事会关于协调信息社会中版权和相关权若干方面的第 2001/29/EC 号指令）获得通过。该指令第 5 条对 21 项权利的限制与例外进行了规范，不过与 WCT、WPPT、TRIPs 协议不同的是，该条将《罗马公约》的穷尽式与《伯尔尼公约》的"三步检验法"结合到一起进行规定。需要说明的是，原本欧共体委员会并没有打算规定太多的权利的限制与例外，但是，各成员国纷纷坚持，应当把自己法律体系中的权利的限制与例外，或者他们所熟悉的权利的限制与例外，纳入指令清单之

---

① 该条第 6 款规定，任何成员可对第 1 款、第 2 款和第 3 款给予的权利在《罗马公约》允许的限度内规定条件、限制、例外和保留。但是，《伯尔尼公约》（1971）第 18 条的规定也应基本上适用于表演者和唱片制作者就唱片享有的权利。

中。迫于压力,指令制定者只能把各成员国已存在的限制与例外,尽可能地纳入穷尽式的清单之中。[1]

行文至此,我们可以看出,自《伯尔尼公约》第9条第(2)款确立"三步检验法"后,不但前后被TRIPs协议、WCT、WPPT、《欧盟信息社会版权指令》等国际条约或区域条约所采纳,而且其适用的范围也从最初的复制权范畴扩展至所有版权乃至邻接权,且也由模拟环境拓展至网络空间。"三步检验法"不关注任何特定的限制或例外,它只强调允许限制或例外的规则,与穷尽性列举方式相比,"三步检验法"更符合"合理使用"或"合理处置"原则所赖以确立的更加灵活、开放的精神,同时也为某些国家提供一种更为灵活的立法模式的参考。

不无遗憾的是,尽管"三步检验法"扩展至邻接权范畴,但是在国际条约中(除了欧盟信息社会版权指令)并不包括广播组织权利,因为在WPPT探讨及缔结时,广播组织对此并无兴趣也就没有参与到该会议之中。当时的广播组织在实践中大量地未获得许可、未支付报酬地使用别人的作品而形成录音制品,认为新条约的缔结必然会对自己当前的利益获得造成障碍,更认为网络新技术对广播领域的广告收入会有很大促进作用,于是也就丧失了参与缔结WPPT的机会。在1996年WCT、WPPT获得通过后,广播组织的技术环境、实务环境都发生了很大变化,面对这些变化所带来的挑战,欧广联、亚广联和非广联等多个国际组织纷纷呼吁将广播组织权保护问题纳入WIPO的新的议事日程。于是,1997年4月,WIPO在菲律宾马尼拉召开了"广播组织、新传播技术与知识产权论坛",意图将广播组织权利纳入新的邻接权体系。1998年6月,WIPO关于版权与相关权常委会在日内瓦召开了第一届有关视听表演、数据库、广播组织保护的会议,且到目前为止有关广播组织权利保护国际会议已经召开28届,不过,尚无

---

[1] See W. Cornish, D. Llewelyn and T. Alpin, *Intellectual Property: Patents, Copyright, Trade Marks and Allied Rights*, 6th edtion, Sweet & Maxwell UK, 2007, p.474.

《保护广播组织权利条约》获得大会通过。在这么多年来，有《保护广播组织权利条约草案》的出笼，也有很多经常委会审议过的对保护广播组织权利文件，还有很多国家对此提出的议案。在这些文件中，有关广播组织权利限制与例外的规定，笔者已在上两节内容中做过梳理，并认为若能将《伯尔尼公约》第9条第（2）款所确定的"三步检验法"模式与《罗马公约》第15条所确定的列举式相结合，将能为各国国内法提供最为恰当的立法模式。

四 三步检验法对广播组织权利适用的反思

由于三步检验法适用于当前著作权领域中主要国际公约所授予的全部权利，[①] 因此把三步检验法引入广播组织条约应该是合乎逻辑的。但是对广播节目的法律保护构成的第二层保护，是置于第一层对广播节目材料的著作权保护"之上"。如果用三步检验法检验国内法中的限制或例外是否属于1. 构成特殊情况；2. 与受保护的广播节目的正常使用相冲突；3. 不合理地损害广播组织的合法权益，则其依据的理由都集中于广播组织单纯的经济利益，造成的结果可能使例外的适用面窄于那些允许使用单个广播节目作品的例外。这种情况将会损害言论自由和获取信息的自由。另外，人们对三步检验法的理解不尽一致。尽管权利人和著作权产业输出型的国家倾向于把三步检验法当作一种限制国内法例外范围的手段，而权利使用者和著作权产业输入型的国家却更愿意把三步检验法当作一条授权条款，以确保国内立法有足够的灵活性，对强制性专有权做出限制和例外规定。因此，最好能通过一项议定声明，对与广播组织权保护有关的三步检验法做出解释，说明其在已播出受著作权保护的节目内容方面，其使用不会对任何允许的限制和例外的结果带来负面影响。

---

① 参见《伯尔尼公约》第9条第2款，TRIPs协定第13条，世界知识产权组织著作权条约（WCT）第10条，和世界知识产权组织表演和录音制品条约（WPPT）第16条。

第六章

三网融合背景下世界主要国家对技术保护措施规范的比较

技术保护措施伴随着数字技术和互联网技术的发展而来。曾经，复制技术相对落后，模拟技术时代的复制品基本上都是从一个作品的原件（母版）得以复制，但是随着复制次数的增加，母版的质量会损耗，其结果就是复制品的质量也无法保证。在这种复制技术条件下，可以认为作品的权利人在很大程度上能够控制复制市场。但是，数字技术打破了这种技术上的平衡，也改变了原来相对稳定的法律和利益关系。在数字技术和互联网环境下，作品的传播和复制变得非常容易，尤其是数字作品可以有无限个丝毫不损害质量的复制品，因此侵权成本大幅降低。为了保护著作权人的利益，技术保护措施应运而生。然而，任何一项技术都有被破解的方法，所以技术保护措施往往也只是权宜之计。为了加强对著作权人的保护，对技术保护措施予以法律上的保护可以在很大程度上缓解互联网环境下的著作权侵权压力。可是技术保护措施本身已经有可能人为地扩大著作权人对作品的控制权，从而侵犯到公众获取作品的利益，再在这些技术保护措施之上增加一层法律保护，很有可能使著作权利益保护的天平过度倾向于著作权人，从而不利于著作权法宗旨的实现。广播（网播）组织作为作品的传播者，不可避免地会涉及技术保护措施的使用、规避和反规避技术保护措施的问题。因此本章对技术保护措施问题的探讨将把著作权和邻接权技术保护措施问题一并加以讨论。

第一节 技术保护措施内涵

技术保护措施（technological protection measures）包括一些软件、装置或其他技术，主要用来阻止或限制对作品的访问，或者某些针对作品的行为，例如复制、发行、使用等。技术保护措施主要表现为加密、设置登录密码以及访问控制等。总的来说，与著作权相关的技术保护措施主要包括两大类：访问控制和复制控制。

一 访问控制

访问控制技术是最基础也是最重要的技术保护措施。它可以防止其他人在未经作者同意的情况下浏览、阅读、聆听或者以其他方式了解作品的内容。访问控制技术可以防止用户自己使用或者通过在线方式大规模外泄作品的内容，它也可以防止人们对已经获得的作品复制品进行访问。访问控制技术既可以保护服务器也可以保护服务器中存储的版权内容。加密是访问控制最常用到的措施，它可以有效地锁住数字内容，只有经过授权的用户才能拿到密钥解开被锁住的内容。访问控制技术还包括口令和其他数据认证措施。

二 复制控制

一般而言，作者希望能把作品传播给他人，但是又希望控制他人对作品的后续使用。为了达到这个目的，作者可以使用复制控制。复制控制使作者有能力对作品使用者的行为进行一定程度的控制，让使用者只能在授权的范围内使用作品。复制控制能够控制一个作品在何种程度上被复制、交流、观看或播放。最为广泛应用的复制控制技术是串行版权管理系统（SCMS）。这个技术可以防止人们制作更多额外的数字复制品，换句话说，它允许人们对一个作品制作一个复制件，但是无法通过该复制件制作更多的复制品。也就是说，SCMS 使得该复制件无法成为数字母版。其他方法还包括在计算机程序中植入一个

"蠕虫",该蠕虫会不停地检索是否有复制件正在被制作,如果发现了非法复制件就会自动删除这些复制件。还有的复制控制措施会阻止对作品的打印,或者阻止对作品全部内容进行复制。

技术保护措施形式各异,其特点也在不断发生变化,但某些主要的特点是不变的。最基本、最重要的 TPM 是访问控制技术。控制访问的一个最为通用的做法是加密或者对内容进行干扰。在这种情况下,使用者获得数据后仍需进行额外的操作才能对数据加以使用。另外一种控制访问的方法是提供授权证明,最典型的例子是提供密码。除此之外,技术保护措施还包括对复制或使用行为进行控制,此种情况下,权利人可以允许使用人从事某些行为,但是禁止其从事另外一些非法行为。

三 与广播组织有关的技术保护措施

由于广播所涉及的巨额投资、成本和电视节目的广泛影响带来的巨大市场收益,以及新的录制和传输技术的发展,广播盗版成为一个主要的问题。盗版是数字广播环境中一个严重的威胁,因为数字信号一旦被接收就可以被完美地加以克隆和复制(盗版者可以制作和传播完美的广播节目数字复制品并提供网络下载)。在互联网上传输广播节目也很容易被盗版,因为内容很容易被获取和复制。很大一部分公众能够获取数字广播服务,同时复制装置已经变得非常便宜和常见。

盗版也影响到加密传输的市场。广播组织使用加密系统从而只有经授权的观众才能够获取节目。视听盗版者分析(破译)加密系统并且制造和发行未经授权的解码器、黑盒子及智能卡。这种做法在发达国家和发展中国家都很普遍,同时对解码装置的使用和非法销售也在大量增加。

有时,访问控制技术和复制控制技术也会有交叉和重叠,比如内容干扰系统(CSS)既可以控制访问又可以控制复制,当一项保护措施失效时,另一个保护功能就发挥作用。有些电影制片人就利用 CSS 给 DVD 加密,只有获得许可的设备才能解密并播放受到 CSS 保护的

DVD，在这种情况下，CSS 起到控制访问的作用，同时 CSS 也能够阻止使用者对 DVD 中的影片进行复制，它同时也起到控制复制的作用。

四 数字权利管理/权利管理

数字权利管理指的是出版者用来控制被保护对象使用权的技术，这些技术保护的对象包括数字化内容（例如：软件、音乐、电影）以及硬件，处理数字化产品的某个实例的使用限制。数字权利管理和技术保护措施有一定的区别。技术保护措施指的是应用在电子设备上的数字化媒体内容的技术，数字权利管理保护技术可以控制和限制数字化媒体内容的使用权。从广义角度看，数字权利管理和技术保护措施都是用来保护数字版权或邻接权的，因此本书将数字权利管理技术也纳入技术保护措施的范围加以讨论。

第二节 技术保护措施的必要性及其法律保护

对于作者来说，数字化提供了一种创作作品的新方法，同时也使作者的作品得以更加广泛和高效地传播出去。对于计算机、广播、有线广播、卫星广播和电信企业来说，数字化给它们提供了技术创新和增长的巨大潜力。对用户来说，数字化使得信息服务以更加便利的方式提供给用户。然而，数字化是一把双刃剑，它带来了著作权侵权新方法。

一 技术保护措施的必要性

数字作品一个非常显著的特点，对权利人而言也是一个非常脆弱的特点，就是它很容易被无限多地修改或篡改。用模拟技术制作的音乐或电影作品可以被数字化并且加以修改后重新发行。数字技术改变了作品的发行方式，以前通过航空、陆路、海运以及微波传输作品的方式日渐被数字传输方式所取代。在传统著作权法框架下，作品传播的方式主要有两种：一对一，比如电话；一对多，比如广播电视。数字传播技术的发展增加了作品的传播方式，多对多的传播方式越来越多地应用于作品传播。个体对个体、个体对小众以及个体对大众传播作品的方式已经流行开来。不同于模拟广播技术的单向度特征，数字传播是交互式的，这就意味着听众或观众可以自行决定在什么时候收看什么节目。在数字交互式传播的情形下，服务提供者处于被动地位，因为它不能决定节目收听收看者在时间和内容上的选择，这完全不同于传统广播组织的播出方式和主导地位。在交互式传播技术条件下，用户可以主动地访问、使用或复制某个作品，并且把其复制的作品以自己的名义重新发行。

新技术在很大程度上便利了人们通过数字网络快速而高质量的数字化复制来获取并使用受保护的内容。基于数字技术的发展，例如压缩或者增加带宽容量对市场和消费者的行为带来了巨大的变化。[1] 与此同时技术的发展也使盗版的危险性大大增加。虽然新技术的发展使盗版的危险增加了，但是作者也可以利用技术手段，控制他人访问或者使用其享有版权的作品。正如英国国际出版者版权理事会总法律顾问 Charles Clark 在 WIPO 组织的墨西哥城专题研讨会上的演讲中所说的"机械的答案在于机械本身"。[2] 这句话的意思表达了这样一种观点：给版权的保护、行使和执行带来问题的技术也同样可以通过适用技术保护措施和权利管理信息给这些问题提供解决方案。

数字化威胁着作者的财产权和人格权，也妨碍了作者对其著作权的正常行使。正因为如此，它也打破了作品权利人和使用者之间原有的利益平衡。任何人，只要拥有一台电脑和一个调制解调器，就能成为发行人，因为从一个网站上复制内容挂到另一个网站上变得非常容易。在数字技术环境下，上传、下载、存储和篡改作品的技术和工具

---

[1] Marks/Turnbull, *Technical Protection Measures*: *The Intersection of Technology*, Law and Commercial License, WIPO Workshop on Implementation Issues of the WIPO Copyright Treaty (WCT) and the WIPO Performance and Phonograms Treaty (WPPT), WIPO doc WCT-WPPT/IMP/3, p. 2, 3.

[2] Charles Clark, "*Publisher and Publishing in the Digital Era*", WIPO Worldwide Symposium on Copyright in the Global Information Infrastructure, Mexico City, May 22, 1995, p. 346.

越来越多，作者急需某种监管机制来保障他们对其作品加以控制和利用的利益。作为对互联网版权侵权的回应，著作权人发明了新的有效方法来捍卫自己的权利——技术保护措施。

数字技术可以跟踪、监督和控制对作品的复制和扩散，因此很受作品权利人的青睐。另外，从法律保护的角度看，版权法只是在侵权行为发生后才适用，技术保护措施却能够提前预防侵权；版权法规定作者有权控制其作品，技术保护措施却实际上赋予了作者控制其作品使用的能力。

然而，技术措施本身也并非无懈可击，技术方案是可以被破解的。未经授权的密码和访问代码常常使访问控制软件无法发挥保护功能，制造和销售规避装置的行为也给技术保护措施的有效性造成威胁。由于任何技术保护措施都无法永久性地抵御恶意的技术攻击，因此给予技术保护措施以法律保护将有利于对权利人和消费者的保护。

技术保护措施可以阻吓盗版，并鼓励权利人使用网络新媒体。另外，通过提供多种多样的收听、复制和传输方法，技术保护措施促成了新的营销、发行和使用模式，这给消费者也带来一系列新的并且高端的方法来欣赏音乐。只有在技术保护措施得到有效保护的情况下，消费者才能从欣赏这些音乐和其他版权产品的新方法中获益。对技术保护措施进行保护也能给电信部门和设备提供商带来好处，互联网服务商可以从增加的流量以及合法的版权产品电子商务中获得利益。如果技术保护措施不能得到有效保护，消费性电子产品和电脑制造商的利益就会受到损害，因为他们在开发新设备和加密技术以播放版权产品方面进行了大量投资。

二　技术保护措施的法律保护

虽然技术保护措施在很大程度上能够预防未经授权的复制，但是这些技术也经不起黑客的破解，也就是说，技术保护措施也是可以用技术来规避的。没有哪项技术保护措施能够永久地抵御来自黑客的故意攻击，因此技术保护措施并不是预防盗版的万灵药。

规避技术保护措施或者帮助他人规避技术保护措施的人，事实上已经侵犯了版权或邻接权，但是在司法实践中却很难举证。国际、国内的立法者制定了各种条款，期望用法律手段禁止使用者对技术保护措施的规避行为，同时也禁止制造和扩散用于规避技术保护措施的工具。

广播组织权利作为从 20 世纪二三十年代发展起来的权利类型，和科学技术的发展密切相关。崭新科学技术在传播领域的运用，不仅会形成新的社会关系和产生新的侵权方式，而且扩展了广播组织权利制度的调整领域。换言之，飞速发展的科学技术所带来的辐射性和渗透性对人类法律生活产生巨大影响：无论立法内容还是立法体制、无论法的调整范围还是法的表现形式、无论法制运作还是法的研究发展，方方面面都烙下了科学技术的印记。可以说，这种多层次立体化的影响既为广播组织权利制度的进步和发展创造新的机遇，又对广播组织权利制度的运作和著作权法的发展完善提出了新的问题。

目前，广播组织面临的主要侵害来自于对其信号的盗播。自《罗马公约》以降，《卫星公约》和 TRIPs 协议均没有提及对广播组织信号的保护，以及对破坏或者规避广播组织对其广播信号施加的技术措施的行为应该施以何种惩罚。但是广播组织权利保护和对广播组织权利的侵害，特别是破解广播组织的技术措施、实施信号盗播的行为随着科学技术的发展有了新的发展，但遗憾的是除广播组织条约草案之外，再没有新的保护广播组织的国际条约对此种情况予以规定。广播组织条约基础提案草案（SCCR/14/2）第 14 条对技术保护措施进行了规定，但是该条规定提出之后，由于约文措辞不够严谨，因此在广播组织条约经修订的基础提案草案（SCCR/15/2）第 19 条关于技术保护措施的义务中进行了补充，这个补充规定豁免了非侵权使用广播组织节目的行为。SCCR/15/2 关于技术保护措施的规定是以备选方案的形式提出的，供参加谈判的代表们进行讨论，其他更为细致的备选方案将在下文中专门探讨。可以肯定的是，目前技术保护措施依然是广播组织权利保护的灰色法律地带。这一灰色法律地带的出现更加凸显了保护广播组织权利的技术措施的必要性。然而，尽管国际层面没有关于技术措施的有效规定，有些国家已经在国内法对广播组织技术保护措施给予了必要的保护。比如意大利著作权法规定，"著作权人及与著作权相关的权利人，……可以在作品或者受保护的材料上添加有效的技术保护措施。该技术保护措施包括所有正常运行时可用于阻止或者限制未经许可行为的技术、装置或者元件"。[①] 德国著作权法也对保护邻接权客体的技术措施给予保护。中国现行著作权法中对技术保护措施有所保护，中国第三次著作权法修订过程中，立法者注意到数字和网络环境下，技术保护措施对权利人权利保护的重要性，因此在《中华人民共和国著作权法修订草案送审稿》[②] 中体现出对技术保护措施的重视，关于技术保护措施的规定也在争议和讨论之中。

总的来说，国际国内法律对广播组织权利技术保护措施的规定仍有待完善。

第三节　国际条约对技术保护措施的规定

1974年的《布鲁塞尔卫星公约》提到通过责成缔约国采取适当措施制止对载有广播前节目的卫星信号进行未经授权的传播而保护此种信号的问题，但是并没有明确指出该问题应该由公法还是私法

[①] 参见《意大利著作权法（2010年修订）》第102条第4附条第1款，载《十二国著作权法》，清华大学出版社2011年版，第314页。

[②] 送审稿第68条是对技术保护措施的定义，"本法所称的技术保护措施，是指权利人为防止、限制其作品、表演、录音制品或者广播电视节目被复制、浏览、欣赏、运行、改编或者通过网络传播而采取的有效技术、装置或部件"。第69条规定，"为保护著作权和邻接权，权利人可以采用技术保护措施。未经许可，任何组织或者个人不得故意避开或者破坏技术保护措施，不得故意制造、进口或者向公众提供主要用于避开或者破坏技术保护措施的装置或者部件，不得故意为他人避开或者破坏技术保护措施提供技术或者服务，但是法律、行政法规另有规定的除外"。

来解决。一个可能的措施是给广播组织规定一个直接采取行动的特定权利，特别是授予其版权或邻接权立法中的专有权。另外一个可能的方法是通过电信法，在这种情况下，通常由电信部门采取行动来保护信号的保密能力。

意识到对技术保护措施给予法律保护的重要性，1996年WIPO外交会议决定解决这个问题，并在WIPO版权条约（WCT）和WIPO邻接权条约（WPPT）中分别规定了技术保护措施条款。

由于理论界普遍认为广播组织权利的性质是邻接权，因此，正在谈判中的广播组织权利条约借鉴了WCT和WPPT中对技术保护措施的规定。由于这种借鉴可能随着谈判的进一步深入而被更多地借鉴到广播组织条约对技术保护措施条款的规定中去，因此在这里首先研究WCT和WPPT的相关规定是极其必要的。

一 WIPO互联网条约：WCT和WPPT

作为保护著作权或邻接权的有效手段，技术措施自诞生之日起就深受破坏工具和行为的侵扰。因此，著作权法制度除了保护著作权或邻接权本身外，还必须对保护著作权或邻接权的技术措施加以保护。正基于此，世界知识产权组织于1996年在日内瓦主持签订了著作权条约（WCT）和表演和录音制品条约（WPPT）。

1. WCT中关于技术保护措施的规定

WCT第11条[①]是多边条约中第一个单独规定用于保护著作权的技术措施也可以获得法律保护的条款。从该条规定来看，在实质性权利方面，WCT第11条并没有增加；严格而言，它也没有涉及权利行使的问题。它只是在作者试图通过技术手段来行使和管理他们权利的时候，给予作者专门的保护。该条规定给国内立法者和区域立法者提供了一个保护技术措施的整体框架，但是若想使该条规定有实质意义，

[①] WCT第11条：缔约各方应规定适当的法律保护和有效的法律补救办法，制止规避由作者为行使本条约或《伯尔尼公约》所规定的权利而使用的、对就其作品进行未经该有关作者许可或未由法律准许的行为加以约束的有效技术措施。

还需要考虑三个重要的问题：一是保护技术措施是仅限于制止规避行为，还是应当扩展到也制止提供规避的设备和服务；二是要在作者的利益和其他有关产业（尤其是软件制造业和硬件制造业）的利益之间建立一种适当的平衡，具体而言就是设备制造商是否可以故意避开或者忽视技术保护措施，而自由地设计或销售他们的产品；三是要处理好技术保护与权利的限制和例外之间的关系。WCT 第 11 条并没有规定明确的模式来解决这些问题。但是，WCT 第 11 条规定的内容是最低限度义务，允许缔约方在国内立法中确定保护范围时，适当给予更高水平的保护。

WCT 第 12 条与 WPPT 第 18 条是国际条约中最早规定保护权利管理信息的条款。权利管理信息可能会被第三方篡改，从而导致侵犯著作权行为的发生，例如改变作者的姓名，或者改变作品的使用条款以使复制件的保护系统无法启动。由于存在这种危害的可能，因此在国际层面，制定专门的保护权利管理信息的规定就具有了正当性。与 WCT 第 11 条类似，WPPT 第 12 条也没有赋予作者新权利，但是却规定了救济办法以制止会诱使、促成、便利或保护侵犯著作权的行为。WCT 第 12 条规定的是最低限度的保护，缔约国可以分别根据自己的国情提供更高水平的保护。

2. WPPT 关于技术保护措施的规定

与 WCT 第 11 条一样，WPPT 第 18 条第一次使著作权技术保护措施通过多边条约中的一个独立条款得以确立。同样，WPPT 第 18 条在讨论技术保护措施时也需要考虑三个重要的问题：一是对技术保护措施的保护是否只限于制止规避行为，还是应当扩大到也制止与规避有关的装置和行为；二是是否允许设备制造商故意避免和忽略技术保护措施，从而自由地设计并出售他们的产品；三是要在对技术保护措施的保护和著作权的限制与例外之间形成一个平衡的关系。另外，WPPT 第 18 条也没有给表演者或录音制品制作者规定新的实体权利，严格来讲，该条规定也没有涉及权利的执行。WPPT 第 18 条只是给缔约国提供一个关于技术保护措施的一般法律框架，规定了最低限度义务，各缔约国的立法者在执行 WPPT 第 18 条规定的义务时有着很大的灵活性，尤其是立法者在确定其国内立法的保护范围时，完全可以超越这些义务。

除了受保护的主体之外，WPPT 第 19 条的目的、背景和内容与 WCT 第 12 条一致。这两个条款同时构成国际条约中首次对保护权利管理信息的规定。该条规定并没有给表演者对其表演或录音制品制作者对其录音制品规定任何新的权利，也非新的执行条款，但是它的确规定了对侵害权利管理信息的行为，包括针对导致、促使、便利或包庇对表演者权或制作者权的侵犯行为给予救济。无论如何，WPPT 第 19 条只是规定了一个最低限度标准，缔约方可以规定更强的保护。

WCT 和 WPPT 均规定缔约国对"规避技术措施"的行为应加以制止，但都没有对"规避"（破解）的界限进行界定，造成一些国家在制定相应的国内法时出现不一致的理解：有的认为"规避"技术措施仅指直接破解技术措施的行为；有的理解为主要指那些不直接破坏技术措施而只是提供破解工具的行为；当然也有的认为二者同时兼指。这应该是 WIPO 两个条约的规定都过分原则或模糊导致的。

3. 广播组织条约草案关于技术保护措施的规定

广播组织基础提案草案（SCCR/15/2）中关于技术措施和权利管理信息的规定与上述 WCT 和 WPPT 这两个条约中的规定是一样的，除了对一些细节做出了必要的修正，以使其符合各自条约所保护主体的需要。

（1）关于技术措施的规定

基础提案草案第 19 条是关于技术措施的规定，该条规定是以备选方案的形式提出的。备选方案一：第 1 款基本上照搬 WPPT 对技术措施的规定，只是在细节上做出了一些必要的修改，以使该条规定符合广播组织的情况。第 2 款是对技术保护措施的限制性规定，这种限制在 WCT 和 WPPT 中都没有体现出来，可以说是基础提案草案对技术措施规定的发展。备选方案二：对备选方案 MM 第 1 款中"有效的法律补救办法"具体化，列举了应提供有效法律补救办法加以制止的行为。备选方案三：备选方案 W（无此类规定）① 的意思是建议条约对技术措施的规定中不包括备选方案 V 中的规定，即同意备选方案 MM 的规定，但是不增加体现在备选方案 V 中的第 3 款。备选方案四：备选方案 NN（无此类规定）反映了一部分代表的意见，认为本条约不应该对技术措施的问题作出规定，理由是技术措施可能会对广大公众获取已经流入公有领域的信息这一权利产生影响。

备选方案 V 和 W 是关于要不要在条款中具体罗列出应予以禁止的规避或破坏技术措施的行为。这在 WPPT 中没有规定，但是有些国家在国内著作权法中已经明确规定了反规避的条款，比如美国、欧盟、澳大利亚和日本的著作权法中都有具体的反规避措施条款。② 增加第 3 款的作用是对第 1 款中"有效的法律补救办法"这个看起来十分模糊的用语进行具体的说明，这样就可以增加法律的确定性。但是对规避技术措施的行为具体做出规定也有一个不好的后果，就是随着技术的发展，当没有被该条款涵盖的规避行为出现时，权利人的权利就不能得到及时的保护。至于备选方案 V 提出根本不需要规定技术措施，笔者认为这是不足取的，从上文的分析可以看出，面对多种多样且不断升级的盗版技术，著作权人和邻接权人的处境已经十分窘迫，如果不对他们的技术保护措施给予适当的法律保护，将会使他们陷入与盗版者旷日持久的技术规避与反规避的竞争中，这将十分不利于激发著作权人创造作品、邻接权人传播作品的积极性。这与著作权立法的宗旨和目的也是相违背的。

下面我们着重对备选方案 MM 中的核心措辞加以分析。由于著作

---

① 这是备选方案的一种方式，本书的论述以尊重草案的原文表述为基础进行论证。
② 参见下文对 WPPT 技术保护措施规定的分析。

权、邻接权和广播组织条约基础提案草案中对技术措施条款的规定基本上是一致的，对解释和理解条款含义的关键用语和表述完全一致，因此对广播组织条约基础提案草案中这两个条款的解释完全可以沿用WCT和WPPT中对该两个条款的理解和解释。下文将通过解析两个条款中使用的核心措辞来理解这两条法律规定。

其一，"适当的法律保护"问题。

根据WCT第11条，缔约方对技术措施有义务提供"适当的法律保护"。"适当的法律保护"这一术语具有下列含义：在强有力地保护作者利益与保护其他人的利益之间达成一种平衡。缔约方有义务根据其法律传统适当地解释这一术语。保护本身应当是平衡的。对权利人的利益和权利保护应当是强有力和有意义的，只有这样才能为保护的目的服务。另外，不应给予技术措施过分的保护，这样会给有关的产业施加不合理的负担。与权利人适用技术措施直接相关的产业是硬件制造商，多功能设备（可以用于规避技术措施，但主要用途是其他方面）制造商：例如个人电脑，这些相关产业希望能够自由销售它们的产品或设备，而不受任何限制。

如果权利人使用的是控制访问的技术措施，则要规避技术措施，首先必须解密。解密要求设备操作者采取深思熟虑的行动以及积极的步骤。在这种情况下，根据WCT第11条给予"适当的法律保护"的要求，权利人应当受到保护，以制止上述积极行动。[①]

如果权利人使用的是控制使用的技术措施（采用这种技术，可以控制使用作品的内容，例如控制标志），技术保护措施能否起作用取决于录制或者播放设备是否兼容。电子设备制造商要求：规定有义务保护技术措施的法律应通过"非强制性"条款明确规定：制造商没有义务使他们的产品适应各种各样的著作权保护技术。[②] 考虑到上文提及的在各方利益之间建立适当平衡的需要，我们认为：只要有关的产

[①] Marks/Turnbul, *Technical Protection Measures: the Intersection of Technology, Law and Commercial Licenses*, WIPO doc WCT-WPPT/IMP/3, p. 7.

[②] Ibid., p. 7, 8.

品本身没有为规避行为提供积极的鼓励,①"非强制性"条款看上去似乎就具有正当性。

此外,适当的法律保护要求对下列问题做出回答:给予的保护是仅制止规避行为,还是也制止"准备行为"(参见下文对"规避"这一术语的评论)。同样,只有国内立法对给予的保护与权利的限制和例外之间的界限作出明确的规定,才能认为法律保护是适当的(参见下文对"未经许可或未得到法律准许的行为"这一术语的评论)。

其二,有效的法律补救办法。

缔约各方应当提供"有效的法律补救办法"。至于这种法律补救办法是规定在民法、刑法还是行政法或其他公法中,WCT 第 11 条没有要求。但无论规定在何种法律中,提供的法律补救办法应当是有效的。按照《TRIPs 协定》的用语,这意味着:法律补救办法应当是"及时的",从而可以阻止规避和滥用;法律补救办法还应当是"劝阻性的",从而可以对以后的规避和滥用构成威慑。②

民事程序的救济可以包括以下方式:颁发禁令、要求损害赔偿或者扣押用于规避技术措施的设备。③

其三,制止规避。

WCT 第 11 条明确规定,应提供保护,制止规避技术措施的行为。

---

① Strowel/Dusollier, *Legal Protection of Technological Systems*, WIPO doc WCT-WPPT/IMP/2,在第 8 页指出:下述产品可以作为这种有效激励的典型例子:"设计或者生产产品的主要目的是为了规避技术措施;或者除了规避技术措施以外,仅有有限的商业上的重要目的;或者明知该产品的使用在于规避技术措施而仍然进行销售"。《美国著作权法》第 1201 条(c)款第(3)项规定有"非强制性"条款:"只要产品的组成部分或者元件,或者由这种组成部分或者元件构成的产品本身不属于本条(a)款第(2)项以及(b)款第(1)项的禁止范围,本条并不要求为消费者使用的电子产品、通信产品或者计算产品进行设计或者设计和选择时,所使用的产品组成部分或者零件,对任何专门的技术措施作出反应。"欧共体 2001 年第 29 号指令第 48 段第 2 句话规定:"此种法律保护也不要求装置、产品、组件或服务的设计必须符合技术措施的要求,只要这些装置、产品、组件或服务不违反本指令第 6 条所禁止的行为。"

② 参见《TRIPs 协定》第 41 条第(1)款; Gervais, *The TRIPs Agreement: Drafting History and Analysis* (*Second Edition*), Sweet and Maxwell, London, 2003, note. 2.190, 阐述了"行动的有效性"。

③ 参见《TRIPs 协定》第 44、45、46 条。

国内立法可以要求给予这种保护必须具备某些条件，尤其是可以要求实施规避行为的人主观上具有故意，而且明知或有合理根据应知实施规避行为的后果。

从本质上讲，WCT 第 11 条提供的是最低限度的保护，缔约各方可以在其国内立法中给予更高水平的保护。这样，问题就产生了：WCT 第 11 条提供的最低限度的保护是不是只涵盖规避行为？如果认为保护仅针对规避行为，则与制定 WCT 第 11 条的目的不符。因为个人可以在家庭中实施规避技术保护措施的行为，如果保护仅限于规避行为，则很难有效执行这种保护。此外，制造和发行允许或者便利规避行为的设备比规避行为本身，对权利人可能造成的损害要更严重。因此，"只禁止规避行为"的保护似乎是不充分的。[1]

因此，WCT 第 11 条规定的提供"适当的保护"的义务似乎要求：权利人对发生于规避行为之前的准备行为也享有法律保护。因此，缔约各方的国内立法应当禁止生产、销售用来规避技术保护措施的设备、产品、元件或者服务。[2] 对于"准备行为"的确认，要考虑以下两者之间的平衡：一方面要对权利人的利益提供严格的保护；另一方面要考虑到制造商的利益，他们能够获得继续生产和销售主要目的、功能具备合法性设备的保护。因为，很多设备具有多功能性，既可以被用以满足大众合法生产、学习、制造之目的，又可以被用以规避技术措施等非法目的，所以，对于多功能设备的法律定位或者是否合法的有效标准在于判断该设备的主要目的或用途。只有那些除了便利或允许规避技术措施的行为以外，仅具有有限的（用于其他方面的）目的或用途的设备才应受到禁止。许多国内立法已经采用了上述标准，在有

---

[1] Marks/Turnbul, *Technical Protection Measures: The Intersection of Technology*, Law and Commercial License, WIPO Workshop on Implementation Issues of the WIPO Copyright Treaty (WCT) and the WIPO Performance and Phonograms Treaty (WPPT), WIPO doc WCT-WPPT/IMP/3, p. 6.

[2] Marks/Turnbul, *Technical Protection Measures: The Intersection of Technology*, Law and Commercial License, WIPO Workshop on Implementation Issues of the WIPO Copyright Treaty (WCT) and the WIPO Performance and Phonograms Treaty (WPPT), WIPO doc WCT-WPPT/IMP/3, p. 6.

关条件具备的情况下，给予权利人以法律补救办法，制止规避技术措施的准备行为。①

其四，有效技术措施。

根据 WCT 第 11 条，由缔约各方的国内法对受保护的技术措施进行定义。WCT 第 11 条给予缔约各方的唯一指导意见是提及了实施技术措施的目的。WCT 第 11 条涵盖的（只）是那些用来行使权利的技术措施。②

根据 WCT 第 11 条，作者为保护他们的作品而使用的技术措施必须有效地获得保护。但是，对于那些妨碍设备或服务发挥正常作用的技术措施以及无法正常使用的技术措施，WCT 第 11 条是不予保护的。比如，若某种复制控制系统妨碍了电视机或者录像机的播放，则该系统就不可能获得法律保护以期制止规避或者滥用行为。③

根据 WCT 第 11 条，只有"作者使用的"技术保护措施才受到保护。但是在实践中，这些技术保护措施可能并不是由作者来亲自使用，而是在作者的同意下，由作者的代理人或者被许可人使用。作者的代理人或者被许可人通常会对权利的行使加以控制。因此，对 WCT 第 11 条中的"作者"一词不应做过于狭义的理解。只要能够控制权利的行使，无论是作者，还是作者的代理人或被许可人在适用有效的技术保护措施时，都应获得法律保护。

其五，未经许可或未由法律准许的行为。

考察 WCT 第 11 条的上下文我们发现："行为"一词使用的是复数形式，而且"对其作品"这一用语也与"行为"有关；因此，很显然，"未经许可"的行为实际上就是作者（或者其他著作权权利人）在行使本条约所规定的权利时所加以约束的行为。

---

① 参见欧共体 2001 年第 29 号指令第 6 条第（2）款；参见《美国著作权法》第 1201 条（a）款第（2）项以及（b）款。

② 参见 Jorg Reinbothe & Silke von Lewinski, The WIPO Treaties 1996, Butterworths LexisNexis, 2002, p.139.

③ 参见欧共体指令第 48 段第 1 句话："为有效地限制……行为的技术措施提供的法律保护，不应妨碍电子设备的正常运行以及技术发展。"

如果我们单独考察"未经该有关作者许可"这一用语，同样也可以很清楚地理解这一用语的含义。"该有关作者"适用技术措施，主要是为了达到以下目的：只允许实施经他授权的行为。

不过，需要对"未由法律准许"这一用语的含义进行解释。第一，在该用语的语境下，缔约方的法律无权准许任何行为。只有当WCT（WCT第10条以及被纳入WCT中的《伯尔尼公约》的有关条款）允许缔约方的法律做出准许（事实上是以例外或限制的形式出现）时，缔约方的法律才可以做出此种准许。第二，"未由法律准许"这一用语表明：WCT第11条并没有要求缔约方有义务提供"适当的法律保护和有效的法律补救办法"，以制止实施与上文提及的法律准许行为有关的规避行为。

WIPO广播组织条约基础提案草案中关于技术措施的规定与WIPO版权条约第11条和WIPO邻接权条约第18条的规定一致，均要求各国提供充分的法律保护和有效的法律救济来防止规避保护版权作品的技术措施行为。总的来说，WIPO条约的技术措施保护条款规定得非常宽泛，其立法宗旨更加关注保护的结果而非如何保护才能得到所期望的结果。在执行WIPO条约技术措施条款时，很多政府认识到需要把规避行为以及制造和销售规避装置的行为也纳入法律规定的范围，这样才可能提供充分且有效的保护。

（2）关于权利管理信息的规定

基础提案草案第20条是关于权利管理信息的规定。与该草案对技术措施的规定不同，对权利管理信息的规定并非以备选方案的形式提出的，这说明各国代表团对该项规定的内容基本上取得了一致的意见。

其一，适当和有效的法律补救办法。

缔约各方有较大的自由裁量权在其国内立法中对"适当和有效的法律补救办法"作出规定。提供的法律补救办法可以采取多种方式。尤其是可以采取民事救济方式——例如：损害赔偿、颁发禁令、扣押或者销毁用于控制电子信息的设备。其他的救济方式还有为防止他人从事WCT第12条规定的行为，或者为保存有关的证据而采取的临时措施。① 此外，缔约各方还可以采取行政制裁和刑事制裁来部分地履行其义务。

补救办法必须是"适当的"。这意味着：应当在下述两方面之间建立适当的平衡，一方面是救济的强度和后果，另一方面是 WCT 第 12 条制裁的行为的重要性和后果。"适当的"一词给予缔约各方较大的自由裁量权。

补救办法还必须是"有效的"。这意味着：在适用补救办法时，提供的保护通常可以被行使；给予的制裁应当足够严厉，使得潜在的侵权行为人不敢从事 WCT 第 12 条规定的行为。有效的制裁能够遏制进一步的侵权参见 WCT 第 14 条第（2）款。同样的，在这一问题上，缔约各方仍然享有较大的自由裁量权；但是，缔约各方不得在其国内立法中单纯地规定制裁措施，而不寻求制裁的实际（有效）运作。尽管缔约方的义务只延及提供"法律"补救办法，但"有效的"要求暗示该义务还应当包括：确保"法律补救办法"在实践中得到有效实行。②

其二，应受制裁的"活动"。

根据 WCT 第 12 条第（1）款第（I）目，缔约各方应提供法律保护，以制止篡改信息的某些行为。这一条款将去除或改变权利管理信息的行为作为应受制裁的两种行为。③ WCT 第 12 条第（1）款第（I）

---

① 《TRIPs 协定》第三部分很好地反映了 117 个国家同意采取的救济方式的范围。

② 对 WCT 第 11 条类似措辞的进一步评论，参见 Jorg Reinbothe & Silke von Lewinski, The WIPO Treaties 1996, Butterworths LexisNexis, 2002, p.144, note 21。

③ "去除"是指：完全消除所有的权利管理信息，而不管采用何种方式；"去除"的基本要求是：在实施了这种行为以后，没有任何的权利管理信息仍停在于作品的复制件上或者与作品本身相结合出现。"改变"权利管理信息包括对信息的构成要素的改变，例如：（1）用另一个姓名替换作者的姓名，或者仅替换作者姓名中的某些字母，或者用其他的许可条件替换现有的许可条件；（2）部分的删除权利管理信息，例如：删除作者的名，或者删除合作作者中一个作者的姓名；（3）在作品或其复制品上增加相关的信息，例如：增加另外一个人作为合作作者或者其他权利人。但是，如果作品或者作品的复制品上原来不存在任何权利管理信息，即使后来他人在该作品或者该作品的复制品上附加权利管理信息，也不能适用 WCT 第 12 条第（1）款第（I）目对这种行为加以制止。

目提供法律保护的前提是：作品或者作品的复制品上已经存在权利管理信息。由于 WCT 第 12 条提供的是最低限度的保护，因此缔约各方还可以对未经许可附加错误的电子权利管理信息提供额外的法律补救。这种行为与 WCT 第 12 条第（1）款第（Ⅱ）目规定的行为一样，都必须是"未经许可"而实施的。①

WCT 第 12 条第（1）款第（Ⅱ）目涵盖的行为是以 WCT 第 12 条第（1）款第（Ⅰ）目规定的去除或改变权利管理信息的行为为前提的：这些行为与非法去除或改变电子权利管理信息的作品或作品的复制品有关。发行这些作品的复制品的行为包括 WCT 第 6 条第（1）款规定的行为，即通过销售或者其他转移所有权的形式向公众提供作品的复制品。如果我们完全按照 WCT 第 6 条的含义来解释"发行"，则"发行"将不包括"出租"和"借阅"。然而，有充分的理由支持对 WCT 第 12 条规定的"发行"一词采用广义解释：外交会议期间的讨论似乎表明各方已经一致认为，"出租"和"借阅"也应当为 WCT 第 12 条中的"发行"所涵盖，而且当时"发行"一词是按照大多数国家的国内法来理解的，即包括"出租"和"借阅"。因此，没有代表团提出建议，要求增加 WCT 第 12 条第（1）款第（Ⅱ）目所涵盖的行为。即便从 WCT 第 12 条的目的出发，也没有理由将上述提到的"发行"的其他形式——"出租"和"借阅"排除在 WCT 第 12 条第（1）款第（Ⅱ）目所涵盖的范围之外。需要指出的是，发行行为必须针对公众，而不包括任何向私人的发行，例如交付给朋友一件作品的复制品。

从另一个国家进口作品的复制品的行为必须具有下列目的：向公众销售、出租、借阅或其他形式的发行。上述进口行为不包括为个人目的而进口，例如在个人行李中夹带一张 CD，作为送给朋友的礼物或者用作个人使用。

---

① 对"未经许可"这一要求，参见 Jorg Reinbothe & Silke von Lewinski, The WIPO Treaties 1996, Butterworths LexisNexis, 2002, p. 155, note 17。

"应受制裁的行为"还包括广播和向公众传播受到控制的信息。应当根据《伯尔尼公约》和 WCT 来理解广播和向公众传播的含义。因此,广播只包括无线传输节目信号[包括对广播的无线转播(re-broadcasting)];而向公众传播则主要包括:传输原始的有线节目、对有线传播的有线转播、对广播的有线转播以及根据 WCT 第 8 条第 2 部分向公众提供使之能够获得。①

二 TPP 协议中的技术保护措施条款

《跨太平洋战略伙伴协议》(TPP)表现出进一步强化对技术保护措施予以法律保护的趋势。尽管由于特朗普的上台签署了退出 TPP 的行政命令,但是,不影响我们分析这个协议的意义。因为,曾作为 TPP 的主导国家,美国将其国家意志和利益完整地体现在协议,特别是其中的技术保护措施条款中。

TPP 中的技术保护措施条款及其内容简要概述如下:第4.9(a)(i)条要求各国法律禁止规避访问控制技术措施;第4.9(a)(ii)条和第4.9(f)条要求禁止制造和销售用于规避技术保护措施的装置、技术和工具,包括控制访问和控制复制的技术保护措施;第4.9(d)和(e)条将技术保护措施例外限于 8 个具体目的;第4.9(a)条和第 15.5 对违反技术保护措施条款的行为给予刑事处罚;第 12.2条具体的民事处罚,包括司法机关裁定败诉方支付诉讼费和胜诉方合理的律师费。

总的来说,TPP 中关于技术保护措施条款的规定具有以下特征:第一,主观要件是故意或者知情,故意或者知情是被告承担民事或刑事责任的构成要件。第二,可以对违反技术保护措施的行为科以刑事处罚,但是有少量例外情形。第三,把对 TPM 的法律保护独立于著作权违法行为,即将违反 TPM 的行为视为单独诉讼事由,独立于著作权

---

① Jorg Reinbothe & Silke von Lewinski, *The WIPO Treaties 1996*, Butterworths LexisNexis, 2002, pp. 104 – 112.

和邻接权法律规定的侵权行为。这个规定有可能降低各国现行著作权例外和限制以及国家竞争政策。第四，保护控制访问版权作品的技术保护措施。这条规定超出了《伯尔尼公约》、WCT 和 WPPT 规定的权利范围，有可能会推翻传统版权法的界限。第五，规定了法定损害赔偿金制度。第六，要求各国司法机构裁定 TPM 诉讼败诉方承担诉讼方和胜诉方的合理律师费实际上是对违反 TPM 条款的行为附加了额外的罚金。

多年来，美国一直致力于对技术保护措施提供法律保护。美国的数字千禧年版权法案（DMCA）就对技术保护措施提供法律保护；国际上，美国则将反规避技术保护措施的规定纳入十多个双边和地区自由贸易协定（FTA）中。此外，美国还曾试图通过 TPP 等多边平台推广和加强其技术保护措施的保护理念。特别是在 TPP 中，美国曾建议各缔约国采用统一的技术保护措施条款，而这些条款基本上是从 DMCA 中脱胎而出。也就是说，借助 TPP 等多边协议和 FTA 等自由贸易协议，美国力争让全世界都达到其本国的保护标准。

三 美国签订的自由贸易协定中关于技术保护措施的规定

近年来，美国与其贸易伙伴，包括新加坡、澳大利亚、中美洲等国签订了大量的自由贸易协定（FTAs）。这些自由贸易协定中包含大量具有深远影响且非常严格的知识产权保护和执法标准。与 1996 年的 WIPO 知识产权条约不同，近几年的 FTA 中含有很多具体的反规避条款，既禁止直接规避技术措施的行为，也禁止制造和贩卖破解保护措施工具的行为。这些基于 DMCA 的规定所设立的保护标准已经远远超出 1996 年 WIPO 条约的规定。WIPO 条约并没有提到关于反规避措施的主观要求，然而，根据近年 FTA 中的有关规定，那些明知或有理由知道规避了由权利人采取的访问控制措施的人，将会受到惩罚。虽然 WIPO 条约认为出于规避目的的准备行为也是非法的，但是条约并没有明确规定各国国内法针对此等违法行为应该提供何等程度的充分保护和有效救济。根据 DMCA，近几年的 FTA 广泛地把制造和贩卖下列装置的行为列为非法：

（i）为了规避任何有效技术措施的目的而促销、广告或销售规避装置的；

（ii）这些装置仅有有限的商业价值，或仅仅是用来规避有效技术保护措施的；

（iii）这些装置的主要设计、生产或使用目的就是为了促使或方便规避任何有效的技术措施。

此外，由美国主导制定的FTAs中往往规定缔约国有义务禁止制造和贩卖主要用于帮助未经授权的人解码一个已加密的载有节目内容的卫星信号的装置，以及禁止任意接收或进一步扩散经解码的加密卫星节目信号。

1996年的WIPO条约没有对应予以保护的有效技术措施做出定义，仅仅有一些关于该术语的学理解释。根据新近的FTA，受保护的有效技术措施指任何技术、装置或零部件，其正常运行可以控制对受保护的作品、表演、唱片或其他主体进行访问；或者对任何版权或邻接权加以保护。然而，不同于1996年的WIPO条约，这些FTAs没有给缔约国足够的自由容许其公众来解决因严格的反规避条款而产生的负面效果。

第四节　世界主要国家的法律对技术保护措施的规定

由于各国对技术保护措施在广播组织权利体系中的认识不同，它们对广播组织权利的技术保护措施或者规定在著作权法中，或者规定在特别法中，或者规定在广播法中。笔者根据各国规定的原貌对这些关于技术保护措施立法加以梳理，以便为中国在参与相关广播组织国际条约和国内立法中做出相应的思考。

一 美国法律对技术保护措施的规定

美国有关技术保护措施的条款规定在1998年的数字千禧年著作权法中。在美国，两个互联网条约的内容主要是通过数字千禧年著作权法标题1项下的规定得以实施。美国数字千禧著作权法（DMCA）第17章第1201条禁止规避任何能够有效控制对作品进行访问的技术措施。总的来说，DMCA禁止三类规避行为：

DMCA第1201（a）（1）条禁止规避能够有效控制对受保护作品进行访问的技术措施的行为。值得注意的是，该条规定的范围相当宽泛，因为根据该规定，即使是版权法授权的、完全合法的规避访问控制措施的行为，比如合理使用行为，也被认为是非法行为。在这一点上，DMCA远远超出了WIPO互联网条约所规定的最低保护水平。

DMCA第1201（a）（2）条禁止任何人制造、进口、许诺向公众提供或贩卖任何技术、产品、服务、装置、零部件，其设计或制造的主要目的就是为了规避能够有效控制访问作品的技术措施，除此以外没有重要的商业目的，其使用只是为了规避控制访问作品的技术措施；或者其销售的目的主要是规避控制访问作品的技术保护措施。由以上规定来看，DMCA禁止一切其设计和生产的目的主要是规避技术保护措施工具，不管这些工具是否还有其他非侵权用途。然而，在对上述目的进行确定时尚缺少确切而稳定的标准。

DMCA第1201（b）（1）条禁止非法贩卖用于规避著作权人有效保护其作品的技术措施工具。与规避用来破解访问控制的装置类似，违反该条规定的门槛是，该装置主要是为了规避技术保护措施而设计的，或者除了规避目的外仅有十分有限的商业意义，或者其销售的目的就是为了规避有关技术。

DMCA没有对技术措施做出定义，但是第1201（a）（3）（B）条基本指明，一项控制访问作品的技术措施是有效的，如果该措施在正常运行的情况下，需要经由版权人的授权，才能通过对一系列信息或过程的处理，实现对作品的访问。同样，第1201（b）（2）（B）条也指出，如其在正常运行的过程中阻止、限制或以其他方式制约了对著作权人版权的行使，则该项技术措施就有效地保护了本法所规定的版权。至于 DMCA 所规定的例外，应该区别法定例外和禁止规避国会图书馆规定的特定种类作品访问控制技术的例外。

第 1201 条包含七种适用于规避访问控制措施的例外，其中有五个例外也适用于贩卖规避技术的条款。这七种例外罗列如下：

（ⅰ）非盈利图书馆、档案馆和教育机构在特定条件下，可以为了访问作品以决定各机构是否需要购买这些作品的独一目的而规避技术保护措施。

（ⅱ）执法、安全和其他政府机构在经授权的情况下，既不受禁止规避行为的制约，也不受禁止贩卖规避技术的制约。

（ⅲ）任何合法获得计算机程序复制品的人，均可以在一系列限制条件下对该计算机程序实施反向工程。

（ⅳ）研究人员在合法获得复制品的情况下可以进行加密研究，这种规避行为对于研究来说是必要的，因此不构成侵犯版权的行为，另外研究人员需要付出善意的努力获得授权。

（ⅴ）保护少数民族的利益可以构成对禁止规避技术措施的例外，如果该项技术保护措施的唯一目的就是防止少数民族通过互联网获取资料。在特定条件下，对于收集并扩散通过在线行为而获得的个人信息的技术保护措施，规避行为是允许的。

（ⅵ）在计算机所有人授权的情况下，对计算机、计算机系统和计算机网络进行安全测试是允许的。该项例外，如果也满足其他条件，既允许规避行为也允许为各项测试的目的而开发、扩散或使用技术方法。

但是，如果对一个作品没有设置访问控制，那么规避保护著作权人权利的技术措施，例如复制或发行，就不会受到禁止。因此，根据美国著作权法，规避复印控制的行为本身并不在禁止之列。第 1201 条还禁止制造、提供或买卖其设计目的是规避访问控制或权利控制的装置或服务。

除了法定例外，第1201条还规定，版权局可以代表国会确定某类受版权保护作品的使用者是否有可能在接下来的三年里受到反规避访问控制技术的不利影响，以至于无法对该类作品进行非侵权性质的使用。这个程序每三年履行一次。如果在版权局的提请之下，国会图书馆认为确实存在这种不利影响，或者针对某一类或某几类作品存在这种不利影响，那么DMCA规定，这几类作品在接下来的三年里豁免适用反规避访问技术控制的条款。这些豁免一旦做出，其效力就会维持三年，直到启动下一次审议程序时。但是这种特殊程序许可的豁免并不适用于第1201条关于对制造、提供或买卖规避装置或服务的禁止性规定。

下面我们重点分析一下美国的数字化时代著作权法所涉及的受保护的技术措施的范围和技术措施的限制与例外问题，以供中国立法借鉴。

DMCA对技术保护措施的规定比较详细而且复杂。[①] 从美国DMCA第a条3款b项的规定来看，并不是著作权人采取的任何技术措施都可以受到法律的保护。受保护的技术措施应满足下述三个条件：第一，对于界定技术措施的实施主体具有开放性。中国现行著作权法以及WIPO的两个条约基本上都将技术措施的实施主体限定于作者，但是，美国DMCA对此具有极强的开放性，其不仅限于作者，还涵盖了其他著作权所有人及其邻接权人等。第二，技术措施的目的应当合法。技术措施的目的在于通过阻止他人非法访问或者使用作品而为作品提供一种切实可行的保护，此种保护侧重防御性，不具攻击性。第三，技术措施必须有效。该"有效"强调的是著作权人自身，而非侵权人。根据DMCA，在常规网络环境中，只有获取著作权人许可，才能使用

---

① 它将控制访问作品的技术措施和控制使用作品的技术措施分开，给予不同范围的法律保护；还将直接破解技术措施的行为和制造、提供用于破解技术措施的装置和服务行为分开，区别对待。有研究者认为，该法对技术措施的区分存在着逻辑矛盾，即只禁止破解控制访问作品的技术措施，而不禁止破解使用作品的技术措施，这就好比一个人破解网上作品数据库访问口令的行为是违法的，而破解计算机软件中的防复制加密措施却并不违法。参见王迁《对技术措施立法保护的比较研究》，《知识产权》2003年第2期。

网络作品，或者对该网络作品进行某种加工或者处理，才称得上网络作品被访问，这时的技术措施才是有效的。而网络高手所需要破解的往往就是"有效"的技术措施。

关于受法律禁止和制裁的破坏著作权管理信息的行为，美国的 DMCA 与 WIPO 的两个条约、欧盟的指令均在这个问题上体现出共同的"过错责任"主张，即认为被法律禁止和制裁的破坏权利管理信息行为的主观要件是行为人有过错，否则不必为此承担责任。

受法律禁止和制裁的破坏著作权管理信息行为，美国 DMCA 的规定有其自身的特色，认为在明知或应知自己的行为将会诱发、致使、便利侵犯著作权行为的情况下，实施下列行为应受到法律的禁止和制裁：第一，故意删除、改动著作权管理信息的行为。除法律规定的豁免外，他人故意破坏著作权人设置的著作权管理信息，应当承担法律责任。中国 2001 年《著作权修正案》第 47 条第 1 款第 7 项也作了相应的约定。第二，故意发行、进口、广播、向公众传播著作权管理信息已经被擅自删改的作品或作品的复制件的行为。如果某作品原有的著作权管理信息已经被他人擅自删除或修改，第三方对这种情况明知或应知时仍对著作权管理信息遭到破坏的作品或者作品复制件实施发行、进口、广播、向公众传播的行为，应当承担法律责任。中国的信息网络传播权保护条例也作了类似的规定。当然，这里的"明知"或"应知"有时不易于认定。第三，故意提供或散布虚假著作权管理信息的行为。WIPO 的两个条约和欧盟的指令没有涉及这一点。美国的 DMCA 规定，是否在作品上附载著作权管理信息，完全出于著作权人的自愿。如果著作权人未在自己作品上加载著作权管理信息，他人不管出于什么目的，故意在著作权人的作品上加载虚假的著作权管理信息，都是法律加以禁止和制裁的行为。中国现行著作权法及相关法规都没有涉及前述第三种受法律禁止和制裁的破坏权利管理信息的行为，可以借鉴美国 DMCA 的相关规定进行立法完善。

美国的 DMCA 根据 WIPO 的两个条约的要求，做出了"著作权管理信息的完整性"的规定。需要指出的是，美国法律不使用"权利管理信息"而采用"著作权管理信息"，原因在于美国的著作权法律体系中没有"邻接权"的概念，按别国标准应享受邻接权的那些主体在美国均享有著作权。DMCA 将著作权管理信息定义为由作品的复制品、录音制品、表演和展览所传达的，包括以数字化方式传达的信息。[1] 可见，美国的 DMCA 对权利管理信息内容的规定相当细化。

二　欧盟信息社会指令对技术保护措施的规定

鉴于欧盟成员国的科技发展较早，所以，与之相匹配的技术措施法律保护也就较早地出现在欧盟。比如，欧盟（当时叫欧共体）早在 1991 年 5 月就颁布了《计算机软件保护指令》对保护计算机程序的技术措施进行了规定。根据该指令第 7 条第 1 款第 3 项的规定，成员国对于为商业性目的专门用来未经授权地取消或者破解用于保护计算机程序的技术装置的任何方式应当给予制裁。这项规定开启了欧盟在技术保护措施方面的立法保护历程。

20 世纪 90 年代中期，欧盟委员会多次在"关于信息社会的著作权和相关权的绿皮书"和"跟进绿皮书"中提出应该将技术措施保护的建议纳入其立法进程。在 1997 年底欧盟委员会提出的"关于协调信息社会著作权和相关权若干方面的指令"建议中，以及 1999 年 5 月欧盟委员会公布的"著作权指令草案"中都有关于保护技术措施的详细内容。在 1997 年这个指令的建议中，欧盟要求成员国给予任何用于保护著作权及邻接权的有效技术措施以充分的法律保护，禁止、惩罚破解上述技术措施的行为以及制造、散布破解装置、产品及零部件的行为和提供破解服务的行为。[2] 2001 年 5 月，欧盟通过了《关于信息社

---

[1] 如作品的名称、作者的名称、著作权所有人的名称、表演者的名称、音像作品中作者、表演者和导演的名称、使用作品的条件、表明这类信息的数字、符号或链接，以及其他有关信息。

[2] 破解装置或服务是指被宣传、推广、销售为用于破解的装置或服务，或者将破解技术措施作为唯一的或主要的商业性目的的装置或服务，或者主要被设计、生产、采用或表现为用于破解保护著作权及相关权的技术措施的装置或服务。

会的著作权及有关权特定领域的指令》（简称欧盟信息社会版权指令）。该指令对"技术措施与权利管理信息的保护"进行了专章保护，其第6条第1款和第2款不仅规定了禁止规避的行为，而且禁止制造和销售用以规避的设备或设计以及提供规避的服务。与美国 DMCA 有所区别，欧盟的指令没有将技术措施区分为控制访问作品的技术措施和控制使用作品的技术措施，只要是"有效"的技术措施，指令都加以保护，所以一般认为欧盟对技术措施的保护水平高于美国。

根据欧盟信息社会指令，应当给予那些能够有效禁止或防止侵犯版权、邻接权或法律规定的其他特殊权利的技术措施以法律保护，但同时还不能影响电子设备的正常运行及技术的进一步开发。为了执行《版权条约》第11条和《罗马公约》第18条，欧盟信息社会指令的第6条第（1）和（2）款要求成员国提供充分的法律保护以禁止规避技术保护措施的行为。两个 WIPO 条约中提到的有效技术措施指的是作者用来限制未经其授权或者未经法律授权而对作品实施各种行为的技术，指令则对有效技术保护措施进行了细化，明确规定不允许制造、进口、分发、销售规避有效技术措施的装置，也不允许提供帮助他人规避技术措施的服务。此外，指令还对技术措施这个概念进行了广泛且具体的界定。

技术保护措施实施过程中暴露出来的一个问题是合理使用受到的限制。根据著作权法的合理使用条款，有些用户可以不经权利人同意，为了特定目的复制或以其他方式使用受保护的作品，但是由于权利人使用了技术保护措施，即访问控制或复制控制技术，合理使用人就无法像以前那样自由使用受保护的作品了。指令第6条第4款对这种情况提供了一种解决方案。该条款用简单而宽泛的语言表明，合理使用人可以根据相关例外的规定，根据与各个权利人之间的协议或者使用国家规定的方法或程序，访问或复制受保护的作品；前述方法或程序具体由各成员国自行规定。

欧盟信息社会版权指令第7条对权利管理信息的保护进行了规定，其内容与《版权条约》《罗马公约》的规定大体相同。指令要求成员国制裁在明知或者有理由知道自己的行为将诱发、促成、便利或包庇侵犯著作权及邻接权行为的情况下，消除、改动任何电子形式的权利管理信息的行为，以及传播、为传播而进口、广播或向公众传播电子形式的权利管理信息已经被未经授权消除或改动的作品或作品复制件的行为。[1] 当然，尽管欧盟的法律规定和上述两个国际条约大体一致，但是区别也是明显的，即两个国际条约所规范的权利管理信息仅仅限定于作品、表演和录音制品，而指令在此基础上还同时包括广播节目和电影制片人相关的权利管理信息。

然而，考虑到互联网的跨国性质，对版权的保护也应该更加国际化，这就要求各个国家在国际条约的基础上分别对各国内著作权法加以修订，使各国内著作权法中关于执法措施和跨境保护的规定日益融合。欧盟对各成员国之间在著作权法融合方面的经验和成就证明，不同国家之间尽管在著作权理论和实践中存在差异，但融合仍然是可能的。

三　中国法律对技术保护措施的规定

在中国，对于技术措施和权利管理信息保护的制度主要体现在《著作权法》《信息网络传播权保护条例》之中。比如，《著作权法》第48条第6项、第7项分别对技术措施和权利管理信息保护进行了规定；《信息网络传播权保护条例》不但第26条对技术措施进行定义，第4条、第5条分别对技术措施和权利管理信息保护进行了规定，而且第12条对规避技术措施的四项例外情形进行了规定。

从上述法律法规具体规范而言，在中国既禁止规避访问控制技术和复制控制技术措施，也禁止对该两种技术保护措施的破解和服务。虽然合理使用人在法定条件下可以规避技术保护措施，但是不得向他人提供规避技术装置或零部件。

目前，中国正在进行第三次著作权法修改，其修订草案送审稿第六章专章规定了技术保护措施和权利管理信息的内容。此次修法的依

---

[1] 薛虹：《网络时代的知识产权法》，法律出版社2000年版，第56页。

据依然是两个WIPO互联网条约，因此原则上讲，技术保护措施和权利管理信息的规定只适用于作品表演和录音制品，而不适用于广播电视节目。考虑到WIPO广播组织条约磋商的情况，尽管该条约尚未缔结，但是各缔约国对于技术保护措施和权利管理信息的认识已经基本达成一致，因此中国此次修法内容中关于技术保护措施和权利管理信息的规定也包括了对广播组织技术保护措施的保护。

从以上条文的发展轨迹看，中国著作权法忠实地履行了作为缔约国对WIPO互联网条约的义务，不仅把技术保护措施纳入法律保护的范围，而且一直在升级对技术措施保护的标准。

尽管如此，对上述规范观察可知现行著作权法制度对技术措施保护和权利管理信息保护的规定并不完善，在周延性和操作性上存有不足，具体表现在以下两个方面：

其一，禁止对象范畴不周延且法律责任缺失。破解技术措施的软、硬件设施不仅有制造、出售环节，而且还存在进口、传播环节，这些行为是否受到规制中国著作权法中未明确，而美国和欧盟对这一问题均进行了法律规定。尽管中国《著作权法》第48条规定了"著作权行政管理部门还可以没收主要用于制作侵权复制品的材料、工具、设备等"，但是该条所规范仅是针对"侵权行为"及同一侵权人的。换言之，著作权法并不规定那些仅是专门制造、进口、出售和传播这些工具或设备而本人并没有使用这些工具或设备实施侵权行为的人。

其二，对于破解控制访问作品的技术措施是否应被禁止以及禁止性规定是否存在限制与例外并无明确规定。根据中国现行著作权法之规定，控制使用作品的技术措施被明确列入保护之中，禁止对其实施破解（规避）的行为；但对破解控制访问作品的技术措施的行为，法律如何处置尚付阙如。并且，虽然对破解控制使用作品的技术措施行为做出了禁止，但却忽视了对此应做出的相应限制或例外的规定。

2006年5月颁布的《信息网络传播权保护条例》则部分考虑了上述问题，第4条和第12条内容分别从两方面做出相应规定：一是加强对技术措施的保护，二是对技术措施规定了限制或例外条款。这些涉及技术措施的限制性条款与 WIPO 两个条约、美国和欧盟的有关法规相比，还存在一定的差距。中国修订后的《著作权法》在第 48 条第 7 项中专门规定了对权利管理信息的保护。与对技术措施的保护规定一样，对权利管理信息保护的规定也比较笼统，主要表现为：

第一，未规定权利管理信息的内容。这里有两层意思：一是"权利管理信息"既指著作权管理信息，也指邻接权管理信息。中国现行著作权法中"与著作权有关的权利人"自然包括邻接权人，但邻接权人的范围有哪些并未明示。按国际上通行的理解，邻接权人主要是就传统意义而言的，指表演者、录制者和广播组织。当然各国的规定有差异：有的仅指表演者，如巴拉圭、萨尔瓦多；有的仅指录制者，如斯里兰卡；有的指的是广播组织，如古巴；也有的指表演者和录制者，如瑞士、阿根廷；还有的指广播组织和录制者，如赞比亚、新西兰；三者都指的有中国、日本、意大利等国。[①] 2006 年 5 月颁布《信息网络传播权保护条例》弥补了著作权法的缺失，指出邻接权人包括"表演及其表演者、录音录像制品及其制作者的信息，作品、表演、录音录像制品的权利人"。但是，在网络时代，邻接权至少还应包括网络服务提供商（ISP）和网络内容提供商（ICP），这二者肯定会成为网络邻接权的主角。这是包括中国在内的世界各国著作权法所表现出的"盲点"。二是权利管理信息本身应包括哪些内容或者说"标注项"，中国现行《著作权法》没有规定，新的著作权法实施条例也未进行补充或解释，故应参照 WIPO 的两个条约加以补充完善。

第二，未规定具体的对权利管理信息的限制。权利管理信息本是用来保护著作权人权利的，但如果没有限制，一味任由著作权人扩张自己的权利，必然会损害社会公众的利益。WIPO 两条约考虑到了这个问题，因而在相应条款的"议定声明"中对权利管理信息作了原则性的限制。如著作权条约第 12 条的"议定声明"第 2 款指出：不言而喻，缔约各方不会依赖本条来制定或实施要求履行为《伯尔尼公约》

[①] 郑成思：《著作权法》，中国人民大学出版社 1997 年版，第 51—52 页。

或本条约所不允许的手续的权利管理制度，从而阻止商品的自由流通或妨碍享有依本条约规定的权利。表演和录音制品条约第19条的"议定声明"也有类似的规定。作为国际条约，这种原则性的规定是可以的，它给各国立法留下了空间。美国的数字化时代著作权法在这方面就规定得比较具体；中国现行《著作权法》第47条第1款第7项仅仅用"法律、行政法规另有规定的除外"来表达对权利管理信息的限制显然是不够的。遗憾的是新的《著作权法实施条例》对此也未进行补充和解释；《信息网络传播权保护条例》同样未涉及对权利管理信息的限制问题，使得法律既不严密，又缺乏可操作性。

正在修订中的著作权法草案送审稿专门抽出一章来规定技术保护措施和权利管理信息的内容，足见对这个问题的重视。从具体内容上看，送审稿是对《著作权法》和《信息网络传播权保护条例》有关规定的总结。除了在规避技术措施例外情形中增加了"加密研究或者计算机程序反向工程研究"之外，其余的内容基本与原来的立法规定一致。从行文上看，送审稿对该问题的规定更规范、更有逻辑性。第68条和第69条分别规定了技术保护措施和权利管理信息的定义；第70条规定了被禁止的规避行为；第71条规定了对禁止规避行为的例外。

四　印度法律对技术保护措施的规定

2012年，印度《著作权法》进行了修订，以更好地针对技术保护措施的法律保护问题与WIPO互联网条约进行对接和融合。

现行印度《著作权法》制定于1957年，并分别在1983年、1984年、1993年、1994年和1999年修订过五次，以适应国内发展的需求并符合国际条约的要求。其中1994年的修订是为了回应广播和电视广播技术的发展，以及计算机软件等新技术的出现。2012年对《著作权法》的修订更加重要，因为这些修改涉及互联网技术给作品使用带来的挑战。这次修订的主旨是融合1957年的《著作权法》与两个互联网条约，即WCT和WPPT。通过2012年的修订，印度《著作权法》能够更好地应对数字技术和互联网技术给版权带来的挑战。

修订后的著作权法第 65A 条规定了对版权人所使用的技术措施的保护。任何人，为了侵权的目的，规避由权利人使用的有效技术保护措施，将会受到最长 2 年的监禁，以及罚款。同时，第 65A 条第 2 款也规定了一些例外情形，主要是考虑到著作权的合理使用制度。任何人帮助他人合理规避技术保护措施的，应当完整记录所帮助之人的信息，以备日后查证受到帮助之人实施规避行为的目的及合理性。规避技术保护措施原则上是违法的，但是以下情况属于例外之列：进行加密研究或其他合法的调查；为检查计算机系统或计算机网络的安全性，在获得授权的情况下实施的行为；为了识别或监督某个用户而实施的规避技术措施行为；以及为国家安全利益而采取规避技术措施行为。

上述关于技术保护措施的规定主要来源于 WCT 第 11 条和 WPPT 第 18 条。其主要目的是避免数字环境中频繁的侵权行为。然而，技术保护措施的使用和对技术保护措施的法律保护却会对用户产生一些不利影响，主要表现为用户合理使用作品的自由受到了限制。举例来说，对于某个可以合理使用的作品，如果作品权利人使用了技术保护措施并且没有给用户提供密钥，那么用户能够使用该作品的唯一方法就是规避技术保护措施。从而，使用法律的手段防止用户规避技术保护措施就与《著作权法》通过规定合理使用制度为人们获取作品的公共利益诉求发生了冲突。为了解决这个冲突，于是又规定了为特定目的规避技术保护措施的例外。总的来说，修订后的印度《著作权法》从形式上与国际条约接轨了，并且也实际触及数字环境下印度版权面临的问题，但是立法中的许多术语还需要具体界定和解释。另外，从立法语言中可以看出，第 65A 条只是给出了一些立法建议，具体问题还需要司法部门根据实际情况继续对该条法律规定加以完善。无论如何，公众获取知识的利益无疑应该成为司法部门处理具体案件时需要秉持的重要原则。

数字化与互联网技术的出现使得人们创作、发行、获取和使用信息的方式发生了重大改变。为了应对信息和通信技术对传统《著作权法》框架的破坏性影响，权利人开发并使用技术保护措施，此外还成功地从国际和国内层面上形成了对《著作权法》的第三层保护，即反规避立法。正是这个反规避立法改变了传统意义上权利人、使用者和广大公众之间的利益平衡。关于技术保护措施和反规避技术措施的立法极大地加强了对权利人的保护，使权利人在数字世界得到的保护远比他们在模拟技术状态下得到的保护更强。从而，当今著作权法最大的难题反倒是如何平衡对作品创作的激励与投资和保障广大公众方便合法地获取作品之间的关系。印度版权法新增加的第65A条把法律保护的范围扩大到对技术措施的保护，这在很大程度上可以防范盗版侵权人采用技术手段对作品实行盗版。

五 澳大利亚法律对技术保护措施的规定

根据1968年澳大利亚版权法第10条，技术保护措施的定义为：

一个步骤中包含的装置、产品或部件，其设计或运行的目的是为了通过以下两种方法防止或制止任何人侵犯作品或其他受保护主体的版权：

（a）确保用户在版权人或版权独占被许可人授权的情况下，仅能通过使用访问代码或访问程序（包括解密、破解或其他对作品或受保护主体的变化）才能对作品或其他受保护主体的访问；

（b）通过复制控制机制。

作为世界知识产权组织（WIPO）的成员国，澳大利亚的著作权法需要符合两个互联网条约的有关规定，并且承担相应的国际义务。因此澳大利亚对其著作权法进行了修订。2000年澳大利亚版权修订法案（数字议程）对1968年《著作权法》进行了多处修改，特别是引入了禁止规避用来保护版权材料的技术措施的机制。根据澳大利亚现行著作权法，受技术措施保护的内容包括电影、游戏、软件、CDs或数字音乐文件，甚至还包括存储于某个网站上受保护区域里的内容。对于这些内容，使用者只有在付费或者输入密码后才能合法地访问。法律规定的技术保护措施主要包括两大类：1.控制访问的技术保护措施；2.控制复制的技术保护措施。

访问控制技术是版权人用来控制其他人访问其受版权法保护内容的技术措施。访问控制技术包括但不限于以下技术：口令控制系统（即只有经过授权的成员才能访问某些特别的内容）；支付系统（只有付费后才能访问网站上的某些内容）；访问时间控制技术（即用来管理用户访问版权内容时间的技术）；版权内容媒介加密技术，只有获得授权的播放者才可以访问存储在这些媒介上的版权内容，比如电影或音乐等。

复制控制技术是用于版权内容的技术保护措施，该技术措施可以防止、阻止或限制对版权内容实施某些行为，例如复制一个受保护的电影，用电子邮件将其发送给其他人，或者把这个电影挂到网上。复制控制技术措施包括但不限于：防止用户复制计算机程序的软件锁；对载有版权内容的媒介进行加密，防止使用者通过该媒介复制版权内容；将文件锁住以防止该文件被复制的技术，例如 PDF 文件被加密后就不能复制；使未经授权的电影拷贝无法观看的技术。

根据澳大利亚的法律，技术保护措施的实施遵循以下规则：

（ⅰ）控制复制的技术是可以去除、破坏或规避控制复制的技术。

（ⅱ）控制访问的技术一般不允许去除、破坏或规避。根据这个规则，学校在任何情况下都不能复制电影、录音、游戏或软件，如果这些复制行为涉及规避访问控制技术。

只有以下两种情况允许规避访问控制技术：一是根据法定许可对受保护的电子内容进行复制时，可以去除访问控制技术；二是获得版权人许可。

若是仅供自己使用，则允许制造、下载或进口规避装置。

无论如何都不允许利用规避装置从事以下行为：a. 制造或进口规避装置的目的是将其赠送给其他人（包括校内人士）；b. 将该规避装置提供或分发给其他人（包括校内人士）；c. 向公众提供该规避装置（例如，广告）；d. 交流该规避装置（包括通过电子邮件以及在内网或互联网上提供）。

任何人不得将规避装置送给其他任何人，分享也不行；也不得将规避装置提供或许诺提供给其他任何人（包括校内人士）。

那么学校如何才能合法地使用那些受到技术保护措施保护的内容呢？

首先，根据法定许可复制电影、电视或音乐作品，并用于课堂教学；其次，在课堂上播放电影、电视或音乐作品的时候尽可能使用不涉及复制行为的技术，例如使用 VHS 或 DVD 播放机、通过计算机的 DVD 驱动播放并将其连接到大屏幕或扩音器，以及通过其他学习管理平台。

此外，《澳大利亚著作权法》（1968）第 116A 条同时禁止为规避"访问控制"技术措施和"权利控制"技术措施提供规避设备和提供规避服务的行为；不过，它却没有禁止（直接）实施规避技术措施的行为。第 116D 条规定了民事救济（禁令、损害赔偿），却没有规定刑事制裁；考虑到制造、进口以及发行非法规避设备的行为具有盗版性质，因此可能会有人对《澳大利亚著作权法》规定的法律补救办法的有效性提出质疑。

六　加拿大法律对技术保护措施的规定

加拿大版权法对技术保护措施的规定如下：

第 41 条：技术保护措施指任何有效的技术、装置或零件，通过其正常运行可以达到以下目的：

a. 控制用户对作品、录音制品以及固定在录音制品上的表演进行访问，对这些作品的访问应获得版权人的授权；或者

b. 限制他人针对作品、录音制品和固定在录音制品上的表演实施任何只有版权人才有权利实施或授权实施的行为。加拿大版权法还禁止对技术保护措施的规避，就算用户针对作品想要实施的行为本来不会侵犯版权（为帮助残疾人而实施的规避行为除外）。例如，版权法允许学校的老师通过互联网复制文章、照片或其他作品并与学生交流这些作品，但是如果该网站阻止复制行为，那么这位老师就不能进行

复制。

在加拿大，技术保护措施又被称为数字锁或数字权利管理。加拿大的技术保护措施分为两类：访问控制措施，限制对作品的访问；以及复制控制措施，限制针对作品实施的行为。

访问控制技术保护措施包括：口令、付费墙或订阅系统、注册密钥、时间限制系统（多用于电影出租）、限制同时使用的人数（例如图书馆里的电子书或者某些软件）、加密或干扰（比如DVD上的区域密码，或基于不同地点而进行的拦阻），以及选择性不兼容（比如可以通过CD播放机播放但是不能通过电脑CD驱动器播放的CD）。

复制控制技术保护措施包括：只读作品（电子书）、下载阻止（串流内容）、复制阻止（数字音乐和电影），以及水印。

七 德国法律对技术保护措施的规定

关于技术保护措施的规定，德国著作权法第95a条几乎是照抄欧盟版权指令第6条。著作权法第95a条第一段基本上是引用了欧盟版权条约第6.1条和WIPO版权条约第11条的内容：未经权利人同意，任何人不得规避为保护应受著作权法保护的作品或其他主体而采用的有效的技术保护措施；特别是行为人不得在明知或应知的情况下，规避保护措施以获取受保护作品或其他主体并加以利用。第二段引用了版权指令的第6.3条，对有效的技术措施这个概念进行了界定：就本法而言，有效的技术措施指任何技术、装置和零部件，其正常运行的目的就是防止和限制针对本法保护的作品或其他主体而实施的一些未经权利人许可的行为。只有当其被权利人用来以访问控制、加密、干扰或其他控制复制的方式来控制对受保护作品或其他主体的使用，并因而实现保护作品目的时，技术措施才是有效的。第三段是对版权指令第6.2条的全文照搬：禁止生产、制造、销售、出租、许诺销售或出租，或者出于商业目的而持有装置、产品、零部件或提供以下服务：这些产品或服务是为了规避有效技术措施而实施的促销、广告或销售的一部分；只有有限的商业意义，或者只服务于规避技术措施的目的；其设计、生产、改装或演示仅是为了促成或便于规避有效技术措施的目的。除此之外，第95a条还有刑法第108b条做保障。该刑法条款是从WIPO版权条约第14条转化而来。作为版权指令后续文件的执法指令还包括有关保护数字权利管理的详细立法建议。其中第20条倡议对侵犯版权的行为实施包括监禁在内的刑事制裁。遵循WIPO版权条约第12条和WIPO邻接权条约第19条，德国著作权法对与受保护作品有关的电子信息①也给予保护。德国著作权法第95c条规定：不允许去除或改变权利人为保护权利而提供的信息，特别是当这些信息出现在一个作品或受保护主体的复制品或公共宣传材料中，并且这种去除信息的行为是在明知未经授权的情况下实施的，以及该行为人知道或应当知道其行为会造成诱使、促成、便于或隐匿侵犯版权或与版权相关的权利。第95条的另外两款规定，只有电子信息才收到此种保护。所谓电子信息指嵌入于媒介代码内的信息，而不是印在其外包装上面的信息。对这些信息任何形式的发行，包括向公众提供，都是被禁止的。这对广播来说也是一样，意思是电视台没有权利把广播节目中的版权信息剪掉。

  德国著作权法关于技术保护措施的规定忠实地复制了欧盟指令的相关要求，包括其中的一些自相矛盾的规定。比如，一方面规定使用者有权针对版权作品实施私人复制，另一方面又惩罚那些规避技术保护措施的行为，即使这种规避行为是为了进行合法的私人复制。对规避技术措施行为的处罚非常严厉，如果规避行为是为了商业目的，则会受到高达2年的监禁。受TPM版权保护的媒介需要经过认证，另外这类媒介的生产者还应该有能力为个别法律明确规定的合法使用提供解密措施。

---

① 例如DVD电影片花中所包含的版权信息。

八　日本法律对技术保护措施的规定

《日本著作权法》第120条之二的规定，有下列行为之一的，处一年以下的监禁或100万日元以下的罚金：

（ⅰ）向公众转让或者出租，为了向公众转让或者出租而制造、进口、占有，或者向公众提供使用，主要功能是用于规避技术保护措施的设备（包括很容易加以组装的此种设备的一组部件）或者主要功能是用于规避技术保护措施的计算机程序的复制品，或者公开传输此种计算机程序或使得传输此种计算机程序成为可能；

（ⅱ）在商业中，根据公众的请求，规避技术保护措施；

（ⅲ）以营利为目的，实施第113条第（3）款规定的侵犯精神权利、著作权或邻接权的行为。

《日本著作权法》第120条之二只涵盖"权利控制"技术措施的原因，可能与上文曾引用过的第2条第（xx）项对"技术保护措施"的定义有关。第120条之二第（ⅱ）项提到了规避行为，不过，它只涵盖"在商业中，根据公众的请求"实施的规避行为。这一行为相当于《美国著作权法》和欧共体《信息社会著作权指令》规定的提供服务的行为（当然，除此之外，还包括根据公众的请求实施的服务行为）。因此，如果公众在此种"商业"以外实施的规避行为，则不受《日本著作权法》的限制。不过，这可能并不会引起大的问题：因为上文曾提及，第120条之二只涵盖"权利控制"技术措施。

在日本的法律中，有关禁止规避"访问控制"技术措施的规定，可以在《反不正当竞争法》中找到［当然，《反不正当竞争法》第2条第（1）款第（x）项和第（xi）项使用的措辞的含义十分广泛，因此至少也可以同时涵盖某些"权利保护"技术措施］。不过，《反不正当竞争法》并没有对公众中的成员实施规避行为作出规定；如果公众中的成员规避了"访问控制"技术措施，则并不会受到《反不正当竞争法》的制裁，因此可能会有人对《反不正当竞争法》提供的保护的有效性提出质疑。此外，由于《反不正当竞争法》使用的措辞是：

"唯一功能是用于规避"，而《著作权法》第120条之二第（i）项使用的措辞却是："主要功能是用于规避"，因此人们也可能据此而对《反不正当竞争法》提供的保护的有效性提出质疑。

九　英国法律对技术保护措施的规定

英国著作权法又称为《版权、设计与专利法案》，其将技术保护措施的规定放在版权例外这一部分。作为欧盟成员国，英国的著作权法与欧盟信息社会版权指令基本保持一致。在指令谈判期间，英国的态度是寻求维持现有的版权例外规定。为了与指令的要求保持一致，英国对其著作权法中的例外规定进行了一些订正，但是并没有在其法律中引入指令中新规定的例外。

英国的《版权、设计与专利法案》早就在其第296条中规定了对规避技术的限制性条款。该条规定甚至超出了版权指令的要求，"赋予任何人对于发表旨在帮助或促使他人规避版权保护方法的行为以起诉权"。

按照欧盟版权指令第1条至第9条对软件保护的要求，英国著作权禁止规避旨在保护软件著作权的装置。但是，根据软件指令鼓励互操作性的要求，英国著作权法不限制为了实施反向工程而采取的规避技术措施的行为。

对于其他的版权作品，英国著作权法主要是通过第296ZA条来执行版权指令第6（1）条的规定。该条把任何人"明知或应知其规避有效技术保护措施后果的行为视同侵犯著作权"。在此，不需要侵权的故意。在这种情况下，发表受保护作品的一方和著作权人都享有针对侵权方的民事诉讼权。表演、出版和数据库的所有人也享有此等权利。

第296ZB条是对版权指令第6（2）条的移植。该条规定，任何人实施了以下行为，应受到刑事处罚：

（a）销售或出租，或者

（b）非为私人或家庭使用而进口，或者

（c）在某项业务的过程中—

（i）销售或出租，或者

（ⅱ）提供或为了销售或出租的目的而展览，或者

（ⅲ）为了销售或出租的目的发布广告，或者

（ⅳ）占有，或者

（ⅴ）扩散，或者

（d）在正当业务范围之外扩散以至于妨害到版权人的利益的任何装置、产品或部件，其主要的设计、生产或改造的目的就是为了促使或便利规避有效的技术保护措施。

如果行为人在正当业务范围内外促销、广告或销售一个旨在促使或便利规避有效技术措施的装置，并且使得版权人受到不利的影响，该行为人也需要承担相应的责任。根据该条规定，如果行为人科研证明其"不知道，并且没有理由相信"所使用的产品或服务"促成或便利了对有效技术保护措施的规避"，那么他可以以此作为抗辩理由。因为出于非商业性目的，为了个人或家庭使用而制造或进口规避装置是受到法律许可的。

第296ZD条规定了有效技术保护措施的定义，因为与条约中的定义类似，不再赘述。

第七章

三网融合背景下世界主要国家对广播组织管理的比较

三网融合起源、发展于西方发达国家,截至目前已有 20 多个国家和地区完成了电信与广电间的双向进入,并以不可逆转的趋势在世界范围内疯狂发展。实现电信网、广播电视网、互联网的三网融合并制定相应的政策和法律制度已成为很多国家实践和研究的重要内容。

第一节 中国对广播组织的融合管理

一 中国对三网融合政策的推进

1997 年 4 月,全国信息化工作会议在深圳召开,会议讨论通过了"国家信息化总体规划",提出中国信息基础设施的基本结构是"一个平台,三个网"(一个平台是指互联互通的平台,三个网是指电信网、广播电视网和计算机网),首次提出"三网"的概念。1998 年,时任国家广播电影电视总局广播影视信息网络中心网络工程部主任方宏一,原体改委体改所副所长王小强,北京大学经济研究中心教授周其仁分别著文对三网融合进行探讨,引领国内学术界对该问题的持续关注。[1]

---

[1] 方宏一:《再论中国电信产业的发展战略》,《产业论坛》1998 年第 6 期;王小强:《中国电讯产业的发展战略》,《产业论坛》1998 年第 3 期;周其仁:《三网聚合、数网竞争——兼论发展中国电讯产业的政策环境》,北京大学中国经济中心工作论文 1998 年版。

政策方面对此也有利好导向，如国务院办公厅于同年6月26日发布《关于加强广播电视传输网络建设管理的通知》（国函〔1998〕33号），明确在广播电视传输领域应推行政企分开，成立传输公司，并将对其管理权纳入信息产业主管部门，广播电影电视主管部门不得进行行政干预。但是，限于当时数字技术发展水平不高、部门利益之争激烈，以及对未来信息产业发展方向缺乏清醒的认识，三网融合问题并未引起中央高层应有的重视。更为严重的是1999年9月17日，国务院办公厅转发信息产业部国家广播电影电视总局《关于加强广播电视有线网络建设管理意见的通知》（国发〔1999〕82号）第五条①对电信网和广播网互不进入进行了明确的规定。

在随后一年一度的"两会"上，多次有人民代表提出有关推进"三网融合"方面的议案，引起社会各界的广泛关注和政府有关决策部门的重视。2001年3月15日，全国人大通过的《国民经济和社会发展第十个五年计划纲要》中，明确提出"促进电信、电视、计算机三网融合"。5年后，2006年3月14日全国人大通过的《国民经济和社会发展第十一个五年计划纲要》中在有关加强基础产业基础设施建设方面提到"加强宽带通信网、数字电视网和下一代互联网等信息基础设施建设，推进'三网融合'，健全信息安全保障体系。"

2008年1月，时任国务院在《关于鼓励数字电视产业发展的若干政策》（国办发〔2008〕1号）中提出以有线电视数字化为切入点推进三网融合。2009年5月，时任国务院批准发改委《关于2009年深化经济体制改革工作意见的通知》，对"深化垄断行业改革"进行了部署，第一次提出"落实国家相关规定，实现广电和电信企业的双向进入，推动'三网融合'取得实质性进展"。

国家广播电影电视总局于2009年7月29号发布《关于加强广播

---

① 《关于加强广播电视有线网络建设管理意见的通知》（国发〔1999〕82号）第五条："继续遵守电信部门与广播电视部门的分工按照规定，电信部门不得从事广播电视业务，广播电视部门不得从事通信业务，对此必须坚决贯彻执行。"

电视有线网络发展的若干意见》，对推进三网融合、加强广播电视有线网络发展、提高有线网络服务水平进行了战略部署。随后，为了加快推动省级网络整合，广电总局于2009年8月4日下发《关于加快广播电视有线网络发展的若干意见》的通知，在时间上做出了明确部署：有线网络务必在2010年底完成省内整合，实现一省一网目标；到2015年实现全国一张网。

2010年1月，国务院总理温家宝主持召开国务院常务会议，决定加快三网融合，提出了推进"三网融合"的两大阶段性目标和五大重点工作①。2010年6月30日，国务院办公厅发布《第一批"三网融合"试点地区（城市）名单》。② 2010年7月12日，广电总局发布《关于三网融合试点地区IPTV集成播控平台建设有关问题的通知》（广局〔2010〕344号），对IPTV平台建设进行了规定。同时，广电总局还下发《关于手机电视集成播控平台建设和运营管理有关问题的通知》（广局〔2010〕74号）对"手机电视集成播控平台建设"进行了明确规定。③

2010年10月27日，中共中央发布《关于制定国民经济和社会发展第十二个五年规划的建议》。该建议要求，"'十二五'期间实现电信网、广播电视网、互联网'三网融合'"。

2011年12月31日，国务院公布第二批三网融合试点城市，包括天津、重庆两个直辖市、22个省会城市与18个其他城市，总计42个城市入选。截至2013年12月底，全国共有608家机构获批开展互联网视听节目服务；另有19家省级以上广电播出机构获批开办网络广播

---

① 具体目标为：2010—2012年重点开展广电和电信业务双向进入试点，探索形成保障"三网融合"规范有序开展的政策体系和体制机制；2013—2015年，总结和推广试点经验，全面实现"三网融合"发展，普及应用融合业务，基本形成适度竞争的网络产业格局，基本建立适应"三网融合"的体制机制和职责清晰、协调顺畅、决策科学、管理高效的新型监督体系。

② 试点城市（地区）名单为：北京市、大连市、哈尔滨市、上海市、南京市、杭州市、厦门市、青岛市、武汉市、长株潭地区、深圳市、绵阳市。

③ 田进：《团结协作扎实工作积极稳妥推进三网融合——在2011年CCBN主题报告会上的讲话》，（http://www.sarft.gov.cn/articles/2011/03/30/20110330145921220566.html）。

电视台，22家地市级广电播出机构获批共同建设运营城市联合网络电视台（CUTV）。

2012年5月9日，时任国务院总理温家宝主持召开国务院常务会议，确定实施"宽带中国"工程，推进城镇光纤到户，实现行政村宽带普遍服务。同时，加速推进三网融合。

2013年4月2日，8个部委联合发布《关于实施宽带中国2013专项行动的意见》（工信部联通〔2013〕109号）。2015年8月25日，国务院办公厅印发"三网融合推广方案的通知"，提及"三网融合全面推进"。2016年5月5日，工信部向中国广播电视网络有限公司颁发《基础电信业务经营许可证》，批准其在全国范围内经营互联网国内数据传送业务（即固网宽带）、国内通信设施服务业务（是指建设、出租、出售通信设施，并不包括语音业务）。这意味着中国广播电视网络有限公司成为国内第四个基础电信业务运营商。

二　中国三网融合的法制发展

中国三网融合法制建设任重而道远，分析三网融合的法制建设必须基于现实，即广电、电信与互联网这三大产业长期分业发展、监管的格局。

（一）电信业法律框架

中国第一部全面规范电信业的行政法规是《中华人民共和国电信条例》（2001年）。在该条例的基础上，出台了一系列规章和规范性文件，内容涵盖电信市场准入、电信服务、通信网络安全、通信设施建设、互联互通、设备入网、电信资源管理、互联网资源管理等八大领域。[1] 为了配合电信条例的实施，又相继出台了一些地方性法规和规章，这些法律和规章构成了中国电信业发展和监管的法律框架。

---

[1] 王红霞：《中国三网融合法制的演进脉络与应然面向：通信传播法发轫》，《经济法论丛》2012年上卷，第39页。

(二) 广电业法律框架

中国广播电视法制建设始于20世纪70年代末,大致可划分为三个阶段:第一个阶段是1979—1989年。在此期间,广电部分别于1982年、1986年先后设立政策研究室和法规处,负责研究广播电视政策法规相关问题和拟定广播电视法规。1987年,中国第一部广播电视行政法规《广播电视设施保护条例》由国务院颁布。第二阶段是1990—2000年,在此期间,国务院于1997年颁布了广播电视管理条例,这是中国全面规范广播电视活动的行政法规。除此之外,国务院还颁布了其他四个行政法规。在这个阶段,中国广播电视法制得到了极大发展。第三个阶段是2000年至今,广电法制建设进入调整完善的时期。目前,中国现行有效的广电规章有39个,规范性文件有301个,已经初步形成以广播电视管理条例为中心,以部门规章和地方性法规规章为配套的广播电视法制体系。2005年,国家广电总局设立了法规司,对广电行业的监管也进一步加强。

(三) 与广播组织相关的著作权法律及现存的问题

除了对人们的生活和工作产生重大影响之外,三网融合也对中国著作权法与广播组织相关的广播权和信息网络传播权提出了挑战。

1. "乐视网诉珠江数码案"

2013年,广州市中级人民法院对乐视网信息技术北京股份有限公司(简称乐视网)诉广州珠江数码集团有限公司(简称珠江数码)案做出终审判决,支持了原审法院——广州市越秀区人民法院对该案的初审判决,认定珠江数码没有侵犯乐视网的信息网络传播权。[①] 该案争议的主要问题是,珠江数码通过卫星传输接收浙江电视台(简称浙电)浙江卫视频道信号,将频道播放节目录制后通过有线电视网络提供给其有线电视用户回看的行为是广播权还是信息网络传播权。

司法实务部门、当事人和专家学者就该问题有着不同的认识和解

---

① 参见2013穗中法知民终字第1173号判决书。

读。两审法院都认为珠江数码的行为是对浙江卫视频道节目的重复使用，属于传统广播电视业务的发展和延伸，其行为性质还是广播行为，不涉及信息网络传播权。乐视网认为：（1）其与涉案影片权利人签署的独家信息网络传播权明确该权利范围包括"通过各种传输技术和传输网络进行传输，在不同地理场所，以计算机、电视机、手机、机顶盒、播放器等为接收终端或显示终端，为公众提供包括但不限于网络点播、直播（不包括传统电视频道播映权）、轮播、广播、下载、IPTV、数字电视的方式进行传播的权利"；（2）"珠江数码……依托于互联网环境下完成的信息传播，当然属于信息网络传播权的范畴……并非广播主体实施的行为都是广播权，应当根据主体实施的行为方式来确定行为性质"；（3）案外人浙电无权授予珠江数码对涉案影片进行录播，然而珠江数码却对涉案影片进行录播，并存储于自己的服务器上供用户通过互联网进行点播，完全符合"使公众可以在其个人选定的时间和地点获得作品"的信息网络传播权的定义，因此珠江数码侵犯了其信息网络传播权。此外，刘春泉律师认为，回看不是信息网络传播行为（从实务角度解读网络电视回看是否侵犯信息网络传播权）；而王迁教授则认为回看是信息网络传播行为，而非广播行为（IPTV限时回看服务性质研究）。

由上可见，人们对广播权和信息网络传播权的理解存在模糊地带。中国的案例之所以出现不同的判决结果，根本原因在于立法缺陷。在中国现行著作权法制度中，鉴于广播权与信息网络传播权的外延没有实现无缝对接，且在流媒体环境下两者之间的空隙还进一步加剧，造成某些新的传播方式无法获得上述两种权利的保护。其不仅未能规范直接以有线方式向公众非交互式传播作品的行为，也未能规范网络环境下的非交互式传播行为，包括定时播放、网络实施传播行为等。

2. 中国著作权法中广播权之困境

中国著作权法中广播权的困境源自《伯尔尼公约》第11条之二对广播权的规定。因为该公约在制定时有线电视技术尚未出现，所以，广播权中并未涵盖有线广播。世界知识产权组织于1996年制订《版权条约》（WCT），在第8条规定了向公众传播权。WCT草案说明对"以有线或无线方式向公众传播"的解释是，"通过发行以外的各种方法和形式向公众提供作品，它既可以通过模拟技术，也可以通过数字技术，既可以基于电磁波，也可以借助光缆传输得以实现。"其中的模拟技术、电磁波和光缆就包括了无线电广播和有线直接广播；而数字技术则对应的是数字互联网技术。这样，WCT第8条规定的向公众传播权就包括了以有线、无线和互动方式传播作品的权利，[①] 从而有线直播行为就涵盖于法律的规范之中。这样，WCT的向公众传播权就弥补了《伯尔尼公约》的不足，从而可以涵盖所有通过广播和网播方式传播作品的行为，包括广播权和不能为其规范的有线直接广播，以及信息网络传播权和不能为其规范的单向式网络传播。但是中国在2001年修改著作权法时没能很好地参照WCT第8条的规定，而是依然照搬了《伯尔尼公约》第11条之二的规定，因此未能解决广播权规范漏洞的问题。

为了回应数字技术对著作权提出的挑战，中国《著作权法》第10条创建一项信息网络传播权，并于2006年颁布了《信息网络传播权保护条例》，专门用来规范通过信息网络传播作品的行为。不过，从上述规范范畴而言，信息网络传播权规范的是交互式传播行为，对非交互式传播行为并不规范，即对于公众在时间或地点方面并无选择自由，通过互联网获取作品的行为，像网络定时播放行为和网络同步直播行为，并不受信息网络传播权保护。由于这些行为在法律中没有明确的定性，因而在实务中也引起了诸多矛盾和问题。司法实践中，法院对这类纠纷的认定也是五花八门，有的认为侵犯了放映权，有的认为侵犯了信息网络传播权，还有的认为侵犯了著作权人享有的其他权利。司法实践中对以上两类单向式网络传播行为认定不统一的原因在于，

---

① 焦和平：《三网融合下广播权与信息网络传播权的重构——兼析〈著作权法（修改草案）〉前两稿的相关规定》，《法律科学》2013年第1期。

中国著作权立法在移植 WCT 第 8 条向公众传播权时，把该条强调的交互式网络传播行为作为向公众传播权的全部内涵加以照搬，结果就是中国著作权法中信息网络传播权仅能规范交互式网络传播行为，而不能对单向式网络传播行为进行规范。

其实在三网融合前，传播技术的发展已经使广播权和信息网络传播权面临规范漏洞。比如，中国著作权法对广播权是这样规定："即以无线方式公开广播或者传播作品，以有线传播或转播的方式向公众传播广播作品，以及通过扩音器或者其他传送符号、声音、图像的类似工具向公众传播广播作品的权利"。很明显，这个规定是为了规范以广播方式传播作品的行为，并且在该定义中，有线传播仅限于以有线方式对已经广播的作品进行第二次传播，而不包括有线直播。随着有线电视直播技术的普及，有线电视台直接播放他人作品早已成为可能，那么如果有线电视台未经许可直接播放了他人的作品，这种行为该如何定性呢？在司法实践中，法院对这类行为的认定并不统一，有的认为是侵犯了放映权，[①] 有的认为侵犯了电视播映权，[②] 有的则认为侵犯了机械表演权。[③] 如果单从字面上看，有线直播不同于广播权所规定的有线广播，也并非放映权或机械表演权的内容，因而就形成一个法律上的漏洞，即著作权法中的广播权不能覆盖和规范现实中出现的有线直播行为，当然也不能对有线直播作品的无线转播、有线转播和扩音器转播等转播行为进行规范。

与《伯尔尼公约》一脉相承，中国著作权法采取的也是技术特定的立法方式，即根据特定的传播媒介来设定特定的权利。中国著作权法上的广播权和信息网络传播权就是这种技术特定立法思想的产物。例如，广播权是基于无线广播技术而创设，仅用于规范以广播的技术方式传播作品的行为；而信息网络传播权是在网络技术出现以后而创

[①] 参见云南省昆明市中级人民法院民事判决书（2008），昆知民初字第 110 号。

[②] 参见"中影寰亚音像制品有限公司诉湖南教育电视台侵犯著作财产权纠纷案"。http://bmla.chinalawinfo.com/newlaw2002/SLC/SLC.asp?Db=fnl&Gid=117753504。

[③] 参见福建省厦门市中级人民法院民事判决书（2008）厦民初字第 306 号。

设的，仅用于规范通过互联网传播作品的行为。但是，在三网融合的技术背景下，广播传输的通道和互联网传输通道已经互联互通，前述各种传播行为都可以通过广播和互联网进行，那么在这种背景下，对于作品的传输是通过广播进行还是通过互联网进行做出区分已经失去原有的法律意义。

3. IPTV 面临的问题

在传播领域，三网融合的直接产物就是互联网电视，即 IPTV。互联网电视是网络技术与电视技术结合的产物，是综合了两种传播媒介的优势而产生的一种新型传播方式。换言之，通过 IPTV 的传播行为打破了广播与网络之间三网融合之前原有的壁垒，形成了"一个传播终端、六类传播行为、三种法律定性"的复杂局面。所谓一个传播终端就是指互联网电视机。六类传播行为具体包括：有线直接广播；无线广播，主要是卫星广播；有线交互式网络传播；有线单向式网络传播；无线交互式网络传播；无线单向式网络传播。在现行著作权法框架下，这六类传播行为具有三种法律性质以及三种法律后果：首先，有线直接广播、有线单向式网络传播和无线单向式网络传播这三类行为既不符合广播权的规定也不符合信息网络传播权的规定，因此处于无法可依的状态；其次，无线广播行为符合广播权的规定，落入广播权的控制范围；最后，有线交互式网络传播和无线交互式网络传播行为符合信息网络传播权的规定，因此落入信息网络传播权的控制范围。[①] 三网融合下复杂的传播技术和方式给现行著作权法带来三方面的挑战：第一是法律适用的难度增加了。例如，对于将他人作品非法在互联网电视传播的行为，权利人若要起诉，就需要根据被告所使用的传播技术，有线还是无线，广播还是网播，以及被告所采取的传播方式，交互式还是单向式，来选择适当的诉因作为请求权的基础进行起诉，而这种判断无论对权利人来说还是对法院来

[①] 焦和平：《三网融合下广播权与信息网络传播权的重构——兼析〈著作权法（修改草案）〉前两稿的相关规定》，《法律科学》2013 年第 1 期。

说都非常困难；第二是增加了作品的授权难度。为了合法地广播或者网播他人作品，传播者，即广播组织和网络内容服务提供商，除了要取得必要的行政许可外，还需要分别各类传播行为，一一取得授权，以免承担侵权的风险。这种复杂的授权成本和可能的侵权风险无疑会增加利用作品的难度，妨碍作品的传播；第三是不利于作品的国际交流和著作权的国际贸易。中国当前实施文化产品走出去和引进来战略的实质就是著作权的国际贸易，因此著作权权利的类型、名称和内容的确定性和互通性在很大程度上影响着著作权国际贸易的效果。三网融合背景下，中国根据传播媒介和传播方式区分权利类型并加以授权的做法与世界通行的做法不相符合，很多国家并没有类似中国这样繁杂的权利类型，因此这对于中国作品与世界市场接轨构成一个很大的阻碍。

三 中国三网融合的监管机制

近年来，随着中国数字通讯技术的快速发展，电信网、互联网和广播电视网"三网融合"在技术上已没有大的障碍，政策和管理机制才是大问题。由于中国没有商业性单独运营的互联网，并且互联网和电信网的技术管制都由工信部负责，因此中国三网融合实际上只涉及广播电视网和电信网。

（一）监管主体与监管内容

工业和信息化部（工信部）以及国家广播电影电视总局（广电总局）分别是中国电信网、互联网和广播电视网的监管主体。信息部同时监管电信网和互联网，侧重对网络的技术发展和经济性监管；而广电总局负责监管广播电视网，侧重对其社会和文化功能的监管。根据国务院有关规定，广播电视网络发展规划的拟定由广电总局负责，同时，广电总局还指导广播电视网络的分级建设和开发工作；而对广电网络规划和频率分配的实施却是由工信部负责。此外，由于中国的社会体制和政治制度的特点，一些综合性部委包括国家发改委、中宣部以及党中央负责宣传和意识形态的机构也从不同角度参与中国电信、互联网及广播电视业的监管。

中国电信领域监管的法律主要包括两部行政法规：电信条例和外商投资电信企业管理条例。其他还有工信部颁布的一系列部门规章。这些法规规章为监管电信领域的市场准入、设备入网、电信资源使用、互联互通、普遍服务、资费管理以及电信服务规范等提供了法律依据。

广电法规体系中的上位法包括三部行政法规：广播电视管理条例、广播电视设施保护条例和卫星电视广播地面接收设施管理规定。此外，广电总局还出台了相应的部门规章，作为行政管理的法规依据，针对广播电视视频点播业务、广播电视节目制作、传送业务的管理，以及对广播电台、电视台的审批做出决定。目前，广电总局正在推动起草一部广播影视传输保障法，该法拟将广电传输界定为"将广播影视节目及其相关音频、视频、数据等信号通过无线、卫星、有线等方式播出、发射、传送、接入到终端的行为"。这就引发了两个争议：一是广播影视传输是否具有不同于一般电信活动的特殊性，从而需要由广电总局亲自管理；二是广电总局是否亲自负责广播影视业务传输业务的许可。

(二) 管理体制及实施机制

中国电信业实施以工信部为核心，集中、垂直的管理体制。工信部是电信的行业主管部门，负有产业发展和电信市场监管的职能。地方通信管理局是各地方电信行业的主管机构，负责本行政区域内通信行业的管理和监督。地方通信管理局受工信部和本地人民政府的双重领导，以工信部领导为主。国家发改委和有关部委对电信业务的市场准入、普遍服务和电信资费等具有一定的管制权力。

目前中国广电行业的管理体制基本上还是垄断体制，政企合一，以"四级办、四级管"的格局为特征。虽然近些年，中国对广播电视管理体制进行了某种程度的改革，包括建立广电集团和实行管办分开，但基本的管理体制特征没有变化，包括三位一体全面负责、管办结合既管又办、四级办四级管、条块结合以块为主等。①

(三) 管理体制存在的问题

多重监管体制下的部门利益博弈，成为阻碍融合类媒介业务发展的政策瓶颈。根据中国现行行政管理体系，电信业受工信部监管。工信部负责电信增值运营商牌照发放和电信企业互联互通等经营性管理，此外还负责频率资源的规划与分配，并监管电信服务的质量。但是工信部没有市场准入权和定价权，这些权力由国务院和国家发改委等部门享有。广播电视同时接受广播电视总局和中宣部等部门的监管。互联网的监管更为复杂，工信部、国务院新闻办公室、广电总局、文化部等部门都对其拥有一定的监管职权。以 IPTV 的发展为例，电信控制着运营平台和终端资源，广电部门控制着内容和牌照资源，在三网融合的情况下，任何一方离开对方都难以发展。融合类媒介涉及广电和电信两大具有巨大能量的运营商的交叉和交融。它们一头控制了节目源，一头控制了终端，就相当于一头控制了输入，一头控制了输出，离开哪一头，整个过程都不可能完成。②

另外就是缺乏权威的监管制度。目前中国在三网融合领域缺乏权威的政策法规，不仅缺乏《电信法》《广播法》，而且在互联网管理领域尚无真正法律条款规范。现存的《电信条例》《广播电视条例》作为部门法规，不仅权威严重不足，而且部门保护特征明显，很难适应

---

① 1. 三位一体全面负责。广电总局和地方各级广电行政部门既是政府行政主管部门，又是宣传机关和广电事业经办主体，集管理、宣传、事业建设三种职能于一身，对三个方面的工作全面负责。2. 管办结合、既管又办。各级广电行政部门既是广播电台、电视台的设立主体，承办"办"的职能，又是广播电台、电视台的监管者，承担"管"的职能。对本级广播电台、电视台直接主办、主管，对下级广播电台、电视台实行行业管理。3. 四级办、四级管。现行广播行政管理体制与现行国家政权架构相对应，实行中央、省 (自治区、直辖市)、市 (地、州)、县 (市) 四级办广播、四级办电视和四级广电行政部门管理广电事业的体制。4. 条块结合，以块为主。地方各级广电行政部门，受当地党委政府和上级广电行政部门双重领导，以当地党委政府为主。参见王育民《从三网融合看管理体制与管制改革》，《人民邮电》2006 年 10 月 20 日第 3 版。

② 彭瑞财：《广电总局严查手机电视试验，运营商冷处理》，《财经时报》2007 年 1 月 13 日。

当下三网融合发展之需求。

第二节　美国对广播组织的融合管理

一　美国电信、广播管理制度变迁

通信技术的进步一直不断地塑造着美国电信和媒体市场。三网融合肇端于美国。世界上最早的电信和广播统一管理制度《通信法》于1934年在美国通过，开启了长达半个多世纪扶持尚处弱势的广播电视业的历程，对电信业采取禁止混业经营有线电视业务的规定，为新生的有线电视公司获得公平竞争、避免处于垄断地位的电信公司采取不公平竞争手段做出了积极贡献。1984年，美国颁布了《有线电视传输法》，还是禁止电信公司从事有关视频服务。不过，随着科学技术的进步，光纤电缆和视频压缩技术的出现为电信公司能够提供视频节目提供了可能，大型电话公司陆续向 FCC 申请在自己经营区域开展视频接拨信号服务。另一方面，有线电视公司也向各州法院起诉要求放宽经营电话的限制。尤其是到了1992年，大西洋贝尔公司以言论自由权利受到侵犯，违反第一修正案为由向美国联邦通信委员会（FCC）提起诉讼，获得胜诉。自此区域贝尔公司开始兼并或投资营业区外的有线电视系统，引发了有线电视与电信公司结盟的浪潮。[①]一年后，鉴于信息技术革命对传统电信概念和体系的深刻影响，美国推出信息高速公路计划（National Information Infrastructure，NII，又称为国家信息基础设施行动计划），作为提升美国国际竞争力、加速美国经济和社会向信息化迈进的一项战略决策，为建立信息高速公路奠定了基础。美国政府对 NII 进行了定义[②]，这可以视为三网融合构想的雏形。

有线电视公司乘胜追击，于1994年在州法院再次提起"放宽经营

[①] 李红祥：《英美两国的三网融合与监管模式变革》，《新闻爱好者》2011年第5期。

[②] "一个能给用户提供大量信息的，由通信网络计算机、数据库及日用电子产品组成的完备网络，能使所有美国人享用信息，并在任何时间和地点，通过声音数据、图像或影视相互传递信息"，载王虎《国外融合类媒体管理体制探讨与借鉴》，《现代视听》2010年第12期。

电话的限制"的诉讼。如此背景下,《电信法》(1996 年)于美国第 104 届国会得以通过,电信与有线电视市场之间的壁垒得以打破①,促进全面竞争,原有的市场分割与一些限制被废除,长话、市话、广播、有线电视、影视服务等业务得以相互渗透,各类电信运营者得以相互参股,自由竞争的融合环境得以实现,为把三网融合推向实质性操作阶段为三网融合全面开展奠定了坚实的法律基础。

进入 21 世纪,美国传媒产业的融合发展于 2003 年 6 月又迎来了一个新的法案,提高了广播电视机构的受众覆盖率限制,将原有的不得超越覆盖全国电视受众总数的 35% 提高到了 45%,放松了对地方电视台数量的限制,同一地区一家电视公司可拥有 2 家电视台,并支持同一地区内的报纸、电台和电视台可以交叉持股。为了在有线电视运营商与电信运营商之间建立有效竞争关系,2006 年 FCC 再次颁布新法规,既放宽了有线电视进入无线通信领域的限制,又推进电信运营商开展视频服务或电视市场,形成与有线电视公司竞争的态势。②

在网络升级改造方面,美国有线电视于 2003 年就已完成。在此基础上,有线电视公司凭借 CableModem 宽带业务进入了电信市场。有数据显示,美国有线电视运营商的宽带接入及语音传输业务收入到 2010 年 4 月就已占其总收入的 40% 以上。③ 另外,美国有线电视运营商在网络游戏、移动电话等方面拓展新业务。2010 年,有线电视行业总收入超过 940 亿元,吸纳 23.4 万人直接就业,发放薪水 173 亿,前 20

---

① 该法第 621 条(b)款(3)项规定"如果有线电视系统运营商及其附属从事电信服务,将不必为其提供电信服务获取特许权。特许权管理机构不得禁止或限制有线电视系统运营商及其附属机构提供电信服务,也不得对其服务施加任何条件。特许权管理机构不得命令有线电视系统运营商及其附属机构停止提供电信服务。"而电信运营商经营视频业务的规定则较为严格,该法第 310 条(d)款和第 651 条中规定:"如果电信运营商要经营视频业务,必须要重新申请相应营业执照。"

② 范洁:《美国"三网融合"发展现状及监管政策分析》,《广播与电视技术》2010 年第 10 期。

③ 秋凌:《美国模本:FCC 主导下的美式三网融合》,(http://www.c114.net)。

位有线电视网平均每网投资是 7.38 亿美元。① 2012 年美国有线电视运营商的数字视频用户为 4640 万、互联网用户为 4850 万、有线网络电话用户为 2590 万,有线电视公司积极开展电视节目、互联网接入和电话服务等三网融合业务。② 截至 2012 年 4 月,美国直播卫星电视(DTH)的总用户 3406 万,其中美国直播卫星平台(Direct TV,美国第二大付费电视运营商)订户数量高达 1999 万户,美国碟线卫星平台(Dish Network,美国第二大直播卫星平台)订户数为 1407 万。而另外一边,电信公司则从 IPTV 切入广电,如 Qwest 公司和 RTC 公司(Ringgold Telephone Company)率先于 2001 年推出了 IPTV 业务,之后,多家电信运营商在 2002 年相继试水 IPTV 业务。从 2004 年开始,美国各大 RBOC(区域贝尔电话公司,全美共有 7 家)都在积极部署基于光纤接入的 IPTV 业务。但是由于美国对 IPTV 的管制还存在许多争议,因此,RBOC 的 IPTV 业务发展目前仍然受到一定限制。③ 到 2011 年第一季度末,美国 IPTV 用户数到达了 774 万,位居全球第三。

综上可知,美国的三网融合先后经历了有线电视业和电信公司分业经营,到 1996 年电信法允许有线电视和电信业双向进入,再到通过宽带竞争奠定融合基础、IPTV 强力推进、有线电视网络与互联网融合等几个阶段。目前美国三网融合已经表现出鲜明的网络融合、业务融合、媒体融合、终端融合、技术融合、产业融合和监管融合的特征。

---

① http://www.ncta.com/Resource/Resource/Analysis-of-Cable-Industry-Impact-On-US-Economy.aspx.

② 例如康卡斯特公司 2011 年总运营收入是 976 亿美元,57% 来自电视节目服务,其余的 43% 来自互联网服务、电话服务、广告等。肖叶飞:《三网融合时代美国有线电视产业的运营与监管》,《中国有线电视》2013 年第 2 期。

③ 当前美国 IPTV 市场的发展还受到地方特许权制度的制约。在此制度下,如果美国电信运营商想要开展视频业务,就要向多个地方政府提出申请,且特许经营许可证还要求从业公司向政府缴纳收入 5% 的营业税。如此门槛对传统广电部门非常有利。

二 美国电信、广播管制的内容

(一) 法律融合

在法律方面,首次建立电信和广播统一监管体制的是 1934 年的《通信法》。当时,美国电信公司的势力比新生的有线电视公司强大,为了保护处于弱势的广播电视业,FCC 禁止电信公司混业经营有线电视业务。但是,随着广播电视业的繁荣发展其实力得到极大提升,时至 1992 年,美国颁布《有线电视消费者保护及竞争法》,对有线电视的政策实现了从保护到促进竞争的转变。1994 年,AT&T 拆分,标志着美国电信发展从垄断走向竞争。90 年代中期以后,传播新技术的出现为两个界限分明的行业:广电和电信的融合发展奠定了基础。况且,为了充分发挥市场竞争、推动广播电视节目的多样化,拆除广电和电信间的行业壁垒就提上议程。1996 年,FCC 对《1934 年通信法》进行了大幅修订,就此拉开了美国三网融合竞争发展的序幕。在美国推行三网融合的过程中,1996 年电信法是一份基础性文件。1996 年通信法取消了对通信和广播影视服务市场的各种限制,允许电信和广电业务互相渗透,允许相关运营商互相参股,促使美国广电、通信和互联网行业从局部竞争融合走向全面竞争融合。1996 年电信法允许电信业和广电业混业经营,有线电视运营商可以从事电信业务,无须申请特许权;电信企业可以通过无线电通信方式、有线电视系统以及开放的视频系统提供广播电视服务,从而为三网融合的发展扫清了法律障碍。因此,可以说,该新电信法制度规制下,自由竞争的法律环境得以建立,多种业务,如长话、市话、广播、有线电视、影视服务等,可以相互渗透,同时,各类电信运营商也可以相互参股。

通过电缆和光纤传输信号的有线电视公司开始进入网络市场,而电话公司也开始通过设施升级和兼并等方式开拓网络和电视服务。在政策刺激和支持下,美国的融合类媒介得到了极大的发展,Verison 和 Sprint 这两大移动通信公司相继在 2006 年推出手机电视业务。美国电信业和广电业的融合主要表现为以下几个方面:一是电信公司以 IPTV

的方式强势进入广播电视业，例如 Verizon 电信公司通过宽带接入和机顶盒向用户提供服务，成为有线电视公司强有力的竞争者；二是有线电视公司逆袭 VoIP 市场，例如有线电视公司康卡斯特（Comcast）在宽带用户数量迅速增长的带动下，VoIP 电话用户也进一步增加，早在 2008 年就跻身美国固定电话服务商三甲行列。此外康卡斯特公司还积极开拓多样化服务，推出了在线游戏、在线影像等服务，并进一步整合网络上的电影和电视剧内容，朝向内容领域整合的方向发展；三是有线电视网络与无线网络的融合，例如康卡斯特公司和另外一家有线电视公司 CoxCommunications 公司均向其用户提供高速移动上网、网络电话和有线电视服务。国会和 FCC 在鼓励宽带发展方面的共同任务是增加有线和无线的宽带容量。为此，国会在 1996 年电信法中增加了第 704 条（47 U. S. C. §224），以防止州和地方政府歧视性对待相同服务提供者或者禁止提供无线服务。

2012 年中产阶级减税及增加就业法案第 6409 条（47 U. S. C. §1455）对通信法进行了修订，要求地方政府允许在一定条件下对现有的无线发射塔和基站进行改变。2011 年 FCC 修订了通信法第 224 条（47 U. S. C. §224），[①] 从而降低了公用事业向电信运营商收取的价格，使之与电缆供应商支付的价格接近。自从宽带开始投入使用以来，美国就把宽带基础设施的部署视为促进地区经济发展和增加就业的手段。为了解决与宽带有关的问题，除着眼于宽带建设的连接美国基金外，美国第 113 届国会还对现行的监管结构进行了审查，并考虑对 1996 年电信法案和作为其基础的 1934 年通信法案进行修订，以增进融合市场中对宽带基础设施投资和订购的激励，同时还要防止政府对市场干预可能给竞争和私营部门投资带来的负面影响。

尤其在版权方面，美国版权法既无广播权的规定又无信息网络传播权的规定，主要通过对发行权和公开表演权结合使用来规范这两种权利。例如，美国版权法第 101 条对公开表演权的规定中，表演被界

[①] 该条赋予 FCC 规定有线电视系统和电信服务提供商价格的权力。

定为"以朗诵、表演、演奏、舞蹈或者动作等方式，直接地或者以设备或程序来表现该作品，或者在涉及电影或音像制品时，以连续的方式表现其形象或让人听到有关的伴音。"在该定义中，"以设备或程序来表现该作品……或者在涉及电影或音像制品时，以连续的方式表现其形象或让人听到有关的伴音"这种表述就包括了广播和网络传播的行为。因为该定义中的表演不仅包括了现场表演也包括了机械表演，特别是以广播、电视和卫星传播等设备来表演作品。由此可见，在美国版权法中，公开表演权保护范围囊括了各种广播行为和信息网络传播行为。本质而言，如此规范就是一种把广播权和信息网络传播权合并立法的模式。

美国版权法给有线组织转播广播信号规定了强制许可。2010年卫星电视延长及地方主义法案又规定2014年底之前，对版权法和通信法中与卫星转播广播信号有关的几个条款进行再授权。这几个条款给卫星组织规定了价格较低的强制许可，使其可以向地方用户转播本地无法接收到的远程广播电视节目，并且无须事先获得远程电视台的同意。在这些强制许可的适用范围之外，卫星组织和有线组织在转播广播组织节目之前，均需事先获得后者的同意。著作权人相信通过谈判获得的版费会更高，因此反对延长给卫星组织的强制许可，同时希望取消给有线组织的强制许可。至于新出现的在线视频传播者，他们不享有任何著作权法上的强制许可利益，而是需要就其转播的广播信号直接与著作权人谈判。这就使在线视频传播者处于不利的竞争地位，因此它们也寻求与卫星组织和有线组织同等的待遇。有线组织和卫星组织则完全不想支付转播广播信号的费用，因此希望取消与广播组织签订转播同意书的要求，至少在转播同意书谈判陷入僵局的时候可用适用强制仲裁，并且在仲裁过程中，它们仍然可用转播争议的广播信号。

美国通过1996年的WCT和WPPT以及1998年的DMCA对版权人和网络服务商均给予力所能及的保护。2010年，美国版权局又对DMCA进行了修订，方便用户随时更换运营商以及安装第三方应用软件，打破市场垄断。

(二) 监管融合

在监管方面，美国对广电、电信和互联网实行统一监管，由联邦通信委员会（FCC）负责具体实施，属于完全融合监管体制。作为一个相对独立的机构，FCC 拥有准立法权、准司法权和执行权，对国会直接负责。尽管如此，FCC 在履行有关职责时，受法院监督，受联邦司法系统的制约。① FCC 依据法律对广播电视、电信及其在融合背景下衍生的新媒体、新业务实施融合监管。FCC 受政府财政支持，它的经费由政府财政划拨。FCC 的五位委员经参议院同意后由总统任命。FCC 对广电、电信及融合背景下产生的新媒体和新业务进行融合监管所依据的法律框架主要包括 1934 年通信法和 1996 年通信法。② 尤其是《1996 年电信法》规定，对电信行业监管是由有线竞争局、无线竞争局和执行局负责，对广播电视进行监管则是由媒体局负责，通信办公室对两者之间的关系进行协调。对于网络传播影视节目的监管需要根据具体情况具体分析，若属于有线电视服务，就由媒体局负责监管；若属于信息服务，则应属 FCC 监管的范畴。

FCC 在监管方面所关注的重点包括现行监管框架该如何适用于在新的融合市场中竞争的传统资讯提供商和新型资讯提供商；随着传统交换电话网络向高速、多媒体数字网络转换，FCC 和其他监管主体该如何做出相应的调整以确保在融合背景下仍保持传统的核心价值，即消费者保护、公共安全、残疾人对资讯的获取，以及竞争等。FCC 实施融合监管遵循以下三个原则：一是普遍服务原则，即使所有国民都能方便接收通信网络的传输，使广播电视信号覆盖所有国民，使应有的通信服务被所有国民享受，使广播电视节目内容能够涵盖日常生活所必需的所有信息。二是技术中立原则，即监管者平等地对待所有技术，而非倾向于某项技术，要创造一个良好的平等环境，让不同的技术和行业部门进行竞争与创新。三是网络中立原则，即平衡对待所有

---

① 范洁：《美国三网融合发展现状及监管政策分析》，《广播与电视技术》2010 年第 10 期。
② 同上。

互联网内容和访问，防止运营商从自身商业利益出发，歧视性对待数据传输的优先等级，确保网络数据传输的中立性。

（三）互联互通义务

美国在推行信息高速公路计划的过程中，最先遇到的突出困难就是网络之间的互联互通问题。美国是一个施行市场经济的国家，崇尚公平自由的竞争环境，对垄断现象十分敏感。在 NII 计划推行之前，美国的电信法为了防止垄断，严格限制电话、计算机和电视业务互相进入对方的市场。这些规定曾经对促进美国信息产业的发展起到积极作用，但也带来了重复建设和资源浪费的问题。为了配合对 NII 计划的实施，美国政府对当时的管理机制进行了修改，以解决信息在不同网络之间的流通问题。尤其是 1996 年《电信法》，其对互联互通进行了详细的规定，如第 255 条、第 256 条，与此相关的条款有第 251 条、第 252 条、第 214 条等。其中，第 255 条、第 256 条是关于电信承运商（经营和交换上等）的基本义务，第 251 条、第 252 条是相关的实施问题，第 214 条是与此相关的基础共享等问题。而对运营商规定了互联互通的义务，换言之，就是面对其他运营商提出互联互通请求时，任何运营商都肩负着直接或间接互联互通的义务。同时，还强调除了肩负互联互通义务外，对于互联点、互联质量、接入价格等内容必须具体规定。

美国政府为实现互联互通采取的措施主要有两个：首先，通过新通信法打破传统上各个网络之间的壁垒，奠定了三网融合的法律地位。1996 年美国新通信法明确规定允许有线电视运营商和电话公司相互进入对方业务领域，在同一市场展开竞争。新通信法促进融合的条款内容可概括为：允许本地电话市场向有线电视开放，收取接入费；允许电话公司通过电话线和卫星提供影视服务；允许有线电视及其他公共事业和代销商批发转售网络容量和互联互通进入电信市场；允许电信业务和有线电视企业互相参股。在新通信法框架下的管制政策是"对称准入"，其实现方式为：业务融合主要通过公司兼并与联合；网络融合主要通过技术发展来实现。鉴于广播电视行业的特殊属性，有线电视网和电信网的融合更加困难一些。为了解决这个问题，美国新通信法为有线电视进入电信市场做出了专门规定，包括"有线电视运营商从事电信业务不需要申请营业执照"，以及"有线电视公司为提供电话业务而介入电信领域时，电信公司应为有线运营商提供接通的便利"。在对称进入原则下，原来各自垄断一方市场的市话和长话公司，以及有线电视运营商均面对来自其他两方的竞争。可见新通信法的对称准入政策扩大了电子传播领域的竞争，有利于刺激新媒体的发展。

其次，修改地方政府特别许可规定，解决行业管辖权问题。传统美国电信业务的管辖权是由联邦和州分别行使的。FCC（联邦通信委员会）负责监管州与州之间的通信事务，而州政府则负责州内通信事务。这给融合背景下电信系统进入广电领域带来了阻力。因为电信企业在提供电视服务之前，必须从地方政府获得特别许可，并向地方政府缴纳一定数目的费用作为特权费。显然这非常不利于手机电视等基于无线 IP 网络的业务。为了消除进入地方电视市场的障碍，2006 年 12 月，FCC 修订了地方政府的特别许可制度，为电视公司拓展手机电视业务扫清了障碍。例如，通过一定的法定程序，德克萨斯州的有线电视公司可以将收入的一部分上交市政部门作为平台费，免去过多地同地方政府打交道，从而获得更多的时间从事生产。[①]

最后，纵观美国电信法案的历史变迁，我们发现监管政策一直随着市场的发展情况而不断调整，实现了电信业由垄断到竞争的改变。在有线电视业刚起步的时候，FCC 对它采取保护性政策，严格限制电信公司进入这个行业。在广播电视业发展壮大之后，FCC 开始允许这两个行业的双向进入。随着技术的发展，1996 年的《电信法》拆除了电信、信息和有线电视之间的壁垒，废除了广播电视与电影、电信产业的联合或兼并的限制，推进了通信信息业的融合，颠覆了电信业分业管制的原有结构。进入 21 世纪的 2003 年，FCC 对《电信法》（1996年）又进行了修订，以适应融合技术所带来的挑战。现在，十多年过

---

① 王虎：《国外融合类媒体管理体制探讨与借鉴》，《现代视听》2010 年第 12 期。

去了，数字融媒技术又获得了飞速发展，为此美国正酝酿新电信法的出台。

三 其他问题

1. 内容监管

在内容监管方面，FCC 关注的范围从广播电视扩展到互联网领域；关注的重点是保护言论自由、个人隐私、青少年以及版权，并通过节目分级和等级标识等方式实现。2010 年，FCC 将有线宽带接入服务界定为信息服务，将此类服务纳入内容规制和接入规制。

2. 频谱政策

无线电频谱，即电磁波，可用来传输声音、文字和视频资料；是商业性使用和工业性使用移动宽带必不可少的资源。在美国，无线电频谱以许可（发放牌照）的方式进行管理，不转移频谱所有权。FCC 负责管理无线电频谱的商业性使用和其他非联邦层面的使用；美国国家通信与信息管理局（NTIA）负责管理联邦政府对无线电频谱的使用。囿于当前应用技术的限制，可用的频谱资源仍是非常有限的，因此频谱政策就包括确定如何分配无线电频谱、哪些人可以使用频谱资源，以及技术应该如何加强服务及增加频谱资源的容量和可获得性。2012 年的频谱法案（the Spectrum Act，即中产阶级减税及增加就业法案第六章）要求：加快对移动宽带频谱牌照拍卖的速度；允许广播组织释放一些电波给移动宽带并收取报酬；制定的联邦频谱资源应该为商业性使用而加以拍卖或重新分配；提供非许可使用的频谱资源，等等。在融合背景下，无线电频谱的使用也成为新的政策重点，主要涉及公共需求和私人使用之间的平衡。

3. 普遍服务基金改革

普遍服务原则旨在使全美国人民，包括农村地区、偏远地区，以及高成本地区的人民都能以负担得起的价格获得电信服务。1996 年电信法案在第 254 条规定了普遍服务义务。1997 年，FCC 成立了普遍服务基金以确保该原则的实施。普遍服务基金通过高成本项目、低收入项目、学校及图书馆项目，以及农村卫生医疗项目分别为适格的高成本电信运营商、穷人、教育机构和公共及非盈利农村健康医疗机构提供语音电信服务补贴。近期关于普遍服务基金改革争议的主要问题是宽带，作为一种先进的电信服务，是否也应该纳入普遍服务基金。随着互联网的普及，人们对宽带服务的获取开始出现差距，农村地区相对落后。2009 年，FCC 制定了国家宽带计划，又称为连接美国计划，旨在确保所有的美国人都能获得宽带服务，并要求普遍服务基金为实现该项计划而发挥作用。然而，除了学校和图书馆以及农村医疗健康机构之外，普遍服务基金并不直接支持宽带服务。2011 年，FCC 决定在几年时间内，逐渐对普遍服务基金进行改革，使其从仅支持语音电话服务到既支持固定宽带服务也支持移动宽带服务。与此同时，成立连接美国基金（包括移动基金和边远地区基金），并使其取代高成本项目；改造低收入人群资助、学校和图书馆资助，以及农村医疗健康资助等项目，使其在普及宽带服务方面承担更多的责任。在宽带时期，传统交换电话时代的普遍服务基金正逐步向连接美国基金过渡，以支持低收益的通信运营商。

4. 网络中立原则

美国电信改革过程中争论的重要问题之一是网络中立原则的适用。迄今为止，美国对网络中立这个概念并没有统一的界定，但是多数人都同意，这个概念的基本内涵应该包括网络所有者不能决定消费者该如何合法地使用网络，以及不能歧视性地对待使用网络的内容提供者。对于网络中立的问题，有些政策制定者认为需要更加具体的监管指南来保护市场不被滥用；另外一些政策制定者则认为现有的法律与政策足以应付可能的反竞争行为，额外的监管政策反倒有可能妨碍互联网未来的发展与创新。[1] 然而网络提供商对网络接入的控制和宽带使用的定价能力，以及网络提供商本身对内容提供的参与确实有可能导致

---

[1] Angele A. Gilroy, *Telecommunications and Media Convergence: Selected Issues for Consideration*, published by Congressional Research Service, August 14, 2014, p. 3.

其对自身提供的内容给予优惠待遇，而使与其没有关系的内容提供商处于不利的竞争地位。2011年，FCC开始实施互联网开放指令，以期解决网络中立面临的问题。但是这个指令也备受争议，并且受到了法院的挑战。

5. 广播媒体所有权规则

为了培育美国媒体政策的三大目标，即竞争、地方主义和意见多元化，FCC规定了广播媒体所有权规则，对全国范围内或某个地方的某个实体能够拥有或控制媒体出口的数量加以限制。互联网是由国际性且分散式的网络构成，在美国互联网基本上由私营企业拥有并运营。

第三节　英国对广播组织的融合管理

为了应对融合，英国把各种媒体和通信法律加以整合并于2003年通过了通信法，然后据此成立了通信管理局（OFCOM），对媒体和通信部门的管理实施改革，重点是平衡经济和文化政策之间的冲突问题。英国政府认为，一个新的统一监管主体可以纵览融合企业的各种问题，并提供综合的、一致的监管。[①] 英国希望通过放松监管和行业自我管理等政策取向使英国成为世界上最具活力和竞争性的媒体及通信市场。此外，通信法还倾向于通过市场力量优化无线频谱资源的使用，以促进新媒体市场的发展，同时保护消费者的利益。英国政府不赞成对通信企业完全实行完全的去管制化政策，而是要求OFCOM完善基础的公共服务，包括电信普遍服务和公共广播服务等。

一　英国对广播组织管理的变迁

作为欧盟成员内最早开放电信市场、实施电信业私有化的国家和全世界三网融合发展最快的国家之一，英国目前已经拥有健全、发达

---

① Regulatory Impart Statement, Setting up Ofcom as a Single Regulator, para. 10.

的三网融合市场和相对稳定的市场规模。

在广播电视发展初期,广播电视定位于公共服务,国家对广播电视业干涉比较明显,由立法确立管理机构[《电视法(1954年)》规定组建独立电视局(ITA)]来管理商业电视或独立电视公司。但是,随着信息技术的发展以及认识的改变,英国逐步放松了对广播电视服务监管,到1984年《有线电视和广播法》的颁布,依据该法设立独立广播局(BA)以取代独立电视局,尤其是还创建有线电视管理局,很大程度上放松了对有线电视在公共服务方面的要求,加强和促进新兴有线电视业的管理和发展。6年后,《广播电视法(1990)》颁布,继续推动广播电视系统的改革,"全面放松了对私有广播电台和电视台在公共服务方面的要求"①,成立独立电视委员会(ITC)和广播管理局(BA),废止以前的独立广播局和有线电视管理局。到了1992年,英国《广播电视法》被修订,扩展了有线电视公司的业务,规定有线电视公司只能通过莫克瑞通信公司的基础设施提供电话业务。同时还规定英国电信公司和莫克瑞通信公司在2002年以前不允许提供有线电视业务,但可以提供录像业务。② 正是由于这些倾斜性的法律制度对广播电视业的逐步放松管制,截至1995年超过85%的有独立经营权的有线电视区域网开辟了电话服务业。1996年,英国《广播电视法》再次被修订,对媒体所有权原有的限制进行了放宽,允许国外企业参与英国媒体经营,建立英国数字广播的框架。1997年,英国电信管理局逐步取消对公众电信运营商经营广播电视业务的限制,允许他们为尚未接入CATV的家庭用户提供上网服务。1999年英国的Video Network公司推出了基于DSL(数字用户线路)的视频点播业务。

英国电信私有化始于1981年英国电信公司脱离英国邮政(当时英国电信网络和服务的运营权实质上只掌握在英国电信一家运营商手

---

① 常颖:《英国"三网融合"政策初探》,《广播与电视技术》2010年第7期。
② 李红祥:《英美两国的三网融合与监管模式变革》,《新闻爱好者》2011年第5期。

中）。同年，颁布《电信法》，为打破电信垄断引入竞争做了制度保障。1983年，莫克瑞通信公司和英国电信公司鼎足分立的局面在电信市场得以出现。《1984年电信法》的颁布打破了英国电信市场的垄断，主要原因在于该法明确规定取消英国电信在电信方面的特权，规定BT解体事宜，增加BT解体后的最大成员数，并设立电信办公室（OFTEL）负责电信监理，同贸工部（负责电信政策和电信执照）一起管制电信业务。1991年，《竞争与选择：20世纪90年代的电信政策》颁布，打破了原电信公司和莫克瑞通信公司的双寡头垄断的格局。一方面，有线电视开展电话业务无需经电信管理局许可，另一方面，大开电信市场之门，任何公司均可开办国内电信业务，建立固定网络设施。

进入21世纪，面对数字传播技术的突飞猛进，英国文化体育部与贸工部于2000年12月联合发表通信改革白皮书：《通信的新未来》，提出对电信法进行改革，建立统一的监管机构——OFCOM。[①] 2001年6月开始付诸实践，有关设立OFCOM（通信办公室）的议案提交到议会。2002年3月，英国议会批准《通信办公室法案》，开始筹建该办公室。为了推进三网融合的进程，彻底消除部门之间的利益冲突，2003年7月，在欧盟统一指令的框架下，颁布新的《通信法》，设立OFCOM，取代原来的广播电视委员会、独立电视委员会、电信办公室、广播管理局和广播通信代理局5个部门，负责英国三网融合业务开展以及电信、电视和无线电的监管，实现监管机构全面融合，彻底打破通信领域业务、技术和监管的壁垒。

综上所述，英国的广播组织管理政策经历了电信与广播电视"互不准入—不对称进入—对称进入"三个阶段，具体时间可以描述为，1991年前电信与广播电视互不准入，相互关闭；1991—2001年，管理

[①] "英国电信法改革将与目前欧盟正在协商的电子通信网络和业务新的共同监管框架保持一致。改革将在未来几年内完成。根据技术融合和竞争加强的趋势，委员会提议保持广播和电信集成设施监管的一致性。宣布了政府的决定，建立一个单一的通信和媒体行业的监管实体——通信办公室（OFCOM）——涵盖电信、电视和广播业。通信管理局将负责具体业务和电信网络。"参见常颖《英国"三网融合"政策初探》，《广播与电视技术》2010年第7期。

政策倾斜于广播电视业，采取不对称进入；2001年之后，电信与广播电视双向对称进入。

二 英国广播组织监管机构

随着网络技术、数字技术的飞速发展，电信业与广播电视业在业务上实现了不断融合，这些新情况的不断出现使英国政府感受到了技术给监管带来的压力，意识到不同监管机构的并存以及职能的重叠，对三网融合的顺利发展是非常不利的。于是，2003年，英国国会通过了《通信法》，该法结束了传统的分业监管，将原来的5大监管机构（电信管理局、无线电通信管理局、独立电视委员会、无线电管理局、播放标准委员会）合并设立通信监管机构——通信管理局，对三网产业提供统一的监管，现实新的规则体系。

2003年《通信法》明确指出，作为非民间组织、非政府部门，OFCOM无须对内阁大臣或政府部长负责，而只需对议会专门委员会[①]负责。在财务上，国家审计办公室是OFCOM唯一接受审计和监督的部门。这样的设置使OFCOM独立于政治，独立于政府部门，具有高度透明和延续性，带来有力的局面使政府部门无权干涉其监管工作。[②]

OFCOM的组织结构与其所监管的公司结构相同，其理事会是决策机构，由执行委员会（包括首席执行委员）和兼职成员（包括主席）统一组成。OFCOM的决策权并不是由总裁来负责行使，兼职人员或委员会群体构成理事会。作为一个对电信服务和广电服务实施融合监管的机构，OFCOM是欧盟范围内权力和责任最为广泛的监管机构。[③]

[①] 该议会专门委员会同时负责英国贸工部和文化、媒体与体育部的有关事务。

[②] 王海鹏：《中国"三网融合"中的政府规制作用研究》，博士学位论文，武汉大学，2012年。

[③] ［德］Bemd Holmagel：《中欧电信法比较研究》，续俊旗译，法律出版社2008年版，第27页。

三　英国广播组织监管机构的职能与宗旨

恰如前述，2003年通信法把以前五个监管机构的职能都合并到 OFCOM 手中，以实现融合监管的目的。尽管 OFCOM 的主要职能分为7项内容，[①] 但具体而言主要包括：一是成立内容委员会和消费者委员会，使其对 OFCOM 的工作提供建议；二是对电子通信网络和传输基础设施进行监管，并根据欧盟电子通信监管框架引入一种新的许可制度；三是对广播内容进行监管；四是负责对电视接收发放许可；五是解决通信市场的竞争问题。以上五项概括了 OFCOM 的主要职责范围，当然还有其他一些内容。

根据英国广播组织监管规制的发展历程，我们发现作为融合监管机构 OFCOM 的主要目的在于通过规范有效竞争来保护公民的权益，恰如欧盟《电信、媒体和信息科技部门的融合以及其规制含义的绿皮书》（1997年）所言：规制不是终点，不是目的，而是一个工具，通过市场竞争来达到更广泛的社会、经济和普遍政策目标。由此可知，英国广播组织监管机构的设立宗旨主要表现在以下几个方面：增强社会福利、电磁频率的有效利用、电信服务的有效性、确保广播电视服务的全国性、不侵犯他人人格权。[②]

四　英国广播组织监管制度的发展

除了2003年通信法以外，英国用来监管通信产业的法律还包括：1990年广播法、1996年广播法、1967年海事广播犯罪法、1984年电

[①] 包括内容标准分部、外务和管理分部、战略市场发展分部、法律事务分部、频谱政策分部、竞争市场分部以及运营办公室。

[②] "增进民众与通信相关的利益，增进相关市场消费者福利并促进竞争；确保电磁频率的优化使用；确保电信服务在全国范围内的有效性、通用性；确保在全国范围内提供高质量的广播与电视服务，并满足不同消费者的品位与兴趣；确保广播与电视服务提供商的多样化；规范广播与电视服务的标准，为公众提供适当保护，使公众免受服务中不受欢迎的或有害的内容的干扰和免受服务过程中的不公平对待以及由服务带来的对隐私权的侵犯等。"［德］Bemd Holmagel：《中欧电信法比较研究》，续俊旗译，法律出版社2008年版，第28页。

信法、1949年无线电话法、1967年无线电话法、1998年无线电话法等。这些法案并没有因通信法的出台而废除，而是进行了各种修订以协助OFCOM实现其融合职能。

2003年通信法通过以后，英国继续探索针对融合监管的改革之路。英国文化、媒体和体育部（DCMS）发布的2010—2015年度计划包括"通过改革OFCOM而改变媒体监管机制，放松对广播业的监管以减轻加给该行业的负担"。[①] 事实上，对OFCOM进行改革的多数建议都是针对广播监管问题，主要的呼声是减少对广播部门的监管，2011年5月，DCMS再次提出减少监管负担以更好地应对数字时代可能产生的问题。

2010年英国出台的数字经济法对该国的监管格局做出进一步的改革。该法把在线版权侵权问题增加到OFCOM的职责范围中，要求OFCOM其尽可能减少通过P2P网络非法传输文件的问题。

第四节　欧盟对广播组织的融合管理

一　欧盟三网融合政策的初步建设

面对美国信息化社会的突飞猛进，欧盟于20世纪90年代初确立了发展欧洲信息社会战略目标，并拉开信息时代区域一体化的序幕。1991年，欧盟通过了新的欧盟条约（1993年生效），重点在于以法律的形式建立"泛欧电信网络"，并提出全欧的网络都要互联和不同服务内容可以跨网互通。1993年，欧盟委员会为了将1991年版的欧盟条约细化，发布"德罗尔白皮书"（Delors White Paper），具体部署了如何构建泛欧电信网在信息社会乃至欧洲一体化中的核心地位及其所需的投资。1994年，欧盟委员会又发布一份重要的报告：The Bangemann Report，为欧洲信息社会基础设施的未来发展指明了十个主要的应用领域。1997年，欧洲委员会发布《电信、媒体与信息技术产业融

[①] DCMS, Business Plan 2010–15, http://www.culture.gov.uk/publblications/7545.aspx.

合绿皮书》，明确指出尽管信息通信产业在技术层次已达网络融合，但是其时匹配的法律体系却是在模拟时代单一媒体技术和产业环境下建立起来的，早已成为阻碍欧洲信息产业快速发展的障碍。2000年3月，欧盟委员会将标题为"1999 Communications Reviews"的电子通信法律文本提交欧盟峰会（葡萄牙首都里斯本召开）并获得通过，自此符合三网融合要求的电子通信法开始实施。2003年，欧洲《电子通信业框架法》生效，较大地简化了欧盟原有的法律法规体系，将欧盟模拟技术时代的20个涉及信息通信产业不同领域的单一性垂直指令减少到了6个指令①。另外，该法还遵循技术中立（technologyneutral）原则，规避因具体技术的发展和变化而产生新立法需求的现象的出现，从而在很大程度上做到以不变应万变。②

二 欧盟三网融合政策战略发展

在以上基础上，为了赶超与美国在信息社会发展方面所造成的差距，欧盟委员会于1999年12月出台了第一个信息社会战略eEurope2002（2000—2002年），在这个行动计划完成之时，又先后制定了eEurope2005（2003—2005年）和i2010（2006—2010年）的信息社会战略。③

1999年12月，欧盟选定10个能为其带来增值的行动领域，作为未来两年欧盟发展信息社会的重点，并发布第1个信息社会发展战略——eEurope2002，指出信息社会的发展目标，即让每个在欧洲的人，包括每一个公民、学校、企业都尽快连接到互联网上。2000年6月，欧盟颁布《eEurope 2002行动计划》，对eEurope2002进行全面修订，明确提出3个主要目标、11项行动以及64个在2002年底要实现的具体目标。

2002年6月，欧盟提出eEurope2005（2003—2005年），即第2个

---

① 1. 框架指令（Framework Directive, 2002/21/EC）；2. 隐私保护指令（Directiveonprivacy, 2002/58/EC）；3. 市场进入指令（Authorization Directive, 2002/20/EC）；4. 普遍服务指令（Universal Service Directive, 2002/22/EC）；5. 网络接入指令（Access Directive, 2002/19/EC）；6. 无线电频谱决议（Radio Spectrum Decision, 676/2002/EC）。

② 戴修殿：《三网融合与治理——从欧盟到中国》，《中国信息界》2011年第9期。

③ 黄林莉：《欧盟信息社会发展战略的演变及启示》，《电子政务》2009年第11期。

信息社会战略的行动计划。[①] 2005 年 6 月，欧盟颁布第 3 个信息社会战略计划 i2010，希望建立一个开放的、有竞争力的数字经济，并且强调信息和通信技术是提高生活质量、促进社会融合的推动力。[②] 经过以上政策的实施，于 2009 年，欧洲有线电视行业获得收入 193 亿欧元，其中电信业务收入、有线宽带服务收入分别为 85 亿欧元和 52 亿欧元。同时，有线数字电视用户的数量增长了 20%，达到 2290 万人。[③]

三　欧盟电子通信监管框架

2003 年 7 月，欧盟制定并通过了电子通信监管框架（ECRF），作为成员国国内电信立法的基础。该法列出了监管电子通信服务和网络的首要规则，并且要求成员国移植到各国内法中。英国和芬兰首先在国内法中对该法律框架进行了移植。国际电信联盟认为该法律是"旨在解决融合及其挑战的立法典范"[④] 该法律框架调整的对象不包括电子通信服务和网络所提供或传输的内容。内容方面的监管在欧盟视听媒体服务指南（AVMS Directive）的总体指导下，由各国在国内法的层面上加以规定。

欧盟电子通信监管框架包括五个指令，这些指令适用于所有的通信基础设施及其服务：一是框架指令。该指令适用于所有的电子通信网络和服务，包括固定电话、移动和宽带通信，以及有线和卫星电视。这个指令奠定了欧盟监管框架的结构和程序要素。二是授权指令，在欧洲范围内协调并简化授权规则和条件，用一个共同的授权机制取代

[①] 该计划明确提出希望在 2005 年底以前，欧洲能够提供现代化的在线公共服务（包括电子政务、电子教育、电子医疗服务），建设一个有活力的电子商务环境，以及广泛可获得的宽带使用（在有竞争力的价格下）和一个安全的信息基础设施。

[②] 该战略明确了未来 5 年的 3 个重点：第一，整合欧盟委员会所有可支配的法律武器，创造一个现代的、市场导向的数字经济的法律框架；第二，整合欧盟在研究和创新方面的工具，推动数字化的融合以及建立与私营部门的合作，从而促进欧盟在创新和技术方面的领导力；第三，通过提供高效、方便实用的在线服务，促进一个包容的欧洲信息社会的建立。

[③] 李小兰：《三网融合时代欧洲有线电视业发展综述》，《电视技术》2011 年第 12 期。

[④] ITU/InfoDev, ICT Regulation Toolkit, Module 6 'Legal and Institutional Framework', Chapter 4 'Impact of Convergence', section 4.5 'Case Studies of Converged Legislation'.

单独许可。三是接入指令。该指令适用于传输公共通信服务的所有形式的通信网络，并为提供互联和/或接入服务的运营商规定了权利与义务。该指令禁止成员国限制运营商就互联和接入相关技术和商业安排进行谈判和协商。四是普遍服务指令。该指令主要涉及电子通信提供商和终端用户之间的关系，要求运营商为用户提供必需的服务，包括付费电话和供残疾人使用的设施；指令还规定了普遍服务义务、市场竞争监督和消费者相关的其他权益。各国内监管机构可以根据该指令对具有市场支配力的企业施以必需传输义务，要求它们必须为大多数用户提供接入服务。五是隐私及电子通信指令，对传输过程中私人数据的处理做出了规定。[1]

包括以上五个指令在内的电子通信监管框架把电子通信监管的范围扩大到所有的电子通信服务及相关网络。欧盟重塑电信监管框架的目的就是为了应对电信、广播和互联网部门的数字融合，并为电子通信市场引入更多的竞争。

2009年，欧盟再次改革电信管理，成立了欧洲电子通信监管机构协会（BEREC）来确保监管的一致性和协调性。改革后的监管框架增加了对占有市场支配地位公司及其行为的救济措施，增强了对频谱和移动宽带服务的管理，并为消费者提供了一些新的权利，包括互联网接入权和更好的私人数据保护。

第五节 日本对广播组织的融合管理

日本不单单是亚洲较早启动三网融合业务的国家，而且信息产业也处于世界领先地位。回顾日本三网融合的进程大致可分为三个阶段：第一个阶段为2000—2005年，基础设施建设与信息技术导入；第二阶段为2006—2009年，探索信息技术的解决方案；第三个阶段为2009—

---

[1] 参见 Converged Legislative Frameworks—International Approaches, published by Australia Communications and Media Authority, July 2011, pp. 6–7。

2015年，全面建设信息化社会。[①]

一 日本三网融合政策初步建立

2000年，日本通过颁布《IT国家基本战略》确立IT立国的基本思想，力争用五年时间将日本建成全球最先进的IT国家。如此背景下，日本"通信广播电视融合时代的信息通信政策改革委员会"通过对欧美各国三网融合情况对比分析后向政府提出推进通信与广播电视的融合的建议[②]。由此在日本打开了三网融合不断推进的序幕。

在2001年，日本又颁布《e-Japan战略》，提出两步走战略：首先，用3年时间对网络基础设施建设、电子商务、电子政务、人力资源储备进行重点建设；其次，用2年时间集中力量提高信息技术应用和使用效率。同年12月，IT战略本部的"IT相关规制调查委员会"发布报告：《IT相关规制改革的方向》，为推进通信和广播电视的融合指明方向，同时对通信与广电法律体系进行改革，按照内容、平台以及网络三层的框架来构建法律体系。于是，为三网融合发展提供制度支持，连续出台《利用电信服务进行广播电视服务法》、《通信广播电视融合相关技术开发促进法》两部法律。[③]

至此，日本政府为电信业与广播电视业双向进入提供了基本的法律保障，产业运营商进入对方的准入条件得以降低，投资成本得以降低，不但促进了竞争，而且还丰富了服务内容。

[①] 王润珏：《日本的三网融合之路及其对中国的启示》，《新闻界》2011年第6期。
[②] 该建议包括：①建立合理的制度安排；②加强基础设施的建设；③支持商务平台的建立；④制定信息流通共享规则；⑤构建良好的市场环境等方面。
[③] 前部法律的目的在于：①促进通信和广播电视业在信号传输方面的融合；②放松对卫星电视和有线电视设施的管制；③使通过通信网络进行的广播电视事业法制化。后部法律明确规定了"通信与广播电视融合相关技术"的范围，确定了对该类研发活动实施补助的政策，指定官方机构——信息通信研究机构作为该政策的执行机构。总务省．電気通信役務利用放送法の概要，http：//www.soumu.go.jp/main_sosiki/joho_tsusin/d_tsusin_ekimu/pdf/d_tsusin_ekimu_gy.pdf，2010－05－27。

二　日本三网融合政策的不断推进

2002 年 IT 战略本部第 9 次会议再次对通信与广播电视的融合进行专题研讨，提出了推进卫星电视和闭路电视硬软件分离，电信和广播电视事业可以互相自由渗透和兼营，实现基础设施的灵活运用与共享，并充分发挥数字化和宽带网络的作用的建议。[①] 到 2004 年时，政府发现虽然网络建设已初见成效，网络覆盖和网速都已显著，但是 Cabale Modem、DSL、FTTH 实际利用率并不高。于是，提出 "u-Japan 计划"（u 是 Ubiquitous 的缩写），对此着重建设。

通过以上政策和法律制度的调整，时至 2006 年日本的三网融合已初见成效，[②] 数字电视信号的推广、网络电视和手机电视的出现、电信业务与广电业务的交叉进入等都已实现。[③] 同年，日本政府在国家战略方面继续推进，颁布《u-Japan 推进计划 2006》，从 5 个方面（网络整备、ICT 高度活用、利用环境整备、研究开发战略、标准化的推进和国际战略）做出具体的实施计划，尤其是明确提出了加强电信与广播电视业务融合和资源整合的目标，对信息技术形成高效解决方案。同时，总务省下属 "通信与广播电视事业改革委员会" 发布《通信与广电事业改革促进方案》对未来 4 年（到 2010 年）工作所要突破的关键点及其方向进行了详细规划。同年 9 月，总务省针对电信行业发

[①] IT 战略本部：《通信放送の融合について》，http://www.kantei.go.jp/jp/it/network/dai9/9siryou7.html。

[②] 截至 2005 年底日本全国宽带用户已达 2237 万户，网民人数为 8529 万，互联网普及率为 70.8%，Information and Communications in Japan，（http://www.soumu.go.jp/johotsusintokei/whitepaper/eng/WP2010/2010-index.html）。

[③] 数字电视信号被推广到全国范围；在服务内容方面，VOD 网络电视及手机电视已经出现；在设施共享方面，截至 2006 年 5 月，通过电信设施进行广电服务的运营商中有 49 家采用卫星方式，16 家采取有线方式；而在使用有线方式的运营商中有 12 家部分采用了电信运营商的设施，有 4 家同时部分采用了电信运营商的设施以及 IP 多址联播手段来提供全国服务。同时各运营商的业务范围也进一步融合，出现了同时提供互联网接入、视频以及电话服务的运营商。《总务省．情报通信白书平成 18 年版》，http://www.soumu.go.jp/johotsusintokei/whitepaper/ja/h18/index.html．转引自孙霄凌、朱庆华《日本信息通信政策研究及其对中国的启示（Ⅳ）》，《情报科学》2010 年第 11 期。

布《新竞争促进计划 2010》。2009 年 7 月 6 日，日本 IT 战略本部正式推出至 2015 年的中长期信息技术发展战略——"i-Japan 战略 2015"，该计划的推出标志着日本开始进入全面建设信息化社会的"后融合"阶段。[①]

三　日本有关三网融合法律制度的建立

新技术的进步带来了业务上的融合，传统上互不交叉的电信业与广播电视业由此也可以互为补充，实现业务上的互为准入。但是，由此一来，传统上分业而立的法律制度就成了日本三业融合发展道路上的重大障碍。为此，日本政府与学界意识到实现条块分割的法律体系向统一的法律体系转变就成了必要选择。

2001 年 6 月 29 日，日本制定《电信业务利用放送法》，推进电信和广电的融合，规定电视可以通过通信卫星设备和利用有线通信设备进行播放。2006 年 8 月，日本总务省在深入研究后提出了一个暂命名为《信息通信法》的体系框架，将电信业与广播电视业一视同仁，统一到同一个法律中来规制，目的在于保障信息通信网络的安全高效，实现信息流通的通畅自由。基于此种认识，一年半后，总务省提出《建立完善的通信与广播电视综合法律体系》的咨询案，重点咨询这种需要完善的综合法律体系的具体内容和具体制度等。信息通信审议会收到该咨询案后组织"通信、广播电视综合法律体系审议会"进行处理。2009 年 8 月发布的最终报告中进一步明确了未来法律体系"内容层、传输服务层、传输设备层"的三层结构。并分别就三个层次的制度提出了建议。报告中还提及了关于平台层、扩大纠纷处理委员会

[①] "i-Japan"阐述了实现信息化社会的战略目标和步骤：到 2015 年，日本的移动互联网速度将达到 100Mb，固网速度达到 1G；在硬件设施升级的基础上提升 ICT 技术应用水平，完善社会问题的解决方案、提高公共部门信息化应用水平；通过数字化社会的实现，提升国家的竞争力，参与解决全球性的重大问题。载王润珏《日本的三网融合之路及其对中国的启示》，《新闻界》2011 年第 6 期。

的职能范围以及加强消费者保护等内容。① 到了2010年3月，在吸纳上述成果，对原有广播电视法律制度进行高度整合创新基础上，《广播电视法修正案》得以成型并被提交国会审议。另外，颁布的相关法律还有《广电经营电信业务法》《促进开发通信广电融合技术法》等。

四　日本政府对三网融合的管理制度发展

日本政府在融合类媒介政策的制定上既现实又高效。2001年，日本成立总务省，包括邮政省、总务厅、和自治省。总务省分管的信息通信部门分为信息和通信政策局、电信管理局以及邮政业务政策计划局。其中信息通信政策局管理有线电视和广播业务（包括广播技术部、卫星和国际广播部、陆地广播部、地区广播部，以及广播政策部）；电信管理局主要负责与电信、无线电相关的管理事务。2002年，《电信业务广播法》得以颁布，电视节目通过电信宽带传输获得了保护，同时，对电信和广播的监管机构也进行了设置，即总务省下面设立信息通信政策局和综合通信政策局。随着数字技术的发展，2006年，日本IT新改革战略在政府层面加以建立，明确信息化产业战略之一就是"促进传媒业和通信业结合、建设网络社会"，从政策上为融合类媒介的跨行业合作和产业链构建提供保障。鉴于当时电信市场主要集中在少数运营商且大小公司之间实力悬殊的实际情况，日本产业兼并发展模式异于欧美等国，兼并基础比较薄弱、管制较严、成本较高。但是，这种环境也存有优点，即在标准的确立和资源分配上更加成熟和高效。以手机电视为例，在制式、资源分配、开播方式都采取的是全国统一，以此从根本上实现统筹全国的频率资源，为手机电视与地面数字电视建立共享平台，在无需额外节目制作投入的情况下，运营商可以制作、传播丰富的内容节目。同时，鉴于地面数字广播频

---

① 总務省情報通信審議会. 通信放送の総合的な法体系の在り方（平成20年諮問第14号）答申（案），http://www.soumu.go.jp/main_content/000035773.pdf, 2010-05-27. 载孙霄凌、朱庆华《日本信息通信政策研究及其对中国的启示（IV）》，《情报科学》2010年第11期。

率公共财产属性的缘故，收听收看手机广播电视节目均为免费，为受众自由享受手机广播电视服务提供了极大帮助，相应的日本手机电视也获得了迅猛发展。2010年，日本内务及通信部宣布其将对电信和广播立法进行融合。其实，内务及通信部早在2006—2009年就开始努力促进电信、广播、网络设施及相关问题的融合立法，并且计划将该法命名为信息和电信法。该法将会取消当前对电信和广播行业分业监管的做法，而是创设一个独立的监管框架，对内容、平台和传输设备进行统一监管。但是，最终提交到议会审议的法律草案却只是提议将与广播相关的法律融合到一起，但是电信和广播之间的区别仍将存在。最终，议会于2010年通过了新的广播法。

第六节 其他国家对广播组织的融合管理

一 法国

（一）监管机构的设置

在三网融合管理体制方面，法国的情况与英美的情况并不相同，不是完全融合的管理体制，而是相对宽松的管理制度。在监管机构设置方面，并无统一的融合监管机构，而是根据《通信自由法》（1986年）相关规定，针对内容和网络两个方面分别设置监管机构最高视听委员会（CSA）和电子通信和邮政监管局（ARCEP），分别对这两个方面进行监管。

具体而言，最高视听委员会作为法国的广播电视监管机构，不涉及全国电信业务的监管，只是针对全国乃至地方、公营乃至私营的广播电视节目进行监管，而非基础设施进行监管，主要负责内容监管，尤其是视听业务内容，其具体职能包括人事任免、经费管理、政策制定、市场监督、监督惩处等项目。而电子通信和邮政监管局（ARCEP）是作为全国电信业务的监管机构而存在，主要负责容量（网络）和管道（频道）的监管，具体职责范围包括对经由卫星、陆地传输、有线网络传输的无线电广播和电视服务进行监管。在2004年2

月，该机构增加了两个垂直部门：本地管理和宽带市场监管局和固定移动市场监管局。

尽管监管机构分立，但是，在法国，电信业务与广播电视业务之间的经营关系并非毫无交叉，截然断裂。这可以从电信公司经营范围来判断，比如电信公司可以为广播电视公司提供网络，提高其传输能力。据统计在1996年之前法国广播电视传输网的60%传输业务是由电信公司提供，甚至广播电视商TDF曾经就是电信的组成部分。[①]

（二）监管机构之间的协商机制

虽然根据相关法律针对电信与广播电视设置了两个不同的、相互独立的监管部门，但是根据通信法这两个部门要承担相互协商的职责，且该法为此配置了进一步协商与合作的机制，目的在于确保监管的协调一致性。两个监管机构的监管界限很是清晰、明确，两者之间充分协商、沟通与分析，对两者做出正确决策的能力都有极大的提高。

（三）监管法律

尽管在机构设置方面，法国政府为电信和广播电视两行业设置了不同的监管机构，但是若没有相应的法律规范，政府的监管意志也就很难得到贯彻，三网融合也就难以推进。为此，法国政府颁布了多部法律，如《电子通信与邮政法》、《电信监管法》（1998年）、《视听通信法》（2004年）等。

二 德国

德国的情况与上述法国的情况大同小异，针对电信业和广播电视业采取的是不同的监管法律、不同的监管机构、不同的监管体制。因此，德国把电信和广电视为两个独立的领域，各自有独立的法律规定和管制制度。当然，这两个领域也存在重叠的地方，即频率管理，由

[①] 陈江华：《三网融合产业监管法律制度研究》，博士学位论文，安徽大学，2014年。

电信法加以规定。

　　电信管制机关是联邦网络管制局（BNetzA）（电信邮政监管机构于 2005 年 7 月 13 日并入该局），是联邦高级管理机构，主要针对电子通信的技术方面，即仅对传输进行管制，不考虑传输的内容。该局隶属于联邦科技和经济部，负责联邦电力、煤气、电信及邮政和铁路的监管，主要工作任务在于落实电信法及其条例的规定，推进并保障电信市场的自由化。某种程度上说，德国的电信法就是竞争法在电信领域的典型应用，这也就造成该局与反垄断部门在监管方面交叉重叠的现象出现（电信机关机构与其他公用企业管理同属一个监管部门）。于是，不管是在立法方面，即竞争法和电信法的制定，还是在执法方面，都会存在两者如何协调的问题，即需要遵循协调一致的理念，合作配合的精神。

　　而广播电视的管制由各州媒体局负责。该局属于行政监管机关，负责各州的广播电视监管，针对内容进行管制。各州的媒体局负责广播和电视节目的传输发放许可，且对自己颁发的许可证负有德国全境监督传输的职责。在德国，广播电视运营商在获批传输容量之前必须取得州媒体局授予的广播和电视节目的传输发放许可。一州所颁发的许可证在其他州都是有效的。值得注意的是，对于内容的监管，涉及政治性问题审查是由该局专门的多元化委员会执行；对倾向性审查是由源自不同领域代表组成的"广播及媒体委员会"担任。

　　随着新技术的发展，电信运营商和广电运营商都开始向对方的业务范围渗透，这两个分立管制体系之间重叠的因素越来越多，限制着新业态的发展。例如，有线电视运营商进入电信业务领域就要接受电信管制机关根据电信法实施的管制，由此出现多头管理，并存在法律冲突，这样有损于法律的明确。另一方面，电信运营商提供内容服务，就必须依据广播法的规定取得广电传播许可证，并接受广播管理机构的管制。因此市场准入成为德国电信运营商从事广播业务的瓶颈。因此，从第二次世界大战后建立起来的分立监管体制存在的合理性越来越受到大家的质疑,对立法及监管的设立的融合性改革的呼声日益受到重视。

值得注意的是,德国与法国在监管机构分立设置方面是一致的,目前多数欧盟国家都采取这种设置模式,同英国不同。德国与法国的不同之处在于内容监管的差异:德国将该职能归属于联邦各州,而法国将该职能归属于最高视听委员会。出现这个差异主要原因在于德国是联邦制国家,权力存在互不干涉的两级,国家级和州政府级,根据德国宪法授权,网络监管归属联邦政府,内容监管归属州政府;而法国属于单一制国家,对网络和内容的监管同属中央政府,"只是依据法国政府机构设置传统和监管目的的不同,而将网络监管权和内容监管权分别由两个政府部门监管"。[1]

三 澳大利亚

传统上,澳大利亚对不同类别的广播服务采取分层的监管方式。商业广播受到的监管最多,窄播受到的监管最少。随着技术的发展和宽带速度的提高,出现了很多创新型的服务,特别是通过互联网传输广播和电视节目。用户也日益成为内容服务的中心,他们开始把自制内容上传到媒体平台上。澳大利亚对内容服务的监管框架和政策是基于20世纪90年代传统的结构划分,即广播和电信。鉴于这两个类别之间的界限越来越模糊,传统的监管框架已经不能实现其最初的政策目的,甚至会抑制通信和媒体服务行业的发展。

在融合的环境下,传统媒体同时面临着机遇和挑战,它们必须在商业模式和传输模式上做出改变以适应用户的需求。智能手机和平板电脑APP的市场发展迅速,开启了一轮新的贸易机会。数字经济的繁荣需要监管框架做出新的调整。澳大利亚政府于2011年成立了融合审查委员会(Convergence Review Committee),并于2012年3月份发布了融合审查最终报告。报告建议改革现行广播监管机制,建立融合的监

---

[1] 陈江华:《三网融合产业监管法律制度研究》,博士学位论文,安徽大学,2014年。

管机制，即只监管通信内容而不问该内容是通过何种平台进行传输。也就是说，采取了一种平台中立的态度。由于越来越多的类似广播的内容通过包括互联网在内的各种平台进行传播，因此该报告要解决的核心问题就涉及广播许可和内容监管。该报告的总体原则是平台中立原则，或者说监管平等原则。这个原则要求对类似的服务以类似的方式进行监管，不问传输平台。这是对现行监管机制的根本改变。现行监管机制是基于技术划分而建立的。例如在澳大利亚1992年广播服务法案中，"广播服务"这个术语被定义为"一种传输电视节目或广播节目供拥有接收设备以接收上述节目的服务；不管该传输行为适用的是无线频谱、有线、光纤、卫星还是其他任何手段或任何手段的组合……"，其后在第2款规定"上述定义不包括以包括拨号的方式提供的点到点传输节目的服务"，后来又通过第3款排除了"使用互联网而不是广播波段来提供电视节目或广播节目的服务"。根据当前的监管机制，不同类别的广播服务适用不同的监管方式，"因为不同类型的广播服务对塑造社会观念的影响力不同"。1992年广播服务法案把广播服务划分为以下几类：国立广播服务、商业广播服务、社区广播服务、订购广播服务、订购窄播服务、开放式窄播服务，以及国际广播服务。对于以上几类服务，商业、社区、订购电视和国际服务需要个别许可证；而除国立广播组织以外的其他服务则需要类别执照（class license）。国立广播组织（ABC和SBS）分别基于不同的法律设立和监管。

说到广播许可的问题，融合监管报告的态度十分激进：废除广播服务的类别以及取消个别许可证制度。报告认为，替代性传输平台，尤其是互联网的出现，消除了对广播许可证的需求。报告提出要取消广播服务的类别，其目的是想建立一个新型融合监管机制。至于该新融合监管机制的范围如何，报告提出应该把内容提供商作为监管对象，并提出了一个技术中立的概念——"内容服务企业"。对于广播许可和内容监管，2005年，澳大利亚将广播管制局（ABA）和通信管制局（ACA）合并成立澳大利亚通信和媒体管制局（ACMA），统一负责澳大利亚广播、电信、无线电通信和在线内容等的管制。2012年3月，澳大利亚政府出台了融合审查报告。

四 马来西亚

马来西亚是世界上第一个尝试融合立法的国家。融合之前，马来西亚对电信和广播行业实行分业监管，分别适用1950年电信法和1988年广播法。1988年，马来西亚通过了通信和多媒体法，并取代了以上两个法律。通信和多媒体法为马来西亚的电信、无线电通信、广播和在线活动设置了监管框架。1998年，马来西亚还通过了通信与多媒体委员会法，并依据该法成立了一个新的融合监管机构——马来西亚多媒体和通信委员会，并由该委员会负责通信和多媒体法的实施。通信与多媒体法的内容主要涉及四个方面：一是经济管理，包括制止反竞争行为、促进竞争；许可事宜；合规问题；以及服务质量监督。二是技术管理，包括频谱分配；技术规则与标准的开发与执行等。三是消费者保护，在争议解决、服务的获得性和可负担性等方面给予消费者充分的保护。四是社会管理，包括内容的开发与监管、制止不当内容，以及促进公共教育等。马来西亚通信与多媒体法立法原则主要包括：透明、重竞争轻管制、灵活性，以及行业的自我管理等。[①] 马来西亚之所以在1998年就着手实行通信与广播法的融合，是因为1997年亚洲金融风暴之后，政府决定进行产业结构调整改革，包括对电信部门进行监管改革，设立单一的监管机构，以实现政府广泛的信息与通信技术及经济政策目标。

五 南非

2005年，南非制定了电子通信法（ECA）并开启了融合立法的过程。该法的实施机构是南非独立通信局（ICASA）。南非通信局成立于

[①] 马来西亚多媒体和通信委员会网站：www.skmm.gov.my/index.php? c = public&v = art_view&art_ id = 30, "Legislation"。

2000年，是电信管理机构和广播管理机构合并的产物。独立通信局的设立是南非进行制度融合尝试的结果。电子通信法极大地改变了南非的通信产业的监管格局。该法制定了新的许可机制，并且尝试对日益融合的电信、广播和计算机网络进行集中监管。电子通信法开宗明义地指出，其将"促进广播、广播信号传播以及电信部门的融合，并为这些部门的融合提供法律框架"。[1]

南非电子通信法的主要内容包括：许可机制；有关电子通信网络和通信设施的规定；对无线频谱的管理；技术管理；互联互通义务及其监管；电子通信设施出租的规定；广播许可、争论性内容监管及所有权限制；竞争方面的规定；消费者保护；普遍服务方面的规定等。

第七节　国外广播组织融合监管的经验与启示

根据以上分析可知，在新技术的推动下，三网融合成为信息传播领域最为重大的发展，尤其是在西方发达国家已经基本完成三网融合的布局。发达国家在三网融合领域的成功，为我们发展三网融合提供了丰富的经验和深刻的启示。

一　融合立法的颁布

法律为了维护自身的威严不会朝令夕改，但是社会的发展很可能将一部法律的成立基础剔除，需要立法机构根据新的情况调整新的法律关系，适应并促进社会的发展。通过前几节的梳理，我们可以发现发达国家在推动三网融合顺利发展的过程中废弃旧法，颁布新法，力促电信体制、广播电视体制的改革成为其成功的不二首选。如表7—1所示：

---

[1] Preamble, *Electronic Communications Act*（South Africa）2005.

表7—1　　　　　　　　　　发达国家融合立法统计表

国家	法律	注释
美国	1996年，废除1934年的《通信法》，颁布《电信法》	由于1934年的《通信法》阻碍电信业务领域的公平竞争，所以1996年《电信法》规定，电信企业与有线电视企业可以进入对方领域，开启了全面竞争局面
英国	1954年颁布《电视法》；1984年颁布《有线电视和广播法》；1990年颁布《广播电视法》（1992、1996年两次进行修订）。1984年颁布《电信法》；2003年7月颁布新的《通信法》	英国电信市场真正打破垄断、进行市场开放始于《1984年电信法》；2003年7月颁布的《通信法》是英国第一部完整地体现了对广播、电视和电信业务实施统一监管，推进"三网融合"发展的法律
德国	1996年7月颁布《新电信法》	该法规定从1998年全面放开电信市场
法国	《电子通信与邮政法》《电信监管法》（1998年）、《视听通信法》（2004年）	作为法国三网融合基本法律《电子通信与邮政法》、《电信监管法》（1998年）、《视听通信法》（2004年）推进了三网融合的顺利发展。
日本	《广电经营电信业务法》、《促进开发通信广电融合技术法》	2001年6月29日，制定《电信业务利用放送法》，推进电信和广电的融合，规定电视可以通过通信卫星设备和利用有线通信设备进行播放，使利用电信设备播放电视以法律形式固定化、合法化
澳大利亚	1997年颁布《电信法》	该法规定从1997年7月1日全面放开基本电信服务市场

二　融合监管机构的设立

从上述西方各国的经验来看，只有统一的法律制度和统一的监管机构，才能应对网络数字技术对三个产业发展提出的挑战以及经营过程中所出现的新问题新矛盾。当然，为了应对新信息技术所带来的挑战,这些发达国家都从监管政策和监管体制等方面进行了相应改革,建立融合监管机构,针对电信业、广电业、互联网三产业打破传统的分业监管模式,消除原有产业壁垒和原有横向结构监管体制所带来的阻力,促使统一的监管目标顺利实现。

比较分析后我们还可以发现,在这些发达国家中,三网融合监管体制可分为两种类型:完全融合监管体制和相对融合监管体制。由专门监管机构对这三个产业实行统一监管就是前者;没有统一的监管机构,而是在体制和法律框架内对三业进行调控就是后者。如表7—2、第7—3所示:

表7—2　　　　　　　　　　完全融合监管体制

类别	代表国家	代表机构及法规	内容
区分电信与广电	美国	联邦通信委员会《1934年通信法》《1996年电信法》	1934年美国成立联邦通信委员会(FCC),在FCC内部分设不同部门监管电信和广电
不区分电信与广电	英国	通信管理局(OFCOM)	2003年通信法把以前五个监管机构的职能都合并到OFCOM手中,彻底打破产业间的壁垒,以实现融合监管的目的。OFCOM的主要职能分为七块:内容标准分部、外务和管理分部、战略市场发展分部、法律事务分部、频谱政策分部、竞争市场分部以及运营办公室。具体而言主要包括:一是成立内容委员会和消费者委员会,使其对OFCOM的工作提供建议;二是对电子通信网络和传输基础设施进行监管,并根据欧盟电子通信监管框架引入一种新的许可制度;三是对广播内容进行监管;四是负责对电视接收发放许可;五是解决通信市场的竞争问题

表7—3 相对融合监管体制

代表国家	监管机构名称	监管分工	监管职能
德国	联邦网络管制局（BNetzA）（电信邮政监管机构于2005年7月13日并入该局）	主要针对电子通信的技术方面，即仅对传输进行管制，不考虑传输的内容	该局隶属于联邦科技和经济部，负责联邦电力、煤气、电信及邮政和铁路的监管
	各州媒体局	该局属于行政监管机关，负责各州的广播电视监管，针对内容进行管制	各州的媒体局负责广播和电视节目的传输发放许可，且对自己颁发的许可证负有德国全境监督传输的职责。广播电视运营商在获批传输容量之前必须取得州媒体局授予的广播和电视节目的传输发放许可。一州所颁发的许可证在其他州都是有效的。值得注意的是，对于内容的监管，涉及政治性问题审查是由该局专门的多元化委员会执行；对倾向性审查是由源自不同领域代表组成的"广播及媒体委员会"担任
法国	最高视听委员会	试听类业务的内容	广播电视业的监管
	电子通信与邮政监管局	管道频道和网络容量	作为电信监管机构并不具有对广播电视业的监管权限，但是一旦在电信通信运营商之间发生网络纠纷，不管该运营商是否是受监管者，都有权进行监管

三 融合体制的逐步建立

随着新信息技术的蓬勃发展，原本相互独立、互不交涉的电信、广电和互联网在业务上逐渐出现交叉，三个行业都具备了提供对方业务的能力。为了充分激发市场机制的调节能力，实现充分的竞争，这些西方发达国家在经历严格管制、放松管制、融合管制三个阶段后基本上都采取了市场的开放政策，放弃准入门槛，实现互联互通双向进入，完全打开这三个产业的行业市场。由此可见，对于规律的认识是在慢慢实践中获得的，任何一个国家都不是天生就有先进经验的，而是在根据情况发展慢慢改革和完善后才取得成功。如表7—4所示：

表7—4　　　　　　　英美两国监管体制发展列表

阶段	国家	内容	说明
严格管制	美国	1970—1990年，电信业和有线电视业互不开放 1990—1992年，认识有所进步	在1990年前，国会和FCC一致认为禁令有助于防止垄断的电信公司采取不公平的竞争手段排挤有线电视公司。1990年后，FCC态度转变，认为取消禁令能促进视频节目市场竞争，但建议遭国会拒绝
	英国	1991年前，电信与广播电视市场相互隔绝，互不准入	1954年颁布《电视法》；1984年颁布《有线和广播法》；1990年颁布《广播法》；1984年颁布《电信法》
放松管制阶段	美国	1992—1995年，诉讼相互限进入	电信与有线电视公司通过诉讼获得进入权
	英国	1991—2001年，电信与广播电视不对称进入对方业务领域，政府政策倾斜于电视业	1992年，英国修订《有线广播法案》中，允许有线电视公司通过与莫克瑞公司互联，进入电话业务市场。基于此制度，1995年超过85%的有独立经营权的有线电视区域网开辟了电话服务业

续表

阶段	国家	内容	说明
融合监管阶段	美国	1996年，有线电视与电信市场实施双向开放	1996年《电信法》的出台打破了限制，电信与有线电视实施双向开放，整个电信市场获得了前所未有的竞争性准入许可
	英国	2001年至今，电信与广播电视对称进入	2003年《通信法》的出台，创立了新的通信管制机构通信管理局OFCOM，实现监管机构全面融合

第八章

三网融合背景下中国广播组织权利保护与管理机制改革的若干思考

第一节 广播组织的法制发展状况及其完善

一 中国广播组织的立法现状及存在的问题

（一）中国广播组织的立法现状

就中国法制体系而言，对广播组织的权利的保护性规定散见在著作权法、行政法规以及下层级规章之中。

迄今为止，中国对广播组织专门立法的最高层级是行政法规，即国务院于1997年8月1日制定《广播电视管理条例》。该条例制定及实施以来，中国又陆续在中央和地方两个层级做了一系列相关规定。这些规定主要是国务院的行政法规，以及国务院广播电视主管部门和其他相关职能部门所颁布的行政规章。[①] 在地方一级，主要是省一级地方人民代表大会常务委员会制定的地方性法规，以及省一级人民政

---

① 前者如《电信条例》（2000年）、《广播电视设施保护条例》（2000年）等，后者如《广播电影电视部颁布的有线电视管理规定》（1994年）、《卫星电视广播地面接收设施管理规定实施细则》（1994年）、《广播电台电视台设立审批管理办法》（1996年）、《音像资料管理规定》（1996年）；《中共中央宣传部与广播电影电视部联合发布的关于禁止有偿新闻的若干规定》（1997年）；国家工商管理局、广播电视部、文化部联合发布的《关于报纸、书刊、电台、电视台经营、刊播广告有关问题管理的意见》（1999年）等。

府制定的地方规章。① 应该说，中国目前关于广播组织的专门立法已经形成一定的行政法规和地方法规的体系，但是，还没有上升到专门立法的高度。

除了上述与广播组织活动直接有关的立法以外，近年来中国的行政理念和制度也有了长足进步，其中最突出的是在行政公开和增加透明度上取得了一定的成就。另外，加入 WTO 和参与 WIPO 广播组织条约的起草也对中国广播组织立法的进一步发展提供了十分重要的环境。

（二）中国广播组织立法中的不足之处

《广播电视管理条例》作为目前规范中国广播电视活动的基本法律依据，对中国管理广播电视事业有着重要的作用。但是，自该条例颁布实施以来，中国的广播电视事业的发展环境、时代背景发生了很大变化，尤其是三网融合的推进，使该条例的不足逐渐呈现出来。目前，中国法学界对此有所检讨，但是其检讨不足以顺应国际立法潮流，符合条约的立法趋势。为了弥补这一不足，为中国制定自己的广播法或传播通信法②做准备，结合本书的研究，我们认为，中国的广播组织立法应在新技术挑战的基础上快速推进。

中国著作权法的关于广播组织的原则性规定中指明广播组织的主体是广播电台和电视台。中国的《广播电视管理条例》第八条第二款对广播组织做出定义，"本条例所称广播电台、电视台是指采编、制作并通过有线或者无线的方式播放广播电视节目的机构。"上述定义存在以下缺陷：

---

① 前者如：山东省人民代表大会常务委员会制定的《山东省电视管理暂行规定》（1994年）、浙江省人大常委会制定的《浙江省广播电视管理条例》（1997年）、山西省人民代表大会常务委员会制定的《山西省广播电视管理条例》（1997年）、安徽省人民代表大会常务委员会制定的《安徽省有线电视管理条例》（1997年）、四川省人民代表大会常务委员会制定的《四川省有线电视管理条例》（1997年）等；后者如湖北省人民政府制定的《湖北省广播电视管理办法》（1999年）等。

② 王红霞：《中国三网融合法制的演进脉络与应然方向：通信传播法的发轫》，《经济法论丛》2010年上卷。

1. 将广播组织主体界定为"机构"不确切

维基百科全书对机构的定义为"机构是指一般的工作部门。可以是一家公司、慈善团体又或是小区中心都算是机构,但一个国家则不属于机构。"①《现代汉语词典》(第五版)将机构定义为"机构指机关、团体等工作单位,也指其内部的组织。"② 应该说,将广播组织主体定义为"机构"并不符合现代立法精神。

首先,要检讨立法精神本身。当时的立法还存有"立法宜粗不宜细"的精神。中国著名法学家许崇德教授在究其根源时明确指出,毛泽东在"文化大革命"时期曾经提出"我是和尚打伞,无发(法)无天","我愿意放手放脚,不愿意束手束脚。"……法写得越具体时,灵活性和自由度就越小,那个"束手束脚"的作用也就越厉害。……其较深远的影响便是后来在中国的立法中,长期流传着"宜粗不宜细"的信条,这是不合时宜的。法定得粗了,就会产生多种不同认识,引起在理论上的争论,以致给不愿守法的人钻空子,方便他们在法律上"各取所需"。法定得粗了,也会提供给行政执法的官员以过大的自由裁量权,使之随心所欲地执行法律,甚至背离了立法的原意。所以它不太符合法治精神。③ 很明显,机构一词可以做出的解读不是单一的。

其次,确立该定义的管理体制仍然没有和市场经济体制接轨。现行广播电视管理体制是 20 年前《广播电视管理条例》所确立的,计划经济时代旧体制的印记很明显。因为该管理体制将广播组织定位于党和国家的"喉舌"、重要的宣传工具,商业功能基本没有。改革开放后,特别是 1995 年之后,无论官方还是学界对包括广播组织在内的新闻媒体商业功能都具有了一定的共识,强化其商业功能、发展其产业化就不再仅仅是理论构想甚至期盼,而是实实在在的发展趋势。进

---

① http://zh.wikipedia.org/w/index.php?title=%E6%A9%9F%E6%A7%8B&variant=zh-tw.
② 《现代汉语词典》,商务印书馆 2005 年版,第 627 页。
③ 许崇德:《中华人民共和国宪法史》(下册),福建人民出版社 2005 年版,第 280 页。

入 21 世纪，中国传媒市场基本建立，商业竞争已成为常态，尤其加入 WTO 后广播电视业以及其他媒体一定程度上还将面临境外媒体的挑战和竞争。由此可见，这种商业性功能的存在使得广播组织在相应范围内自主经营且与国际接轨成为可能。① 但是，根据《广播电视管理条例》第 11 条规定我们只能从中看出中国广播组织的法律来源，即它们是由国家广播电视行政部门设立的，但是至于广播组织应该是企业还是事业、是法人还是非法人组织并不确切。按照市场经济的基本要求，对于此类问题应该做出明确规定。

最后，广播组织定义不能反映三网融合的现实。与广播组织有关的两个重要的法律和法规是《著作权法》和《广播组织管理条例》。实际上这两个法律法规都没有正式对广播组织做出定义。《著作权法》第 43 条至 46 条规定了广播组织的权利和义务，但是没有广播组织的定义。《广播电视管理条例》第 8 条第 2 款规定，"本条例所称广播电台、电视台是指采编、制作并通过有线或者无线的方式播放广播电视节目的机构"。该条规定的意图是为广播组织做出定义，但是条文中并没有提及"广播组织"这个概念，而是代之以具体列举的广播电台和电视台，并将其定性为机构。前文已经指出了机构这个用语的不确切之处，不再赘述。此处想要讨论的是该定义内涵的狭隘性。由于使用了具体列举的方式，致使人们对广播组织的理解仅限于广播电台和电视台。但是在三网融合的背景下，通过互联网传播广播电台、电视台节目，以及通过互联网传播自制节目的组织（一般称为网播组织）和个人越来越多，那么这类主体该如何定性就成为一个问题。由于中国《广播电视管理条例》对广播电台、电视台的设立规定了严格的条件，而网播组织在很多重要方面都不符合条例的规定，因此从行政管理上讲，网播组织作为一类主体缺乏明确的监管主体。由于网播是利用互联网技术传播类似广播的内容，是典型的三网融合的产物，而中

---

① 冯军：《论中国广播电视立法的若干问题》（http://www.iolaw.org.cn/showarticle.asp?id=405）。

国互联网归工信部管理，传播内容归广电部、文化部等若干相关部门管理，因此对于以新技术、新方式传播内容的主体就处在一种多头管理的混乱状态中。此外，由于中国著作权法规定的是广播组织的权利和义务，因此网播组织也不受著作权管辖。虽然著作权规定了信息网络传播权以应对互联网传播给著作权人带来的挑战，但是，信息网络传播权是为著作权人规定的，作为邻接权利的广播组织并不享有信息网络传播权，更遑论网播组织了。从三网融合环境下广播组织权利保护的视角来看，明确广播组织法律上的定义是一个非常紧迫的任务。

2. 广播组织权利客体界定不确切

《广播电视管理条例》第8条第2款所规定的"本条例所称的广播电台、电视台是指采编、制作并通过有线或者无线的方式播放广播电视节目的机构。"这一条所讲的"播放广播电视节目"即指明了广播组织权利客体是"节目"，但是该条例第四章对广播电视节目的规定并没有对"节目"做出定义。

根据该条例第31条、第32条之规定，结合本书在广播组织权利客体这一章的分析，这里所讲的"节目"就是"内容中心说"中所讲的"内容"。但是，很显然，中国的立法中没有考虑到本书着重讨论的有关信号保护方面的理论问题。

3. 广播组织权利内容存在缺陷

在法律层面，中国将广播组织规定在著作权法中。而且，著作权法更多强调的是"广播权"。正如前文所详细辨析的，"广播权"只是作者的一种权利，而不是广播组织作为邻接权主体所应享有的权利。

全面俯瞰中国著作权法对广播组织的规定，我们发现，中国著作权法中规定的广播组织权利主体是广播电台和电视台，因此也叫作"广播电视组织"。如前所述，对于广播电视组织制作的节目在不同的情况下，广播组织可以享受不同的权利保护。若该节目能够构成电影作品或以类似摄制电影的方式创作的作品（电视剧或者电视专题节目），就应该受到著作权的作品保护；若该节目达不到作品标准，仅是录音录像制品，那么广播组织是作为录音录像制作者而享有邻接权保护；对于自己发射的节目信号，无论信号所载的节目是否由其制作，如体育频道转播足球现场比赛，或者电影频道播放的电影，发射节目的广播电视组织享有广播组织权。而对于广播电视组织的发射行为只给予邻接权保护，是因为这种行为是一种纯技术活动，不是一种创作活动。① 此种邻接权保护的对象实际上是广播信号。

中国 1991 年著作权法规定，广播电视组织对其制作的广播、电视节目，享有"播放；许可他人播放，并获得报酬；许可他人复制发行其制作的广播、电视节目，并获得报酬"的权利。② 应该说，这一规定存在一定问题，因为它强调广播电视组织只有对其"制作"的广播、电视节目才享有权利。而事实上，广播电视组织发射的大多数节目并不是他们自己制作的，但广播电视组织对这些节目仍享有权利，因为广播电视组织者权的保护对象实际上是广播信号。而这个问题又牵涉到广播组织权利客体的问题，这也是本书在前述中辨析"广播内容中心说"和"广播信号中心说"的原因之一。确实，只有将这个问题辨析清楚，才能更好地保护广播组织权利，维护好社会的相关秩序。

中国在 2001 年修改著作权法时意识到 1991 年著作权法存在的问题，因此在规定广播电视组织享有的权利时，不再强调保护对象是由他们"制作的广播、电视节目"，而是采取"有权禁止——下列行为"的方式进行规定的。③ 这是采用排除的立法方法规定权利，实际上这种规定到底是否有利于更好地保护广播组织权利还存在可探讨的余地。

此外，上述规定中的"转播"是指由另一广播组织同步播放原广播组织的广播，它不仅包括无线转播，也包括有线转播。将原广播组

---

① 郭寿康：《知识产权法》，中共中央党校出版社 2002 年版，第 87 页。
② 1991 年《著作权法》第 42 条。
③ 2001 年著作权法第 44 条规定，广播电台、电视台有权禁止未经其许可的下列行为：(1) 将其播放的广播、电视转播；(2) 将其播放的广播、电视录制在音像载体上以及复制音像载体。

织的广播录制下来，事后进行广播，不是著作权法所说的转播，而是重播。① 如果中国著作权法中的"转播"按照上述理解来解释的话，则广播组织享有的"转播权"要比《罗马公约》的规定要宽泛：因为在《罗马公约》中，广播组织的"转播权"只限于"无线转播"，而不包括"有线转播"（因为罗马公约使用的措辞是"rebroadcasting"）。但是，《罗马公约》的"旧权利"也面临更新，中国在参与制定世界知识产权组织保护广播组织条约的过程中也将逐步更新中国广播组织权利。从发展的眼光看，中国广播组织权利肯定存在一定程度的不足。

除上述几点之外，《中华人民共和国广播电视管理条例》中并没有对广播组织的技术保护措施和权利管理信息加以规定。实际上，目前的传输技术高度发达，极易引起严重的信号盗播问题。广播组织为了保护自己的节目不被盗播，在事实上已经开始实施使用技术保护措施和权利管理信息。但是，中国缺乏这部分规定，即使中国《信息网络传播权保护条例》中有关于技术保护措施和权利管理的规定，但是，该条例的权利人只涵盖著作权人、表演者、录音录像制作者，并未提到广播组织，这使得中国的广播组织实施的技术措施和权利管理信息没有法律保护依据。由于中国的法律法规对这两点没有做出规定，对中国广播组织使用的技术保护措施和权利管理信息的限制也缺乏法律依据。这将导致两方面后果：其一，广播组织对技术保护措施和权利管理信息滥用；其二，对于破坏广播组织的技术保护措施和权利管理信息的行为也不能加以处罚，这不利于对广播组织、著作权人和其他邻接权人的权利保护。

二 对中国广播组织的立法建议

针对中国的广播立法（有学者建议设立广播电视法）问题，

---

① 郭寿康：《知识产权法》，中共中央党校出版社2002年版，第87页。

学者提出了三种立法选择,① 笔者认为,第二种方案比较可行。同时,根据笔者在本书中的研究,提出以下有关广播组织立法的想法。

(一) 对广播组织立法宗旨的建议

随着科技的发展,广播、电视、互联网等传播平台之间的界限日益模糊,中国的立法中应明确无线、有线、卫星及互联等多种传播技术,并将之合并立法,以顺应融合时代的要求,制定一部有弹性的新时代法律架构,不至于使得人们享受新科技服务受到阻碍,同时应减少管制以促进产业的发展。

另外,由于中国广播组织管理条例的规定和其他规定,中国广播组织形成了事实上的上下游垂直整合的垄断,这种垄断会随着市场经济建设的深入而造成市场乱象。因此,笔者建议顺应通讯与传播的科技汇流,成立专门的"国家通讯传播委员会",落实广播立法的有关精神,以顺应市场经济条件下对广播组织管理和调控的需要。

(二) 对广播组织具体立法规定的建议

中国目前采取分别制订《有线电视管理暂行办法》《广播电视管理条例》《卫星电视广播地面接收设施管理规定》以及《境外卫星电视频道落地管理办法》等行政法规和规章的方式实现对中国广播电视事业的管理。随着数字技术的融合,世界各国纷纷走向对广播组织的单一立法,即将无线、有线、卫星和互联网传播合并立法。中国可以借鉴各国的这一立法体例。有鉴于此,笔者认为,中国的广播法应将广播、电视、卫星、互联网等多种传播方式整合在"总则"中,下

---

① 一是对现行的广播电视管理制度进行一场彻底的变革,以现代西方国家的广播法或广播电视法为蓝本,制定一部全新的、能与发达国家广播电视法律制度完全接轨的广播电视法;二是在现有的基础上进行改良,在与中国政治体制的基本特征相协调的前提下,大幅革除现行制度中不合时宜的部分,制定一部较为现代化、基本上能与国际接轨的广播电视法;三是对现行制度不做大的改动,在维持现状的前提下,做一些小的调整,主要是将已有的政策和措施法律化,将已有的法规、规章法典化。参见冯军《论中国广播电视立法的若干问题》,载中国社会科学院法学研究所网站(http://www.iolaw.org.cn/showarticle.asp?id=405)。

分：一、通则；二、经营许可；三、营运管理；四、节目及广告管理等节。"分则"章中对此三种传播方式以专节规范。在此总框架下，结合本书研究，笔者有下述立法建议：

1. 应在立法中设专条对有关术语做出定义

仅就中国广播组织立法来看，笔者以为应有专条规定如下定义：

（1）广播，系指以无线或有线方式，使公众能接收声音，或图像，或图像和声音表现物的播送。

（2）广播组织，系指提出动议并做出安排播送广播节目让公众接收的法人。

（3）广播信号，系指以无线或有线方式播送的通过电子手段声称并载有组合的、按预定时间播送的节目内容让公众接收的信号。

（4）广播节目，即广播节目内容，系指由图像、声音或图像和声音组成的实况或录制的材料。

2. 应明确对信号的法律保护

有学者在其《论中国广播电视立法的若干问题》一文中涉及了信号问题，但将其规定在"广播电视信号的传输与接受"一章中。[①] 本书认为，这一设想并不妥当。结合中国广播组织发展的现状并对未来进行前瞻，应将广播信号做物理信号和载有节目的信号区分开来并且专章列出对信号的保护。

3. 应设立"向公众传播权"和对"广播组织转播权"扩张[②]

（1）向公众传播权

面对上述技术发展给法制所带来的困境，有人提出扩张"广播权"内涵，或者扩张"网络信息传播权"的内涵[③]，将非交互式传播行为纳入进来，甚至在《著作权法》修改草案第三稿中规定播放权和

[①] 冯军：《论中国广播电视立法的若干问题》（http：//www.iolaw.org.cn/showarticle.asp?id=405）。

[②] 赵双阁：《体育赛事网络实时转播法律保护困境及其对策研究》，《法律科学（西北政法大学学报）》2018年第4期。

[③] 汤辰敏：《论我国〈著作权法〉中"信息网络传播权"和"广播权"的重构》，《河南理工大学学报（社会科学版）》2012年第1期。

网络传播权来实现对网络实时转播行为的规范。我们不得不承认,通过这样的完善,确实能够满足当下需求,但是,我们更不能不看到,单独、分别对这两种权利进行完善的方式"仅仅是为了补救实践中'有线直接广播'和'单向式'网络传播的法律适用难题,而缺乏应有的全局观、主动性与前瞻性",①且技术不中立的弊端难以打破、两权之间的重叠在所难免。所以,建议删除广播权和网络信息传播权,借鉴 WCT 第 8 条之规定,重新设立一项权利,即"向公众传播权",其含义为"是指以任何无线或有线方式向公众传播作品的权利。"如此建议,是顺应技术发展、国际立法形势的结果,体现了网络环境下权利融合的趋势。该权利中不再出现"直播""转播""交互式""非交互式"等词语,一方面强调以"任何"技术手段传递作品,另一方面,不再强调装置设备和传送的信号形式,突破以技术分类设权的藩篱,完全遵循技术中立的原则,既能满足当下现实技术所带来的挑战又能考虑到未来传播技术的发展。像当下大家所关注的"网络实时转播"行为所带来的纠纷就会迎刃而解。

(2) 对广播组织转播权的扩张

作为大陆法系国家,我国著作权法实行的是"二元结构"体系:著作权与邻接权。著作权保护的是作品,作为邻接权的广播组织权利保护的是信号。对于广播组织而言,在无法获得著作权保护的情况下,广播组织权利保护就会受到重视。

首先,扩张广播组织的转播权

由于技术所限,《伯尔尼公约》《罗马公约》订约背景下,能够从事广播以及转播的组织只能是广播组织,所能采取的传播技术对应的也只能是无线电波技术,但是这并不意味着广播组织仅仅对无线广播或无线转播实施控制。随着有线广播、有线转播技术的蓬勃发展,世界许多国家通过相关立法将有线广播、有线转播纳入到法律保护中来,尤其是纳入到广播组织权利保护之中。按照技术发展——相关权利对

---

① 焦和平:《三网融合下广播权与网络信息传播权的重构》,《法律科学》2013 年第 1 期。

应规范之规律，流媒体技术的出现与发展，带来网络转播的产生与勃兴，也应带来相关立法对该转播行为的规范与保护。另外，授予广播组织对无线广播、无线转播、有线广播、有线转播等行为的控制，目的在于保护广播组织为广播、转播等活动所付出的经济性、组织性、技术性的投入，而网络广播的出现，也是对传统广播组织前述投入的无偿占有，甚至造成巨大损害。因为，毕竟无线广播、无线转播、有线广播、有线转播等传输方式在传输范围方面是有界限的，只能覆盖特定区域内的受众，如此情况下，还能将它们纳入广播组织权利中保护，而网络转播借助互联网的力量可以满足全世界范围内的网络用户接收，对于传统广播组织而言，网络转播给其带来的生存风险远超无线或有线转播给其所带来的风险，若对网络转播在法律上置之不理，传统广播组织的利益得不到相应的保护也就显而易见。尤其是，通过网络对广播节目现场转播与通过传统广播媒体对广播节目现场转播在本质上并无不同，然而就鉴于我国著作权法的规定，却使性质完全相同的两种行为仅仅因为实施的技术手段不同，而造成在法律定性上的不同，这成为典型的违背"技术中立"立法原则案例。所以，将网络转播纳入广播组织权利进行保护，不单单是为了保护传统广播组织的利益和发展，而且还是顺应技术挑战下的邻接权制度不断扩张的趋势。

其次，将"网播组织"纳入广播组织权利主体范畴

网络技术的发展带来的是网络产业的突飞猛进，目前腾讯、百度、网易、搜狐等网站的产业资产早已远远超越电视台的体量，已成为传统电视在承办体育赛事直播方面很强的竞争对手。不过，由于网播组织在著作权法中未有合法身份，所以，这些门户网站在体育赛事直播节目方面基本都是转自传统电视台信号，直接从体育赛事组织者那里获准拍摄并通过网络进行直播的情况并不多见。因此，为了实现体育赛事市场的公平竞争，将"网播组织"纳入广播组织权利主体范畴就成为必要。

网播组织是利用互联网的流媒体技术将单一来源的内容面向大众传播的组织，这类传播组织在业务上存在三种类型：一是网络同步转

播；二是网络广播；三是网络点播。也正是基于这三种业务类型，可以将它们划分为两种类型，一种是由传统广播电视台设立自己的网站，将自己的各个频道的节目内容放到网站上；另一种是各种新兴的音频、视频网站，它们在技术上（通过流媒体技术）可以实现将传统广播组织传播的承载节目内容的信号转化为数字信号。在法律层次上认定何为网播组织，世界知识产权组织工作文件对"网播组织"进行了界定①，该定义同《罗马公约》对广播组织的认识一脉相承，虽然该公约并无广播组织的定义，但明确提出单纯提供传输设备或传输经费的机构不能被作为广播组织。因此，根据该定义，并非所有的在网上提供音频或视频的网站都属于版权法保护范畴，只有同时符合以下几点特征的才属于网播组织：第一，该组织必须是法人，非法人的个人或团体都被排除在外，因此，网络上很多个人或团体设立的网站，虽然也能提供音频或视频节目，但是由于他们并非法人，所以，他们并不能被称为网播组织；第二，该组织必须对播出内容"提出动议并负有责任"，换言之，该组织对播出的内容拥有版权或获得版权人的授权，享有相应的权利以及承担相应的义务，如此一来，以盗播或未经他人授权转播广播组织节目信号，或未经授权将广播组织广播信号接收数字化后储存于服务器上以供他人点击收听或收看等为主的网站都不是这里所说的网络广播组织；第三，该组织能对播送内容进行组合及安排时间，如在有些提供点播的网站，其并没有对播送内容进行组合和安排具体播放时间，而是任由网民通过点播来确定播放时间和播放内容，这些网站不是网播组织。

成为网播组织，并不一定能成为广播组织。例如，2017年5月1-5日世界知识产权组织召开的SCCR第34届会议，对广播组织进行了定义，"广播组织"［和"有线广播组织"］系指采取主动，并对广播［或有线广播］负有编辑责任的法律实体，包括对信号所载的节目

---

① "网播组织"系指提出动议并负有责任向公众播送声音，或图像，或图像和声音，或图像和声音表现物，以及对播送内容进行组合及安排时间的法人。

进行组合、安排时间。仅通过计算机网络发送其载有节目的信号的实体不属于"广播组织"［或"有线广播组织"］的定义范围。[①] 该定义说明，以数字播送方式提供服务的广播组织和有线广播组织将受到保护，而提供与传统广播无关的纯视频点播（VOD）服务的其他组织则不受保护。另外，根据我国现行《著作权法》及其实施条例的规定，广播组织权利主体只有"广播电台、电视台"，且对此也没有相关定义或解释。不过，对应《广播电视管理条例》的规定来看，广播组织权利主体仅包括无线和有线广播组织。而无网播组织，尤其是考虑到我国政府办台的硬性要求，目前将网播组织直接纳入广播组织范畴几乎是不可能的。那么，将网播组织间接纳入广播组织权利保护范畴就成为一个重要思路，即基于类比推理而设置"准用性法条"，来弥补法律中的这个漏洞。通过在《著作权法》规范广播组织权利的条款中增加一款："对于网播组织比照前款规定。"然后在《著作权法实施条例》中对网播组织进行界定，如此规定，不仅体现公平正义，而且提高著作权立法效率并填补相关法律漏洞。

4. 对广播组织权利保护措施的立法思考

（1）中国广播组织权利保护措施的立法现状

中国 2001 年 10 月通过的著作权法修正案在第 47 条第 1 款第 6 项中对技术措施的保护作了专门的规定，但内容过分"原则"，法理上既欠周密，实践中也缺少可操作性。具体表现为：其一，未能将制造、出售、进口、传播专门用于破解技术措施的软、硬件设施作为首要的禁止对象，更未规定应承担的相应法律责任。而美国和欧盟对这一问题均进行了法律规定。也许有人会问，现行《著作权法》第 47 条不是提到了"著作权行政管理部门还可以没收主要用于制作侵权复制品的材料、工具、设备等"吗？然而我们稍加思考，就不难发现这是针对第 47 条所列的"侵权行为"及同一侵权人的，对那些专门制造、进口、出售和传播这些工具或设备而本人并没有使用这些工具或设备实施侵权行为的

[①] WIPO Doc. SCCR/34/3, (April 13, 2017).

人，著作权法没有规定任何法律责任。其二，是否禁止破解控制访问作品的技术措施的行为并没有被明确规定，同时禁止性规定是否应为限制与例外也没有被涉及。从现行《著作权法》的规定来看，控制访问的技术措施是受到法律保护的，若有人采取破解方式使用作品应受到法律的否定性评价，但是，针对该行为如何处理以及禁止到什么程度都尚付阙如。

2006年5月颁布2013年修订的《信息网络传播权保护条例》则部分考虑了这些问题，从两方面做出相应规定：一是加强对技术措施的保护，如该条例第4条不仅禁止故意避开或者破坏技术措施的行为，而且还禁止制造、进口或者向公众提供主要用于避开、破坏技术措施的装置、部件或者为他人避开或者破坏技术措施提供技术服务的行为。二是对技术措施规定了限制或例外条款，如该条例第12条规定，这些涉及技术措施的限制性条款与WIPO两个条约、美国和欧盟的有关法规相比，还存在一定的差距。

中国《著作权法》在第47条第1款第7项中专门规定了对权利管理信息的保护。与对技术措施的保护规定一样，对权利管理信息保护的规定也比较笼统，主要表现为：

第一，未规定权利管理信息的内容。这里有两层意思：一是"权利管理信息"既指著作权管理信息，也指邻接权管理信息。中国现行《著作权法》中"与著作权有关的权利人"自然包括邻接权人，但邻接权人的范围有哪些并未明示。按国际上通行的理解，邻接权人主要是就传统意义而言的，指表演者、录制者和广播组织。当然各国的规定有差异：有的仅指表演者，如巴拉圭、萨尔瓦多；有的仅指录制者，如斯里兰卡；有的指的是广播组织，如古巴；也有的指表演者和录制者，如瑞士、阿根廷；还有的指广播组织和录制者，如赞比亚、新西兰；三者都指的有中国、日本、意大利等国。[①] 2006年5月颁布的《信息网络传播权保护条例》弥补了《著作权法》的缺失，指出邻接权人包括"表演及其表演者、录音录像制品及其制作者的信息，作

[①] 参见郑成思《著作权法》，中国人民大学出版社1997年版，第51—52页。

品、表演、录音录像制品的权利人"。但是，在三网融合环境中，邻接权至少还应包括网络服务提供商（ISP）和网络内容提供商（ICP），这二者肯定会成为网络邻接权的主角。这是包括中国在内的世界各国著作权法所表现出的"盲点"。二是权利管理信息本身应包括哪些内容或者说"标注项"，中国现行《著作权法》没有规定，《著作权法实施条例》也未进行补充或解释，故应参照 WIPO 的两个条约加以补充完善。

第二，未规定具体的对权利管理信息的限制。权利管理信息本是用来保护著作权人权利的，但如果没有限制，一味任由著作权人扩张自己的权利，必然会损害社会公众的利益。WIPO 两条约考虑到了这个问题，因而在相应条款的"议定声明"中对权利管理信息作了原则性的限制。如著作权条约第 12 条的"议定声明"第 2 款指出：不言而喻，缔约各方不会依赖本条来制定或实施要求履行为《伯尔尼公约》或本条约所不允许的手续的权利管理制度，从而阻止商品的自由流通或妨碍享有依本条约规定的权利。表演和录音制品条约第 19 条的"议定声明"也有类似的规定。作为国际条约，这种原则性的规定是可以的，它给各国立法留下了空间。美国的数字化时代著作权法在这方面就规定得比较具体。作为国内层次，中国现行《著作权法》第 48 条第 7 项仅仅用"法律、行政法规另有规定的除外"来表达对权利管理信息的限制显然是不够的。遗憾的是《著作权法实施条例》对此也未进行补充和解释；《信息网络传播权保护条例》同样未涉及对权利管理信息的限制问题，使得法律既不严密，又缺乏可操作性。

(2) 对广播组织权利保护措施限制的认识

尽管对技术措施保护非常必要，但这种保护也必须有一个度，一旦超越这个度，便会损害社会公众的利益，因此法律在规定保护技术措施的同时，也必须针对技术措施规定若干限制与例外，以给"合理使用"留下必要的空间。美国 DMCA 第 1201 条对保护技术措施进行了较为详细的规定，完善中国广播组织权制度时可以加以借鉴。

首先，非营利图书馆、档案馆和教育机构的免责例外。

DMCA 第 1201 条（d）规定，这些机构在穷尽其他手段无法合理获取相同作品的复制件而破解"控制访问作品"技术措施的行为不视为侵权，但必须符合下列条件：一是图书馆、档案馆的馆藏向社会开放，公众都可以借阅；二是复制件只能复制 1 份，其保留时间不能超出做上述善意决定所必要的时间，同时，该复制件不得用于其他商业目的；三是对于规避技术措施的任何技术、服务、产品、部件和其中的零部件，这些机构不得制造或对外买卖；四是对于那些具有商业目的的初次违法行为，只要能证明自己对行为不知或没有理由知道是违法的，可以免除赔偿责任。

其次，执法、情报和其他政府活动的免责例外。

DMCA 第 1201（e）规定，政府工作人员在依法从事调查、保护、信息安全或情报等活动时可以规避技术措施。本条中的信息安全是指为了鉴别政府电脑系统或网络的脆弱性并确定其地址而从事的行为。

再次，反向工程、加密研究和安全测试。

DMCA 第 1201（f）针对反向工程进行规定，通过合法途径获得复制件使用权的人，可以破解，仅以识别"控制访问的技术措施"中必要的成分，目的在于创造一个独立的计算机软件与其他软件兼容，且必须符合下述条件，即不以获取该成分。

DMCA 第 1201 条（g）对加密研究进行规定，为了合法研究或个人学习加密技术，可以破解"控制使用作品"的技术措施，且对于加密研究成果的传播必须是为了推动社会进步、增进技术知识，而非帮助侵权或其他违法行为。同时还应满足以下条件：行为人取得加密复制件的方式必须是合法；行为人在破解前善意努力寻求版权人授权而未得；该解密行为是解密研究必不可少的环节；行为人应及时将研究成果通报给版权所有人。

DMCA 第 1201 条（j）对"安全测试"进行规定，善意测试、调查或纠正安全方面现存或潜在的纰漏或故障而接触计算机、计算机系统或计算机网络，且以改善安全措施为目的开发、生产和发行技术手段都能获得法律的许可。但是，还有一条件，即不得对被测试的计算机、计算机系统或计算机网络造成损害。

最后，个人隐私信息保护和保护未成年人的免责例外。

DMCA第1201（i）对"个人隐私信息保护"进行规定，允许行为人在无法有效制止其个人在线隐私信息被该行为人方试图访问有技术措施的网站进行收集和传播的前提下，在保护私人信息所必需的范围内，规避版权人所采取的技术措施。在保护未成年人的免责例外方面，DMCA（h）规定，如果有关技术、产品、服务或设备产生了规避技术保护措施的效果，其目的只是在于防止未成年人接触网络不健康内容的，可享受免责例外。①

另外，美国DMCA关于对权利管理信息保护的限制和关于受法律禁止和制裁的破坏权利管理信息行为也进行了规定。基于此，我们以为著作权法在保护权利管理信息时，应考虑到若干特殊情况的出现后他人侵权之免责规定，而不能一味地强调著作权人的利益。因此，中国今后著作权法修订在这方面应有以下思考。

第一，政府行为。为了国家安全、执法等目的所从事的侦查、情报收集或安全测试，政府机构对权利管理信息所实施的删除或改动等破坏行为，不被法律追责。

第二，模拟化传输。在目前新旧技术交替且并存的时代，对于广播组织所传递的模拟信号，如果在技术上不可能实现对权利管理信息的保护，或者存在可能，但由此会造成不合理的经济付出时，删除、改动权利人附载于作品上的权利管理信息的行为，不被法律追责。

第三，数字化传输。随着技术的发展，信息数字化成为当下广播组织传输的主要方式，在数字化传输中删除或改动权利管理信息而不用承担法律责任的情况必须明确：其一，对于权利管理信息的设置，广播组织与权利人之间签订同意"承载"协议，不过，若这种承载权利管理信息的行为会影响或降低该数字化信号视听质量，那么，广播组织不必履约，可以删除或改动权利管理信息而不承担违约责任；其

---

① 段维：《网络版权保护论纲》，华中师范大学出版社2012年版，第150页。

二，在上述协议前提下，若传输著作权管理信息有违政府相关规定，广播组织对权利管理信息进行删除或改变的行为不必承担违约责任。

第二节　广播组织融合监管的设想

一　融合立法以完善对互联互通的保障机制

完善电信监管的法律体系是电信、广电行业监管和互联互通监管的核心。目前中国现有的《电信管理条例》《有线电视管理暂行条例》都是难脱传统行业管理体制一家独言的弊习，不仅存在规范条文空泛难得详细可操作之弊端，使执行难以落实，而且《电信管理条例》还包括了制定权与解释权，为谋取部门利益或某个企业利益提供了依据。同时，同西方发达国家的法律规制即立法机关的文件相比，中国的法律依据即各个政府条例位阶要低。因此，非常有必要从法律制度的层次为这三个产业融合提供一个较权威的良好的监管制度，出台一部科学、明确、相互协调的融合性的法律，真正实现电信与广播电视互联互通，双向进入。另外，中国也应根据行业发展和市场竞争的情况，适时制定、更新和完善网间互联互通的技术标准、结算方法、法律法规等。

当前，有关互联互通监管规范方面的制度不仅地位不高、效力不济，而且与其他的法律制度缺乏配合的关系。此情况下立法调整就成为中国必要之选，即颁布《电信法》取代《中华人民共和国电信条例》，并将合理的部分保留下来，同时建立以《消费者权益保护法》和《行政处罚法》为配合的互联互通法律监管体系，为融合环境下网间互联互通创造良好的市场氛围，推动融合后整个行业的发展。建立以《电信法》为核心的法律体系有助于解决两方面的问题：第一是解决单独由行政法规来规范电信网间互联互通问题的局限性。《电信法》具有普遍意义，适用于所有电信行业参与者，另外《电信法》的位阶较高，可以把破坏电信市场竞争和妨碍公民通信的行为上升到违法犯罪的高度，加大威慑作用；同时增加监管机构不作为和运营企业违法的成本,在事实上起到加固互联互通底线的作用。第二是切实保障广大消费者的利益。目前,消费者因互联互通问题提起的投诉往往在运营企业之间互相踢皮球的过程中不了了之。在新法律规范体系下,《电信法》与《消费者权利保护法》等互相配合,赋予了消费者监督互联互通质量的实际权利。当然,在未来时机成熟时,在《电信法》基础上再颁布能够涵盖整个三网融合领域的《信息法》或《通信法》,针对电信网、广播电视网、互联网的物理网络进行统一管理,就成为必然趋势。

为了适应中国三网融合复杂的环境,不仅仅需要电信领域的权威法律制度的建立,而且在其他领域也需要建立权威制度,比如有必要制定《广电法》以及《互联网运行准则》《分类许可证通知》等,对广播电视业和互联网业进行有效监管,以期改变中国目前网络内容规制混乱之现状。

二 改革原有行业分管体制,建立统一管理的独立监管机构

通过分析发达国家成功经验发现,推动融合发展的一个重要路径就是建立统一的监管机构和统一的监管政策。比如,美国监管机构 FCC 就是一个融合性监管机构,对公共电信、专用电信、广播电视、无线频率等都实施监管;英国成立融合性的独立监管机构 OFCOM 替代原来的五个监管机构;日本在总务省下面设立信息通信政策局和综合通信基础局,同时监管电信和广播;韩国政府于 2008 年冲破部门阻力和利益集团的阻挠,成立了新的广播通信委员会;印度也正酝酿设立融合监管体制。可见只有统一的监管机构和法律体系才能有效应对技术、业务、产业不断融合的发展趋势和不断出现的监管新问题、新矛盾。[①]

目前中国实行的是纵向分割、部门间相对封闭规制的管理体制,

---

① 陈力、粟小牛、刘应海:《三网融合下网间互联互通监管机制研究》,《特区经济》2011年3月。

以及在此体制上建立起来的政策体系。这种体制越来越不适应三网融合的背景。因此对中国而言，建立统一监管体制的必要性主要在：第一，有利于网间互联互通的信息反馈。定期监督检查网间通信质量是各级监管部门的重要工作之一，中国原信息产业部在本行业内独立实行网间通信质量的监督检查。但是在三网融合环境下，中国电信运营商和广电企业分属工信部和广电总局监管，有可能形成网间互联质量信息反馈不畅等问题。统一的监管机构可以有效解决该问题。第二，有利于公平、高效地处理网间互联互通问题。目前，中国网间互联互通争议问题主要依据原信息产业部于2001年颁发的电信网间互联争议处理办法来解决。但是在三网日益融合，电信和广电监管权却依然分离的情况下，三网融合形成的混业经营必然涉及多个部门的监管权重叠问题，电信企业和广电企业之间的网间互联争议，就需要两个监管部门之间协商解决。因此，广电和电信的混业经营应该借鉴银行业混业监管的经验，[①] 由国家广电总局和工信部签署跨领域监管备忘并建立联席会议机制。

但是，从长远来说，我们应学习美国的FCC和英国的OFCOM融合监管机制，成立国务院三网融合领导小组，赋予其解决和决策牌照审批、法规起草、技术标准等重点问题的权力。目前中国电信运营商是垂直管理的，而地方广电部门却归属各个地方政府管辖，广电企业也多是地方性企业，因此造成各地广电部门群雄割据、门户林立的情况，并且电信运营商和各地广电部门之间经常发生利益冲突，而融合领导小组可以直接对接地方各政府，有效解决这个问题。

[①] 2003年后，国内金融机构三分天下的局面形成，证监会、银监会及保监会形成了分业监管的基本架构，但随着国内混业经营的步伐加快，特别是银行业开始大面积收购成立券商、基金和保险公司，以至于很多银行目前几乎拥有金融业全业务牌照，三会监管体制受到挑战。在这个背景下产生了三会跨行业监管合作备忘录。备忘录根据市场最新发展，对一些在监管法条或惯例上不明确的区域进行明晰；同时建立三会监管联席会议机制，其后中央银行也加入这一会议，避免四个部门之间重复监管或责任不明。罗潇：《三网融合可借鉴"混业监管"思路》，《新京报》2010年1月15日。

三　放开市场准入、遵循互联互通的监管原则

摒弃三网界限壁垒，是发达国家在信息传播领域的成功经验。很多国家在电信业务和广播经营业务之间已经运行双向准入，不过，准入变迁方式主要有两种：其一，单向逐渐过渡成双向。例如，1991年，英国颁布《竞争与选择：20世纪90年代的电信政策白皮书》，规定广电运营商在满足以下条件时可以提供电话服务：符合OFTEL指定的接入标准，或拥有全国2/3以上有线电视用户。其二，放开电信和广电，准许相互进入。如加拿大、日本、德国和印度等。但是，他们在具体实现方式方面又有所不同，前两者通过立法对融合性业务/服务的管理措施进行了明确规定；后两者的法律对此并无明确规定，但是两国的电信业已经放开视频服务，提供融合类服务上已经不存在法律障碍。通过比较分析，结合中国实际国情，笔者认为中国在放开市场准入方面应学习加拿大和日本，通过立法明确三网融合业务的管理措施，这是代表着融合类媒介政策发展的方向。

同时，在建构三网融合产业间互联互通监管制度时，我们应遵循以下四个原则：1. 公开透明原则，防止运营商采取妨碍竞争的行为；2. 实质公平原则；3. 非歧视原则，防止网间互联互通过程中的歧视行为，包括占市场主导地位的竞争者对新竞争者的歧视等；4. 技术中立原则，指无论对何种技术，都采用统一的监管政策，例如欧盟的管制框架所规定的。[①]

四　重视内容监管，但对互联网和广播电视的监管力度不同

对于三网融合产业监管而言，内容监管是非常重要的一项内容。鉴于国家安全、个人隐私、未成年人权益保护等因素，目前世界各国普遍重视内容监管。由于传播途径不同，所以，内容监管可分为互联

---

① 陈力、粟小牛、刘应海：《三网融合下网间互联互通监管机制研究》，《特区经济》2011年3月。

网内容监管和广播电视内容监管。由于互联网领域崇尚自由,而网络世界是一个以自律为主的世界,更多信赖网民自律意识和良好参与,所以,在互联网领域监管方面倡导行业自律,除非违法犯罪,内容监管通常较为宽松。不过,随着网络安全状况不断恶化,很多国家都加强了法律保护。如美国于 2015 年 12 月 18 日颁布《网络安全法》,成为美国当前规制网络安全信息共享的一部较为完备的法律,其中首次明确了网络安全信息共享的范围包括:"网络威胁指标"(Cyber Threat Indicator,CTI)和"防御性措施"(Defensive Measure)两大类,重点关注网络安全信息共享的参与主体、共享方式、实施和审查监督程序、组织机构、责任豁免及隐私保护规定等,并通过修订 2002 年《国土安全法》的相关内容,规范国家网络安全增强、联邦网络安全人事评估及其他网络事项。[①] 中国于 2017 年 6 月 1 日实施的《网络安全法》第八条明确了网络安全的工作体制,提出国务院电信主管部门、公安部门和其他有关机关依照本法和有关法律、行政法规的规定,在各自职责范围内负责网络安全保护和监督管理工作。

而广播电视内容很大程度上涉及频率资源的分配以及公民表达权、知情权等公共利益的维护,所以,广播电视内容监管较为严格。首先,在广播电视传播内容导向方面,很多国家的法律对此都有规定,比如德国广播电视州间协议规定,全国性播出的电视节目必须尊重人格尊严和人们的不同信仰,必须促进德国的统一和团结以及国际间相互理解。[②] 瑞士《广播电视法》第 3 条规定了新闻必须真实、多样,满足人民文化生活的多样性,促进舆论自由。美国 FCC 于 1960 年颁布《节目准则》,要求广播组织在制作广播电视节目时必须考虑民众的兴趣、需求和愿望,必须完善和平衡节目内容。中国《广播电视管理条例》第 3 条要求广播电视节目必须遵循"两为方针"。其次,在禁止性规范方面,很多国家将危害国家安全、泄露国家机密、隐私、破坏

---

① http://www.infseclaw.net/news/html/1219.html,检索时间:2017-1-3。
② 陈江华:《三网融合产业监管法律制度研究》,博士学位论文,安徽大学,2014 年。

民族团结、传播淫秽物品等内容视为禁止性行为加以约束。比如英国《淫秽出版物法》（The Obscene Publications Act 1959）第1条定义了什么是淫秽出版物，且该法的副标题指出，该法意在为严肃的文学作品、艺术作品、科学作品或学术作品提供保护，与此同时，为取缔色情资料提供便利。美国刑法规定，任何人在州际或对外贸易中故意出售或发布，或利用州际贸易的设施或途径，运送任何淫秽物品，便属违法。中国《广播电视管理条例》第32条对广播节目不得播出的内容进行了明确规定。再次，在未成年人保护方面，很多国家对广播节目实施分级制与控制广告数量。如韩国《广播法》第33条第3款对节目分类分级进行了规定，要求广播电视运营商在节目播出时明确该节目的等级；英国《节目准则》要求，任何频道在晚上8点前不得播出"12"级内容，晚上9点之前不得播出"15"级内容，晚上10点之前不得播出"18"级内容。

总而言之，在很多国家对于网络内容监管和广播节目内容监管采取的态度有轻重之别。我们必须看到互联网领域已摒弃自由放任不干涉原则，采取的是适度监管，不同于广播电视节目所采取的严格准入和内容监管。比如，原定将东方卫视上星播出《鬼吹灯之精绝古城》在屡屡延播后被撤销备案，原因在于原著很多恐怖地方都得到了还原，拍得太写实，需要删减地方太多；广电不允许盗墓，属于内容违法。但是，到目前为止（2017年1月5日）这并没有妨碍该剧成为腾讯视频网络热播剧。另外，在全球范围内，融合式监管体制已经成为媒介产业发展的一大趋势，但是这并不意味着我们可以照搬国外的监管模式。从历史上看，广电总局和工信部作为各自行业的政府管理部门已经运转多年，彼此在权力界限、合作模式、标准的制定和审批等环节上的坚冰一时还难以融化。因此中国应在借鉴国外融合类管理体制运作经验的基础上，充分考虑自身现实国情，以手机电视、IPTV等业务交叉的典型业务为突破口，有计划、分步骤的加以实施。

第三节 广播组织权利立法及监管 应遵循的基本原则

一 技术中立原则

（一）技术中立原则的产生及其原因

技术中立原则最初是在 1999 年欧委会通信审查报告（1999 Communication Review）中提出的，"立法应当界定其要达到的目标，既不应该强迫使用，也不应该歧视性地偏向使用某种特定的技术，以达到前述目标"。[①] 由于技术中立原则的表述非常抽象，就留下了很大的解释的空间，市场主体、政策制定者和立法者都根据各自的需要赋予了该项原则不同的含义。该项原则提出以后，受到电子通信部门的广泛关注。这是因为当时欧盟正在经历着电信、媒体和信息技术的融合。这些曾经独立或者说封闭的部门开始逐渐使用相同的技术，极大地影响了政策制定者对上述领域监管的认识。融合趋势产生之前，传统的电信部门主要是通过自有的传输网络在用户之间传递声音；而传统的广播电视部门则通过地面、有线和卫星传输节目内容。虽然这两个部门的业务看似有交叉，即都是用不同的传输方式传播信息内容，但是由于技术本身的限制，不同的传输网络之间无法实行交换，从而这两个部门各自实行独立的监管。随着技术融合成为可能，不同部门的信息内容可以通过多种网络进行传输，其带来的后果就是，传统电信部门可以直接与广电部门和新兴的互联网服务提供商进行竞争。由于监管改革的步伐没有跟上技术融合的速度，因此监管框架仍是部门特定的，相互竞争的企业同时受到不同监管制度的调整。由于担心监管方面的混乱会造成自身在竞争中的劣势，一些企业开始提出技术中立的要求。

[①] "Towards a New Framework for Electronic Communications Infrastructure and associated Services"，又称为"1999 Communication Review"，技术中立原则作为该报告提出的五项原则中的第四项提出（http：//eur-lex.europa.eu/legal-content/EN/ALL/? uri=URISERV：l24216）。

技术中立的要求是否合理呢？从经济学的角度看，市场失灵是导致政府干预市场的主要原因。所谓市场失灵，简单说，就是市场自身不能有效地分配货物和服务了。举例来说，融合之后，电信部门也可以通过自己的网络传输广电节目，在广电部门的节目传输受到比电信更为严格的内容监管的情况下，一部分广电的内容就会转而寻求在电信网络上进行传播，即便后者的播放质量不如前者。在融合的情况下，广电和电信这两种接收方式可以互相替代了，因此二者成为市场上的竞争对手，但是在传统各自独立的监管框架下，内容产品就能按照消费者偏好加以分配。技术中立的监管方式会同等对待不同的接收方式，给消费者更大的选择权，这在一定程度上就能解决市场失灵的问题，同时还不会破坏公平的市场竞争。再如，随着三网融合的推进，广播电视和互联网电视之间的竞争日趋激烈，如果按照技术特定的监管方式，那么传统广电组织作为节目传播者往往受到更大程度的监管，从而也需要负担更多的成本，而互联网电视在节目传输方面若受到的监管较之广电更少的话，那么互联网电视就有可能在竞争中胜过广电，不是因为前者更优越，而是因为它受到的监管比较少。这样就会破坏公平的市场竞争。

技术中立原则的出现有四个根本原因：

首先是对非歧视的需要，如前所述，技术融合和数字化技术使得市场上提供相同服务的竞争者处于不同监管框架之下，为了给竞争者创造一个公平的竞争环境，就需要建立在非歧视基础之上的技术中立原则，从而保障技术融合条件下市场上的公平竞争。基于非歧视性的技术中立原则可以尽可能简化监管的复杂性。

其次是可持续性，新技术不断涌现并彼此替代，这给立法者和监管者带来了很大的困惑。他们无法在技术快速更新和替代的情况下进行相应的立法和监管，因此技术特定的立法和监管思路就不再适应新的情况。如果立法者和监管者不想每几年或每几个月就更新一次法律或监管政策，那么他们就应该避免基于技术本身制定法律或监管政策，从而可持续性立法和监管的思路成为必要。基于技术中立原则的法律和监管政策可以对技术的变化表现出必要的灵活性和开放的态度，并且能够在一定程度上经受住时间的考验。

再次是效率，经济学分析已经证明，技术特定的监管对于静态效率，特别是动态效率具有消极影响；但技术中立的监管则对动态效率具有积极影响，从而对电子通信领域中迫切需要的创新和投资都会带来积极影响。这也解释了，为什么说效率因素是倡导技术中立的重要原因。[①] 从追求效率的视角出发，把技术中立原则应用于立法框架是个十分复杂的过程。由技术驱动的三网融合是一个动态的过程，在这个过程中需要能够对技术发展和不断变化的市场环境做出回应的规则。而基于效率的监管规则能够随着不断变化的市场环境而变迁，以避免产生无效监管的后果。

最后是消费者确定性。以上三种技术中立背后的理念都是从供应方进行分析的，不足以全面阐释这个监管原则，因此还需要从消费者的角度加以分析。我们仍然以电信部门为例，三网融合可以使一项服务以不同的方式进行传播，但同时也模糊了不同服务之间的界限，比如广播和网播。观众习惯了广播的监管规则，当他面对网播的时候，他会觉得这两种节目传播方式很类似，因而想当然地以为网播的监管规则与广播一样。所以，父母可能会认为网播的内容监管也像广播一样地保护青少年不被不良内容影响，而实际上，目前各个国家对广播的监管都远远严格于网播。再如普遍服务，这是在固定电话网络普及的年代诞生的一项原则，因此按照传统的理解，该原则仅适用于固定电话网络。但是今天，移动通信网络和固定电话网络日益融合，如果还按照技术特定的监管思路，就不利于融合业务的发展。

FCC 在 1999 年就提出，竞争、投资和技术中立是电信业发展的三大驱动力之一，是促进技术发展的必要激励政策。监管者不应当倾向于选择某项技术，而应当创造一种环境，鼓励各种不同技术和行业部

---

① Ilse Van der Haar, Technological Neutrality: What Does It Entail, p. 24. http://papers.ssrn.com/sol3/papers.cfm? abstract_id=985260.

门之间进行竞争和创新。美国在技术中立原则下发展了多种技术方式和融合方式的宽带网络。①

(二) 技术中立原则在立法和监管中的体现

法律的不同领域都表现出了对技术中立的迫切需要，先是电子商务法和电信法，现在是著作权法。世界知识产权总干事弗朗西斯·加利说，"为了回应技术进步而发展出来的技术以及商业模式中立的理念"是数字技术和互联网时代所急需的一项重要的原则。技术中立可以阻止著作权人企图保持建立在落后技术之上的商业模式。②

为什么要在著作权法中适用技术中立原则呢？主要有以下三个原因：一是应该由立法机构而不是法院来决定是否把新传播技术带来的利益也给予著作权人；二是法院和立法者都不应该把著作权法用作控制传播技术的手段，以帮助在位的传播者获得与其竞争的新传播者更多优势；三是技术不应该成为调整人们使用受著作权保护客体的直接手段。

在加拿大立法领域，技术中立的原则已经体现在若干领域，包括电子商务法和电信法。近年来，著作权法对技术中立的呼声也日渐高涨。一是因为立法者需要确定，是否把新传播技术带来的利益给予著作权人。二是需要明确法院或立法者都不能把著作权法用作控制传播技术以偏向在位传播者而不利于竞争的新传播者的手段。最高法院近些年审理的案件体现出了技术中立原则，其目的是要维持作者和作品使用者之间传统的利益平衡关系。

总之，在中国技术中立原则的确立具有非常重要的现实意义。因为将技术中立原则嵌入对传统电信网与广播电视网实施管理的过程，不仅能有效协调广电总局与工信部之间的分工，实现对资源进行统一规划管理，还能促进技术融合，鼓励技术创新。

---

① 范洁：《美国三网融合发展现状及监管政策分析》，《广播与电视技术》2010 年第 10 期。
② Francis Gurry, The Future of Copyright (lecture delivered at the Blue Sky Conference, Queensland University of Technology, 25 February 2011). (http: //www. wipo. int/about-wipo/en/dgo/speeches/dg_ blueskyconf_ 11. html) .

另外，面对上述种种困境，我们认为根源在于我国著作权立法所采取的技术主义立法路径造成的，针对无线或有线电缆广播技术设立"广播权"，针对交互式互联网传播技术创设"信息网络传播权"，试图将所有非交互式的传播方式纳入广播权范畴加以调整，而将所有交互式传播方式纳入信息网络传播权范畴加以规范，但是非交互式的传播除了传统电磁波或有线电缆可以实现外，通过互联网也可以进行；交互式的传播除了通过互联网外还可以通过其他途径实现，如电话语音点播，如此情况下与此对应的权利：广播权和信息网络传播权之间的衔接就会出现空白，网络实时转播竟没有合适的权利加以保护，法律保护的漏洞也由此而生。正基于此，我们认为，法律在界定一种行为时，不能仅仅依据赖以实施的技术手段，而要将该行为的目的与结果作为考量的标准，比如，无论无线电波、有线电缆还是互联网，传递信息的目的都是为了消除公众不确定性，满足公众的各种需求，且对于公众而言，传递的结果或效果也是一样的，那么，通过不同技术手段的无线电波、有线电缆、互联网来传播信息，在法律上就不应区别对待，否则正当性阙如。因此，我国著作权法在这方面完善时，不应再纠结于技术手段的不同、传播媒介管道的差异，而应彻底贯彻技术中立原则，秉持开放性和包容性的立法态度，摒弃修修补补、被动应对技术更新的做法，着眼于融合技术未来走势，设置一项"融合权利"。

在这方面，WCT 第 8 条贯彻了"技术中立"原则，为作者创设一项全面保护传播方式的向公众传播权。根据《〈关于文学和艺术作品保护若干问题的条约〉实质性条款的基础提案》对"向公众传播权"的解释，我们可以看出，世界知识产权组织赞同，不问传播技术如何（不论是电磁波技术还是卫星技术，是有线电缆技术还是互联网技术，是始终一种技术还是两种或两种以上技术交替使用，都包括其中），也不问传播方式如何（不论交互性还是非交互性，是直接还是间接，都包括其中），只要将一作品从一个地方传播到另一个地方，那么该传播作品行为就应被纳入该权利控制。欧盟在制定《信息社会版权指令》时采纳了 WCT 的做法,其第 3 条第(1)款基本上沿袭了 WCT 第 8 条的规定,特别是该指令序言中第 23 段还对本款进行了解释,明确指出"向公众传播权"包括了所有的传播行为。

还有一些国家的国内法对此采取了"技术中立"原则,例如,美国《版权法》对"广播""网络传播"行为的规范采取将发行权和公开表演权结合的方式进行立法,该法第 101 条规定明确无误地包括了"广播"和"信息网络传播"的内容,强调"利用任何装置或方法"都能被纳入该权利保护范畴。另外,英国《版权法》第 6 条第(1)款、法国《知识产权法典(法律部分)》第 L. 122 - 2 条、意大利《著作权法》第 16 条第 1 款、日本《著作权法》第 99 条等对此规定,基本上都忽略传播技术的差别,采用"一切""任何"等词语表示传播方式的广义性。

二 网络中立原则

所谓网络中立,是指在法律允许的范围内,所有互联网用户都可以按照自己的选择访问网络内容、运行相应程序、接入设备、选择服务提供商。该原则要求平等对待所有互联网内容和访问,防止运营商从商业利益角度出发,控制传输数据的优先级,保证网络数据传输的中立性。[①] 该概念中的"网络",是指各种网络运营商,包括电信运营商、有线运营商以及各类宽带业务提供商;"中立",指网络运营商对所传输的数据只承担传输责任而不必考虑传输的是什么数据或谁的数据;尤其要平等对待所传输的任何数据,不能给予这部分数据传输优先权而给予另一部分数据传输限制。因此,网络中立原则下,不同数据传输过程中网络应保持一视同仁、不偏不倚的中立状态。

网络中立的内容主要包括四个方面:一是内容中立;二是价格中立;三是发送者中立;四是信息诚信。网络中立认为网络是一种公共基础设施,任何人都能平等地在互联网上传输数据,电信运营商不得

---

① 燕道成:《"网络中立":干预性的中立》,《当代传播》2012 年第 4 期。

对互联网数据流量有任何歧视性限制或收费，使服务产生差别。网络中立性的要义就在于将网络视为基础工具，任何人都可以平等使用。

（一）网络中立的由来

网络中立（network neutrality）理念由来已久，可上溯至1934年的美国电信法，其规定任何电话公司不得阻碍接通非本公司用户的电话。1996年的美国电信法把网络中立的理念扩大到网络环境。本书范畴内的网络中立概念是由华裔法学教授吴修铭于2002年首次提出；他将互联网比喻为电网，任何电器均可自由接入电网，电网则中立地对各种电器提供电力，中立使电网成了各种用电设备的创新平台。网络中立的理念认为互联网也应该像电网一样中立地为用户提供服务，成为用户的创新平台，从而应该禁止对互联网应用的控制和歧视性对待，坚持自由和开放，而这也是互联网的价值所在。网络中立的目的就在于网络运营商公平且无歧视地提供传输服务，无条件地承载任何信息资讯与应用程序。网络的中立性实质就是非歧视性的互联互通，就好比高速公路，对于所有遵守交通规则的车辆，无论贵贱，都允许它们自由通行。立法之于网络中立原则，就是在法律条文规范下，所有网络用户都可自由选择访问什么网络内容、运行哪些应用程序、接入何等设备、选择哪些服务提供商。该原则的实施，就是要求平等对待所有互联网内容和访问，禁止网络运营商以商业利益至上推行传输数据的优先级别，真正实现网络传输的中立性。

（二）网络中立的管制

市场经济强调市场选择，网络中立也不例外。但是，市场选择并非永远正确，也有可能选择出最差的技术长期占领市场，因为较差技术的网络效应导致的锁定作用促使消费者无视更好技术的存在，从而造成市场选择失败。另外，这种市场失灵，还在于大多市场主体无视社会整体利益而仅关注自身眼前微观利益，且市场机制本身自发难消垄断，阻碍了技术竞争和技术平等的实现。如此情况下，政府干预也就师出有名，成为不可缺少的前提条件，即网络应该被规制，以免进入一种无政府状态。监管者对网络发展的干预可以通过经济手段、法律手段和必要的行政手段实现。

　　从社会目的来看，运营商和网络服务商正通过控制和过滤网络内容而越来越多地承担起守门员的角色。从好的方面来说，他们可以帮助用户过滤垃圾邮件，阻断恶意程序等，而从坏的方面来说，他们从自身利益和偏好出发，对不同资讯内容进行排序、筛选或删除，侵犯公民对资讯的获得权，并威胁到网络的开放与多元。从以上方面看，网络中立管制的关键在于为广大公众提供表达意见的平台，避免运营商和网络服务商因自己的偏见而歧视、过滤或控制某些信息、言论，从而维护网络言论的多元化。当然任何情况都有支持和反对的意见，反对网络中立管制的人则认为，网络中立管制侵犯了运营商和网络服务商等作为新媒体的编辑裁量权。[1] 这个观点的偏颇之处在于，它忽略了运营商和网络服务商的利益驱动本质。他们根据自身的商业利益，需要用贴合主流的言论来吸引用户，因此有动机对不符合其商业利益的言论和事实进行忽略和压制。在非中立的网络环境中，运营商和网络服务商等往往具有显著的意见支配力量，因此有可能滥用其技术、经济优势地位实施差别待遇。政府如果放任他们去进行自我约束和管理，几乎不可能实现媒体自主性的效果。因此有学者指出，信息传输者作为传输管道的功能远远高于其作为意见表达者的功能，法律更需要关注对信息自由流通的保障。[2]

　　从经济层面来看，网络中立管制的核心在于通过创造公平的市场竞争环境来促进科技创新。就像高速公路的比喻，网络中立要求给予创新者，无论其资历深浅、规模大小，以在网络市场上公平竞争的机会。在一个非中立的网络市场环境下，运营商可以向内容商和消费者实施差别对待，比如采用分级服务收费模式，根据不同服务质量收取不同的费用。这样固然会刺激运营商扩大对网络基础设施的投资，但

---

[1] Kathleen M. Sullivan, First Amendment Intermediaries in the Age of Cyberspace, 45 UCLA L. REV. 1653, 1670 – 1673 (1998).

[2] Phil Weiser, Toward a Next Generation Regulatory Strategy, 35 LOY. U. CHI. L. J. 41, 65 (2003).

是也会打击内容提供商的创新积极性,以及破坏市场竞争环境,限制有潜力的科技创新。网络创新产品研发风险较大,投资收益率不高,需要互联网提供低成本的营运环境,而价格歧视会推高网络科技的创新成本。另外,允许运营商实行差别对待,则有可能导致其利用自身稳定的优势地位,歧视小型初创企业,从而对竞争环境构成威胁。可见,从经济层面上考虑,网络中立要解决的重点问题是消除市场准入障碍。另外,网络中立管制的核心在于适者生存的市场竞争最能促进科技创新,因此政府应当确保创新者无论其规模、资历如何,都能在网络市场上享有公平竞争的机会。不中立的网络市场环境允许网络运营商对内容提供商和消费者实行差别待遇,这样的好处是可以刺激网络运营商扩大对网络基础设施的投资,提高信息服务质量;缺点是,首先抬高了网络科技创新的成本,不利于激发网络内容提供商的创新积极性,其次是限制了科技创新的潜力,破坏了市场竞争,因为网络环境也适用适者生存的逻辑,只有在自由和公平竞争的环境下,才能保证最好的创新者存活下来。由于运营商有能力决定众多网络竞争市场主体的输赢,因此被视为潜在的防范对象。比如说,运营商利用自身的优势地位,歧视初创的小企业而偏袒具有实力的企业,则会对竞争环境构成威胁。只有保持网络中立,才能避免歧视性待遇阻碍互联网创新,并为所有的市场主体,不分大小,提供一个公平的竞争和生存环境。因此可以说,经济层面的管制主要是解决市场准入的问题。但是也有人反对网络中立管制,认为这会打击网络运营商升级换代、推出下一代网络服务的积极性。

2010年底,美国联邦通讯委员会通过了维护互联网开放性指令,确立了网络中立管制三原则:一是透明性,要求服务商及时披露网络服务信息,目的是促使运营商忠实履行社会责任,避免其隐瞒或提供虚假信息;二是禁止屏蔽,禁止运营商对特定用户进行封堵、截留,防止运营商擅自筛选传输内容,妨碍网民的言论自由;三是禁止不当歧视,不允许运营商出于商业考虑,对特定群体进行价格歧视,体现了价格中立的要求,保护消费者公平分享网络资源的机会。指令通过一周后就遭到威瑞森（Verizon）公司的起诉，主张网络中立管制违法无效。事实上，网络中立原则的反对者基本上都是威瑞森这样的电信和互联网接入服务巨头。一来他们抱怨自己在建设网络基础设施的同时利益却被边缘化了，二来他们也想自己从事内容提供服务。威瑞森公司提出FCC没有法定管制权，分析了差别待遇未必损害社会整体利益，以及网络中立管制侵犯了运营商的言论自由等观点，并且受到哥伦比亚巡回上诉法院的支持，判定撤销维护互联网开放性指令的相关条款。随后联邦通讯委员会于2014年5月宣布拟放松网络中立管制，撤销禁止屏蔽和禁止不当歧视等原则，运行运营商实行流量限制、优先权等差别待遇。但是FCC的这些决定又引发了网络中立的支持者和众多网民的反对。美国总统奥巴马也于2014年11月向FCC施压，强调网络中立管制是不可放弃的底线。2015年2月，联邦通信委员会修改了维护互联网开放性指令，修改后的指令成为惠勒法案，基本保留了网络中立管制的要求，包括不得封阻、限速，以及不得价格歧视等。

考虑到正反两方面的意见，美国自威瑞森案以后发展出一种"原则管制、例外不管制"的规则，即法律原则上坚守网络开放与公平的价值，但同时又以利益平衡为中心，承认网络中立管制存在例外的情形。历史发展表明，正是网络平台的中立性才造就了网络产业的高速发展。社会若想稳固地保持互联网的开放和发展，就不应该以牺牲网络中立为代价，对网络的管制放松采取冒进的态度。因此法律应该在原则上固守网络中立的立场，避免不当的差别对待对科技创新和社会公益造成冲击。不过政府的网络中立管制一旦影响到运营商对其基础设施的使用和收益，就构成对私人财产的准征收，需要给予适当的补偿。①

美国网络中立管制论争的焦点在于：当互联网的管制架构随着技术事实的变动而调整时，这项变革如何在法规体系上获得合法解释？②

---

① 吴亮：《网络中立管制的法律困境及其出路——以美国实践为视角》，《环球法律评论》2015年第3期。

② 同上。

由于网络具有公共产品的特性，因此从管制网络的目的看，政府希望能够实现以下两项公共利益：一是从社会目的方面，避免言论同质化，促进信息自由流通与公民言论自由，实现文化多元价值；二是从经济层面看，促进网络科技创新并维护社会整体福利，实现互联网产业的长远发展。

网络中立支持者与反对者的立场和出发点注定无法调和。任何一项网络监管政策在本质上都是相关利益群体不断博弈的结果，并随着社会环境的变化和管制双方的互动而改变，干预的网络中立仅仅是目前一个制度均衡的解决方法，未来必然要接受公共的选择和实践的考验。在世界各国从放松管制到收缩管制的转变过程中，在互联网、广播电视网和电信网相互渗透、相互兼容并逐步整合又充满矛盾的竞争下，如何保持 ICT 行业的持续发展，成为一个现实的问题。[①]

（三）中国网络中立的立法管制

美国在网络中立管制过程中暴露出来的问题也同样存在于中国，包括：一、运营商针对消费者的歧视，如微信收费事件；二、运营商和网络服务商之间的互相歧视和不公平竞争行为，如奇虎360插标案；三、运营商和网络服务商的网络言论与信息审查，如百度竞价排名事件。因此中国也开始尝试引入网络中立的理念管理歧视待遇的行为，一是为了保护消费者权益，二是为了保护互联网产业的创新和市场公平竞争环境。中国体现网络中立理念的法律包括：2014年修改的电信条例，提出加强对电信业务经营者自费行为的监管，建立健全监管规则；工信部出台的《互联网信息服务管理办法》和《规范互联网信息服务市场秩序若干规定》，这两个法律文件细化了网络服务提供者对企业或消费者的侵权认定标准。这些规范在一定程度上填补了法律空白，在执法监管和解决纠纷方面发挥了指导作用。考虑到互联网产业发展的现实需要，适当的流量管理和额外收费等差别待遇也有助于维护宽带上网品质，因此如何把握这种尺度成为一个现实的问题。例如，

[①] 燕道成：《"网络中立"：干预性的中立》，《当代传播》2012年第4期。

移动运营商的"定向流量收费服务"等价格歧视行为是属于技术创新还是不正当竞争？网络电商之间的排斥行为是否构成"恶意干扰"？互联网运营商和网络服务商可以在何种程度上采取屏蔽和阻断流量等干预措施？以及工信部的互联网行业管理该如何与消费者保护以及反垄断法等机制相互衔接？这些问题正待中国法律和政策界的有识之士给出答案。

借鉴美国网络中立管制的经验，中国在当前立法过程中应注意以下几点：第一，在互联网立法中尽快引入网络中立管制规则，可以借鉴美国的"原则管制、例外不管制"的操作模式。第二，加强对违反网络中立行为的执法监督机制，实现理想的事后监管。第三，完善违反网络中立行为的公正司法机制。第四，加强对运营商和网络服务商实施网络审查行为的监管。中国正处于社会转型期，为了保障社会稳定，中国实行的是"政府为主，网络服务机构为辅"的资讯管控政策。网络服务提供者，包括运营商和网络服务商在网络内容审查方面需要承担积极作为的义务，对网络谣言拥有删除、屏蔽和断开链接等权利和义务，如其知道侵权行为而不及时采取措施，需要就损害扩大部分承担连带责任。因此目前，中国网络服务提供者的地位是不中立的。由于中国法律法规中的一些禁止性规定用语模糊，缺乏明确的边界，造成网络服务提供者为了规避连带责任风险而更青睐于预先审查，以删为主的工作作风，过度钳制了网络的言论自由。此外由于法律的不完善，网络服务提供者也可能会利用自己的审查义务谋求自身利益，不当操控网络言论环境，例如有偿删帖，竞价排名等。为了避免言论钳制行为产生所谓的寒蝉效应，国家应积极干预、制约网络服务提供商的不当行为，保护网络的中立与开放性。第五，强化平等透明的网络服务机制，确保信息自由流通。目前中国网络市场具有高度集中的特点，竞争并不充分，运营商和网络服务商都想方设法对互联网的流量与内容施加影响，试图将自己的收益与内容控制挂钩，这就要求政府部门加强网络服务提供商的信息披露义务，向社会说明其实施差别对待的合理性。

网络中立在立法中遇到的困难可以有如下解释：一是移动互联网的特殊性。移动互联网日益成为网络传播的主要渠道，全球移动数据流量在2013年比上年增长了81%，其中53%是移动视屏，这一比例到2018年将达到69%；2013年的移动数据流量中，来自智能手机的比例为62%，2018年将达到68%。这意味着移动运营商将成为用户的主要网络接入提供者，世界进入了移动传播时代。移动互联的带宽天生受限，在这种情况下，完全不受干扰的中立网络很难实现信息的有效传递。[①] 2010年FCC通过的网络中立指令确立了网络中立三原则，即透明性、禁止屏蔽和禁止不当歧视。前两个原则同时适用于移动和固定互联网运营商，而第三个原则只针对固定互联网运营商。这说明FCC早已认识到严格的网络中立不适合移动互联网领域。二、网络中立与投资创新构成新矛盾。在传统的互联网生态中，互联网产业链主要由三个主体构成，即运营商ISP提供传输通道与应用、内容提供商ACP为用户提供内容服务、终端用户只为接入网络支付费用，各方利益保持基本平衡。但是，随着内容提供商ACP发展壮大，运营商ISP日益感到自己正逐渐沦为"哑巴"通道，原因在于他们对网络基础设施的投资几乎不能从终端用户的缴费中获得平衡；而带宽升级后，ACP却可以给用户提供更多需要更高带宽的服务，并从中获益。从而传统的利益平衡被打破。

因此，如果想实现网络中立，追求技术中立，就必须把维护公众利益作为政策选择的主要目标。在实际的政策制定和立法实践中，实行绝对的中立还是运行歧视对待应该取决于公众利益的最大化。如果严格的网络中立导致投资减少，创新不足，则会损害行业的长远发展和公众的根本利益；如果允许歧视性对待就应有配套的监管措施。

三 利益平衡原则

通过40年的改革，中国建立了市场经济的基本框架，但是与之配

[①] 邹军：《网络中立：美国立法之困及启示》，《新媒体研究》2014年第12期。

套的利益均衡机制还没有建立起来。三网融合以后，广播市场的利益主体会越来越多元化，引发不同利益主体之间的利益矛盾，要科学有效地协调利益关系，就需要适应利益平衡原则。

(一) 广播组织与广播内容权利人的利益平衡

在商品经济社会，人们为之奋斗的一切都同他们的利益有关。① 利益与权利息息相关，权利最直接地体现为利益，利益被认为是法律背后的实质性因素。法律中的权利实质上反映着法律所调整和确认的各种利益。利益背后反映的实际上是一种社会关系，即利益关系。利益关系是在一定的社会中，人们为了满足自身的生存和发展的需要，在追求利益和创造利益的过程中，必然发生的一定的社会关系。人们的社会实践蕴含着利益追求，因此，观察社会的方法中利益分析法不失为一种非常重要的方法，即通过对某一社会复杂的利益关系进行分析，可以归纳、提炼、总结出该社会关系中人们的利益动机以及解决人们间利益冲突的方法，最终为各个利益主体实现利益最大化提供保障。②

平衡是一种普遍的社会现象和要求。根据辞海对平衡的解释，③我们可知，平衡是一种暂时的而非绝对的现象和状态，其随时都有可能被打破，而对于平衡的维护与追求反映了人们对于和谐、平等等人类崇高价值的向往。况且，从平衡到不平衡以及从不平衡到平衡的反复过程，正体现了平衡的发展规律。因此，在社会关系中尽管人们对平衡的向往与追求持续而强烈，但是人们之间的冲突或不平衡却很难完全避免，且各种冲突的实质表现为利益的冲突，因为"利益就其本性说是盲目的、无止境的、片面的。一句话，它具有不法的功能"。④

广播组织和广播内容权利人之间的利益冲突就表现为广播内容权

---

① 《马克思恩格斯全集》（第1卷），人民出版社1995年版，第187页。
② 冯晓青：《知识产权法利益平衡理论》，中国政法大学出版社2006年版，第1—3页。
③ 辞海亦称'均衡'，指矛盾暂时的相对的统一或协调。事物发展稳定性和有序性的标志之一。平衡是相对的。它与不平衡相反相成，相互转化。一般可分为动态平衡和静态平衡。《辞海》（缩印本），上海辞书出版社1999年版，第51页。
④ 《马克思恩格斯全集》（第1卷），人民出版社1956年版，第179页。

利人为确保自己的利益而抵制广播组织的利益要求。

从前面的内容不难看出，对广播的保护最初是以作者的利益为中心的，直到《罗马公约》的签订，广播组织权利才开始写入法律。但是《罗马公约》第15条对广播组织基本权利的规定也是以对作品的控制为基础的。当时之所以没有就广播组织权利客体（是传播的内容还是广播信号？）做出区分，主要是因为在以无线电传播为主要手段的模拟信号技术条件下，不存在信号盗播的问题。广播组织的盈利模式是以政府补贴和广告收入为主。广播组织和作者、表演者及音像制品制作者之间的利益关系相对稳定。但是有线传播技术和卫星传播技术出现后，广播组织的营利模式变为以订户的收视费和广告收入为主，在这种情况下，信号盗播的现象开始出现并且损害了广播组织的利益。在数字网络技术蓬勃发展的今天，对信号的盗播和各种传播更加损害了广播组织的利益。广播组织为了自身的利益就会要求法律确认它们所享有的权利，并且会采取一些措施来自行防止信号盗播现象给他们带来的损害。广播组织的这种举动势必会引起作者和其他内容权利人的反对。作为既得利益者，作者和其他内容权利人不会轻易放弃既得的权利。实际上，给广播组织规定权利就意味着广播内容权利人要让渡出一部分权利。而允许广播组织采取防止盗版的技术保护措施和权利管理信息并对此立法给予保护就等于允许广播组织对广播的内容施加一定的控制。这对于广播内容权利人来说，实质上就是在他们原有的权利上又增加了一层新的权利。从目前世界知识产权组织就广播组织条约谈判的情形来看，广播内容权利人丝毫没有让步的意思。

从广播组织的角度来看，信号盗播现象的出现和数字网络技术的发展确实给他们造成了严重的损失。广播前信号或者播出后信号被盗播并且在网络上广泛传播的情况使很多广播组织的收视率下降。收视率下降就意味着订户减少和广告收入减少。目前各国广播组织的具体情况相同，但是多数国家的广播组织正朝向频道专业化的方向发展。对于以营利为目的的商业频道来讲，他们由于对频道的经营投入了大量的资金和劳动，因而有理由要求对其劳动的产品（也就是广播节目)进行保护。当然,广播组织作为一个拥有众多工作人员,资金比较雄厚的法人,比起松散的作者、表演者和音像制品制作者等广播内容权利人来说相对具有更强的力量。如果赋予广播组织过强的权利,就很可能会导致广播组织和广播内容权利人之间的利益关系向广播组织一方倾斜。这样也不符合利益平衡的要求。在这种情况下,不能因为广播组织本身具有较强的社会实力,就拒绝对其应该享有的权利进行确认和保护。笔者认为,针对这种情况,应该以利益平衡作为目的,一方面在赋予广播组织相应权利的同时对其权利的限制做出周密的安排,另一方面广播内容权利人也可以按照类别成立不同的协会以壮大自身的力量。这样不管是从社会势力方面还是从法律规定方面在广播组织和广播内容权利人之间都会在新的技术条件下形成新的平衡。

(二) 广播组织权利与公共利益之间的平衡

从宏观上讲,一个社会之所以成为社会,必然具有其一致性的整体利益。正是这种整体利益,把不同的个人、不同的社会组织、不同的阶级和阶层凝聚为一个共同体。这种整体利益常被称为"公共利益"。但从中观和微观上讲,社会又是一个利益多元体系,人民在具体利益层次上必然会存在各种利益矛盾和冲突。这些利益矛盾和冲突是通过法律这个调节器来调整的,法律关系的设定无非反映了现实的利益冲突。[①] 正如利益法学派赫克所言[②],法不仅源于为利益而斗争,而且代表着一种利益冲突,追求着一种利益平衡。

对公共利益给出规范的定义很困难,因为它并不像其字面所显示的那样简单,它是一个常常被各方利益群体加以利用的概念,尤其是在市场经济条件下,众多利益群体纷纷利用"公共利益"以实现自身利益的合法化和正当化。所以,公共利益是一个很复杂的概念,在不

[①] [美]汉娜·阿伦特:《人的条件》,竺乾威等译,上海人民出版社1999年版,第26页。

[②] 法的每个命令都决定着一种利益的冲突:法起源于对立利益的斗争。法的最高任务是平衡利益,此处的利益包括私人利益和公共利益,物质利益和精神利益。参见张文显《二十世纪西方法哲学思潮研究》,法律出版社1996年版,第130页。

同环境、不同目标、不同使用者、不同利益群体甚至不同的技术条件下，会有不同的内涵。

在规范传播产业的法律中，公共利益一直以来就是一个"既模糊又引发争议"的概念。其模糊性在于，无论在法律条文中还是在案例判决中，都没有对公共利益给出一个恒定的和具体的判断标准。因此，对公共利益内涵的界定常常被那些有着相关的自身利益，而且又有话语权能施加其影响力的人所左右。[1] 那么，广播组织正是利用影响公共利益的内涵界定来正当化和合法化其自身利益的组织。由掌握话语权的人根据自身的需要来界定公共利益，无疑会使公共利益具有弹性和功利色彩，其最明显的表现之一就是给法律规范的制定者以很大的空间。例如，在美国1927年广播法制定前，当时还未当选总统的胡佛在演讲时强调"天空是一种公共传媒，它的使用必须是为了公共福祉的需要。只有在公共福祉存在的情况下，电台频道的使用才具有正当理由"。[2] 但是关于怎样才是服务公共利益却没有具体解释。事实很明显，对于像胡佛这样的改良主义的广播法制定者来说，不符合进步主义思想的就不符合公共利益。胡佛当选总统后的决策比较偏向大企业，于是公共利益标准就反映了广播业者对公共利益的认识。[3]

任何一个国际条约或一部国内法律法规的制定过程都是一个各方利益讨价还价的过程。广播组织从诞生之初，不管是作为公共服务的部门还是以营利为目的的企业，一直都是社会上实力强大的机构，据估算，在2000年美国的传播产业价值8000亿美元，是美国经济的一

---

[1] Patricia Aufderheide, *Communications Policy and The Public Interest: The Telecommunications Act of 1996*, Canadian Journal of Communication, Vol. 25, No. 3, 2000, p. 13.

[2] Erwin G. Krasnow & Jack N. Goodman, *The "Public Interest" Standard: The Search for the Holy Grail*, 50 Fed. Comm. L. J. 605 (1998).

[3] Mark Goodman and Mark Gring: The Radio Act of 1927: *Progressive Ideology, Epistemology, and Praxis*, in Rhetoric and Public Affairs, published by Michigan University Press, No. 3, pp. 397 – 418.

大支柱;① 而与之相对的公众则相对分散并且缺乏有效的组织资源,因此在这个讨价还价的过程中往往处于弱势地位。此外,政府从政策的角度看,绝对不会牺牲作为经济支柱的广播产业的利益来迁就公共利益,因此无论是制定国际条约,还是国内法律,真正涉及广播组织以外的广大公众的公共利益时,就需法律对公共利益给予特别的重视,尽可能在广播组织的权利和公共利益之间达成一个适当的平衡。

从对包括广播组织在内的各国著作权和邻接权保护的立法过程来看,尽管英美法系与大陆法系历史上曾存在着著作权法哲学理论基础的不同,② 从而导致两大法系在著作权和邻接权主体、权利内容方面长期存在较大的差异,两大法系的著作权法的立法宗旨却并无不同:通过对作者或邻接权人专有权的暂时保护,最终促进社会文化事业的发展,即促进公共利益是目的,授予作者或邻接权人在有限时间内的独占权仅仅是手段。美国众多立法文件与最高法院的判例也说明了公共利益与著作权之间目的与手段的关系。③

其他国家或地区的著作权法、著作权法立法文件及其司法实践同样确立了这种手段与目的的关系。欧盟信息社会指令阐述了"通过保

---

① Patricia Aufderheide, Communications Policy and The Public Interest: The Telecommunications Act of 1996, *Canadian Journal of Communication*, Vol. 25, No. 3, 2000, p. 13.

② 英美法系著作权法以功利主义哲学的"社会契约论"理论为基础,认为著作权只是一种特殊的社会契约:国家为了社会公共福利需要作者更多地创作并传播优秀作品,作为对价,国家将保证作者在一定时间内独享由作品带来的经济权利。因此,英美法系著作权法强调著作权的财产权性质,承认法人的作者地位并曾长期拒绝保护作者的人身权;大陆法系著作权法则以自然法哲学的"天赋人权"理论为基石,强调作品是作者智慧的结晶和人格的延伸,作者对于作品享有类似父子关系的天赋的自然权利。作者不但有权控制作品的经济利用,更应当有权维护作者人格与作品之间无法割舍的精神联系。因此,大陆法系著作权法在权利主体与权利内容方面更注重保护自然人作者的人身权。然而,随着两大法系逐渐融合趋势的加强,上述理论基础的分野已经逐渐模糊。在著作权财产权价值日益凸显的信息社会,在承认保护作者人身权的基础上,著作权法已经日益突出对财产权的保护。引自王清著《著作权限制制度比较研究》,人民出版社2007年版,第49页。

③ 如美国参议院《关于1909年著作权法的立法报告》和《美国著作权局局长关于全面修订1976年著作权法的报告》等均表达了此种观点。

护作品和其他客体,同时允许为了教育和教学目的之公共利益所规定的限制或例外的存在方式,本指令试图促进学术和文化的发展"之宗旨;西班牙关于知识产权的某项法律在其释义部分写道:"本法目的在于为我们社会的要求——对那些为了所有公民的利益和享受而通过其创造性作品为文化和科学的形成与发展做出相当贡献的人的权利,给予应有的承认与保护——提供一个令人满意的回应";[1] 中国著作权法第 1 条也明确了"有益于社会主义精神文明与物质文明建设的作品的创作和传播"以及"社会主义文化和科学事业的发展与繁荣"的公共利益与"著作权以及与著作权有关的权益"之间的目的与手段的关系。尽管有些国家,如加拿大、英国等,并不存在关于著作权与公共利益之间手段与目的关系的字面表述,但是在司法实践中,法院在其判决中往往对这一关系予以表明。

著作权和邻接权立法宗旨所确定的公共利益与著作权和邻接权之间的这种目的与手段关系表明,著作权法和邻接权法保护作者的权利并不意味着对作者或邻接权人的绝对保护,相反,著作权法和邻接权法内在地要求著作权的行使必须具有促进公共利益的效果。因此,除了一般性地宣示其促进公共利益宗旨外,著作权法和邻接权法还规定了著作权限制制度,以保证公共利益不致受损。[2]

四 普遍服务原则

(一) 普遍服务原则的含义

普遍服务最初是从英国邮政实践中发展起来的。罗兰·希尔爵士在改革英国邮政系统的时候,把全国的邮政资费下调到一个令绝大多数英国人都能偿付起的统一费率。这是普遍服务思想的雏形。罗兰·希尔的改革后来被世界上多数国家所采纳。现代意义上的普遍服务则是在 1907 年由 AT&T 总裁威尔先生提出。其时, AT&T 的下属

---

[1] Anne Lepage, Overview of Exceptions and Limitations to Copyright in the Digital Environment, 2003, (http://unesdoc.unesco.org/images/0013/001396/139696E.pdf)。

[2] 王清:《著作权限制制度比较研究》,人民出版社 2007 年版,第 40—52 页。

公司贝尔电话公司的专利已经到期，市场上进入了很多独立的电话服务公司，他们之间使用各自不同的交换系统，彼此之间缺乏连接。威尔认为，由 AT&T 一家公司运营一个电话系统（贝尔系统），且由政府对价格进行监管，将最符合社会利益。基于此，他提出了"一个政策、一个系统、普遍服务"的口号。威尔这个普遍服务的理念体现在了 1934 年美国电信法中，"电信经营者要以充足的设施和合理的资费，尽可能地为合众国的所有国民提供迅速而高效、价格合理、设备完善的国内国际的有线和无线通信业务"。当然，需要注意的是，威尔的普遍服务概念并非为了解决美国电信业的普遍服务问题，而是为了掩饰美国电报电话公司的垄断经营。

在融合时代，普遍服务原则的基本内涵有两点：一是通信网络的传输覆盖要达到所有国民都能方便接收的水平，广播电视覆盖范围应超越地理上的阻隔，让所有人都能接收到信号。二是让所有人都能享受到应有的通信服务，广播电视节目的内容应涵盖大众日常生活所必需的所有信息。① 美国已经明确将宽带接入纳入普遍服务的范畴。

普遍服务的基本含义是：①可获得性，即只要消费者需要，垄断性产业的经营者都应该高效率地向消费者提供有关服务；②非歧视性，对所有消费者一视同仁，在服务价格、质量等方面不因地理位置、种族、宗教信仰等方面的差别而存在歧视；③可承受性，即服务价格应该合理，使大多数消费者都能承受。② 其宗旨在于维护全体公民的基本权利，缩小贫富差距。国家通过制定与实施相关法规，促使垄断性产业的经营者向所有存在现实或潜在需要的消费者，以可承受的、无歧视的价格提供基本服务。③

---

① 范洁：《美国三网融合发展现状及监管政策分析》，《广播与电视技术》2010 年第 10 期。

② 王俊豪：《中国垄断性产业普遍服务政策探讨——以电信、电力产业为例》，《财贸经济》2009 年第 10 期。

③ 同上。

普遍服务属于政府公共政策的范畴，其基本的政策目标是为了保障全体人民的基本权益，分享社会进步和科学技术发展而带来的成果，促进农村和边远落后地区社会经济的发展，帮助弱势群体，普遍提高人民生活水平和生活质量。从这个意义上讲，普遍服务原则对于中国推进三网融合以及建设社会主义和谐社会都有特别重要的意义。

就三网融合来说，世界各个国家的电信产业和互联网产业都容易形成垄断经营。中国的广电业更是高度管制的领域，市场化经营尚不充分，行政化指令使广电部门对内容的传播拥有很大的控制权。我们认为，垄断性产业普遍服务的内容在很大程度上是由一个国家的社会经济发展水平和科学技术发展状况决定的。随着这些因素的动态变化，垄断性产业普遍服务的内容也将不断丰富。从美国等发达国家电信普遍服务的发展历程看，其普遍服务的内容基本上都是从电话服务发展到互联网先进通信服务，另外，普遍服务的对象也从农村边远地区扩大到学校、卫生医疗和图书馆等公共部门。

普遍服务的实现方式通常有以下几种：第一是企业内部业务间的交叉补贴，即企业在不同类别的业务和不同地区的业务之间进行交叉补贴，以利润高的业务补贴利润低的业务甚至亏损企业，以赢利地区的业务补贴亏损地区的业务，从而实现盈亏平衡。第二是政府采取优惠政策和补贴，例如加速折旧政策和税收优惠政策等。第三是政府直接投资。

中国也对邮政、电信等行业的普遍服务做出了规定。中国《电信条例（2000年）》第44条、《电信条例（2016年）》第43条都规定："电信业务经营者必须按照国家有关规定履行相应的电信普遍服务义务。国务院信息产业部门可以采取指定或者招标的方式确定电信业务经营者具体承担电信普遍服务的义务。电信普遍服务成本补偿管理办法，由国务院信息产业主管部门会同国务院财政部门、价格主管部门制定，报国务院批准后公布施行。"电信业务经营者必须按照国家有关规定履行相应的电信普遍服务义务。2000年的条例第70条、2016年的条例第69条对不履行普遍服务义务的行为规定了罚则。随着中国垄断性产业不断放松进入管制，引进竞争机制，政府正逐渐退出多种产品和服务的生产和供给领域，由竞争性市场所替代，这会减少政府对垄断产业的直接投资，使垄断产业传统普遍服务形式失效，而新兴普遍服务机制尚未建成，因此中国在垄断产业改革调整时期的普遍服务将面临以下问题：（1）普遍服务水平低，特别是电信产业在城乡和区域之间的发展水平极不平衡，造成了中国信息贫富的差距，从而解决中西部落后地区、少数偏远贫穷山区和农村的基本电信服务是中国普遍服务面临的首要问题。（2）缺乏激励机制。（3）地区间普遍服务发展不均衡。基于此，中国在发展普遍服务的过程中应注意：①服务主体由政府主导转变为由企业主导。②加强普遍服务的法制建设。③改革普遍服务形式，推行普遍服务金制度。

（二）各国法律对于普遍服务原则的规定

在电信领域，世界上最早制定电信普遍服务法律的国家是美国，很多国家的国内法深受该国法律的影响。在美国《电信法（1934年）》的立法宗旨中，虽然没有出现"普遍服务"这一词汇，但其具体内容已经涵盖了普遍服务的基本要求，即"电信经营者要以充足的设施和合理的资费，尽可能地为合众国的所有国民提供迅速而高效、价格合理、设备完善的国内国际的有线和无线通信业务"，目的在于减少基础电话服务成本和费用，从而增加全国的电话用户。《1996年电信法》将促进和提高普遍服务水平作为一个重要目标，如该法第254条（b）款第（1）项至第（6）项，规定了以公平、合理和大众可以承担的费率提供服务；保证所有地方都有资格享有普遍服务，保证学校、教学场所、图书馆、医疗卫生事业的提供者享有发达的普遍服务，保证州和联邦的技术支持是可行的、具体的和充足的。第254条（d）款还对普遍服务费由谁支付进行了规定，"所有的电信运营商要以公平和非歧视原则为基础向联合委员会支付普遍服务基金。"另外，联合委员会建议对"每个提供洲际电信服务的电信运营商"宽泛地理解为包含任何一个向公众提供并收取费用的公司或公益机构,[①] 且"捐助将以一个运营商减去其他运营商提供服务的费用的总的电信收入为基础。"1997 年 5 月,作为《1996 年电信法》的实施细则《关于联邦—州普遍服务联合委员会的报告和命令》获得美国联邦通信委员会通过,详细规定了普遍服务的有关问题,核心内容在于任何一个合格的能够提供普遍服务的公司(包括无线业务提供者),不论他们采用什么样的技术,只要提供的普遍服务项目是政府规定的,就都有接受普遍服务补贴的资格。

2002 年欧盟《普遍服务指令》对普遍服务的范围、融资方式、普遍服务义务的分配等方面都进行了明确的规定。新业务成为欧盟普遍服务的监管重点。2008 年 9 月 25 日,欧盟委员会发布针对家庭使用宽带业务的调查报告,并把宽带上网列入普遍服务监管范畴。[②] 法国1996 年《电信法》和加拿大 1993 年《电信法案》同样规定了电信普遍服务的要求。[③] 中国《电信条例(2016 年)》第 43 条对电信业务经营者履行电信普遍服务义务进行了规定,且该条例第 69 条对不履行普遍服务义务的行为还规定了罚则。

(三) 三网融合背景下普遍服务原则的重要性

融合不是指网络上的互相替代,也不仅仅是网络间业务的互相准入,而是以技术为基础,使不同网络间的差异缩小,实现内容的多样化流动,推进业务的创新和服务的融合,最终实现体制、法律与监管的融合。因此可以说,融合是全方位的系统工程。从社会公益的角度来看,三网融合可以提高公众的信息利用水平,满足低收入社会群体的信息需求,平衡城市和农村及边远地区信息网络服务的能力和水平。从广播组织的角度来说,目前宽带的发展成为一个瓶颈。中国宽带接入水平较发达国家相对落后,资金匮乏是最大的问题。发达国家的宽

[①] 刘发成:《中美广电通信经济与法律制度比较研究》,重庆出版社 2006 年版,第 232、234 页。

[②] 张姗姗:《国内外电信监管热点及发展趋势》,《通信管理与技术》2009 年第 2 期。

[③] 法国 1996 年《电信法》:"电信的普遍服务就是在整个范围内以用户用得起的价格提供高质量的电话服务";加拿大 1993 年《电信法案》:"使加拿大所有地区,包括农村和城市的公民都能接入可靠的、用得起的、高质量的电信服务。"

带发展都有相应的资金筹措办法，如美国的普遍服务基金、欧盟的宽带发展公共基金等。中国的电信普遍服务基金一直处于空缺状态。中国三网融合鼓励广电与电信互相开放业务市场，但是缺乏国家宽带战略所应该明确的总体宽带市场规划。国家发改委和工信部等八部门于2013年推出的宽带中国专项行动，也仅涉及网络和用户规模的阶段性要求，没有在普遍服务基金方面有所突破。这在OTT业务日益将电信运营商管道化的背景下，对中国普遍服务的实施非常不利。同为发展中国家的印度也已经建立了普遍服务基金，考虑到中国城乡差距和东西部地区经济发展的巨大差距，为了顺利推进三网融合，避免数字鸿沟的发生，有必要尽快出台并实施普遍服务基金制度。

五 市场本位及竞争原则

三网融合中的"三网"是指电信网、广播电视网和互联网。中国电信业从20世纪90年代开始进行互联网建设，至今已经形成了初具规模的宽带市场。光纤技术的广泛应用更加激发了电信运营商对宽带网进行技术升级的积极性。技术的发展也使得受宽带限制的视频传输业务获得规模发展的可能。技术的融合为三网融合的发展提供了技术上的可能性。但是体制的滞后性和历史遗留的问题使中国三网融合的发展受到了很大的制约，具体表现为当前中国广电和电信的双向进入是不对称的。中国的电信产业经过多年发展，已经积累了丰富的市场运营和网络建设与管理经验。而广电部门由于业务的特殊性质，长期处于广电总局的独家控制之下，市场化发育不充分，形成政企不分、条块分割的格局，并且缺乏资金及技术支持，相比电信企业而言处于弱势地位。这两个部门各自利用自身已有的资源，向对方封闭自己的市场，比如电信企业掌握着基本接入服务，如其缺少互联互通的积极性，就会限制广电对宽带市场的进入；另一方面，广电掌握着节目制作和播放的权利，当它不想电信企业发放节目制作资格许可证照的时候，电信企业对广电网络的渗透就会受到阻挠。在这种竞争态势下，不对称双向进入的做法虽然有其合理性，但是一味保护相对弱势的广电部门利益，不利于中国广播通信市场的融合发展与技术和业务创新。融合主要应依靠市场的力量。政府的责任在于消除或减少阻力，营造有利于融合发展的体制、机制和政策环境，鼓励各个层次上的竞争。有利于媒介融合政策的出台，能够保证技术顺畅过渡，为业务融合创新制造机会，设定正确的协作标准，有效引导市场走向，通过影响市场结构使资源实现合理配置。[1] 因此，建议采取网络中立的立法和监管姿态，促进市场的开放和公平公正竞争秩序的建立。

从发达国家的经验来看，美国通信监管政策的每一次调整都顺应了市场发展的需求，或限制或放开，都以市场的需要为标准。随着广播影视、电信、有线、互联网产业和融合产业的不断兴起，围绕市场不断对通信法进行调整，充分表现出美国监管政策的杠杆效应。美国遵循市场本位原则的成效是，媒体通信巨头的崛起、国家通信传媒娱乐业的强大和国民整体社会经济文化生活水平的不断提升。

随着全球经济一体化的深入推进，传媒业、通信业、互联网业在国际竞争中的地位越来越重要。这些行业在国际市场上的竞争已经提升到国家战略的高度。正如美国在国家宽带计划中指出的，"美国不可能等待其他国家主宰数字时代；在互联网诞生的国度，我们不能眼睁睁地看着别的国家在宽带应用上领先而无所作为"。因此，美国推进三网融合的目的就是要确保美国在数字和网络时代继续保持国际领先的地位。在这场国际范围内融合创新的角逐中，中国也应该立足市场，为广电和电信顺利实现双向进入，切实推动三网融合的发展确立一个理性的法律与政策框架。

---

[1] 范洁：《美国三网融合发展现状及监管政策分析》，《广播与电视技术》2010 年第 10 期。

结　　语

由于三网融合在中国一直处于不断推进的过程，因此我们的研究也不断根据新出现的情况，对书稿进行相应的调整和补充。

当我们针对本书题目对研究内容进行分析并构建研究框架的时候，我们试图尽可能使我们的研究全面地覆盖三网融合背景下广播组织权利与广播组织管理的相关内容。这就意味着我们的研究对象——广播组织，不仅仅是我们所理解的传统意义上的新闻、舆论和娱乐出口，它还是一个享有特定权利，承担特定义务的法律主体。除此以外，它还是市场上的主体。因此我们对本书的研究设定了两条主线：一是广播组织权利的保护，主要围绕国际国内广播组织权利的法律发展进程展开，重点放在知识产权组织近十几年来对广播组织权利保护国际条约的探讨与尝试方面，因为知识产权组织对该条约的讨论具有最广泛的代表性，能在很大程度上体现出各国对三网融合环境下广播组织权利保护水平的认识和接受程度。二是广播组织的监管机制。由于广播节目有对舆论的引导以及对民意塑造的功能，因此各国政府都对广播组织加以严格的管理。三网融合极大地改变了传统广播组织发挥社会功能的方式，从而广播组织的主体、权利客体、权利范围、义务以及社会监管机构和监管方式都应随之发生变化。具体地说，就是从分业监管向融合监管过渡，对技术中立原则的合理运用，以及通过竞争政策的适用而在新的市场环境中创造一个公平合理的竞争秩序等。

由于在世界范围内，三网融合一直都处于一个不断演进的过程，各国的政治、经济、文化、历史背景和法律传统在回应融合技术所产生的后果方面必然有不同的选择,并且必然正处于一个不断调整的过程之中。各个国家并没有形成完整而系统的融合环境下广播组织权利保护与管理机制的框架。因此我们的比较研究注定也是阶段性的。在本书中,我们尝试了纵向比较,即以历史发展为线索,对国际上先后出现的与广播组织有关的条约内容进行了比较分析;也尝试了横向比较,对不同国家在三网融合背景下本国广播组织权利保护与管理机制的比较。虽然我们竭尽可能地搜索相关资料,但是鉴于三网融合发展的进行性,我们的比较研究仍然可能显得缺乏连贯性。但是考虑到该项研究只是推进中国三网融合综合研究计划的一部分,因此我们相信,我们的研究也必定会给后续的相关研究提供很多资料性和分析框架方面的启示与帮助。